정동정치

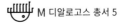 M 디알로고스 총서 5

정동정치 Politics of Affect

지은이 브라이언 마수미
옮긴이 조성훈

펴낸이 조정환
책임운영 신은주
편집 김정연
디자인 조문영
홍보 김하은
프리뷰 김미정

펴낸곳 도서출판 갈무리 등록일 1994. 3. 3. 등록번호 제17-0161호
초판 1쇄 2018년 6월 29일
2판 1쇄 2021년 7월 29일

종이 화인페이퍼 인쇄 예원프린팅 제본 정원제책

주소 서울 마포구 동교로18길 9-13 [서교동 464-56]
전화 02-325-1485 팩스 070-4275-0674
website http://galmuri.co.kr e-mail galmuri94@gmail.com

ISBN 978-89-6195-182-1 93100
도서분류 1. 철학 2. 정치학 3. 경제학 4. 문화비평 5. 예술 6. 미학 7. 정치사상

값 22,000원

이 도서의 국립중앙도서관 출판예정도서목록(CIP)은 서지정보유통지원시스템 홈페이지(http://seoji.nl.go.kr)와 국가
자료공동목록시스템(http://www.nl.go.kr/kolisnet)에서 이용하실 수 있습니다.(CIP제어번호 : CIP2018017454)

정동정치

Politics of Affect
Brian Massumi

브라이언 마수미 지음
조성훈 옮김

갈무리

일러두기

1. 이 책은 Brian Massumi, *Politics of Affect* (Cambridge : Polity, 2015)를 완역한 것이다.

2. 단행본, 전집, 정기간행물, 보고서에는 겹낫표(『』)를, 논문, 논설, 기고문 등에는 홑낫표(「」)를, 단체, 공연, 영화에는 꺾쇠(〈 〉)를 사용하였다.

3. [ ] 안의 내용은 모호하거나 보충이 필요한 부분의 이해를 돕기 위한 옮긴이의 설명이다. ( )의 내용은 원서의 대괄호이다.

4. 지은이 주석과 옮긴이 주석은 같은 일련번호를 가지며, 옮긴이 주석은 [옮긴이]로 표시하였다.

5. 외래어로 굳어진 외국어는 표준 표기대로 하고, 기타 고유명사나 음역하는 외국어는 발음에 가장 가깝게 표기하였다.

차례

이 책은 필자가 자주 접한 정동에 대한 일반적인 오해, 즉 정동이 본질적으로 개인적personal 경험의 친밀성의 문제라는 생각을 바로잡으려는 취지에서 시작되었다. 이 오인은 정동이 본성상 개체적이며, 따라서 비정치적이라는, 또는 카리스마 지도자론이나 파시스트의 공상에서 볼 수 있듯이, 정동의 정치적 표현은 결국 개체의 느낌이나 욕망을 집단에 투사하는 것에 불과하다는 비판을 낳았다. 이러한 오인들은 주로 정동을 정서emotion의 심리학과 동질화한 결과이다. 필자는 정서와는 대비되는 의미에서의 정동 개념에 주목했다. 정확히 말해 내가 기대왔던 사유의 전통들 안에서 그 개념이 얼마나 직접적으로 정치적인지에 대한 관심 때문이다. 정동은 시종일관 힘power에 연관된 개념이다. 내 생각의 근거가 되고 또 계속해서 되돌아가게 되는 정동의 기본 개념은 철학자인 스피노자로부터 온 것이다. 그가 말한 "정동하고 정동되는 힘(역량)"은 심리학적 규정이 아니라 몸체의 삶(생명력)에 대한 규정이다. 정동하고 정동되는 힘은 움직이고, 행동하고, 지각하고, 생각하는 일종의 잠재력이며, 한마디로 말해, 존재의 역량(존재력)이다. 스피노자의 정의에서 '정동되는'이라는 반쪽은 몸체의 존재력들이 반드시 관계적이라는 것을 내포한다. 그것들은 다른 몸체들이나 다른 환경 요인과의 역동적인 관계 속에서만 자신을 표현할 수 있다. 정동하는 힘과 정동되는 힘은 서로 분리될 수 없다. 그것들은 동일한 동전의 양면이다. 그들은 상호체이며, 서로 맺는 하나의 함수로서 늘어나고 줄어든다. 따라서 애초부터 정동은 개체성을 넘어선다. 그것은 능력들을 다른 것과의 그리고 외부와의 얽힌 관계에 묶는다. 정동은 본질적으로 초개체적transindividual이다.

무엇보다도 여기서 말하는 "힘"은 "~에 대한 힘"power over 즉 지배하려는 힘이 아니다. 여기서 말하는 힘은 "~으로의-힘"power-to이다. 정동적 삶이란 그 활동성의 관점에서, 그 충일함의 관점에서, 몸의 존재력powers of existence이나 잠재력powers of potential의 항상 더 많은 것을 표현하려는 욕구의 관점에서, 단순화할 수 없는 관계 속에서, 외부 세계의 유도성affordances과 맺는 조율 속에서 파악된다. 그것은 광범위한 개념이며, 표현의 한 개념이다. 모든 행위는 각각의 상황에 따라 특유의 방식으로 정동하고 정동되면서, 존재역량을 표현하고, 또 그것을 다양화한다. 그럼으로써 모든 존재의 행위는 또한 진행 중인 생성 안에서 발생하는 변조이다. "~으로의-힘"은 변화하려는 힘이다.

그것이 출발점이다 : 외부로의 개방성을 통한, 삶-향상으로서의, 그리고 삶-변화로서의 무한정한 힘의 개념. 그렇다면 문제는 "~으로의-힘"을 억압을 통해 제한하고 생성을 감소시키는 "~에 대한-힘"을 설명하는 것이다. 말하자면 "~에 대한-힘"은 우연히 새로 등장한 것이지, 토대가 되는 힘이 아니다. 그것은 보편적이거나 추상적인 물력이 아니며, 대문자로 된 법칙Law도 아니다. 그것은 항상 이미 거기에 있는 보편 선험적 구조가 아니다. 그것은 특정한

하나의 결과, 사실상 일종의 성과일 뿐이다. 모든 성과가 그렇듯이, 그것은 되돌릴 수 있거나, 돌이킬 수가 있다. 그것은 자신을 유지하기 위해 그리고 자신의 영향력이 행사되는 상황들을 포함하기 위해 계속해서 일을 해야 한다. 이것이 의미하는바, 그 힘은 자신이 휘어잡을 때조차 언제나 자신의 나약을 드러낸다는 것이다. 왜냐하면 그 아래에서 또는 그 균열 안에서 또는 그 주변에서 들끓고 있는 다른 무언가가 항상 존재하기 때문이다. 그 손아귀에서 벗어나기 위해, 몸체의 힘으로 하여금 다른 것들과 그리고 그 환경과 얽히고설킨 관계 속에서 움직이고, 작용하고, 지각하고, 생각하도록 새로운 변이를 표현하려고 요동치는 무언가가 항상 존재한다. 그 무언가가 바로 정동이다. 마치 그 "~으로의-힘"의 창조적 자기-긍정처럼. 이런 식으로 본다면, 정동은 직접적으로 정치적일 뿐만 아니라, 정치적으로 권능화empowering한다. 왜냐하면 여기서는 힘의 변화와 긍정이 가장 중요하기 때문이다. 정동은 권력의 음모에 대해 삶을 긍정하는 본원적 저항으로 존재한다.

그러나 애로 사항이 있다. 정동은 역설적으로 그 자체가 하나의 힘이기 때문에, 틀어질 수 있고, 삶의 부정으로 반전할 수도 있다. 그것은 "~에 대한 힘" 즉 지배하려는 힘으로 자기-전환할 수 있다. 사실 이것이 바로 "~에 대한 힘"의 기원이며, 그것이 어째서 우연히 파생하는 하나의 결과에 불과한 것인가를 설명해 준다. 우리는 존재역량의 긍정이 증오라는 극단으로 치우치면서 우리 모두를 사로잡고 있는 부정과 반동의 힘으로 이행하는 정동적 전환을 보게 된다. 사실 이것은 현시대의 특징으로 보인다. 이로 인해 결국 우리는 정동이 본성상 긍정적이라고, 단일한 원자가를 가진다고 말할 수가 없게 된다. 그 전환은 정동이 어떠한 상황에서 특정한 원자가를 가지는지, 그리고 어떤 영향을 주는지에 대해 질문을 유발하면서, 우리로 하여금 그것에 대해 문제의식을 가지도록 강요한다. 그것은 계속되는 탐구, 그리고 실험을 요구하면서 정동을 열린 문제로 만든다. 이 책에 모아 놓은 인터뷰들은 지난 15년 이상에 걸쳐 정동의 문제가 나를 움직이게 했던 지속적인 탐구와 실험의 장들chapters이다.

2018년 6월
브라이언 마수미

'정동정치' : 이 문구는 다소 장황하다. 이 책의 구상에 따르면, 정동은 정동정치를 하위 분야로 두고 있는 학문 분야가 아니다. 정동은 삶[1]의 차원이다 — 글쓰기의 차원, 읽기의 차원을 포함해서 — 그래서 그것은 직접적으로 정치적 원자가 a political valence를 수반한다.

이 책에 나오는 인터뷰들은 정동 분야를 포괄적으로 다루지는 않는다. 또한 요약된 개요를 제시하지도 않는다 — 물론 대화 형식이 논문 형식보다는 정동의 안팎으로 좀 더 즉각적으로 접근할 수 있도록 도움을 주긴 하지만. 여기에 실린 인터뷰들은 항해로의 초대이다. 그 목적은 삶의 흥망성쇠를 가로질러, 삶을 채우고, 삶을 형성하는 느낌의 강렬도를 통해 생각하는 흐름의 지도를 그리는 것이다. 정동을 **통해** 생각하기란 단지 정동에 대한 성찰이 아니다. 그것은 뛰어드는 것이며, 촘촘한 물보라 속에 그 개념의 **뼛속까지** 흠뻑 젖은, 단어들의 물마루 위에서 기꺼이 정동의 파도들을 타는 것이다. 정동은 시행으로 이해될 뿐이다. 이 책이 바라는 것은 말의 흐름을 통해 독자들에게 정동을 개념적으로

---

1. [옮긴이] 맥락에 따라 life는 '생명' 또는 '삶'으로 옮겼다. 살아있는 역동의 의미를 강조할 경우에는 '생명'으로, 살아가는 지속의 의미가 강조된 경우에는 '삶'으로, 다소 뉘앙스의 차이가 있지만 맥락에 따라 둘 모두를 사용하였다.

시행하는 것이다.

우리는 여기서 개진된 논의를 통해 객관성이나 보편적 적용 가능성을 주장하려는 것은 아니다. 정동적 차원을 구성하는 삶의 특이한 질에 객관적이거나 보편적인 접근 방법이 가져다줄 수 있는 것이란 무엇일까? 적막. 따분함. 죽어버린 규율적 계산. 이 책의 목적은 타당성을 주장해서 설득하려는 것이 아니다. 오히려 그 주제가 가진 어떤 활기를 전달하려는 것이다 : 독자들을 초대하고 자극해서 이 책의 페이지들로부터 자기 자신의 시야 밖을 넘어 도표-이탈의 사유 경험을 유도하는 것이다. 정동을 '통해 생각하기'는 삶-채우기, 삶-형성하기의 여행을 계속하는 것이다. 개념이란, 질 들뢰즈Gilles Deleuze가 언젠가 말했듯이, 살아진 것 외에 그 무엇도 아니다.

여기서 추구하는 접근 각도는 넓은 의미에서 보면 과정철학의 그것과 같다고 할 수 있을 것이다. 논의 중에 우리가 정기적으로 되돌아가 언급하는 사상가들 ─ 앙리 베르그송Henri Bergson, 윌리엄 제임스William James, 알프레드 노스 화이트헤드Alfred North Whitehead, 질베르 시몽동Gilbert Simondon, 펠릭스 가따리Félix Guattari, 질 들뢰즈 ─ 의 공통점은 이들이 세계를 계속 진행 중인 변형의 과정으로 이해하는 것을 철학의 임무라고 생각한 것이다. 그것[진행 중인 변형의 과정으로서의 세계]는 사물들things과는 ─ 물론 '그 자체로서' ─ 무관하며, 제임스의 유명한 구절이 말하듯이, 형성-중-인-사물과도 관계가 없다. 그것은 기본적으로 변화를 수용한다. 그리고 삶의 규칙성을 폭풍의 바다에 떠 있는 안정이라는 일시적인 장벽의 섬들로 간주한다. 정동이 정치적 차원을 수반한다는 말을 과정철학이 이 해하는 첫 번째 의미가 바로 이것이다. 가장 중요한 문제는 변화 이다. 정동의 개념은 애초부터 정치적으로 정향되어 있다. 그러나 그것을 '적절하게' 정치적인 명부 — 사회질서와 재배치, 정착과 저항, 진압과 봉기의 장 — 로 옮기는 일이 자동으로 되는 것은 아니다. 정 동은 원-정치적proto-political이다. 그것은 삶이라는 느껴진 강렬도 로 불거진, 정치적인 것의 최초의 촉진과 관계가 있다. 정동의 정 치는 반드시 발현된다. 이 책을 관류하는 개념적 프로젝트는 바로 그 정동의 정치성을 발현시키는 것이며, 그것을 위해 정동의 과정 성processuality에 어떻게 경의를 표할지를 고안한다.

이 인터뷰들을 통해 시행된 것과 마찬가지로 과정적 접근을 고무하는 정동의 기본 정의에는 직접적 정치의 차원 또한 포함된 다. 기만적일 정도로 단순한 이 기본 정의는 스피노자가 정식화한 것이다 : 정동이란 '정동하고 정동되는'to affect and be affected 힘이다.[1]

---

[1] [옮긴이] affect는 명사로 번역할 때는 '정동'이라고 쓰지만, 그 의미는 동사적이라 할 수 있다. 정동은 단지 몸체가 가지는 특성이나 속성이 아니라 몸의 운동과 이행의 과 정 그 자체이기 때문이다. 따라서 affect는 흔히 명사와 동사 모두 혼용해서 쓴다. 문 제는 동사로 쓸 경우의 우리말 번역인데, affect를 동사로 쓸 경우 우리말에서는 흔 히 '영향을 주다', '영향을 받다', '(감정이나 마음을) 움직이다'로 옮긴다. 즉 정동의 영 향을 주거나 받는, 또는 정동을 촉발하거나 촉발되는 양상을 일컫는다. 그러나 '영 향'은 정동과는 다소 다른 뉘앙스가 있기 때문에, 그리고 정동이라는 용어가 주는 그 특수한 의미가 있기 때문에 옮기기가 다소 꺼려지는 표현이다. 따라서 '정동'이라 는 용어를 직접 넣어 '정동을 촉발하다', '정동을 유발하다', '정동을 겪다' 등의 복잡 한 표현을 쓰기도 한다. 그러나 이 표현은 정동을 목적어로 직접 제시하면서 표현 을 더욱 복잡하게 만들어 놓은 것 같아 사용이 꺼려진다. 이 책에서는 명사로서의 affect를 '영향'이나 '촉발'이라는 용어 대신에 '정동'으로 옮겼고, 이 용어와 조화를 이 루기 위해, 어법이 낯설고 다소 억지 같지만, 편의상 그 동사를 '정동하다' 또는 '정동

이 정의는 이 책 전체에 걸쳐 후렴처럼 반복된다. 이 정의가 나올 때마다, 보조적인 개념들이 점점 다양하게 호출될 것이다. 이 보조 개념들도 역시 반복된다. 그리고 이들은 다 함께 정동을 통해 생각하기 위한 개념적 망을 짜기 시작한다. '정동하고 정동되기'의 공식은 또한 원-정치적이다. 그 정의 안에는 관계가 포함되어 있기 때문이다. 정동하고 정동되기는 세계로 열리는 것이며, 세계 안에서 적극적[능동적]이 되는 것이며, 세계의 귀환 활동을 견디는 것이다. 이 개방성 또한 기본적인 것으로 간주된다. 이것은 변화의 선봉이다. 형성-중-인-사물들이 변형을 시작하는 것은 이 개방성을 통해서이다. 마주침들 속에서, 다시 말해, 사건을 통해 우리는 언제나 정동하고 정동된다. 정동적으로 변화한다는 것은 관계를 맺는 것이며, 관계를 맺는다는 것은 사건이 된다는 것이다.

이 짧은 요약은 과정으로서의 정동의 개념적 특징을 이미 기술하고 있다. 정동은 표준으로 통용되고 있는, 그리고 전통적인 지식 분과가 세워지는 기반이 되는 일반 관념과는 구별되는 것이다. 들뢰즈와 가타리의 이해에 따르면, 정동의 개념은 '횡단적'transversal이다. 이것이 의미하는바, 정동은 기존의 범주들을 가로지른다는 것이다. 기존의 범주들 중 가장 두드러지는 것은 주관

되다'로 옮기기로 한다. 아울러 이 책에서는 affect를 그 특수한 의미를 강조하지 않고 일반적인 의미로 '영향을 주다/받다'로 약화시켜서 사용하는 경우도 있다. 이럴 경우 '정동하다/되다'가 잘 안 맞는 경우도 있기 때문에, 적절한 맥락을 감안하여 '정동적인 영향을 주다/받다', '정동을 촉발하다/촉발되다', 혹은 '영향을 주다/받다' 등으로 다양하게 옮길 것이다. 그러나 의미를 강조하든 약화시키든 정동의 개념은 몸체의 변화와 이행을 초래하는 모든 '힘-질'의 양태를 뜻한다.

적인 것과 객관적인 것의 범주이다. 정동은 물론 느낌의 강렬도들이지만, 그 느낌의 과정을 전적으로 주관적인 것으로, 혹은 전적으로 객관적인 것으로 특정할 수는 없다 : 정동이 통과해 지나가는 마주침들은 마음을 자극하는 즉시 몸을 때린다. 정동은, 주관적 질들을 유발하거나, 그 질들과 아울러 운동을 하는 객체들만큼이나 직접적으로 그 주관적 질들을 포함한다. 그것은 명령으로 주어진 것에 못지않게 욕망의 문제이며, 제약 못지않게 자유의 문제이다. 정동의 횡단성에 대한 생각은 이 모든 범주들을 사건 안으로 포괄하는 방식으로 근본적으로 다시 생각할 것을 요구한다. 그것은 주로 사건으로부터 분리되고, 서로에게서도 분리된 요소들을 사건 안으로 상호 포함하기 위한 개념들을 연마할 것을 요구한다. 주어진 범주들을 단순히 뒤섞고 매치시키는 것으로는 충분치가 않다. 완전한 재주조가 필요하다. 정동의 개방성이 주체의 내면성으로 한정될 수는 없을지라도, 재연을 필요로 하는 여러 관념들 중 하나를 취할 때, 그것이 동시에 주체들을 형성한다는 사실로 인해 문제는 복잡해진다(정동이 기본적으로 마주침의 관계와 관련이 있긴 하지만, 그것은 동시에 그 관계 속에서 적극적으로 개체들을 생산한다). 그 횡단성 안에서 정동은 이상하게도 다원자가polyvalent이다.

이 책의 대부분은 서로 간에 흔히 있는 정반대의 대립을 횡단하는, 개념들의 이러한 재주조를 위한 다원자가의 기틀을 놓는데 할애하였다. '미분적 정동적 조율'differential affective attunement, '집단적 개별화'collective individuation, '미시정치'micropolitics, '생각하기-느끼기'thinking-feeling, '맨 활성'bare activity, '존재력'ontopower 그리고 '내재적 비판'immanent critique과 같은 동반 개념들은 첫 번째 인터뷰를 시작할 때 아울러 나오는 정동의 기본 정의를 전달한다. 일단 그 개념들이 소개되고 나면, 그것들은 갈수록 더 거대한 개념적 일관성을 취하고, 정동의 개념을 복잡하게 하면서, 후속 인터뷰들을 통해 계속 나아간다. 이것이 바로 과정–정향된 탐구의 길이다 : 앞으로 나아가면서 개념적 망을 복잡화하기. 그것은 환원하지 않는다.[2] 그것은 요약하지 않는다. 그것은 개요로 귀결하지 않는다. 오히려 그것은 삶의 진행 중인 복잡성에 더욱더 적합해지도록 한다. 이 말은 결국 어떠한 최종적 대답에 도달하지 않는다는 것을 의미한다. 그것은 심지어 해법을 찾지도 않는다. 그것은 삶이 그 자체에 제기한 문제를, 언제나 변형을 통해, 벗어나고자 한다. 그 목표는 생각하는–느끼는 삶의 과정적 질들의 열린 항해를 계속하는 경향이 있는 개념들의 변형의 매트릭스에 도달하는 것이다. 그러면서 그들의 원–정치적 차원을 그리고 정치학에 이르러 온전하게 표현되도록 하는 노선들the paths을 전면에 내세운다(그 단어를 복수로 취하면서).

이 책에 포함된 인터뷰들은 그냥 대화가 아니다. 그 자체로 마주침이다. 여기서 대화 상대들은 단순히 질문자가 아니라, 사유의 공범들이다. 인터뷰는 주로 그들이 표현하려고 했던 생각을 다듬

---

2. [옮긴이] reduce는 줄이다, 감소하다, 환원하다, 약분(통분)하다 등의 부정(negation)을 함축한다.

기 위해 사전에 마련된 대화들을 배경으로 실시되었다. 어떤 경우
엔(4장과 5장), 과정적으로 사유하고 그것을 정치적으로 연장하
는 가운데 적극적인 협업의 차원에서 인터뷰가 이루어졌다. 이와
같은 사건-기반 탐구들은 〈감각실험실〉SenseLab의 차원에서 실행
되었다. 이 실험실은 몬트리올을 근거지로 하는 일종의 '연구-창조
실험실'로, 철학, 창조적 실천과 활동들 사이를 횡단적으로 운용하
고 있다. 〈감각실험실〉에 내가 참여했던 시간은 나의 생각과 삶에
이루 헤아릴 수 없는 풍요를 주었다. 〈감각실험실〉과의 인연으로
경험했던 마주침들과 관계들은 [나에게] 변화를 주었다 — 〈감각실
험실〉 창립자이자, 나의 가장 소중한 사유의 (그리고 그 밖의 모
든 것의) 공범인 에린 매닝과의 경험보다 더 큰 변화를 준 것은 없
었다. 이 책을 그녀에게 헌사한다.

유브라지 아리알Yubraj Aryal은 미국 퍼듀 대학교의 비교문학
과 철학 그리고 문학 프로그램 방문교수로 재직 중이다. 그는 또
한 학술지인 『철학저널 : 학제 간 연구』의 편집자이다. 그는 리처드
로티Richard Rorty, 힐러리 퍼트넘Hilary Putnam, 크와메 안소니 아피
아Kwame Anthony Appiah, 마저리 퍼로프Marjorie Perloff, 찰스 알티에리
Charles Altieri, 로버트 영Robert Young, 로렌 벌랜트Laurent Berlant, 그 밖
의 많은 사상가들과 인터뷰를 진행해오고 있다.

아르노 뵐러Arno Boehler는 오스트리아 비엔나 대학에서 철학
과 조교수로 재직 중이다. 그는 '무대의 철학'Philosophy On Stage이

라는 철학 퍼포먼스 페스티발의 창립자이다. 그는 또한 오스트리아 과학기금이 지원하는 비엔나 대학의 응용예술학과에서 '예술가-철학자들 : 예술-기반-연구로서의 철학'이라는 연구 프로젝트를 주도하고 있다. 그는 방갈로, 하이델베르크, 뉴욕, 프린스턴 대학에서 학술회원이다. 더 자세한 정보는, http://homepage.univie. ac.at/arno.hoehler를 참고하라.

크리스토프 브루너Christoph Brunner는 스위스에 있는 취리히 예술 대학 현대예술연구소의 연구원이다. 그의 작업은 문화와 미디어 이론 그리고 연구-창조에 관한 최근 담론들 간의 연계를 다루고 있다. 그의 박사 논문인 「관계의 생태학 : 예술과 미디어의 집단성」은 예술, 미디어, 그리고 활동 간의 미학적 실천의 새로운 집단성 형태들을 탐구하고 있다. 2012년에 그는 『실험의 실천들 : 오늘날의 예술 연구와 교육』이라는 책을 공동 편집했다. 그는 〈감각 실험실〉의 참여자이며, 이 연구소의 국제 공동 프로젝트 '즉접Im-mediations : 미디어, 예술, 사건'의 연구자이며, 『만곡 : 연구-창조 학술지』의 편집 위원이다.

조나스 프리츠Jonas Fritsch는 덴마크의 아르허스 대학 미학과 커뮤니케이션학과 조교수이다. 그는 이 대학의 선진 시각화 및 상호작용 센터CAVI와 참여 ITPIT 센터에서 실용 디자인 실험을 통한 상호작용 디자인과 정동 이론의 창의적 사고에 집중해서 연구하고 있다. 그는 〈감각실험실〉 회원이며 '즉접 : 미디어, 예술, 사건'

국제 공동 프로젝트 연구원이다. 그리고 『만곡: 연구-창조 학술지』와 『연접: 문화적 참여의 횡단분과』의 편집 위원으로 있다.

에린 매닝Erin Manning은 캐나다 몬트리올의 콩코디아 대학 예술학과에서 관계 예술과 철학 대학 연구소 소장을 맡고 있다. 또한, 그녀는 〈감각실험실〉(www.senselab.ca) 디렉터이다. 이 연구소는 운동 중에 있는 감각적 몸의 매트릭스를 통해 예술 실천과 철학 간의 단면을 탐구한다. 최근의 예술 실천은 우발적 집단성을 도모하는 대규모의 참여 설치물들에 치중하고 있다. 최근의 예술 프로젝트는 색, 운동, 참여와 관련하여 '작은 몸짓들'의 개념에 초점을 두고 있다. 저서로는 『언제나 하나 이상: 개별화의 춤』(2013), 『관계경: 운동, 예술, 철학』(2009), 그리고 브라이언 마수미와 함께한 『행위 중 사유: 경험 생태학에서의 이행들』(2014) 등이 있다. 곧 출간될 서적 프로젝트로는 페르낭드 딜리니의 『행동 또는 작은 몸짓의 우회로들』의 번역이 있다. 그녀는 〈감각실험실〉의 창립자이며 『만곡: 연구-창조 학술지』의 창립 편집자이다.

조엘 맥킴Joel McKim은 영국 런던 버벡 대학교에서 영화, 미디어, 문화 연구 학과의 미디어와 문화 연구 강사이다. 그의 연구는 주어진 환경하에서의 정치적 소통 그리고 미디어와 건축의 교차 문제와 관련이 있다. 이러한 주제들에 대한 그의 최근 글은 『이론, 문화와 사회』, 『공간과 문화』, 『대중』, 『접경지대』 등의 학술지와 『DIY 시민권: 비판적 생산 그리고 소셜 미디어』(2014), 『급진적 건

축 철학의 빗나간 조우』(2014) 등의 선집 편집서에 실려 있다. 그는 최근에『기억 콤플렉스 : 9·11 이후 뉴욕의 건축, 미디어 그리고 정치』라는 제목으로 책을 완결했다.

보딜 마리 스태브닝 톰슨Bodil Marie Stavning Thomsen은 덴마크 아르허스 대학의 미학과 커뮤니케이션학과 조교수이다. 그녀의 연구는 예술, 문화, 미디어 분야(영화, 패션, 아트비디오, 인터페이스와 영화, 특히 라스 폰 트리에Lars von Trier 감독 작품의 촉각적 구성)에 걸쳐 있다. 그녀의 영어 저작은 다수의 편집된 책으로 나와 있다. 『아카이브 수행하기 / 수행의 아카이브』(2013),『북유럽 나라들의 아방가르드 문화사』(2013) 그리고『예술의 지구화』(2011) 등이 있다. 〈감각실험실〉 회원이며 '즉접 : 미디어, 예술, 이벤트' 국제 공동 프로젝트 연구원이다. 또『만곡 : 연구-창조 학술지』의 편집위원으로 있으며, 최근에는『미학과 문화 저널』의 부편집장을 맡고 있다.

메리 주나지Mary Zournazi는 호주의 작가, 철학자, 영화감독, 극작가이다. 그녀는 호주의 뉴사우스 웨일즈 대학에서 가르치고 있다. 저서로는『희망 : 변화를 위한 새로운 철학들』(2003),『전쟁 키워드』(2007)가 있으며, 최신작으로는『평화 발명하기』(2013)가 있다. 이 책에는 국제적으로 찬사를 받고 있는 영화감독 빔 벤더스Wim Wenders가 공동으로 참여했다.

이 책에 실린 인터뷰들은 아래 저작들에 이미 발표되었다.

1장 : *Hope : New Philosophies for Change*. Ed. Mary Zournazi. New York : Routledge ; London : Lawrence & Wishart ; Sydney : Pluto Press Australia, 2002~3, pp. 210~42.

2장 : *Inflexions : A Journal for Research Creation*(Montréal), no. 3 (October 2009). www.inflexions.org.

3장 : *Journal of Philosophy : A Cross-Disciplinary Inquiry* (Katmandu), vol. 7, no. 18 (fall 2013), pp. 64~76, 원래 제목은 "Affect, capitalism, and resistance."

4장 : *Peripeti : Tidsskrift for dramaturgiske studier* (Copenhagen), no. 27 (2012), pp. 89~96 (축약본).

5장 : *Ästhetik der Existenz : Lebensformen im Widerstreit*. Ed. Elke Bippus, Jörg Huber and Roberto Negro. Zurich : Institut für Theorie/Edition Vodemeer, 2013, pp. 135~50, 원래 제목은 "Fields of Potential : Affective Immediacy, Anxiety, and the Neccesities of Life."

6장 : *Wissen wir, was ein Körper vermag?* Ed. Arno Boehler, Krassimira Kruschkova and Susanne Valerie Granzer. Bielefeld : Transcript Verlag, 2014, pp. 23~42.

1장 항해 운동

메리 주나지와의 인터뷰

메리 주나지(이하 주나지)[1] 희망에 대해 생각해 보겠습니다. 정동적 차원의 경험이 무엇인지 ─ 우리의 삶을 규정하는 틀이 되어버린 전혀 새로운 '가상화된' 세계의 정치경제[금융자본주의]하에서 어떠한 자유가 가능할지 ─ 에 대해서도 생각해 보겠습니다. 하지만, 먼저, 오늘날 희망의 가능성에 대해 어떻게 생각하십니까?[2]

브라이언 마수미(이하 마수미) 제 생각에는, 희망과 같은 개념이 쓸모가 있으려면 그것이 어떤 예측된 성공과는 관계가 없어야 합니다 ─ 즉 낙관주의와는 다른 어떤 것이어야 합니다. 현재의 지점에서 미래를 내다보면, 합리적 추론으로는 그다지 희망이 보이지 않기 때문입니다. 세계 전체를 보면 대단히 비관적입니다. 해가 갈수록 심화되는 경제적 불평등, 질적으로 점점 저하되고 있는 보건

---

1. 메리 주나지와의 인터뷰 (2001)
2. [옮긴이] virtual과 potential은 우리말로 구분하기가 다소 모호한 측면이 있다. 단순화하자면 potential은 힘이 현실화될 가능성 또는 역능(역능)의 관점에서 본 '힘-질'(power-quality)의 양태이고, virtual은 힘의 현실화 가능성보다는 실재성의 관점에서 본 '힘-질'의 양태라 할 수 있다. 가령, 카니자 삼각형(the kanisza triangle)에서 삼각형 '형상'은 선과 면으로 된 감각적 실제성(the actual)을 가지지 않았음에도 불구하고 실재한다고 말할 수가 있는데(6장을 참고하라), 이때 이 형상을 '잠재적 삼각형'(potential triangle)보다는 "가상적 삼각형"(the virtual triangle)이라고 부르는 것이 적절하다. 즉 실제적이지는 않지만 그것의 권리상의 실재성을 긍정하기 위해 '가상적'(virtual)이라고 부르는 것이다. 반면에 행동으로 현실화될 가능성이 있다는 의미에서 정동을 지칭할 때는 '잠재적 정동'(the potential affects)이 '가상적 정동'(the virtual affects)보다 적절하다. '잠재'(potential)는 실재성보다는 현실화될 가능성의 잠복이나 현실화의 관점에서 쓰기 때문이다. 이런 점을 감안하여, virtual은 '가상'이나 '잠재'로, potential은 '잠재(력)', '역량', '역능' 등으로 옮기겠다. 문제는 '잠재'라는 용어의 배분인데, 이것은 맥락에 따라 섞어서 사용하되 필요한 경우 원어를 병기할 것이다. 그러나 주로 virtual은 '가상'으로, potential은 '잠재'로 옮길 것이다.

수준, 이미 체감되는 환경 악화의 전 지구적인 영향들, 점점 복잡해져만 가는 국가들의 갈등이나 사람들의 갈등, 이로 인한 노동자와 이주민들의 대량 이동… 모두가 엉망진창이 되어 마비될 지경입니다. 희망이 비관론에 대한 반대라면 지금은 희망적인 것이 거의 없습니다. 반면에, 희망이 낙관론과 비관론의 개념과 별개가 된다면, 성공에 대한 바람의 투영이나 심지어 결과에 대한 어떠한 합리적 계산과 별개가 된다면, 희망은 흥미로워질 것이라 생각합니다 — 그럼으로써 희망이 현재에 놓이기 때문입니다.

주나지 그렇군요 — 현재 속에서의 희망의 관념이 중요하군요. 그렇지 않으면 우리는 한없이 미래만을 바라보거나, 더 나은 사회나 삶에 대해서 유토피아적인 꿈만을 좇게 되겠죠. 그리고 결국 남는 건 실망뿐이겠죠. 그래서 우리가 비관론을 이것으로부터 나오는 자연적 흐름으로 바라보는 한, 선생님께서 제시하셨듯이, 우리는 단지 마비될 뿐입니다.

마수미 그렇습니다. 모든 상황에는 조직화와 경향성의 수준들이 서로 상호-협동하거나 상반된 목적을 가지고 얼마든지 작용하고 있기 때문입니다. 모든 요소들이 서로 관계를 맺는 방식은 너무 복잡해서 일거에 모든 것을 파악할 수가 없습니다. 상황 주변에는 언제나 모종의 모호성이 존재합니다. 일단 그 특수한 맥락으로부터 빠져나오면 어디로 가야 할지 그리고 무엇을 해야 할지 불확실한 겁니다. 실제로는 이 불확실성이 힘을 줍니다 — 일단 방향을 조정하기가 쉽지 않다는 점을 깨닫고, 성패 여부를 예상하기보다는 그 불확실성에 주목을 한다면 말이죠. 그렇게 되면 언제나 시행착오를 통해 실험의 가능성이 열려 있다는 느낌이 듭니다. 이로써 그 상황에 대해 잠재[역능]감$^{a\,sense\,of\,potential}$이 생깁니다. 과학의 용어로 말하자면, 현재의 '경계조건'$^{boundary\,condition\,3}$은 결코 닫힌 문이 아닙니다. 그것은 열린 문턱입니다 — 잠재의 문턱 말이죠. 우리는 항상 지나가는 현재 속에 있습니다. 우리가 그 안에 갇혀 있다고 여길 필요가 없다는 식으로 그것을 바라보면, 어떤 공포가 퍼져 있든 문제 될 것 없으며, 우리가 이성적으로 예측하는 무엇이 나오든 문제 될 것이 없습니다. 우리는 목적지에 닿을 수 없을지도 모르지만, 적어도 다음 단계는 존재합니다. 다음에 내디딜 단계가 어떤 것인지의 문제는 우리가 가진 모든 과제를 최종적으로 해결하게 될 아득히 먼 미래의 목표에 도달하는 문제에 비하면 훨씬 덜 무섭습니다. 제가 보기엔 이 후자가 바로 유토피아적인 생각이고, '절망적인' 것입니다.

주나지 그렇다면 여기서 '정동'과 희망에 대한 선생님의 생각들이 어떻게 연결될 수 있을까요?

마수미 제가 수행하는 작업에서는 '정동'의 개념을 방향 조종

---

3. [옮긴이] 임의의 계의 경계에 주어진 조건을 의미한다. 예컨대 한정된 공간 내에서 물리법칙을 나타내는 미분방정식의 해를 구하는 데 있어 영역의 경계상태를 만족시키는 수학적 조건 등을 말한다.

력 – 즉 현재의 매 상황 속에서 '어디로 가야 할지 그리고 무엇을 할 수 있을지' – 의 한계에 대해 말하는 하나의 방식으로 사용합니다. '정동'은 '희망'을 위해 필요한 말이라고 생각합니다. 정동 개념이 이렇게 중요한 이유 중 하나는, 거대한 유토피아적 목표 대신에 바로 다음 단계의 실험적인 시도에 집중하는 것이 결코 사소한 것에 안주하는 것이 아니라는 점을 그것이 설명해 주기 때문입니다. 더 중요한 곳으로 간다는 말이 아닙니다. 차라리 당신이 있는 바로 그 곳에 존재하기 – 더 강렬하게 – 라고 하는 것이 좋겠군요. 정동에서 강렬도로 가기 위해서는 정동을 단순히 개인적인 감정을 넘어서는 어떤 것으로 이해할 필요가 있습니다. '정동'은 일상적인 의미의 '감정'emotion을 뜻하지 않습니다. 제가 그것을 규정하는 방식은 무엇보다도 스피노자로부터 온 것입니다. 스피노자는 몸을 정동하고affecting 정동되는being affected 능력의 관점에서 말합니다. 이 둘은 서로 다른 별개의 능력들이 아닙니다 – 그들은 항상 같이 나옵니다. 내가 무엇인가에 영향을 주게 되면, 동시에 나는 그것으로부터 영향을 받을 수 있도록 나 자신을 여는 것입니다. 그럴 경우 나는 아무리 미세하더라도 변화(이행)를 겪게 됩니다. 문턱을 넘어서는 것이죠. 능력의 변화라는 관점에서 보면, 정동은 바로 이러한 문턱의 이행이라 할 수 있습니다. 중요한 것은 스피노자가 이 말을 몸체the body에 대해서 사용하고 있다는 점입니다. 몸체란 지속하는 가운데 (무엇인가를) 할 수 있는 능력이라고 스피노자는 말합니다. 이것은 완전히 실행주의적인pragmatic 정의입니다.4 몸체는 그것이 수행할 수 있는 능력들에 의해 정의됩니다. 이 능력들이 정확히 무엇인지는 끊임없이 변하고 있습니다. 몸체가 정동하고 정동되는 능력 – 몸체가 유발하거나 겪는 정동의 동요 – 은 고정된 것이 아닙니다.

따라서 정동은 상황에 따라 밀물과 썰물처럼 서서히 오르락내리락하거나, 파도처럼 폭풍과 물마루를 이룰 수도 있고, 때로는 그냥 밑바닥에 가라앉아 버리기도 합니다. 그 이유는 모든 것이 몸의 움직임에 따라 일어나기 때문이죠. 이것이 정동을 감정으로 환원할 수 없는 이유입니다. 정동은 단순히 주관적인 것이 아닙니다. 이 말은 정동에는 주관적인 것이 전혀 없다는 말이 아닙니다.[5] 모든 이행은 능력의 변화에 대한 느낌을 수반한다고 스피노자는 말합니다. '정동'과 '이행의 느낌'은 서로 다른 별개의 것이 아닙니다. 정동하고 정동되는 것과 마찬가지로 그들은 동전의 양면 같은 겁니다. 이것은 정동이 강렬도에 대해 가지는 첫 번째 의미입니다 – 모든 정동은 이중화ᵃ doubling입니다. 변화의 경험, 정동하기-정동되기는 경험의 경험에 의해 배가됩니다. 이것은 몸이 모든

---

4. [옮긴이] pragmatism은 흔히 철학에서는 '실용주의'로, 언어학에서는 '화용론'으로 번역을 한다. 심리학자 제임스(William James)나 기호론자 퍼스(Charles Sanders Peirce)의 철학을 흔히 이 부류로 논의하는데, 진리나 본질에 대한 관심보다는 행동과 결과에 대한 관심에 천착한 사유를 일컫는다. 이 책에서는 실용주의가 자칫 '사용 가능성'(utility, usability)과 관련된 용어처럼 보일 오해의 소지가 있어, 행동을 중요시한다는 점에서 '실행주의'로 옮겼다.

5. [옮긴이] 마수미는 '주관성'을 '개인성'과 다소 혼동하거나 특별히 구분하지 않는 것처럼 보인다. 주관성과 개인성은 구별되어야 할 것이다. 왜냐하면 개인적 주관성뿐만 아니라 비개인적 주관성이 존재하기 때문이다. 정동의 비개인성이 이에 해당한다 할 수 있다. 예컨대 칸트의 '시간'과 '공간' 같은 보편적 내감 형식이 존재하듯이, 정동 역시 개인성을 넘어 경험 일반의 실질적 토대를 내포한다.

이행을 거치는 가운데 그 안에 보존 – 기억, 습관, 반성, 욕망, 경향성의 축적 – 되고 있는 어떠한 깊이를 몸의 운동에 부여합니다. 감정은 그렇게 계속되는 경험의 깊이가 어떤 주어진 순간에 개인적으로 등록되는 방식을 말합니다.

주나지 그렇다면 감정은 우리 경험의 '깊이'의 제한적 표현일 뿐인가요?

마수미 감정은 정동의 아주 부분적인 표현입니다. 감정은 단지 기억들 중에서 제한된 선택만을 이끌어낼 뿐입니다. 예컨대 특정한 반성이나 경향성을 활성화할 뿐이죠. '경험하기의 경험하기'가 가지는 모든 깊이와 폭을 그 누구의 감정 상태도 포괄할 수 없습니다 – 우리의 경험은 시종일관 그 스스로 이중화됩니다. 의식적인 사유 역시 이와 같다고 말할 수 있습니다. 우리가 어떤 감정을 느끼거나 특정한 사유를 생각할 때, 바로 그 지점에서 나올 수 있었던 다른 모든 기억, 습관, 경향들은 어디로 가버렸겠습니까? 또한 정동하기와 정동되기로부터 분리될 수 없는 몸의 능력들은 어디로 가버렸겠습니까? 어떠한 지점이 주어지든 그 모든 능력들이 실제로 표현될 수는 없습니다. 그렇다고 해서 그것들이 완전히 부재하는 것은 아닙니다. 그다음 단계에서 틀림없이 새로운 다른 선택이 나올 테니까요. 그들은 여전히 거기에 있습니다. 그러나 가상적으로 – 즉 잠재태 안에 있습니다. 따라서 하나의 전체로서의 정동은 잠재태들의 가상적 공존이라 할 수 있습니다.

이것이 바로 정동이 강렬도와 관계하는 두 번째 방식입니다. 우리가 살아가는 동안에는 정동하거나 정동되는 잠재적 방식들이 우리를 따르며 무리나 떼를 지어 존재합니다. 우리는 항상 그것들이 존재하고 있다는 막연한 느낌이 듭니다. 잠재[가능]에 대한 이 막연한 느낌을 우리는 '자유'라고 부르고, 그것을 열렬히 옹호합니다. 그러나 잠재하는 것이 있다는 사실을 우리가 확실히 알든 모르든, 항상 그것은 잡을 수 없거나, 어쩌면 다음번에는 올 것 같다는 것입니다. 실제로는 거기에 없기 때문이죠 – 단지 가상적으로만 있을 뿐입니다. 그러나 혹시라도 우리가 다소, 실천적이고, 실험적이고, 전략적인 조처를 취해서 우리가 가진 감정의 명부를 확장하거나, 우리의 생각을 풀어놓으면, 매 단계마다 우리가 가진 더 많은 잠재에 접근할 수가 있으며, 실제로 실현 가능한 잠재를 더 많이 가질 수가 있습니다. 실현 가능한 잠재들을 더 많이 가짐으로써 우리의 삶은 더 강화되겠죠. 우리는 상황의 노예가 아닙니다. 비록 우리가 완전한 자유를 갖지는 못했지만, 어느 정도의 자유, 또는 '재량권'은 항상 경험하고 있습니다. 언제든 우리가 가진 자유의 정도는 우리가 다음 단계로 가면서 접근할 수 있는 경험의 '깊이'가 얼마큼인가 – 얼마나 강렬하게 살아가고 움직이는가 – 에 달려 있습니다.

다시 말하지만, 이 모든 것은 결국 상황이 열려 있는가 그리고 우리가 어떻게 그 열린 삶을 살 수 있는가의 문제입니다. 그리고 잊지 말아야 할 것은, 우리가 그것을 살아가는 방식은 항상 전적으로 구현되며, 전적으로 개인적인 것은 결코 아니라는 점입니다 ─ 우리의 감정과 의식적인 사유 안에 모든 것이 있는 것은 결코 아닙니다. 단지 우리 자신만을 고립시켜서 볼 수 없다는 말입니다. 정동에 있어서만큼은 우리는 결코 혼자가 아닙니다. 그렇기 때문에 스피노자가 정의하는 정동은 근본적으로 타자들과 그리고 다른 상황들과 연결되는 방식을 의미합니다. 우리 자신보다 더 큰 과정 속에 우리가 어떤 각도에서 참여할지를 정동은 말해 줍니다. 정동이 강렬해질수록 더 크고 넓은 생명의 장 속에 접속해 있다는 감각 ─ 다른 사람들과 다른 장소들과 아울러 고조된 귀속감 ─ 이 강해집니다. 스피노자는 꽤 멀리까지 나아갑니다. 그러나 제가 보기에 그의 사상은 앙리 베르그송과 윌리엄 제임스 같은 철학자들의 작업을 통해 보완될 필요가 있습니다. 베르그송은 경험의 강렬도에 주목했던 사람이고, 제임스는 그 강렬도의 결합관계에 주목했던 사람입니다.

주나지 선생님께서 방금 스피노자에 대해, 그리고 정동을 이해하는 방식에 대해 말씀하실 때, 제가 잘못 판단하고 있는지는 모르겠지만, 혹시 그것은 인간이 가지는 보다 원초적인 감각 능력인가요? 그리고 어떻게 외부 세계와 타자들에 접속해 있다고 느낄 수 있는지요? 어떤 점에서는 거의 타고난 것이라 할 수도 있을 것 같긴 …

마수미 원초적이라고 말하고 싶진 않습니다. 그것이 보다 더 '본성적'[자연적]이라는 뜻이라면 말이죠. 정동적인 강렬함이 무엇인가를 거리를 두고 반성하거나 언어로 분절하는 능력보다 더 자연적이라고 생각하지는 않습니다. 하지만 그것이 직접적이라는 점에서는 원초적이라고 볼 수도 있을 것 같습니다. 그것을 말하기 위해 어떤 '매개'의 개념이 필요하지는 않습니다.[6] 문화이론에서, 사람들은 종종 우리의 몸과 그 위치성을 한편에 놓고, 감정과 사유 그리고 우리가 그것들을 표현하기 위해 사용하는 언어를 다른 편에 놓고, 이 둘은 서로 완전히 다른 실재라고, 그들 사이에 무엇인가가 더 와야 한다고, 그래야 서로가 접촉할 수 있다고 말합니다. 이를 위해 이데올로기 이론들이 고안됩니다. 어떤 모습으로 나타나든 매개mediation는 수많은 이론가들이 정신과 육체 간에 설정해 놓은 데카르트식의 고전적 이원론을 극복하려는 노력입니다. 그러나 실제로 그 방식은 이원론 자체는 그대로 두기 때문에, 단지 그것들 간에 다리를 놓으려는 시도일 뿐입니다.[7] 그렇지만 정동을 바로 이런 방식으로 규정하게 되면, 그것은 틀림없이 언어처럼 정교한 기능들을 포함하게 됩니다. 몸의 기능들과 관련이 있는 정동이 존재합니다. 발을 내딛는다든가 말하기 위해 입술을 움직인다든가 하는 것처럼 말이죠. 단순히 말해 정동이란 몸의 운동을 그 잠

---

6. [옮긴이] 가령 색은 의식적 사유의 매개 없이 직접적으로 느껴지는 것으로서, 그 자체 정동적이라 할 수 있다. 기호학자 퍼스는 세 가지 기호 — 일차성(firstness), 이차성(secondness), 삼차성(thirdness) — 중에서 일차성을 매개 없는 직접성으로서의 정동적 기호로 규정했다.

7. [옮긴이] 베르그송은 『물질과 기억』(아카넷, 2005)의 1장에서 이러한 시도들이 가지는 문제점을 지적하면서 관념론과 유물론의 두 방식을 문제 삼은 적이 있다. 그에 따르면 관념론과 유물론은 서로 위치만 다를 뿐 여전히 정신과 물질의 이원론을 넘어서지 못하고 있다는 것이었다.

재태 ─ 존재하거나, 더 정확히는 행하게 되는 역량 ─ 의 관점에서 바라본 것일 뿐입니다. 그것은 활동 양태들, 그리고 그들이 어떤 방식의 역량들을 추진하는가와 관련이 있습니다.

제가 말했듯이, 지금 말하는 직접성은 반드시 자기-현존이나 자기-소유를 말하는 것은 아닙니다. 그것은 우리가 자유에 대해 흔히 생각하는 방식이기도 하죠. 정동이 직접적이라면, 바로 이행 중 ─ 현재의 순간과 특정 상태로부터 다음 순간으로 지나가고 있는 육체 안에서 ─ 이라는 의미에서입니다. 그러나 그것은 또한 특정 상태 안에서의 육체의 이중화입니다 ─ 더 강렬하게 그 이행을 살아 가려고 했더라면 있었거나 되었을지도 모르는 것으로의 이중화. 하나의 육체는 그 자신과 동시에 존재하지 않습니다. 그것은 그 자신에 대해 현재적이지 않습니다. 그것은 이미 다음으로 넘어가는 중이고, 동시에 그 자신 위에 이중으로 접혀, 자신의 과거를 기억, 습관, 반성 등을 통해, 현재 속에 갱신합니다.[8] 무슨 말이냐면 하나의 육체는 그 자신의 정동적 차원과 동시적으로 일치한 적이 있다고조차 말할 수 없다는 것입니다. 육체는 정동으로부터 선택합니다. 동시에 거기서 특정한 가능성들을 추출하고 현실화합니다.[9] 정동을 좀 더 넓은 의미로 생각해 본다면, 육체가 [시간 속에

---

8. [옮긴이] 지속에 대한 베르그송의 정의를 상기해 보자. 현재와 과거가 지속하기 위해서는 현재 안에 이미 과거가 있지 않으면 안 되고 그 역도 마찬가지이다. 따라서 현재는 언제나 과거와 미래가 침투되고 이중화되어 접혀 있는 것이다.

9. [옮긴이] 정동은 시간 속에서 쌓여가는 것이며, 육체는 그 시간 속에서 자신의 필요에 부응하는 과거의 특정 시간을 선택해서 그것을 현실화한다는 뜻이다. 이런 의미에서 정동은 시간의 실체(entity)라고 말할 수 있다. 그렇다면 정동은 개별적인 몸에 국

세] 말하거나 행하는 모든 것이 가능태로 쌓여 있는 것 – 끊임없이 지속하는 몸의 찌꺼기 – 이라고 말할 수 있습니다. 좀 다른 각도에서 보자면, 이 끊임없는 찌꺼기는 일종의 초과 또는 과잉이라 할 수 있습니다.[10] 그것은 잠재[가능] 또는 새로움 또는 창조성의 비축 같은 것입니다. 언어로 또는 유용한 기능을 실행해서 의미를 현실적으로 생산하는 모든 경험 – 모호하지만 직접적으로 경험된, 더 많은, 올 것이 더 많은 어떤 것, 육체가 움직이기 위해 움츠릴 때 넘쳐흐르는 생명 같은 겁니다.

주나지 '화'anger 같은 단어가 지금 바로 떠오릅니다. 그것은 아주 강력한 육체의 경험이자, 순간적 강렬함-의-소리일 겁니다 – 아시겠지만, 어떤 점에서 화는 양전하a positive charge를 가지지 않는 것 같습니다. 왜냐면 화는 종종 어떤 것에 대한 반동이기 때문에…

마수미 제가 보기에 화와 웃음 같은 정동적 표현들은 가장 강력합니다. 화와 웃음으로 인해 실제로 어떤 상황이 깨져버리거든

한된 것인가? 실제적으로는 그렇다. 그러나 권리상으로는 그것을 넘어서 있고 하나의 통일된 시간이 존재한다. 주관성의 비개인성. 그러나 여기서 마수미는 정동이 이행이라고 말하면서, 그 이행의 두 계기 중에서 하나를 선택할 수 있는 것처럼, 정동을 분자화하고 있는 듯한 뉘앙스이다. 이 점은 선뜻 수긍하기 어려운 점이다.

10. [옮긴이] 베르그송이 윌리엄 제임스의 철학을 논평하면서 언급했던 "과잉실재"(hyper reality)를 상기해 볼 수 있을 것이다. 여기서 과잉이란 의식적 실재를 넘어 더한 것이 존재한다는 의미로 읽어야 할 것이다.

요. 그런 점에서 그들은 부정적입니다. 그들은 발생하고 있는 의미의 흐름, 즉 지금 일어나고 있는 정상적인 관계나 상호작용 그리고 실행되고 있는 기능들을 깨버립니다. 그렇기 때문에, 화와 웃음은 적합하지 않은 무엇인가의 난입입니다. 예를 들어, 화는 주목을 강요합니다. 간혹 화는 말로는 표현할 수 없는 극단적인 강렬함으로 가득 찬 어떤 중단을 강제합니다. 화는 상황을 소음으로 악화시키기도 하고, 몸짓들이 화로 인해 엉키기도 합니다. 화의 난입으로 인해 상황은 그 자체로 재배열되고, 어떤 식으로든 그 강렬함을 처리해야 합니다. 그런 점에서 화는 무언가 긍정적인 것을 이끌어 냅니다 — 재설정하는 겁니다.

우리는 화가 분출하면 어떻게 반응할지에 대해 순간적으로 계산이나 판단을 합니다. 그러나 그 판단이 우리가 모든 가능성들을 검토하고 그것을 분명히 사유했다는 의미에서의 '판단'은 아닙니다. 그보다는 순간적으로 일어나는 판단이며 우리의 몸 전체를 그 상황 속으로 밀어 넣는 종류의 판단일 뿐입니다. 화에 대한 반응을 보면 대체로 화 자체의 분출과 마찬가지로 몸짓을 수반합니다. 상황에 과부하가 생기는 것은 늘 이런 식입니다. 아무리 그 몸짓을 자제한다고 해도, 화는 그 자체가 하나의 몸짓인 겁니다. 누군가에게 화를 표출하면 그에 따른 여러 결과들이 그에게 직접 나타납니다 — 화해의 손을 내밀 수도 있고, 폭력에 조치를 취할 수도 있고, 관계가 끊어질 수도 있고, 모든 가능성들이 현재의 순간에 한꺼번에 밀려와 현시합니다. 설사 생각을 한다 해도, 충분히 생각하기도 전에 모든 일이 벌어지는 것이죠. 따라서 상황 속에 연루된 우리가 즉각 육체적으로 시행하는 행동과 분리될 수 없는, 정동의 순간적인 평가 같은 것을 통해, 즉 잠재적 방향들과 상황에 따른 결과들의 평가를 통해, 몸에서 일어나는 유형의 사유가 있습니다. 철학자 퍼스C. S. Peirce는 몸의 느낌으로 표현되는 사유에 대해 언급한 적이 있습니다. 그것은, 행동을 시작할 때 그러나 그 행동이 의식적인 생각이나 신중한 언어로 명료해지기 전에, 몸에서 전개되는 감각과 아주 밀접하게 관련이 있는 사유입니다. 그는 이것을 '귀추법'abduction이라고 불렀습니다.11

주나지 맞아요. 맞아요. 아, 일종의 '포획' 같은 것이죠 ….

마수미 맞습니다. 제가 보기엔 감각sensation은 제가 앞서 언급했던 정동의 등록 - 문턱에 있음을 언뜻 깨닫는 - 이며, 정동은 몸으로 생각하기 - 의식적으로 그러나 아직은 완성되지 않은 사유의 의미에서, 모호하게 - 라고 말할 수 있을 겁니다.12 그것은 사유의 운

---

11. [옮긴이] 귀추법적 추론은 경험적 사실을 관찰하고 그 사실을 설명하기 위해 이론적 가설을 고안해 내는 과정을 말한다. 연역추론은 이론적 가설을 먼저 설정하고 아직 충분한 설명력이 없는 이 가설을 설명하기 위해 이 가설과 관련이 있는 사실을 찾는다는 점에서 귀추법과는 구별된다. 반면 귀납적 추론은 경험적 사실들의 집적에서 귀결되는 수동적 종합이라는 점에서 능동적 추론인 귀추법적 추론과 구별된다. 귀추법적 추론을 위해서는 직관적 판단이나 감각적 통찰력이 요구된다. 즉 그것은 정동에 기반을 둔 사유이다. 퍼스에 의하면 위대한 과학적 발견들은 귀추법적 사유에서 나온다.

12. [옮긴이] 여기서 엄밀히 구별은 하지 않지만, 스피노자를 논의하면서 들뢰즈는 affect(*affectus*)와 affection(*affectio*)을 구분하는 경우도 있음에 유의하자. 베르그송은 『물질과 기억』에서 감각의 두 경향성을 '외향적 감각'과 '내향적 감각'으로 구분하면서, 후자인 내적인 감각을 "정동적 감각"(affective sensation)이라고 불렀는

동, 또는 생각하는 운동이라 할 수 있습니다. 이러한 것을 설명하는 데 사용되는 논리적 범주들이 있습니다. 귀추법이 그 예입니다.

주나지 제 생각에 귀추법은 일종의 순간을 훔치기가 아닐까 싶습니다. 물론 더 넓은 의미가 있겠지만 — 훔치기일 수도 있고, 아니면 낯선 힘 아니면 점유…

마수미 또는, 상황에 의해 도출된, 그 상황의 다사다난에 의해, 포획하기보다는 포획된 나 자신일 수도 있겠죠. 그러나 상황에 의한 이 포획이 반드시 억압은 아닙니다. 아마도…

주나지 아마도 우리가 지금 말하고 있는 자유 같은 것이겠죠….

마수미 바로 그렇습니다. 활력이나 생기의 감각, 더욱더 살아있는 것 같은 느낌이 동반되는 것입니다. '올바른' 결론에 도달하거나 결과를 파악하는 것보다도 이것이 더 중요합니다. 물론 이것도 결과를 내긴 합니다. 이것은 우리에게 주변부를 찾으라고, 우리가 몰랐던, 그리고 들어갈 방법을 생각할 수도 없었던 책략을 찾으라고 강요합니다. 그것은 우리를 바꾸고, 확장합니다. 이것이 바로 살아있다는 것입니다.

데, 이것은 들뢰즈가 구분한 affection에 가깝다 할 것이다.

따라서 정동을 긍정이나 부정을 함축한 것으로 말할 수 없습니다. 그것은 정동을 외부에서 판단하는 것이겠죠. 그렇게 되면 도덕적 설교조의 방향으로 가게 되겠죠. 스피노자는 도덕과 윤리를 구분했습니다. 스피노자의 관점에서 볼 때, 윤리의 길은 미리 주어진 판단체계에 준하여 행위들을 규정하고 분류하여 거기에 긍정이나 부정의 가치를 부여하는 것이 아닙니다. 윤리학은 행위들이 건드리고 표현하는 가능성이 어떤 유형인지를 파악하는 것을 의미합니다.[13] 어떤 사람이 궁지에 빠졌을 때 농담을 할지 화를 낼지, 그 불확실성은 그 상황에서 정동의 변화를 생산합니다. 그러한 정동의 적재loading와 적재된 정동을 펼치는 방식이 하나의 윤리적 행위입니다. 왜냐하면 불확실성은 사람들이 어디로 갈지 또는 그 결과 무엇을 할지에 영향을 주기 때문입니다. 그것은 영향을 미칩니다.

주나지 그렇다면 윤리는 항상 상황에 따른 건가요?

마수미 이런 관점에서 보면 윤리는 전적으로 상황에 따릅니다. 전적으로 실행주의적입니다. 그리고 윤리는 사람들 사이에서, 사회적 간극들 속에서 발생합니다. 본래부터 선이나 악은 없는 겁니

---

13. [옮긴이] 같은 맥락에서 들뢰즈는 스피노자 윤리학을 정동에 기반을 두는 "내재적 관계 양태들의 위상학"이라고 규정한다. 이에 대해서는 Gilles Deleuze, *Spinoza: Practical Philosophy*, trans. Robert Hurley (San Francisco: City Lights Books, 1988), p. 31 [질 들뢰즈, 『스피노자의 철학』, 박기순 옮김, 민음사, 2001]을 참조.

다. 어떤 행위의 윤리적 가치는 그것이 일어난 상황 속에서, 그 변형으로 인해, 무엇이 초래되었는지, 사회성을 어떻게 부수어 열었는지에 따라 좌우됩니다. 윤리란 어떻게 불확실성을 함께 살아갈 것인지에 관한 문제입니다. 윤리는 서로 옳고 그름을 판단하는 문제가 아닙니다. 스피노자와 마찬가지로, 니체는 선과 악 중에 하나만 있는 것은 아니지만, 그래도 선과 악의 구별은 존재한다고 보았습니다. 기본적으로 '선'을 정동적으로 규정한다면, 잠재성[가능성]을 최대화하는 것 그리고 그것을 상황에 연결시키는 것이라 할 수 있습니다. 선은 생성의 관점에서 규정됩니다.

주나지 말씀을 듣고 보니 선생님께서 생각하신 '통제된 추락으로서의 걷기'가 떠오릅니다. 어떤 점에서 보면, 우리가 걷는 모든 걸음은 중력과 함께 작동합니다. 그래서 우리는 떨어지지 않는 거죠. 그렇다고 걷는 동안 우리는 걸음을 의식적으로 생각하지는 않습니다. 우리 몸이 이미 움직이고 있고, 억제와 자유 모두로 채워져 있으니까요. 이것이 흥미로운 이유는 제가 좀 다른 식으로 다른 관계 − 지각과 언어 간의 − 를 생각해 본 건데요, 제가 보기엔 '정동'과 몸의 운동이라는 개념이 경험과 언어에 대하여 좀 더 통합적이고 활기찬 방식으로 이야기될 수 있겠다 싶습니다.

마수미 저는 그 '통제된 추락으로서의 걷기'라는 개념을 좋아합니다. 그건 일종의 속담 같은 건데, 특히 로리 앤더슨Laurie Anderson이 썼던 겁니다. 무슨 의미냐 하면, 자유, 혹은 앞으로 나아가고 일생을 이행해 가는 능력이 반드시 제약으로부터 도피하는 문제는 아니라는 겁니다. 제약들은 항상 존재하죠. 우리는 걸을 때 항상 중력의 제약을 상대해야 합니다. 균형의 제약을 받기도 하고, 평형이 필요하기도 합니다. 그러나 동시에, 걷기 위해서는 그 평형을 내던져버려야 하고, 나 자신을 거의 추락에 이르기까지 놔두어야 합니다. 그런 다음 추락을 중단하고 다시 균형감을 되찾게 됩니다. 결국 나는 그 제약들과 유희를 하며 앞으로 나아가는 것이지, 그것들로부터 도피하는 것이 아닙니다. 제약으로부터의 도피는 없지만, 운동의 열림은 존재합니다. 언어도 이와 같습니다. 저는 언어가 제약과 변용의 놀이라고 생각합니다. 언어를 전통적인 방식으로 생각하면, 즉 확립된 의미를 가진 어떤 단어가 한쪽에 있고, 다른 쪽에는 그에 상응하는 지각이 있고, 이 둘[기표와 기의]가 서로 일치한다는 식으로 언어를 생각하면, 그다음엔 응고가 일어납니다. 전통적인 체계에 따르면 언어는 단지 타인이 재인지하도록 사물을 지시하는 기능일 뿐입니다. 이미 거기에 있는 것으로 모두가 동의하는 어떤 것을 가리키는 것이 전부인 겁니다. 그렇지만 생각해 보면 모든 경험에는 그에 따르는 독특한 느낌이 있습니다. 그래서 그 경험의 아주 미세한 것들을 언어 표현으로는 고갈시킬 수 없습니다. 그것은 일견 두 사람이 동일한 상황 속에 있다고 해도 동일한 경험을 하지는 않기 때문일 겁니다. 또 한 가지 이유는 그 두 사람 사이에는 완벽하게 표현할 수 없을 만큼 지나치게 많은 것이 있기 때문입니다 — 특히 잠재적인 것만, 또는 가상적인 것만을 생각해 본다면 말이죠. 그러나 그 상황에서 '지나치게 많은 것'[과잉] — 전하charge — 을 전달하듯이, 새로운 경험을 실제로 육성하듯이, 언어와 경험의 이러한 불일치를 표면화하는 언어 사용이 존재합니다.

유머가 좋은 예입니다. 넓은 의미에서 보자면 시적 표현도 마찬가지입니다. 따라서 언어는 두 갈래입니다 : 경험을 포획하고, 코드화하고, 정상화하고, 중성적인 지시 틀을 제공함으로써 그것을 소통 가능하게 하는 것입니다. 그러나 동시에 그것은 '경험의 특이성들'singularities of experience이라고 하는 것을 전달할 수 있습니다. 우리가 앞서 말했던 일종의 정동적 운동으로 완전히 상황-특화된, 그러나 열린 방식이라 할 수 있습니다. 이 변화 가능을 경험하기, 다사다난과 모든 상황의 독특함, 심지어 가장 관례적인 것을 경험하기는, 반드시 지배 운동commanding movement의 문제만은 아닙니다. 그것은 항해 운동navigating movement의 문제입니다. 그것은 이미 항해 중에 있는 어떤 경험 속으로 침잠하는 것입니다. 그것은 흐름을 따르면서, 운동 안에서 기회들에 몸을 맞추는 것입니다. 상황을 지배하거나 기획하는 것이 아니라, 상황을 파도타기 하거나, 비틀기에 가깝습니다. 지배 패러다임은 마치 우리가 경험의 외부에서, 안을 들여다보고, 대상을 다루는 유체 이탈된 주체처럼 경험에 접근합니다. 그러나 우리의 경험들은 대상들이 아닙니다. 그것들은 우리 자신이고, 우리를 만드는 바로 그것이죠. 우리는 바로 우리가 처한 상황 자체이며, 그 상황을 통과해 가는 우리 자신의 움직임입니다. 우리는 바로 우리 자신의 참여입니다 — 외부에서 그 안을 들여다보는 어떤 추상적 실체가 아닙니다.

주나지 언어에서 운동은 중요합니다. 그것은 지각에 또 다른 문이나 창을 엽니다. 그러나 제 생각엔, 지적인 존재로서, 비판적 담론과 이론적 글쓰기 안에서 언어의 코드화 문제는 존재합니다 ― 거기서 그 언어는 운동을 중단시키고, 자유나 경험을 이해하는 잠재를 잘라내는 특정한 용어나 방법으로 모든 것을 표현할 수 있습니다 ….

마수미 자유와 운동의 잠재성의 증대를 겨냥하는 '비판적' 실천들은 부적절합니다. 왜냐하면 일정한 방식으로 무엇인가를 비판하려면 그것을 고정시켜야 하거든요. 어떤 점에서 그것은 무언가를 떼어내고 특성을 고정시켜 거기에 최종적 판결을 내리는 ― 일종의 도덕화의 방식으로 그것을 객체화하는 ― 거의 가학적인 시도라 할 것입니다. 저는 '비판의 방식'을 사용하는 것과 '비판적인' 것은 같지 않다고 이해합니다. 그렇지만 비판에는 항상 도덕화하려는 저의가 있다고 생각합니다. 그렇기 때문에 비판은 보다 더 살아있는 차원의 다른 경험과의 접촉을 잃어버린다고 생각합니다. 그것은 지배나 판결과는 관계가 없는 정동적 연결과 귀추법적인 참여 같은 다른 종류의 실행들을 허용하지 않습니다.

주나지 아시겠지만, 비-판결적non-judgemental이라는 점이 흥미롭습니다. 왜냐하면 선생님께서는 항상 어느 정도는 판결의 시도와 관련이 있었기 때문입니다 …. 판결을 내리지 않고 비판적 사유를 하는 것은 아주 어려운 일입니다. 그 방향[비-판결적 방향]으로 가는 것은 아주 많은 용기가 필요합니다. 그렇지 않으면…

마수미 네, 위험을 감수할 의지가 필요하죠. 실수도 할 수 있고, 심지어 어리석어 보일 수도 있습니다. 비판은 그것을 받아들일 수 없습니다. 그래서 결과가 힘들어집니다. 무엇인가에 대해 명확한 판결을 내리려고 시도하는 비판적 관점은 항상 어떤 식으로든 실패일 수밖에 없습니다. 왜냐하면 비판은 그것이 판결하는 과정과 거리를 두고 발생하기 때문입니다. 무엇인가가 사이 중간에서 일어났을 수도 있고, 감지할 수 없는 무엇인가가 핵심 사안의 한 복판으로부터 벗어나서 일어났을지도 모릅니다. 이러한 전개는 나중에 중요해질 수도 있습니다. 고정시키고 분리하는 과정은 또한 판결에 있어 약점입니다. 왜냐하면 고정과 분리는 그 순간에 활성화되지 않거나 분명치 않을 수도 있는 변화의 씨앗들, 형성 중인 연결들을 허락하지 않기 때문입니다. 이러한 개연성들에 맞추는 것은 위험을 감수하려는 의지를 요구합니다. 어떤 점에서, 판단 이성은 극도로 취약한 사유의 형식입니다. 자기 자신에 대한 확신이 지나치기 때문입니다. 그것을 폐기해야 한다는 말이 아닙니다. 다만 제가 생각하기에 그것은 다른 사유의 실천들을 통해 보완되어야 한다는 것입니다. 전적으로 의존해서는 안 된다는 말입니다. 만일에 판단이성이 지성의 유일한 혹은 심지어 가장 중요한 행보라면 한계가 있을 수밖에 없는 겁니다.

반-세계화 운동이 좋은 사례입니다. 그 운동에서 약점을 찾기는 아주 쉬운 일입니다. 그 전술이라든가, 자본주의에 대한 분석이라든가. 그렇지만 제대로 된 접근법이라고 생각하는 특정한 순간이 올 때까지 기다린다면, 기다리다가 인생을 낭비할 겁니다. 깔끔하게 딱 떨어지는 건 없습니다. 하지만 다행인 건 사람들이 허송세월하며 기다리지만은 않는다는 겁니다. 사람들은 바로 뛰어들어 실험을 하고 네트워킹을 합니다. 한 걸음 한 걸음 가는 겁니다. 결국, 사람들 사이에 새로운 연결이 만들어지고, 세계의 다른 지역들에서, 다른 정치적 수준에서, 가장 지역적인 풀뿌리 수준에서 가장 견고한 NGO에 이르기까지, 서로 다른 조직화된 구조를 사용해서, 세계의 다른 지역들에서 운영되는 운동이 만들어집니다. 아주 짧은 시기 동안 전 지구화를 둘러싼 전체 담론이 이동했습니다. 실제로, 그 주변뿐만 아니라 그 제도 안에서도 — 가난과 보건을 의제로 하지 않으면 국제회의 개최가 이제는 불가능합니다. 그것은 해결이 아니라, 시작입니다. 계속 가는 중입니다. 그게 중요합니다: 계속 가기.

주나지 자아의 한계 그리고 가능한 자유의 관점에서 방금 말씀하신 것과 관련하여 '통제된 걸음'의 개념이 아주 좋은 예일 것 같습니다. 그런데 저는 그 문제를 '통제사회'의 개념과 관련지어 생각하고 있습니다 — 선생님께서도 언젠가 쓰신 적이 있었는데요. 우리는 지금 통제사회에서 살고 있습니다. 따라서 이 새로운 시대에 통제와 권력이 또한 어떻게 자유의 가능성을 주는 걸까요?

마수미 물리학에서는 카오스 이론의 발전에 상당한 영향을 준

꽤 유명한 문제가 하나 있습니다. '삼체문제'the three-body problem라고 하는 것인데요, 우리는 뉴턴의 법칙에 묶여 있는 천체들이 그리는 결정론적인 궤도를 구할 수가 있습니다. 예를 들어, 중력과 같은 힘에 의해 상호작용하는 두 개의 천체가 있다면, 모든 것은 측정 가능하고 예측이 가능한 것입니다.[14]

그것들이 한순간 어디에서 서로 관계를 맺고 있는지를 안다면, 경로를 추정할 수 있고, 그들이 과거에 주어진 특정 순간에, 또는 미래의 어떤 시간에 어디에 있는지 파악할 수 있습니다. 그러나 세 개의 천체를 함께 놓고 보면 예측 불가능이라는 여지가 스며들기 시작합니다. 한 지점이 나온 다음에 나올 경로들을 정확히 결정할 수가 없습니다. 예측할 수 없는 쪽으로 틀어질 수도 있고, 기대하고는 완전히 다른 곳에서 끝날 수도 있습니다. 무슨 일이 일어난 걸까요? 결정론적인 체계 안으로 어떻게 우연이 스며든 걸까요? 그 천체들이 물리학의 법칙을 깬 것이 아닙니다. 간섭, 또는 공명이 일어난 것이죠. 그것은 실상 별개의 천체와 경로들이 상호 작용하는 것이 아닙니다. 그것은 다수의 장fields입니다. 중력도 하나의 장입니다 — 잠재적 유인, 충돌, 궤도의 장, 잠재적 구심운동과 원심운동의 장입니다. 어느 정도 비결정성이 스며든 세 개의

---

14. [옮긴이] 삼체문제는 중력(체계)의 영향에 묶여 있는 세 개의 물체(예컨대, 태양–달–지구)가 운동할 때, 이 물체들의 궤도나 위치를 방정식으로 예측할 수 있는지를 증명하는 물리학의 오래된 문제를 말한다. 뉴턴(Isaac Newton)은 두 개의 물체가 중력에 묶여 있을 경우엔 타원궤도를 따라 돌 것이라고 예측을 했고, 그 '결정론적인 궤도'를 이론적으로 입증했는데, 이것을 '이체 문제'라고 한다. 그러나 물체가 세 개인 경우에는 특수한 조건하에서만 해를 구하는 것이 가능할 뿐, 보편적으로 적용할 수 있는 '일반해'는 없는 것으로 알려져 있다.

장이 중첩될 때, 이 모든 잠재성들이 그러한 복잡한 간섭 패턴을 형성합니다. 우리가 예측할 수 있는 충분히 세부적인 지식이 없는 것이 아닙니다. 정밀한 예측 자체가 불가능한 겁니다. 왜냐하면 비결정성은 객관적이기 때문입니다. 따라서 가장 결정론적인 체계에서조차 객관적 자유도an objective degree of freedom가 존재합니다. 운동들의 결합 속에서 무엇인가가, 심지어 엄격한 법칙들에 따라, 그 제약들을 자유의 조건들로 휙 뒤집어 버립니다. 일종의 상관적 효과, 복잡성 효과입니다. 정동은 우리 인간의 중력장 같은 겁니다. 우리가 자유라고 부르는 것은 그러한 상관적 반전들입니다. 자유는 제약들을 부수거나 피하는 문제가 아닙니다. 그 제약들을 자유도로 휙 뒤집기의 문제입니다. 제약들을 근본적으로 피할 수는 없습니다. 아무도 중력을 피할 수 없는 것처럼요. 법칙들은 우리 존재의 일부입니다. 우리의 정체성에 내재해 있습니다. 예를 들어, 인간이 젠더gender를 빠져나가기는 간단하지 않습니다. 젠더라고 하는 문화적 '법칙'은 우리의 존재를 만드는 일부이고, 우리를 개체로 생산하는 과정의 일부입니다. 우리는 젠더 정체성에서 빠져나올 수 없습니다. 그러나 어쩌면 젠더를 반전시킬 수는 있을지 모릅니다. 그것이 개체적인 문제일 수는 없습니다. 그것은 개체들 간의 간섭과 공명 패턴을 비틀기와 관련이 있습니다. 그것은 관계적인 문제입니다. 우리는 독립적으로 영향을 받고 다른 개체들에게 개별적으로 영향을 주지 않습니다. 우리는 함께, 어울림 속에서, 서로 속해 있는 장 속에서 영향을 주고받습니다. 이 생각은 몸체들 자체가 함께 움직이고 함께하면서 소속 자체의 수준에서 작용하는 여러 방식들이 존재한다는 것입니다. 이것은 우리가 앞서 얘기했던 의미에서 윤리적인 집단적 잠재의 평가를 포함해야 하겠죠. 그것은 사물들의 관계 자체에 주목하는 것입니다 — 정체성의 정치가 아니라 어울림[관계]의 정치ᵃ politics of belonging, 예측 가능한 방식으로 서로를 끌어당기거나 충돌하는 이해관계의 분리된 영토들 대신에 상관적 발생의 정치 말이죠. 이사벨 스텡거스Isabelle Stengers의 말을 빌자면, 이런 유형의 정치는 실천의 생태학입니다. 실행주의적 사이-내 정치학입니다. 제가 보기에 이것은 정동의 수준에서 작동할 수밖에 없는 귀추법적인 정치입니다.

주나지 그러면 이 정치적 생태학은 무엇을 다룹니까?

마수미 정치적 생태학 같은 쪽으로 가려면, 무엇보다도 권력으로서의 관념 또는 지배하는 권력으로서의 통제를 없애야 합니다. 그것은 언제나 [무엇인가에] 대한 권력입니다. 법이라고 하는 가장 거대한 권력은 우리를 형성하는 권력입니다. 권력은 단지 우리를 강제적으로 특정 경로로 가게 하는 것이 아니라, 우리 안에 경로를 설정합니다. 그렇게 해서 우리가 그 제약들을 따르는 법을 배우게 되면 우리는 우리 자신을 뒤따르게 되는 것입니다. 권력이 우리에게 미치는 효과는 우리의 정체성입니다. 이것이 미셸 푸코Michel Foucault가 우리에게 가르치는 것이죠. 권력이 외부로부터 우리에게 난입했다면, 그것이 단지 외적인 관계였다면, 문제는 간단할 겁니다. 그냥 도망가면 되거든요. 1960년대와 1970년대에 많은 사람들이 권력을 이렇게 보았습니다 — 저 자신도 그랬습니다. 거부해 보세요, 예측 가능한, 정도straight-and-narrow의 길을 따르길 중단해 보세요. 그러면 성차별주의 같은 것들은 그냥 사라져버릴 겁니다. 그러나 그들은 그렇게 되지 않았습니다. 그보다 훨씬 더 복잡한 문제입니다. 권력은 잠재의 장으로부터 우리에게 생겨납니다. 그것은 우리를 '내-형성'합니다. 그것은 우리의 형성에 고유한 것이며, 정체성을 가진 개체로서 우리의 발생의 일부입니다. 그리고 그것은 우리와 함께 출현합니다 — 권력을 현실화하는 것은 우리입니다. 그것이 우리를 내-형성하듯이 말이죠. 따라서 어떤 점에서 그것은 우리가 자유라고 부르는 것만큼이나 가능화potentialize하는 것입니다. 그것이 유일하게 가능하게 하는 것은 몇몇 예견 가능한 경로들에 국한됩니다. 그것은 계량 가능한 정동의 일부이며, 가장 개연성 있는 다음 단계이자 사건의 결과입니다. 푸코가 말했듯이, 권력은 생산적입니다. 그래서 그것이 생산하는 것은 억압이기보다는 규정입니다. 그것은 우리에게 '통제사회'와 자본주의를 가져다줍니다 ….

주나지 제가 궁금했던 것은 …

마수미 자본주의가 2차 세계대전 이후 상당히 재편되어 온 것은 분명합니다. 그리고 그 과정을 속속들이 알기는 어렵습니다. 제가 보기에 그것을 가장 훌륭하게 생각한 방식은 포스트-아우또노미아 이탈리아 맑스주의 운동에서, 특히 안또니오 네그리의 생각에서 나온 것입니다. 그의 주장은 자본주의 권력이 '지배권력'power over이라는 의미에서의 '통제'를 상당 부분 포기했다는 것입니다. 그것은 미셸 푸코의 용어를 빌자면 '규율' 권력disciplinary power이 한창일 때에 상응합니다. 규율 권력은 육체를 상명 하달식 기관 안으로 포섭하는 것으로부터 출발합니다 — 감옥, 정신요양원, 병원, 학교 등등. 규율 권력은 어떻게 하면 행위들을 보다더 정례화할지 그 방안을 찾기 위해 포섭합니다. 그 목적은 정상성 — 선하고, 건강한 시민 — 을 제조하는 것에 있습니다. 상명 하달식 규율 권력이 장악하고 퍼지게 되자, 규율 권력은 포섭 없이도이전과 동일한 작용을 할 수 있는 방안을 모색합니다. 감옥은 사회에 복귀하기 위한 훈련소를 낳았고, 병원은 지역사회 보건소와자택-요양 시설을 낳았고, 교육 기관은 자립과 경력 재도구화 산업을 낳았습니다. 규율 권력은 이제 열린 장 내에서 작동하기 시작합니다. 일정 기간이 지난 후에 이제 규율 권력이 관심을 두는것은 기관들 그 자체보다는, 기관들 간의 변환과 같은 그 장[분야]내의 지점들 간의 연계입니다. 그 사이-내로 들어간 것이죠. 여기서 규율 권력은 제가 언급했던 간섭과 공명 효과 같은 방식으로직접적으로 작용하기 시작합니다. 육체의 움직임과 추진력에 직접 영향을 가하고, 추진력을 생산하고, 보다 더 다양화되고, 심지어 변칙적으로 발전합니다. 정상성은 그 장악력을 잃어버립니다.규칙들은 느슨해지기 시작합니다. 정상성의 이러한 느슨함은 자본주의의 역동성의 일부입니다. 그것은 단순한 해방이 아니라, 자본주의 특유의 권력 형식입니다. 그것은 더 이상 모든 것을 규정하는 규율적 기관 권력이 아니라, 다양성을 생산하는 자본주의의 권력입니다 — 시장이 침투해 있기 때문입니다. 다양성을 생산하면, 틈새시장을 생산하게 됩니다. 정동적인 경향이 이상하고 특이해도 상관없습니다 — 돈이 된다면 말이죠. 자본주의는 정동을 심화하고 다양화하기 시작합니다. 그러나 오로지 잉여-가치를 뽑아내기 위해서입니다. 자본주의는 가능한 이익을 강화하기 위해 정동을 납치합니다. 말 그대로 정동을 가치화하는 것이죠. 잉여-가치 생산이라는 자본주의 논리는 정치적 생태학의 영역이기도 한 상관적 장도 접수하기 시작합니다. 정체성에, 그리고 예측 가능한 경로에 저항하는 윤리적 장이 그것입니다. 이것은 아주 곤혹스럽고 혼란스러운데, 왜냐하면 제가 보기엔 자본주의 권력이 가지는 역동성과 저항의 역동성 간에 일정한 수렴이 존재하기 때문입니다.

주나지 제가 보기에 이것은 자본주의가 잠재를 포착하고 조직화하는 방식에 관한 문제를 제기하는 것 같습니다. 제가 언급하고 싶은 두 가지 이슈가 있습니다 : 하나는 희망의 문제와 관련하여 — 인간적 열망과 희망은 오늘날 자본주의와 직접적으로 연관이 있습니다. 자연적인 것 또는 '희망의 잠재'the natural or 'potential of hope'는 상당 부분이 통화 체계, 경제적 강박이나 소유 문제에 포획되어 묶여 있습니다. 그다음은, 자본주의 안에서의 희망과 공포의 관계입니다. 제 생각에 희망과 공포는 동일한 등식의 일부입니다….

마수미 제 생각에도 확실히 그렇습니다. 자본주의의 변화와 그 구성에 대해 잠깐 언급하고 나서 그 문제로 다시 돌아와 보겠습니다. 네그리와 같은 사상가에 따르면 자본주의의 생산물은 점점 무형적으로 되어 가고 있습니다. 점점 더 정보-기반, 서비스-기반으로 변하고 있다는 것입니다. 물질의 형태를 띤 물건들과 상품들은 예전에는 경제의 동력이었지만 지금은 점점 지엽적인 것이 되고 있습니다. 이윤의 견지에서 보자면 말이지요. 가령, 컴퓨터 가격이 계속해서 하락하고 있습니다. 컴퓨터 제조만으로는 더 이상 이윤을 내기가 어려운 겁니다. 왜냐하면 서로 다른 여러 회사들이 본질적으로 동일한 제품들을 대량으로 생산하기 때문입니다. 얼마든지 대체할 수가 있는 겁니다.

주나지 어떤 점에서 그것은 대량생산 아닐까요? 아니면 대량생산의 다른 개념일까요?

마수미 대량생산입니다. 그러나 다른 유형의 생산으로 가는 겁니다. 물건을 통해 이윤을 낼 수 없다면 무엇을 팔 수 있겠습니까? 그 물건과 관련된 서비스들을 팔 수 있을 겁니다. 그리고 그 물건을 통해 우리가 할 수 있는 것들을 할 수 있는 권리를 파는 겁니다. 저작권 문제가 그토록 중요한 이슈인 이유가 여기에 있습니다. 자본주의 생산물은 점점 사용할 권리를 구매하는 식의 지적 재산권의 형태로 변해 가고 있습니다. 돈을 내고 사서 가져버리는 물건이 아닙니다. 소프트웨어 패키지를 사면, 하나는 데스크톱에 하나는 랩톱에 마음대로 복사조차 할 수 없는 경우도 있습니다. 내가 책 한 권을 산다면, 하나의 물건을 소유한 겁니다. 나는 그것을 되팔 수도 있고, 빌려줄 수도 있고, 다시 묶을 수도 있고, 내가 원하는 용도에 따라 복사할 수도 있습니다. 그런데 내가 소프트웨어 패키지를 산다면, 나는 하나의 물건을 샀다기보다는 한 묶음의 기능을 샀다고 할 수 있습니다. 그 기능들을 사용할 권리를 산 것입니다. 거기에 딸려 있는 여러 부록들을 포함해서 말이죠. 나는 기본적으로 무엇인가를 할 수 있는 권리, 즉 정동하고[영향을 주고] 정동되는[영향을 받는] 방식들을 사용할 권리를 산 것입니다. 그것은 잠재화하는 동시에 통제되는 것입니다. '최첨단' 제품들은 점점 더 다면적이 되어갑니다. '통합'이라는 말이 유행어가 되었는데요. 내가 컴퓨터로 된 제품을 구매하면, 그것으로 여러 가지 일들을 할 수가 있습니다. 그걸 이용해서 제가 가진 정동적인 능력들을 확장시킬 수가 있는 것이죠. 그 제품은 내 삶의 동력이 됩니다 ― 마치 내 활력에 터보 출력 장치를 단 것처럼요. 그것으로 나는 더 멀리 갈 수도 있고, 더 많은 일을 할 수도, 더 많이 처리할 수도 있습니다. 심지어 지금은 옛날 스타일 제품을 파는 방식도 마찬가지입니다. 우리는 단지 자동차 한 대를 사는 것이 아닙니다. 자동차 업자들은 말하죠. 우리가 사는 것은 라이프스타일이라고. 우리가 무엇인가를 소비하면, 우리는 단지 특정한 용도에 맞게 사용할 물건을 가지는 것이 아니라, 삶을 가지는 것입니다. 모든 제품들은 점점 무형적이 되어 가고, 분위기를 가지고, 마케팅은 점점 스타일과 브랜드화에 접속되어 갑니다 ….

주나지 더 무의미해진 건가요?

마수미 그럴 수도 있죠. 그럴 수는 있지만, 반드시 그런 건 아닙니다. 왜냐면, 스타일이나 브랜드화를 생각해 보면, 그것은 활력이나 생생함의 의미로 우리가 앞서 말했던 것을 표현하려는 시도거든요. 그것은 일종의 경험과 라이프스타일의 판매입니다. 그래서 사람들은 자신들이 구매하는 것으로 그리고 구매 가능한 것으로 할 수 있는 것 주변으로 모여듭니다. 그래서 사물의 소유권은 비교적 덜 중요해집니다. '과시 소비'conspicuous consumption의 중요성은 초기 단계에 속합니다. 지금은 경험의 권능부여enabling가 이를 대체하고 있습니다.[15] 이제는 그러한 경험을 가능하게 하는 것에 신경을 써야 합니다. 기업들은 브랜드 로열티를 생산하기 위해 온 힘을 다합니다. 포인트로 보상해 주는 등의 '충성도 활성화 프로그램'은 흔한 일이죠. 제품은 오랜 기간 동안 삶의 동반자가 되었고, 그 충성도 프로그램이나 서비스망, 업그레이드 보증 등을 통해 소비자들은 기업과 지속적으로 관계를 맺습니다. 소비자가 제품을 사용하는 방식 또한 점점 더 관계를 지향합니다 ― 가장 유혹적인

---

15. [옮긴이] enabling은 이 책에서 자주 등장하는 용어로 '권한(능)을 부여하다', '자격을 주다', '~을 할 수 있게 하다'의 뜻이다. 예컨대 자본주의 사회에서 '상품'은 소비자들을 유혹하는 정치경제 권력의 수단이지만, 동시에 소비자들은 그 상품들을 통해 창조적인 것을 할 수 있는 권한이나 능력을 부여받는다. 디지털 미디어 기기나 휴대폰 등이 이에 해당한다. 뒤에 가서 마수미는 제약과 장애 들이 오히려 역량을 발휘하는 권능으로 전환되는 예들을 논의하면서 이를 "권능부여 제약"(enabling constraints)이라고 부른다. 여기서는 enabling, enablement를 맥락에 따라 '권능부여', '권능화', '권능획득' 등으로 옮겼다.

제품들은 연결의 가능성을 생산합니다. '접속 가능성'은 또 하나의 유행어입니다. 우리가 제품을 하나 사면, 다른 제품들 그리고 특히 다른 사람들과 접속할 가능성을 구매하게 됩니다 — 가령, 어떤 가족이 이메일로 연락하기 위해 컴퓨터를 산다든가, 작업을 위해 컴퓨터를 사서 결국은 온라인 커뮤니티에 가입하게 되는 식입니다. 해가 갈수록 팔리는 것은 경험, 사회적 경험입니다. 기업, 자본주의 회사는 사회 망과 문화적 연결 절점들을 창출해야 합니다. 제품 주변으로 모이도록 말이죠. 그래서 제품은 점점 더 그로부터 뻗어 나가는 사회적 망들을 창출하는 데 익숙합니다. '네트워킹'은 1980년대의 유행어였습니다. 새로운 종류의 자본주의 권력이 막 진가를 발휘하던 시절이었죠. 마케팅이라는 것 자체가 이러한 노선들을 따라 작동하기 시작했습니다. 새로운 종류의 마케팅 기법인 바이럴 마케팅viral marketing이라고 있습니다. 이를 통해 전문화된 회사들은 자발적으로 만들어진 관심사 집단을 찾아냅니다.[16] 이 방식은 처음에 음악 산업에서 시작되었습니다. 밴드들을 위한 팬 네트워크 주변에서 생겨난 겁니다. 회사는 어떤 밴드나 연주자에게 감정적으로 강하게 집착하는 그룹을 찾아냅니다. 그 그룹에게 해당 밴드나 연주자는 자신들을 어떻게 바라볼지 그리고 질적 삶을 위해 무엇을 받아들일지를 결정하는 구심점이 됩니다. 회

---

16. [옮긴이] 바이럴 마케팅이란 소비자들이 소셜 미디어나 블로그 등을 통해 직접 자발적으로 상품을 홍보하도록 유도하는 광고기법을 말한다. 광고를 본 소비자들이 인터넷에서 퍼가기 등을 통해 확산되면서 화제를 일으키는 마케팅 방식으로, 컴퓨터 바이러스처럼 확산된다고 하여 바이럴(viral) 혹은 바이러스(virus) 마케팅이라고 부른다.

사는 그들과 네트워크를 이루고, 그들에게 티켓을 제공하거나 내부 정보, 또는 출입 특권을 줍니다. 그러면 이번엔 그룹의 일원들은 일정한 마케팅 임무를 맡아서 수행합니다. 이렇게 해서 마케팅과 소비, 삶과 구매의 차이가 점점 좁혀지고, 급기야는 거의 구분이 불가능해지게 됩니다. 생산의 측면과 소비의 측면 둘 모두에서 문제는 무형적인, 기본적으로 문화적인 제품들 또는 경험의 제품들입니다. 이들은 언제나 변함없이 집단적 차원에서 작동합니다.

주나지 따라서 소비자로서 우리는 전 세계 그리고 집단적 교환의 새로운 네트워크의 일부이겠군요 ….

마수미 개인individual 소비자들은 이 집단적 프로세스에 유입된 존재입니다. 분리된 존재가 아닙니다. 또 합리적 개체들로서 충분한 정보로 소비자 선택이 가능할 것 같은 자유로운 행위자라고 부를 수 있는 존재도 아닙니다. 이것은 틈새 마케팅을 넘어서는 단계로, 관계 마케팅이라 할 것입니다. 이것은 설득에 의해서가 아니라 감염에 의해, 합리적 선택이 아니라 정동으로 작동합니다. 최소한 그것은 우리의 정체성 수준 못지않게·우리의 '불확실한 사회성'의 수준에서 작동합니다. 그것은 점점 더 사회적 장에서 진행 중인 운동에, 사회적 동요에 편승합니다. 그리고 그것은 이윤–창출 방향으로 정향됩니다. 네그리 같은 사람들은 '사회적 공장'에 대해 말합니다. 일종의 자본주의의 사회화입니다. 여기서 자본주의는 물건들을 파는 것이 아니라 (무엇인가를) 하고 (무엇인가가) 되려는 잠재들을 정찰하고 포획 또는 생산하고 다중화하는 것입니다. 이 것에 해당되는 노동의 유형을 그는 '비물질 노동'이라고 불렀습니다. 궁극적으로, 우리 자신이 바로 그 생산물이 됩니다. 자본주의적 생산 권력에 의해 우리는 내-형성됩니다.[17] 우리의 전체 삶 – 우리의 활력, 우리의 정동적 능력들 – 은 '자본주의적 도구'가 됩니다. 간단히 말해 우리 삶의 가능성들이 자본주의적 생산력과 구분 불가능한 것입니다. 몇몇 에세이에서 저는 이것을 자본주의하에서의 '삶의 포섭'the subsumption of life이라고 불렀습니다.

제러미 리프킨은 최근 미국에서 가장 유명한 경영대학원에서 가르치고 있는(저항의 포획에 관하여!) 사회 비평가입니다.[18] 리프킨이 자본주의에 대해 묘사하는 부분은 실제로는 네그리와 놀랍도록 유사합니다. 그는 이것을 다음 세대의 자본가들에게 가르치고 있습니다. 그는 주로 자신이 칭하는 '게이트키핑' 기능에 집중합니다.[19] 여기서 권력자는 더 이상 억압적인 경찰의 곤봉이 아니

---

17. [옮긴이] 수동태인 informed는 "~에 대해 잘 알다, 정통하다"는 뜻이 있지만, 여기서 마수미는 in과 formed 사이에 하이픈을 넣어 이 둘이 유착되기 이전의 관계의 과정을 표현하고 있다. 따라서 내적으로 형성된 상태인 '내면화' 또는 '내-형성'이라는 용어로 옮겼다.

18. [옮긴이] 미국 펜실베이니아 대학교 와튼 스쿨 최고경영자 과정을 말하는 것으로 추정된다. 자본가가 될 사람들에게 저항의 포획에 관해 가르치고 있는 것이다.

19. [옮긴이] 말 그대로 입구의 통과를 결정하는 취사선택 행위나 그 과정을 지칭하며, 이러한 결정의 주체를 게이트키퍼(gatekeeper)라고 한다. 이 용어는 처음엔 1947년 쿠르트 레빈(Kurt Lewin)이 경로 이론(channel theory)을 설명하기 위해 사용한 용어이다. 가령, 식품의 유통 경로는 그것이 생산지에서 소비자의 식탁으로 이동하는 가운데 거치는 유통 단계를 지배하는 결정자에 의해 취사선택 되듯이, 신문이나 방송 등 미디어에서의 뉴스 역시 유통 회로의 단계들을 지배하는 결정권자에 의해 특정 메시지가 선택되거나 사라지는 취사선택 과정을 거친다. 따라서 식품의 구매와

라, 바코드나 핀 번호입니다. 이러한 것들이 통제 메커니즘을 이룹니다. 그러나 '지배권력'이라는 낡은 의미에서가 아닙니다. 들뢰즈가 말한 통제, 즉 '검문 메커니즘'check mechanism에 더 가깝습니다. 결국 검문소가 문제인 거죠. 식료품 가게 카운터에서, 우리가 구매하는 제품에 찍힌 바코드는 가게 밖으로 나갈 물건을 검문합니다. 은행의 자동 현금 지급기는 신용카드에 찍힌 핀 번호를 통해 우리가 계좌에 들어갈 수 있도록 검문합니다. 그 검문들이 우리를 직접 통제하지는 않습니다. 어디로 가라고 지시를 하거나 어떤 시간에 무엇을 하라고 말하지도 않습니다. 우리를 지배하는 주인처럼 굴지도 않습니다. 그냥 도사리고 있을 뿐입니다. 그들은 특정 지점에서 우리를 기다리고 있습니다. 우리가 그들 쪽으로 가면, 그제야 활성화됩니다. 우리는 마음대로 다닐 수 있습니다. 그러나 발을 디딜 때마다 검문소를 지나가야 합니다. 검문소는 어디에나 있습니다. 사회적 풍경으로 짜여 있을 정도입니다. 길을 계속 가려면 이 검문소를 지나가야 합니다. 통제되는 것은 바로 이 통과의 권리 ─ 접근 권리입니다. 이것은 우리가 어떤 장소에 가고 어떤 일을 할 수 있는 권한 같은 겁니다. 검문소를 통과하려면 탐지를 위해 뭔가를 제시해야 하고, 그러면 뭔가가 등록됩니다. 내 은행 계좌에서 돈이 인출됩니다. 그러면 나와 내가 산 식료품들은 통과됩니다. 또는 등록에 실패하면, 공항 보안경비나 비디오로 감시하는 곳

가족의 식성을 좌우하는 힘을 가정주부가 쥐고 있듯이, 언론인은 게이트키퍼로서 정보유통의 운명을 좌우할 수 있다는 논리이다.

에서처럼, 나를 지나가게 합니다. 어떤 경우든 통제는 문지방 통과 시 일어납니다.

사회는 문지방이나 출입구들로 이루어진 열린 장이 됩니다. 계속해서 이어지는 통과의 공간이 되는 겁니다. 더 이상 벽으로 둘러싼 폐쇄로 단단하게 구조화된 것이 아닙니다. 온갖 융통성이 다 존재합니다. 길을 따라 있는 주요 지점들에서, 문지방들에서, 바로 권력이 작동하는 것입니다. 권력의 실행이 나의 움직임에 영향을 줍니다 – 나에게가 아니라 어떤 개인에게죠. 옛날식 훈육권력의 형성기에, 권력은 항상 내가 어떤 종류의 개인인지를 판결하는 것이었고, 그렇지 않으면, 나를 어떤 모델에 맞추는 것이 권력이 기능하는 방식이었습니다. 모델에 적합한 시민이 아니면 나는 유죄로 판결되고 '교정'의 대상으로 감금되는 식이었죠. 그런 종류의 권력은 거대한 단일체를 상대합니다 – 도덕적 주체로서의 개인, 옳고 그름, 사회 질서 같은 것들이죠. 그리고 모든 것은 내면화됩니다 – 바른 생각을 안 하면 곤란을 겪었습니다. 이제는 우리가 통과할 때 검문을 받습니다. 무죄냐 유죄냐를 판결받는 대신 우리는 유동적인 현금처럼 등록됩니다. 그 과정은 대부분 자동화됩니다. 그래서 우리가 무슨 생각을 하는지, 우리의 본성이 무엇인지는 크게 중요하지 않습니다. 기계는 탐지하고 '판결'합니다. 검문은 그냥 약간의 디테일에 영향을 줄 뿐입니다 – 계좌에 돈은 충분한가? 총을 소지했는가? 이것은 고도로 지엽화된, 부분적인 형태의 권력의 행사 – 미시 권력입니다. 미시 권력이 상향식으로 높은 수준까지 채워지긴 하지만 말이죠.

주나지 이 권력은 더 무형적이겠죠. '진정한' 기원이 없기 때문이죠… .

마수미 어떤 점에서 진짜 권력은 우리가 통과한 이후에 피드the feed 속에서 시작됩니다.[20] 왜냐하면 우리는 흔적을 남기거든요. 무엇인가가 등록됩니다. 이 등록된 것들은 취합되어 우리의 움직임에 대한 프로파일을 이룹니다. 아니면 다른 사람들의 입력된 기록들과 비교될 수도 있습니다. 등록은 대량으로, 체계적으로, 종합적으로 처리됩니다. 감시나 범죄 수사에는 대단히 편리하죠. 그러나 마케팅에는 더욱더 가치가 있습니다. 무형적인 것에 상당 부분 기반을 두고 있는 이러한 유연적[유동적] 경제fluid economy에서 가장 중요한 것은 사람들의 패턴이나 취향에 관한 정보입니다. 검문체계는 우리가 밟는 매 단계 정보들이 취합되도록 합니다. 우리는 계속적으로 피드를 제공하고, 그것은 다시 우리에게 새로운 제품들, 즉 가능을 묶어 놓은 새로운 보따리들을 들이미는 광고로 귀환합니다. 쿠키들이 인터넷에서 어떻게 작동하는지 생각해 보세요.[21] 링크를 클릭할 때마다 우리는 취향과 패턴을 등록하게 됩니다. 그러면 그것들은 여러 처리 과정을 거쳐 팝업 광고의 형태로 우리에게 되돌아와서 우리로 하여금 특정 링크로 연결하거나, 가

---

20. [옮긴이] 흔히 '뉴스피드'라는 용어에서 알 수 있듯이, 피드는 특정 뉴스나 정보를 중앙에서 지역으로 공급해 주는 공급 체계나 공급 장치로 이해하면 될 것이다.
21. [옮긴이] 쿠키(cookies)는 인터넷이나 네트워크를 사용하는 사용자가 해당 환경에 접속할 때 중앙 서버에 보내지는 사용자의 여러 정보들(컴퓨터 번호, 아이피 주소, 위치 정보 등)을 기록한 정보 파일을 일컫는 IT 용어이다.

급적 뭔가를 구매하도록 합니다. 이것은 일종의 피드백 회로입니다. 그리고 그 목적은 우리의 온라인 활동을 변조시키는 것입니다. 우리가 링크를 클릭하는 매 순간 다른 누군가의 시장 조사를 대행해 주고 있다고 해도 과언이 아닌 거죠. 우리는 그들의 이윤 창출 능력에 기여하고 있는 겁니다. 우리가 구가하는 일상적인 활동과 레저 활동은 이제 가치-창출 노동의 형태가 되었습니다. 일 상생활을 하는 것 자체만으로 우리는 이제 잉여-가치를 생산하고 있습니다 — 움직이는 능력 자체가 자본화되고 있는 겁니다. 들뢰즈와 가따리는 움직임에 대한 이런 식의 자본화를 '흐름의 잉여-가치'라고 불렀습니다. 그리고 '통제사회'를 특징짓는 것은 권력이 기능하는 방식과 경제가 이 흐름의 잉여-가치 세대 주변에 함께 등장한다는 사실입니다. 삶의 운동, 자본 그리고 권력은 하나의 연속적인 작동입니다 — 검문, 등록, 입력, 처리, 피드백, 구매, 이윤, 이런 것들이 빙빙 돕니다.

주나지 그렇다면 더 '전통적인' 형식의 권력은 어떻게 작동합니까? 제 말은 그 권력 형식들이 사라지지 않는다는 말입니다 — 그들은 오히려 더 가속화되고 있는 것 같습니다.

마수미 그렇습니다. 지금 상황이 이렇다고 해서 경찰 기능은 살아있는 데 반해 낡은 훈육권력은 끝났다는 말은 아닙니다. 훈육권력은 사라지지 않습니다. 오히려 그 반대입니다. 사실 훈육권력은 확산하는 경향이 있고, 때로는 더 심하게 적용되기도 합니다. 훈육권력이 작동하는 분야가 더 이상 그러한 종류의 권력에 의해 전체적으로 통제되는 것이 아니기 때문입니다. 그래서 훈육권력은 구조적으로 불안정한 상황에 처해 있는 것이죠. 지배 영토에 대한 효과적인 통제를 장악할 수 있는 하향식 국가 장치는 더 이상 가능하지 않습니다. 구식의 통치권은 과거의 유물일 뿐입니다. 모든 경계들은 이제 다공성porous이 되었고, 자본주의는 그 다공성을 먹고 자라며, 점점 더 다공성을 밀고 나갑니다 ─ 이것이 바로 전 지구화입니다. 그러나 그 움직임들을 점검하는 메커니즘이 있어야 합니다. 그래야 경찰 기능이 확산하고, 경찰 기능이 확산하면 마찬가지로 감옥들도 그렇게 되겠죠. 미국에서는 이것이 사설화되었고, 지금은 그것이 대규모 산업입니다. 이제 경찰기능은 점점 더 제가 앞서 묘사했던 방식으로 작동하고 있습니다. 검문 기능 ─ 탐지, 등록, 피드백 ─ 을 통해서요. 체포의 관점에서, 경찰의 행위는 하나의 특수한 유형의 피드백으로서 이러한 움직임-처리 회로에서 나온 것입니다. 총은 게이트를 통과하지 못하고 기계에 의해 탐지됩니다. 그러면 경찰이 반응을 하고, 누군가가 체포됩니다. 경찰 권력은 그처럼 다른 유형의 권력의 한 기능이 됩니다. 우리는 이를 통제권력, 또는 움직임-기반 권력이라고 불렀습니다. 이것은 흐름으로부터 발생하고 흐름의 보호를 겨냥한 국소적 순간-정지입니다. 감옥 건설 붐은 이러한 경찰 기능의 산물로 나온 것입니다. 따라서 흐름의 잉여-가치로서 이 새로운 산업이 창출하는 이윤을 고려해 볼 수 있습니다. 이것은 악순환이고, 누구나 다 알고 있습니다. 얼마나 많은 감옥이 존재하느냐, 얼마나 많은 사람들이 갇혔느냐가 문제가 아닙니다. 보편적 불안은 줄어들지 않을 겁니다. 여기에는 영토도 포함됩니다. 자본주의가 계속 가려면, 모든 것이 계속 흘러야 하거든요. 자유 무역과 노동시장 유연성은 기본입니다. 따라서 감시와 감옥 빌딩에 얼마나 많은 돈이 쏟아 부어지든, 통과해서는 안 되는 무엇인가가 통과하고 있다는 위협은 여전히 존재합니다. 테러리즘이 그에 딱 맞는 예라 할 수 있겠죠.

주나지 그렇습니다. 지금 상황 ─ 우리의 처음 대화 이후, 그리고 9·11 후에 재개된 이 대화 ─ 에 대해 생각해 보면, 이러한 감시체계에 또 다른 차원이 더해졌습니다.

마수미 9·11 테러리스트 모두가 합법적으로 미국에 있었습니다. 그들은 통과되었던 겁니다. 얼마나 많은 다른 사람들도 그랬겠습니까? 자본주의의 이 단계와 아울러 영토 불안이 출현합니다. 그리고 영토 불안과 아울러 공포가 옵니다. 공포와 아울러 검문 검색이 더 심해지고, 절차가 많아지고, 세부로부터 상향식으로 강화되고, 피드백 '통제'가 심해집니다. 이렇게 점점 하나의 거대한, 자가-추진 피드백 기계가 되어 가는 겁니다. 그것은 일종의 자동기계가 되고, 우리는 그 자동기계에 먹이를 공급하는 방식을 통해, 참여에 의해, 단지 살아서 움직이는 것으로, 개체 집단으로 등록됩니다. 사회적으로 보면, 이것이 개체들의 현재 삶입니다 : 검문소 기폭제, 흐름의 잉여-가치 공동 생산자. 권력은 이제 광범위하게 분포되어 있습니다. 권력은 이제 가장 지엽적이고, 가장 말단의 검문소로 흘러내립니다. 그로부터 발생하는 이윤은 반드시 흘러내릴 필요가 없지만, 권력은 흘러내립니다. 우리의 움직임과 권력의 작동 간의 거리는 더 이상 존재하지 않습니다. 권력의 작동과 자본주의의 강제력도 다른 것이 아닙니다. 하나의 거대한, 끊임없는 작동입니다. 자본주의 권력은 작동 가능해졌습니다. 그냥 작동하고 있는 권력[주권]만큼 장엄한 것도 없습니다 — 어디를 가든 현존하는, 권력의 새로운 겸손함.[22]

어쨌든, 우리가 논의했던 잠재화potentialization와 권능화enablement의 느낌에 아울러 동반되는 희망은 불안과 공포에 의해 이중화됩니다. 권력은 갈수록 정동적 차원의 조종을 통해 기능합니다. 올바르고 정상적인 행동 지침을 상부에서 하달하는 방식이 아닙니다. 따라서 더 이상 권력은 전적으로 규범적이지 않습니다. 권력이 훈육의 형식이었을 때처럼 말이죠. 이제 권력은 정동적입니다. 여기서는 미디어의 역할이 엄청나게 중요합니다. 정치권력, 국가권력은 더 이상 국가 이성을 통해 합법화되지 않습니다. 정부 판단을 제대로 적용한다고 합법화되는 것도 아닙니다. 그것은 정동적인 경로를 통해야 합니다. 예를 들어, 미국 대통령이 해외에 군대를 파병하는 것은, 그래야만 국민들이 자기 나라가 좋은 나라이고, 좋은 나라에서 살고 있다는 안도감을 가지기 때문입니다. 대

---

22. [옮긴이] 이 대목은 푸코를 연상시킨다. 그에 따르면 고전 권력의 가시적 스펙터클과 달리 현대 권력은 오히려 통제 대상을 가시화하고 그 자신은 비가시적이 되어, 드러나지 않고 겸손하지만 어디에나 현존한다. 마수미는 군주로 의인화된 이 새로운 형식의 권력을 자본주의적 생산체계에 적용하고 있다.

통령이 군대 사용의 대의명분을 국민들에게 설득력 있게 주장했기 때문이 아닙니다. 따라서 주권 국가에서나 볼 수 있는 도덕적 틀을 가지고 정치를 정당화하는 시대가 아닙니다. 그리고 미디어는 더 이상 중재자가 아닙니다 — 미디어는 정동적 자원을 조절하는 능력에 의해 통제의 직접적인 메커니즘이 되었습니다.

9·11 세계무역센터 폭격 이후에 이 모든 것들이 극명해졌습니다. 그 사건이 터진 후에 미국의 언론 미디어에서 가벼운 분석이라도 접하려면 몇 주를 기다려야 했습니다. 미디어는 온통 전몰 영웅들에 관한 비통한 감동 스토리, 아니면 구석에 숨어 있는 테러리스트들에 관한 무시무시한 스토리뿐이었습니다. 미디어가 생산한 것은 정보나 분석이 아니었습니다 — 정동 조절, 신화가 된 '보통 사람'으로부터의 정동적 채록pick-up, 그런 다음 방송과 배포를 통한 정동적 확대입니다. 또 다른 피드백 회로인 거죠. 그로 인해 어떤 잠재력을 발휘할지 그리고 행해야 할지에 대해 사람들이 경험하는 방식이 바뀌었습니다. 변함없는 안정성에 대한 우려들이 우리의 삶 속으로 침투합니다. 그것이 일상적인 삶의 기조를 어떻게 변하게 하는지 우리가 뚜렷이 인지하기 어려운, 그러한 근본적이고, 습관적인 수준에서 말이죠. 그러면 우리는 '본능적으로' 자기의 움직임과 사람들의 접촉을 제한하기 시작합니다. 그것은 정동적으로 제한합니다. 그러한 정동적 제한은 감정의 수준에서 표현됩니다 — 정동과 감정은 구별된다는 점을 기억해야 합니다. 몸짓과 언어로 정동을 표현하는 것이 감정인데요, 말하자면 통념화되거나 코드화된 표현입니다. 미디어의 지원을 통해 이러한 정동

적 제한이 생산되는 동시에, 미디어는 일정한 방식으로 그 제한을 극복합니다. 제한이 너무 멀리 가서는 안 되거든요. 그렇지 않으면 자본주의의 역동성을 지체시킬 겁니다. 9·11 이후 가장 무서운 공포는 소비자 신뢰도의 위기로 인해 경제가 후퇴할지 모른다는 것이었습니다. 그래서 전 국민이 지출에 동참할 것을 요청받았습니다. 자랑스럽게, 애국심을 가지고 말이죠. 따라서 미디어는 공포와 불안으로 되돌아가 그것을 다시 증폭시켜 피드백합니다. 그러나 질적으로 다르게 자부심과 애국심으로 다소 변화시킵니다. 자동적인 이미지 회전에 의해, 실시간으로 돌아가며, 계속해서 반복되는 보도를 통해, 이윤을 파생시키면서, 공포는 즉각적으로 신뢰로 정동적 전환을 합니다. 부시가 국가 이성을 대변한다고 정말로 믿는 사람이 있을까요? 그건 중요하지 않습니다 ─ 흔들어 댈 깃발이 있고, 누려야 할 행복한 쇼핑만 있으면 됩니다. 일단 회전이 시작되면, 우리는 그것을 채워 줘야 합니다. 우리가 할 수 있는 일은 더 많은 공포와 불안을 생산하고 전환해서 더 많은 자부심과 애국심을 생산하는 것뿐입니다. 가끔 보면 미국 정부 관료들은 의도적으로 공포를 부추긴다는 느낌이 듭니다. 주기적으로 테러를 경고하는 발표를 하고 나서 그걸 철회할 때처럼 말이죠 ─ 그리고 미디어는 여기에 맞장구를 칩니다.

주나지 그렇습니다.

마수미 정동은 이제 권력을 이해하는 데 있어, 심지어 협의로 규정된 국가 권력을 이해하는 데 있어 상당히 중요해졌습니다. 이데올로기 같은 개념보다 더요. [미디어 권력의] 직접적인 정동 조정은 구식의 이데올로기를 대체합니다. 이것이 새로운 것은 아닙니다. 그것은 9·11 사건으로 인해 발생한 것이 아닙니다. 뭐랄까 당시에 밖으로 불거진 것일 뿐이죠. 무시할 수 없게 되어 버린 겁니다. 1990년대 초에 저는 『일상적 공포의 정치학』이라는 책을 펴낸 적이 있습니다.[23] 그 책에서도 이와 유사한 메커니즘을 다룬 적이 있었습니다. 그러나 이것이 나오게 된 것은 1980년대 레이건 시대의 경험에서입니다. 직접적으로 정동을 조정하는 이 미디어 권력이 나온 건 최소한 텔레비전이 미디어로서 무르익은 이후일 겁니다 ─ 그때가 대략 미디어가 말 그대로 권력을 가지게 된 시기입니다. 구식 TV에서 활약하던 유명인인 레이건이 국가 원수로 선출된 때죠. 국가 원수 그리고 군 통수권자의 기능은 당시에 텔레비전 유명인이 하던 역할과 구분이 되지 않았습니다. 미국 대통령은 이제 더 이상 우드로 윌슨Woodrow Wilson이나 프랭클린 루스벨트 Franklin Roosevelt 같은 정치가가 아니었습니다. 레이건은 바로 그 정동적 미디어 회로를 가시적으로 육화한 화신이었습니다. 대중 정동mass affect의 얼굴. 지금은 텔레비전이 멈춘 곳에서 인터넷이 이어받고 있습니다. 인터넷과 아울러 정동적 전환 회로가 더 분산되고 광범위해집니다 ─ 그리고 더욱더 은밀해지죠. 전에는 대중 정동이

23. Brian Massumi, ed., *The Politics of Everyday Fear* (Minneapolis : University of Minnesota Press, 1993).

었던 것이 이제는 미시정치 영역으로 진입합니다. 거기서 확산되는 겁니다. 이로써 더욱더 용이하게 돌연변이가 되어 새로운 변종이 됩니다. 뿐만 아니라 어떤 변종들은 바이러스처럼 급증합니다.

주나지 '이데올로기 사회 이후'의 정동을 이해하는 것이 정말로 중요합니다. 이데올로기는 여전히 도처에 있죠. 그러나 과거처럼 그렇게 포괄적인 것은 아닙니다. 사실상 그것은 작동합니다. 그러나 이데올로기를 정말로 이해하려면 그것이 물질화되는, 정동을 통해 물질화되는 과정을 알아야 합니다. 그것은 정치적인 것을 다루는 방식과는 전혀 다릅니다. 왜냐하면 [그 방식은] 전 영역에 걸친 이데올로기적 구조들이 제자리에 있다고 말해야 하기 때문이죠. 바로 거기에 선생님께서 말씀하셨던 요점이 있습니다. 선생님께서 꿰뚫고 있는, 자본주의가 그 일부이기도 하면서 조종하고 있는 과도기적 이행들 말입니다 ─ 그러나 그 안에는 또한 자유의 가능성이 있습니다. 그러한 정동적 차원들이 어떻게 동원되는지를 설명하는 것이 지금 가장 주요한 윤리적 고민이 되겠지요 ….

마수미 대안적인 정치적 행동은 권력이 정동적이 될 것이라는 생각에 반대해서 싸울 필요가 없는 것 같습니다. 오히려 그것과 동일한 수준에서 스스로 기능하는 법을 배워야 합니다 ─ 정동적 조작에 정동적 조작으로 맞서야지요. 어떤 점에서 그것은 정치에 퍼포먼스적으로, 연극적으로 또는 미적으로 접근할 것을 요구합니다. 예를 들어, 재산을 빼앗긴 사람들은 정상적인 경로를 통해서는 자신들의 욕구나 욕망을 적절히 전달할 길이 없습니다. 그런 일은 일어나질 않습니다. 시애틀 데모(1999) 이전에는 반-세계화 운동같이 비주류 그룹이 자신들의 메시지를 설득력 있게 주장하거나 방송하는 것이 가능하지 않았습니다.[24] 메시지는 전달되지 않습니다. 공적 담론이 취사선택을 합리적으로 가늠하는 수준에서 기능하지 않는 겁니다. 불행하게도 연극이나 퍼포먼스 형태의 개입이 가장 쉬운 일이었고 즉시 효과가 났는데, 그것은 종종 폭력적인 것이었습니다. 시애틀에서 창문이 부서지지 않았거나 자동차가 뒤집히지 않았더라면, 사람들은 지금까지도 반-세계화 운동을 접할 수 없었을 겁니다. 그 분노의 폭발은 세계화에 따른 불평등이 점점 심화되고 있다는 사실을 고민하고 알리기 위해 실제로 세계 곳곳에서 활동하고 있는 사람들의 네트워크를 만들어 냈습니다. 그것은 사람들이 주목할 수 있도록 상황을 충분히 흔들어 놓을 수 있었습니다. 마치 모든 것이 한순간에 공중으로 날아가 버린 것 같았습니다. 그리고 사람들은 약간 서로 다른 순서로 충격을 받고 무너져 내리고 어떤 사람들은 전에는 경험한 적이 없었던 방식으로 상호 연결된 것 같았습니다. 팔레스타인 사람들이나 이리안 자야Irian Jaya 사람들 같은 수탈민들은 미디어를 통해 효과적으로 자신들의 처지를 주장할 수가 없습니다. 바로 이런 이

---

24. [옮긴이] 반-세계화 운동이란 서민들의 정치적 참여가 배제된 채 국제기구와 다국적 기업이 독점하고 있는 세계화의 부작용과 파행에 불만을 품은 사람들이 1999년 6월 독일 쾰른 정상회의를 시작으로 국제기구 행사를 찾아가 항의하고 시위하는 일군의 활동을 말한다. 미국 시애틀은 그 두 번째 시위였는데, 1999년 12월에 열린 WTO 각료회의를 중지하기 위해 수만 명이 거리에서 시위를 하였다.

유 때문에 그들은 종종 폭력적인 게릴라 전술이나 테러에 가담하게 되는 것이지요. 자포자기의 심정으로요. 그들은 기본적으로 연극적이거나 스펙터클한 행동을 구사하며, 퍼포먼스적입니다. 왜냐하면 사람들의 주목을 끄는 것 외에는 그 자체로 할 수 있는 것이 없거든요 – 그리고 그 과정에서 많은 고통을 초래합니다. 그리고 이것은 대개 그들이 스펙터클하게 역효과를 내는 이유이기도 합니다. 그들도 모든 면에서 공포를 증폭시켜 가며 활동합니다. 공포는 다시 그룹의 자부심이나 결의로 전환되죠. 결의는 그룹-안을 위한 것이고 공포는 다른 모든 이들을 위한 것이죠. 그것은 반발의 대상인 억압만큼이나 불화를 일으킵니다. 그래서 바로 지배 국가 메커니즘에 반영됩니다.

9·11 테러리스트들은 부시를 대통령으로 만들어 주었고, 대통령 부시를 창조했으며, 지금은 그 스스로 구축할 수 있게 된 대규모의 병력과 감시 기계의 자양분이 되었습니다. 빈 라덴과 알-카에다 이전에 부시는 대통령이 아니었습니다. 그는 그냥 골칫거리였습니다. 빈 라덴과 부시는 정동적 파트너라 할 수 있습니다. 아버지 부시와 사담 후세인, 또는 레이건과 소비에트 지도자들처럼 말이죠. 어떤 점에서 그들은 공모 관계 혹은 공생 관계라 할 수 있습니다. 그들은 서로의 정동적 에너지를 빨아먹고 사는 쌍둥이 악마와 같습니다. 일종의 흡혈귀 같은 정치입니다. 모든 것은 이들 대립하는 정동의 화신들 사이에서 일어났습니다. 그 밖의 다른 행동의 여지를 남기지 않았습니다. 폭력적 저항이 시애틀 때처럼 긍정적인 조직력을 가지기는 매우 어렵습니다. 반-세계화 운동은 제네

바(2001)로 오게 되면 이미 그 힘을 잃어버립니다. 사망자들이 발생하기 시작하던 시기죠. 운동 내 특정 세력이 폭력을 과도하게 사용했고, 전략적이지 못했습니다 — 예견된 것이었습니다. 그 일이 반복되고, 결국 힘을 잃어버렸습니다.

지금 정치적으로 중요한 문제는 권력이 정동적으로 작동하는 방식을 살펴볼 수 있는, 그러나 권력이 늘 초래하는 정체성 노선들에 따른 분할의 경직성과 폭력에 의존하지 않는, 정치적 실천 방식이 존재하는가입니다. 그러한 정치가 무엇인지 저도 정확히는 모르겠습니다. 그러나 그것은 퍼포먼스의 성격일 것이고, 정상에 있는 개체들이 육화하는 의인화에는 저항할 것입니다. 기본적으로 보면 그것은 미학정치가 되지 않을까 싶습니다. 왜냐하면 그 목표가 결국은 정동적 잠재성의 영역을 확장시키는 것이니까요 — 미학적 실천이 항상 고민하고 있는 문제가 그것이잖습니까. 그것은 또 제가 앞서 윤리에 대해 말했던 방식이기도 합니다. 가따리는 그 둘을 하이픈으로 연결시켜 부르길 좋아했습니다 — '윤리-미학 정치'를 향하여.

주나지 제가 보기엔 앞서 논의하신 그 관계, 즉 정치 영역에서의 희망과 공포 간의 관계는 좌파와 우파에 의해 동원되는 것 같습니다. 어떤 점에서 보면 보다 좌파적이거나 급진적인 생각이 가지는 문제는 그것이 실제로는 다른 종류의 정동을 제대로 동원하지 못하지 않나 하는 것입니다. 그것이 희망이든, 공포든, 사랑이든, 뭐든지요. 좌파는 우파를 비판합니다. 그리고 우파는 희망과 공포를 더욱더 정동적인 방식으로 동원합니다. 우파는 사람들이 상상하는 것을 잘 포착해서 애국주의 감정과 경향성을 생산합니다. 따라서 일상생활 속에서 일어나는 일들에 대응할 수 있는 희망이 실질적으로 부재할 수 있습니다. 그래서 제 생각엔 좌파가 뛰어넘어야 할 장애물이 좀 더 많은 것 같습니다….

마수미 전통 좌파는 자본의 문화화 또는 사회화로 인해, 그리고 대중 매체의 새로운 기능으로 인해 정말로 뒤처져버렸습니다. 제가 보기엔 미국에서 좌파에게 남겨진 것은 극도의 고립입니다. 따라서 결국 사람들의 반응을 경직되게 만들어 버리는 절망감과 고립감이 존재합니다. 그들은 자신들의 정의감이 가져다준 자업자득으로 속을 끓이고 있습니다. 그들이 처한 위험은 강직함과 옳은 판단에 의지한다는 것입니다. 강직함과 옳은 판단은 그야말로 정동적이지 않거든요. 아니 오히려, 그것은 반-정동적 정동입니다 — 그것은 제한하고, 처벌하고, 훈육합니다. 상황이 그렇다면 그러한 것은 단지 낡은 권력에서 물려받은 슬픈 유물일 뿐입니다. 제가 보기에 좌파는 저항을 재학습해야 합니다. 자본과 권력이 작동하는 방식에서 최근에 일어난 변화들을 진정으로 깊이 새겨야 합니다. 반-세계화 운동의 성공과 실패로부터 배워야 합니다.

주나지 어떻게 보면 이 대화는 선생님께서 논의하셨던 '자율과 접속'autonomy and connection의 관계를 생각나게 하는군요. 자율을 이해하는 여러 관점이 있을 수 있겠지만, 제 생각엔 자본주의의 변화하는 모습과 관련해서 보면 점점 더 자율적이 되기 어려워지는 것 같습니다. 예를 들어, 실업자들은 자신들이 실업자로 분류되는 것에 대해 대단히 강하게 반응하고 감정을 느끼는 것 같습니다. 그래서, 제 경험상, 자율과 자유를 제한하려는 관료적 절차들에 의해 끊임없이 시달리고 있습니다 ― 가령, 계속되는 확인, 면담, 기입해야 할 양식들. 이 절차들은 우리가 취하는 매 단계마다 표시가 됩니다…. 그래서 다른 삶을 창조할 수 있도록 실업을 긍정하는 방법을 찾거나, 아니면 심지어 직업을 얻는 것은 점점 더 어려워지고, 새로운 형태의 고립과 '단절'을 생산하게 됩니다….

마수미 직업을 가지는 것이 우리를 자율적이게 한다고 느끼기는 점점 어려워집니다. 직업을 가지게 되면 우리에게 떨어지는 아주 많은 통제 메커니즘이 존재하기 때문입니다. 삶의 면면이 이들 메커니즘과 연관이 있습니다 ― 일일 스케줄, 옷, 그리고 미국에서는 특히 정기적으로 마약 검사 같은 침해성 절차 같은 것까지 겪어야 하죠. 직업을 가지고 있을 때나 안 좋은 경제 속에서 ― 고용 안정성이 거의 없고, 얻을 수 있는 직업의 종류도 빨리 변해버리는 상황 ― 그것을 지키고 싶을 때 생기는 불안과 마찬가지로, 우리는 직업이 없을 때도 끊임없이 자신의 판매 가능성에 대해, 그리고 다음 일자리에 대해 생각해야 합니다. 그래서 자유 시간을 자기 계발이나 몸을 관리하는 데 쓰기 시작합니다. 그래야만 건강과 기민함을 유지하고 최상의 상태에서 일을 수행할 수 있거든요. 그렇게 해서 일하는 시간과 일하지 않는 시간의 차이가 불분명해지고, 공적인 기능과 사적인 기능의 구분이 사라지게 됩니다. 실업 상태는 완전히 다른 형태의 시도와 제약 그리고 통제를 창출합니다. 그렇다고 해서 반드시 그것이 영향력의 상실인 것은 아닙니다. 예를 들어, 무직 상태이거나unemployed 불완전 고용 상태에 있는underemployed 사람들이 창조적인 일을 많이 하는 경우가 그렇습니다.

주나지 그렇습니다. 그러나 그것은 또, 한 가지 특정한 방식으로 범주화된 경험의 강렬도의 문제이기도 합니다 ─ 일을 하거나 일을 하지 않거나 하는. 그러나 살아내는 방법이 꼭 그렇지만은 않습니다. 여기서 저 자신의 문제를 생각하거나 실업 경험을 말하는 건 아닙니다. 우리의 문화에서는 절망감이 잘 표현되지 못하는 경향이 있습니다. 옳은 일을 하고 있지 않다거나, 사회의 일원이 아니라는 감정을 제외하면 말이죠. 그것은 정말로 상품과의 관계 문제로 보입니다. 왜냐하면 어떤 점에서 보면 우리는 더 이상 우리 자신을 판매하거나 소비하는 입장이 아니거든요.

마수미 분명히 어떤 명령 같은 것이 존재합니다. 직업을 가져야 하고, 더 많이 더 잘 소비해야 하고, 직업을 위해 좋은 컨디션을 유지해 주고 판매 가능성을 증대해 주는 경험들을 소비해야 한다는 명령 말입니다. 참여하라는 명령이 분명히 존재합니다. 그러지 못하면 낙인이 찍힙니다. 그렇게 되면 더 이상 통과할 수가 없습니다. 가장 지나가고 싶은 검문소를 지나갈 수 없습니다.

주나지 그렇습니다. 신용카드처럼요 — 아니면 단순히 은행 계좌에 돈을 넣듯이요.

마수미 그러나 제가 말하고 싶은 건, 총체적인 의미에서 볼 때 누군가의 삶에서 완전한 자율이라든가 전체적인 통제 같은 것은 없다는 것입니다. 직업이 있든 없든 말이지요. 서로 다른 일련의 제약 조건들이 존재합니다. 그리고 우리가 앞서 얘기했듯이, 자유는 항상 제약으로부터 발생합니다 — 자유는 제약의 창조적 전환입니다. 제약으로부터 유토피아적으로 도피하는 것이 아닙니다. 당신이 어디에 있든, 일말의 가능성은 존재합니다. 여지는 존재합니다. 그리고 그 여지들은 회색지대에 있습니다. 당신이 정동적으로 감염되기 쉬운, 또는 퍼뜨릴 수 있는 흐릿한 얼룩 속에 있습니다. 그 결정은 결코 전적으로 개인의 힘 안에 있는 것이 아닙니다.

주나지 그것이 자율과 접속이 의미하는 바일까요?

마수미 글쎄요, 정동적으로 완전히 분리되었다는 의미에서의 자율 같은 건 존재하지 않습니다. 제가 만일 일자리를 잃는다면 고립된 사람으로 낙인이 찍힙니다. 비생산적이고, 사회의 일원이 아니라는 식으로요. 하지만 나는 여전히 연결되어 있습니다. 많은 분야의 사회적 서비스와 치안 기능들과 접촉을 합니다. 이건 바로 제가 사회 안에 있다는 뜻입니다 — 그러나 저는 사회 안에서 불평등과 궁지라는 특정 관계 속에 있는 것이죠. 사회 안에서 나 자신이 스스로 결정하고 완벽하게 통제할 수 있는 하나의 독립된 실체로서 나 자신을 유지할 수 있도록 해 주는 어떠한 자리 — 모든 것에서 약간 물러서서, 뷔페 음식 고르듯이 선택하는 자유 계약자free agent 개념 같은 — 가 존재한다는 것은 허구입니다. 저는 자율의 다른 개념이 있을 수 있다고 생각합니다. 다른 사람들과 그리고 다른 움직임들과 어떻게 접속될 수 있는가, 그리고 그러한 접속들을 증대하고 강렬하게 하기 위해 어떻게 변조할 수 있는가의 문제와 연관된 자율 말입니다. 따라서 정동적으로 내가 누구인가는 사회적 분류 — 부자냐 가난하냐, 고용인이냐 실업자냐 — 가 아닙니다. 그것은 이러한 분류들을 가능케 하는 하나의 기능으로서, 그러나 항상 관계라고 하는 열린 장 속에 있는, 내가 가진 가능한 연결과 움직임들의 집합입니다. 내가 할 수 있는 것, 즉 나의 잠재력은, 내가 따로 떨어져서 혼자서 결정할 수 있는 능력이 아니라, 궁극적으로 나의 '접속되어 있음', 즉 내가 어떤 방식으로 접속되어 있느냐, 얼마나 강렬하게 접속되어 있느냐에 의해 규정됩니다. 자율은 항상 접속의 성격을 가집니다. 떨어져 있음이 아닙니다. 들어와 있음, 나에게 어느 정도의 자유를 주는, 또는 생성의 힘, 발생의 힘을 주는 소속된 상황 속에 있음입니다. 어느 정도의 자유가 존재하는지, 그리고 그 자유가 직접적으로 어디로 이어질 것인지는 사회적으로 우리가 어떻게 분류될지 — 남성인가 여성인가, 어린이인가 어른인가, 부자인가 가난한가, 직업이 있는가 실업자인가 — 에 따라 전혀 다르겠지요. 그러나 이 조건들이나 규정들이 한 개인의 가능성을 완전히 담아내는 상자가 될 수는 없습니다. 그래서 사회적으로 가치화되지 않은 범주에 속한 사람에게 동정심을 가지거나, 그들을 대신해서 도덕적 분노감을 표현하는 것은 장기적으로 보면 반드시 도움이 된다고는 볼 수 없습니다. 왜냐하면 동정이나 도덕적 분노는 그 범주는 그대로 유지하면서, 단지 그 가치 기호value sign를 부정에서 긍정으로 전환시킬 뿐이거든요.25 그것은 일종의 신앙심, 즉 권선징악 성격의 접근입니다. 정동적으로 보면 그것은 실행적pragmatic이지 않습니다. 신분 정체성에 기반을 둔 구분 자체는 문제 삼지 않은 것입니다.

주나지 글쎄요, 그것은 자선의 문제겠죠. 누군가에게 동정을 가진다면, 그것은 실제로는 상황을 변화시키는 것도, 많은 희망을 주는 것도 아닙니다. 그러나 그 반대 측면이 바로 선생님께서 전에 말씀하신 '어울림 돌보기'caring for belonging 개념일 겁니다. 사리 추구라든가 개체라는 사유화된 이념 ─ 집단적인 투쟁에 반하는 개체의 가치화valorization ─ 에 주목하는 경우도 있습니다(물론 이것도 자본주의와 경제의 새로운 장을 통해 변하고 있기는 하지만 말이죠). 이 프로젝트는 존재의 다른 개념들에 대해, 그리고 집단적 삶에 대해 고민해오고 있습니다. 선생님께서 말씀하신 자율과 접속이라는 생각에는 돌봄 ─ '어울림', 그리고 우리 자신들과의, 그리고 타

---

25. [옮긴이] 사회적으로 가치가 매겨져 있는 범주들, 예컨대, 계급, 젠더, 경제력, 자본가, 프롤레타리아 등에 속한 특정한 사람들에게 동정심을 가지거나 도덕적 분노감을 표현하는 것은 그 범주를 나누는 가치 체계 자체는 문제 삼지 않고 단지 그 범주가 나타내는 가치의 기호들(좋다, 나쁘다, 아름답다, 추하다 등)을 바꾸는 데 만족하기 때문에 근본적인 것은 아니라는 뜻이다.

인들과의 '관계' ― 에 대한 또 다른 이해나 다른 개념도 있습니다. 그것은 반-자본주의적 존재에 대한 어떤 다른 생각과 연관이 있고, 돌봄에 대한 전혀 다른 개념과도 연관이 있습니다.

마수미 글쎄요, 만약에 선생님께서 본인의 삶을 자율적인 집단성이나 접속된 자율이라고 생각하신다면, 어떤 수준에서는 사리 추구의 차원에서 생각하는 것도 말이 됩니다. 틀림없이 불이익 그룹은 자신들의 이익을 생각해서, 특정 권리를 위해, 통과와 접근의 권리, 특정한 자원을 위해 싸워야 합니다 ― 경우에 따라서는 생존 자체가 불안정 상태입니다. 그러나 동시에, 어떤 그룹이, 불이익 그룹이든 그렇지 않든, 사리 추구를 자신들의 정체성으로 이해한다면, 그들은 분리된 자율이라는 허구를 살고 있는 겁니다. 그것은 잠재력을 잃어버리는 겁니다. 잠재력은 우리가 다른 사람들과 관계를 맺는 방식이라는 어떤 사건의 형성에 위험을 무릅쓰게 만들고, 그것을 타인-되기로 정향시키는 데서 나오거든요. 따라서 어떤 점에서 우리는 삶을 변화시키고 강화하기 위해 우리 자신의 잠재력으로부터 단절하고 있는 것입니다. 만약에 우리가 삶을 잠재와 강렬한 경험의 차원에서 생각한다면, 지나친 사리 추구는 우리의 이익과 대립하게 됩니다. 이들 두 수준의 균형을 끊임없이 맞추어가야 합니다. 남자/여자, 피고용/고용처럼 사회적으로 인정되는 범주들을 점유하는 정체성 집단의 자기-이익의 차원에서만 작동하는 정치적 행동은 유용성을 제한해 왔습니다. 만약에 정치적 행동들이 다른 형태의 정치 활동을 배제하는 쪽을 추구한다면,

결국 경직성을 자아내는 것으로 끝날 거라고 봅니다 — 동맥경화!

주나지 결국 심장마비나 죽음이겠죠. 안 그런가요!

마수미 따라서 특정하게 범주화된 사회 집단과의 동일성에 기반을 둔 권리를 추구하거나 옹호하기 위한 방을 가진, 자기 이익을 주장하고 옹호하되 꼭 그렇게 하지만은 않는, 실천의 생태학이 될 필요가 있다고 봅니다. 우리의 삶을 타인과 접속할 수 있는 방식들에서 나오는 잠재태로 생각한다면, 그리고 우리가 직접적인 통제 밖에 있을 방식들로 이루어진 그러한 접속에 의해 어려움을 겪는다면, 선생님께서도 말씀하셨듯이, 전혀 다른 종류의 논리를 도입해야 합니다. 우리는 직접적으로 속해 있는 상태를 생각해야 합니다. 많은 실천들이 존재합니다. 사회적으로 규정될 수 있는, 그들의 이해를 주장하는 실천들 말입니다. 그러나 모두가 열린 장에서 상호 작용합니다. 그들을 모두 합해서 보면, 거기에는 서로 짝을 맺는 것들 간의 일대일 갈등만이 아닌, 그들 모두가 서로 꿈틀거리고 그들을 동일한 사회적 장으로 끓어오르게 하는, 그들 모두의 중–간성in-betweenness이 존재합니다 — 명확히 규정할 수 없는 또는 우발적인 '사회성'. 따라서 제가 시사하는 것은, 특정한 정체성이나 지위를 포기하거나 따내기보다는, 관계나 어울림에 그 자체로서 관심을 기울이고, 그쪽으로 주의를 끌고 굴절시키기 위해 노력하는 사람들의 역할이 있다는 것입니다. 그러나 그러려면 우리가 가진 자기–이익을 어느 정도 포기해야 합니다. 그리고 이 포기는 모험을 요구합니다. 어떤 위치가 아니라 중간에, 상당 부분 무규정성에, 상당히 모호한 상황에 자리를 잡아야 합니다. 거기서 사물들은 모서리에서 만나고, 서로에게로 이행합니다.

주나지 그것이 바로 윤리 아니겠습니까?

마수미 그렇습니다. 그 결과가 어떻게 될지 모르기 때문이죠. 따라서 관심을 갖고 돌봐야 합니다. 왜냐하면 지나치게 폭력적인 개입은 사태들을 재구성하기보다는 무너뜨릴 수도 있을 만큼 예측 불가능한 반발 효과를 낼 수 있기 때문입니다. 그로 인해 상당한 고통이 초래될 수 있습니다. 어떤 점에서 그것은 돌봄의 윤리, 즉 어울림 관계를 돌보는 윤리가 될 것이라고 생각합니다. 그리고 그것은 우리의 지엽적인 행동들이 전 지구적 상황을 변조한다는 생각을 수반하는 비폭력적인 윤리가 되어야 합니다. 아주 작은 개입만으로도 접속의 망들을 넘어 증폭되어 우리가 알지 못하는 거대한 효과 ― 그 유명한 나비효과 ― 를 생산할지도 모릅니다. 따라서 그것은 많은 관심과 돌봄을 필요로 하고, 사태들이 어떻게 상호 연계되는지, 슬쩍 밀거나 당기는, 섭동a perturbation이 어떻게 변화를 이끌 수 있을지를 이해하기 위한 귀추법적인 노력이 필요합니다.

주나지 그렇습니다. 그리고 이 윤리, 희망, 그리고 기쁨이라는 관념 간의 관계도 존재합니다. 스피노자와 니체를 진지하게 받아들인다면, 기쁨의 윤리와 기쁨의 함양은 삶의 긍정이 되겠죠. 선생님께서 말씀하신 것처럼, 아주 작은 것조차 증폭될 수 있고, 세계적인 효과를 낼 수 있습니다. 삶의-긍정 효과 말입니다. 일상적 존재에 있어서의 이러한 윤리적 관계에 대해 어떤 생각을 가지고 계시는지요? 그리고 지적인 실천에 있어 – 우리가 애초부터 논의하고 있는 – 기쁨과 희망의 긍정이란 무엇일까요?

마수미 네, 기쁨은 행복과는 다른 것 같습니다. 니체에게 선good이 악evil의 반대가 아닌 것처럼, 스피노자에게 기쁨 – 니체는 '쾌활'gaiety이라고 부른 – 은 불행의 반대가 아닙니다. 그것은 축이 전혀 다른 것입니다. 기쁨은 파열적입니다. 아주 고통스러울 수도 있습니다. 제 생각엔 스피노자와 니체가 의도했던 것은 기쁨이 긍정이라는 것입니다. 몸이 자신의 잠재성을 취하는 것, 몸이 자신의 힘과 존재성을 강렬하게 하는 어떤 자세를 취하는 것입니다. 몸의 [다른 것으로의] 생성이라는 맥락에서 볼 때, 기쁨의 순간이란 그러한 잠재태들의 공존입니다. 그것은 나 자신을 넘어서는 경험이 될 수 있습니다. 앙토냉 아르또Antonin Artaud가 좋은 예입니다. 그의 예술적 실천은 몸의 잠재를 강렬화하는 것입니다. 그는 언어의 범주들과 그 범주들에 의한 정동적 봉쇄를 넘어서는 외부나 하부로 나아가려고 합니다. 그리고 하나의 단순한 몸짓이라든가, 밖으로 터져 나와 그 전통적인 의미를 잃어버리는 단어들 속에 있는 운동과 의미를 끄집어내기 위해 엄청나게 방대한 잠재를 묶어냅니다. 가능성의 비명 같은 것으로 생성하고, 생성이 부글부글거리며, 몸은 표현의 개방을 통해 터져버리는 것이죠. 그것은 해방입니다. 그러나 동시에 그러한 잠재의 충일the charge은 견딜 수 없는 것이 될 수도 있으며, 실제로는 파괴되어 버릴 수도 있습니다. 아르또 자신은 그로 인해 파괴되어 버렸죠. 미쳐버렸습니다. 니체도 마찬가지고요. 따라서 행복과 불행 또는 유쾌나 불쾌는 단순한 대립이 아닙니다.

저는 기쁨의 실천이 어떤 형태의 믿음을 내포한다고는 생각합니다. 그러나 그것은 결코 회의주의나 니힐리즘이나 냉소주의일 수는 없습니다. 이러한 태도들은 모두가 자신을 분리하려는 시도이고, 판결하거나 조롱하거나 실격처리시키려는 입장을 고수하는 메커니즘들입니다. 그러나 한편 그것은 고수하기 위한 일련의 문제제기라는 점에서, 또는 일군의 원리, 도덕적 받아쓰기라는 점에서 믿음이 아닙니다. 제가 아주 좋아하는 들뢰즈의 말이 있습니다. 그에 따르면 우리에게 필요한 것은 다시 '세계를 믿는' 방법을 찾을 수 있어야 한다는 것입니다. 그 말은 결코 신학적인 진술이 아닙니다 — 또 그런 점에서 반-신학적인 진술도 아닙니다. 그것은 윤리적 진술입니다. 이 말이 무슨 말이냐면 우리가 세계 속에 침잠해서 자신을 내던지는 삶을 살아야 한다는 겁니다. 우리가 세계 안에 속해 있는 진정한 경험을 하는 것이죠. 우리가 서로에게 속해 있는 것과 같습니다. 그래서 그 현실을 의심할 겨를도 없을 정도로 강렬하게 함께 산다는 겁니다. 산lived 강렬함은 자기-긍정이라는 것입니다. 그 가치를 말하기 위해 신이나 판결이나 국가원수를 필요로 하지 않습니다. 무슨 말이냐면, 뿌리내려져 있음을 받아들이는 것, 감당해 내는 것, 살아 내는 것, 그것이 바로 우리의 현실이며, 그것만이 우리가 가진 현실이며, 그것을 현실로 만드는 것은 우리의 참여뿐이라는 것입니다. 이것이 바로 들뢰즈가 말하고자 하는 믿음, 세계에 대한 믿음이라고 생각합니다. 여기서 말하는 믿음이란 세계 속의 존재에 '관한' 믿음이 아닙니다. 그야말로 세계 속에 존재하는 것입니다. 왜냐하면 세계 속에 존재하는 것이 전부이기 때문입니다. 있는 그대로, 이 세계를 초월한 완벽한 어떤 세계나 더 나은 미래가 아니라, 직접 경험해 보는[살아 보는] 그런 믿음인 것이죠. 윤리적, 경험적 − 그리고 창조적, 왜냐면 이 세계 속의 참여는 세계적 생성의 일부이기 때문입니다. 따라서 문제는 그 과정 속에서 기쁨을 취하는 것입니다. 그 과정이 어디에 이르든. 그리고 제 추측으로 그 문제는 세계에 대한 믿음을 가지는 것입니다. 단지 세계가 계속될 것이라는 희망 ··· 그러나 다시 말하지만, 그것은 특정 내용이 있다든가 결과가 있는 그런 희망이 아닙니다 − 그것은 더 나은 삶에의, 또는 더 살아가려는 욕망입니다.

2장 미시지각과 미시정치학

조엘 맥킴과의 인터뷰

조엘 맥킴(이하 맥킴)[1] 정동의 개념이 최근 일어나는 담론들, 비물질 노동 문제뿐 아니라 뉴 미디어 수용 이론에 이르기까지, 전 영역에 걸쳐 핵심적인 개념이 되었습니다. 아주 다양한 형식들로 된 개념입니다. 선생님께서 생각하시는 정동의 특별한 역할에 대해 설명해 주시겠습니까?

브라이언 마수미(이하 마수미) 정동의 개념은 여러 가지 형식으로 정의할 수 있습니다. 그 점을 강조하신 것은 적절했다 봅니다. 그 개념으로 어디든 접근하려면, 그 형식들이 많음manyness을 유지해야 합니다. 즉 한 가지로 환원할 수 있는 것이 아닙니다. 그 주된 이유는 정동이 사물이 아니기 때문입니다. 정동은 사건입니다. 또는 모든 사건의 어떤 차원입니다. 그 개념에서 제가 흥미를 가진 것은, 우리가 그것을 다양성의 관점에서 접근한다면, 어떤 의문의 장, 문제의 장에 직면하게 된다는 점입니다. 그곳은 주체성이나 생성이나 정치적인 것에 대해 의문을 가졌던 습관적인 구분들이 대체로 적용이 안 되는 것으로 표시됩니다. 제가 출발점으로 삼은 것은 기본적으로 스피노자가 정의한 정동입니다. 그에 따르면 정동은 '정동하거나 정동되는 능력'입니다.[2] 곧 이 능력은 어떤 고집스러운 구분을, 아마도 그 가장 고집스러운 구분을 가로질러 횡단

---

1. 조엘 맥킴과의 인터뷰 (2008)
2. [옮긴이] 앞에서도 언급했듯이, to affect를 '정동하다'로, to be affected를 '정동되다'로 옮긴 것은 편의상의 조어이며, 그 의미는 '정동적인 영향을 주다/겪다'로 보면 될 것이다.

합니다.[3] 정동하는 능력과 정동되는 능력은 동일한 사건의 두 얼굴이기 때문입니다. 하나는 우리가 객체[사물]로 따로 떼어내고 싶을지도 모르는 쪽으로 향하고, 다른 하나는 주체[주관]으로 떼어낼지도 모르는 쪽으로 향합니다. 여기서, 이 둘은 동일한 동전의 양면입니다. 여기에는 어떤 꾸밈an affectation이 존재합니다. 그리고 이것은 중-간에서 발생합니다. 우리는 중-간성에서 시작했습니다. 그들을 단일한 하나로 꿰맞추기 위해 그동안 자주 해 왔던 철학적 토대를 통해 우회할 필요도 없습니다.[4] 가운데서 시작하는 겁니다. 들뢰즈가 항상 말했듯이, 하나의 사건이 가지는 역동적 통일성the dynamic unity으로 말이지요.

정동에 관한 스피노자의 정의에는 두 번째 부분도 있습니다. 이것은 들뢰즈가 이어받은 것이기도 하지만 자주 인용되지는 않았습니다. 그것은 바로 정동하고 정동되는 힘이 이행transition을 지배한다는 것입니다. 그렇게 해서 몸은 수정능capacitation의 한 상태에서 수정능이 감소하거나 증대되는 다른 상태로 이행하게 됩니다.[5] 이것은 그 이행이 느껴진다고 하는 필연적인 귀결을 동반합니

---

3. [옮긴이] 문맥으로 볼 때 고집스러운 구분이란 "전통철학"이 언제나 나누어 왔던 주관/객관, 주체/객체의 구분을 지칭하는 것으로 보인다.
4. [옮긴이] 예컨대 변증법과 같은 통일을 설명하기 위한 매개적 절차들을 말하는 것으로 보인다.
5. [옮긴이] 수정능은 수정능획득이라고도 부르는데, 이것은 사정된 포유류의 정자가 수정 능력을 갖기 위해 암컷의 생식관 내를 상승하는 과정에서 겪게 되는 기능적이고 생리적인 변화를 지칭한다. 들뢰즈는 정동을 '이행'으로 규정하기도 하는데, 이것은 몸체의 창조적 변화(또는 그 변화의 흔적이나 자태)를 설명하기 위한 단초로 기능한다. 마수미는 이 창조적 변화, 즉 새로움의 획득이나 배태를 나타내기 위해 생물학 용어인 '수정능(획득)'을 쓴 것으로 보인다.

다. 두 수준들 간의 구별이 주장되고, 그중 하나가 느낌feeling이라면 다른 것은 수정능획득 또는 활성화activation입니다. 그러나 그 구별은 접속의 형식으로 나옵니다. 느낌과 활성화 간의 이 분리-접속은 우리가 흔히 한 편에는 자아라고 생각하는 것 그리고 다른 편에는 몸이라고 생각하는 것 사이에 근거를 둡니다. 그 둘이 합쳐지게 되는 사건이 펼쳐지는 가운데요.

이미 이것은 사용할 수 있고 응용할 수 있는 다양한 용어들을 양산하였습니다. 우선, 몸이 하나의 존재의 힘에서 다른 존재의 힘으로 이동함에 따라 느껴지는 이행의 감정은 몸이 관련을 맺고 있는 그 사건으로부터 어느 정도 분리될 가능성이 있습니다. 그것은 그 이행을 활성화하는 수정능획득과 구별되기 때문입니다. 느껴지는 것은 그 경험의 질quality입니다. 그래서 정동을 설명하려면 경험의 형태들을, 삶의 형태들을, 질적인 등록에 대해, 직접 고심해 봐야 할 것입니다. 두 번째로, 느껴진 이행은 흔적을 남깁니다. 그것은 기억을 구성합니다. 결국, 그것은 그 한 번의 발생으로 국한될 수 없습니다. 그것은 되돌아올 겁니다. 이미 되돌아왔습니다, 어떤 능력[또는 자격]을 가지고요.[6] 그것은 이미 계속되는 반복의 일부입니다. 뒤따라오는 과거를 몸이 가지는 한에서요.[7]

---

6. [옮긴이] 과거로서의 이 느낌의 흔적들은 새롭게 등장한 현재를 해석하기 위해 일정한 임무를 가지고, 하나의 자격이나 능력을 가지고 다시 지각으로 귀환한다는 것이다. 마수미는 정동의 느낌과 활성화 과정을 통해 이렇게 시간의 잠재화(과거로 남기기)와 현실화(현재적 지각의 해석)를 설명하고 있다.
7. [옮긴이] 뒤따라오는 과거를 몸이 가진다는 말은 몸이 그 느낌의 흔적들을 보유하는 한, 과거는 계속해서 흔적의 형태로 유지되면서 현재를 해석하는 힘으로 작용한다

그것이 세 번째 요점입니다. 즉 몸이 감소된 상태나 증가된 상태로 이행할 태세를 갖출 때의 몸의 수정능획득은 몸이 산[겪은] 과거와 전적으로 연관이 있다는 것입니다. 그 과거는 우리가 주관적 요소라고 생각하는 것들을 포함합니다. 예를 들면, 습관, 획득된 기술, 경향성, 욕망, 심지어 의지까지, 이 모든 것들은 반복의 패턴을 가지고 나옵니다. 이 주관적 요소들은 몸 안에 조금이라도 뿌리박히지 않은 사건을 만들지 않습니다. 몸이 연쇄적으로 이월시키는 과거는 우리가 물리적이거나 생물학적이라고 생각하는 수준들도 포함합니다. 예컨대 유전genetic inheritance과 계통발생phylo-genesis 같은 것이죠. 따라서 변화된 어떤 미래 쪽으로 이행할 때 과거의 재활성화가 존재합니다. 과거와 미래 사이에, 서로 다른 질서로 이루어진 과거들 사이에 있는 시간의 차원들을 횡단적으로 가로지르면서 말입니다. 이 중-간 시간 또는 횡단적 시간이 사건의 시간입니다. 이 시간성은 우리로 하여금 이 모든 용어들 – 몸의 수정능획득, 느껴진 이행, 산 경험의 질, 기억, 반복, 연속, 경향성 – 을 서로 간의 역동적 관계 속에서 재고할 수 있게 하고, 또 재고를 요구합니다.

여기서 핵심적인 용어가 있다면, 바로 '관계'일 겁니다. 내가 중-간in-between에서 출발한다면, 내가 있는 그 중간이란 바로 관계의 지대입니다. 발생적 관계. 왜냐하면 모든 것은 사건의 문제이기 때

는 뜻으로 보인다. 이러한 설명은 시간 속에서 축적되는 정동의 흔적이 삶과 시간을 새롭게 창조하고 열어가는 과정에 대한 들뢰즈식의 해설이라 할 수 있다.

문입니다. 그 용어들을 합쳐 보면, 상관적 사건은 매번 다르게 발생할 것이라는 점을 바로 깨닫게 됩니다. 되풀이하는 가운데 과거가 다르게 이어지는 것이죠. 과거가 매번 다르게 이어지는 가운데 사건은 미래를 위한 새로운 가능성을 창조합니다. 발생적 사건의 지대는 잠재력 강화의 지점입니다. 그곳이 바로 사물들이 다시 새롭게 시작하는 곳입니다. 사물들이 새롭게 시작하는 곳은 이미 그것들이 경향성 안에 현존했던 곳입니다.

핵심적인 용어를 하나 더 들라면, 다음은 경향성이 될 겁니다. 이들 정동적인 이행을 통한 움직임의 패턴들은 어느 정도 접근 가능하거나, 어느 정도 갈 준비가 되어 있는, 특정한 몸이나 특정 상황에 편중되어 있습니다. 상황들 속으로 그리고 상황들을 통해 움직이게 되면, 몸뿐만 아니라 몸의 경향성들도 활성화됩니다. 이러한 것을 고려해 보면, 우리가 취하는 것은 관계의 복합체, 결합체a nexus이지, 특정한 정의가 아닙니다.[8] [스피노자의] 정동에 대한 기본 정의 ─ 존재의 다양한 힘으로의 느껴진 이행 안에서, 정동하고 정동되는 ─ 는 특정한 해법으로 완결되기보다는 어떠한 문제적 장을 엽니다. 우리에겐 매번 연관된 용어들을 다시 고려하도록 강요하는 다양성의 매트릭스가 남게 되는 것이죠. 그 용어들을 사용하려면 그것들을 재생해야 합니다. 그것은 응용할 수 있는 일반적

---

8. [옮긴이] nexus는 화이트헤드가 현실적 존재자들의 존재 양태를 지칭하기 위해 설정한 개념이다. 예컨대, 현실적 존재자로서의 '나무'는 특정한 방식으로 정의될 수 있는 하나의 단일체가 아니라, 무수한 현실태들과 시-공간의 차원들 속에서 결합된 관계들의 결합체라 할 수 있다.

정의가 아닙니다. 예상할 수 있는 구조도 아닙니다. 그렇다고 어떤 전제도 없이 출발하는 것도 아닙니다. 중간에서 출발하는 것은 엄밀히 말해 현상학적 환원a phenomenological reduction을 수행하는 것이 아닙니다.[9] 그것은 결합체를 통해 생각하는 가운데 되풀이되는 매 단계에서, 우리의 용어들을, 그리고 그들의 서로 간의 일관성을 회생시키는 도전을 받아들이는 것입니다. 우리가 취하는 것은, 규정이 아니라, 하나의 과제입니다. 논리적 의미가 아니라 초대라는 의미에서. 이런 식으로 정동으로부터 출발하는 것은 육화된, 관계의 생성에 대한 무제한의 구성적 사유로의 초대입니다. 육화, 변주, 관계를 강조하는 것은 곧 정치적 측면을 부각시킵니다. 그리고 이것이 또한 저의 관심을 끕니다.

맥킴 선생님의 설명을 들으니 주로 들뢰즈를 경유해서 종종 언급되는 스피노자의 정동 해설에 아주 유용하게 첨가할 수 있는 두 가지가 눈에 띕니다. 하나는 바로 이 상호주관적 요소입니다.

---

9. [옮긴이] 현상학적 환원이란 에드문트 후설이 자신의 저작 『이념 I』에서 창안한 자기 성찰 방법론의 하나를 말한다. 우리는 흔히 자연인으로서, 자연적 태도의 소박함을 가지고, 반성 없이 사물과 세계를 바라보고 생각한다. 이러한 의식의 대상 지향성 때문에 우리는 자기의 순수한 의식을 망각하고 대상과 자기를 혼동한다. 후설은 이러한 자연적 태도를 괄호 안에 정지(epoche, 에포케, 판단중지)시켜서 세계의 구성에 참여하는 초월적 의식의 지향성의 활동 자체를 반자연적 태도로서 있는 그대로 반성적으로 고찰하고자 한다. 즉 판단중지 혹은 현상학적 환원이란 어디에도 매몰되지 않는 순수한 의식으로 돌아가려는 시도라 할 수 있다. 그러나 마수미는 자신이 말하는 "중간에서의 출발"이란 현상학적 환원처럼 복합적 관계가 정지된 괄호 안이 아니라, 오히려 복합적 관계의 장 속에서 시작한다는 것이다. 유사한 형식처럼 보이지만 질적으로 전혀 다른 논의이다.

이것은 스피노자의 '공통개념' — 개별적individual 몸체들이 관계를 형성함으로써 역량을 증대시키는 몸체들 간의 일치 — 을 떠오르게 합니다. 또 하나 흥미를 끄는 것은 기억의 개념을 포함시키는 것입니다. 제안하셨듯이, 정동적 경험, 또는 존재성의 한 역량에서 다른 역량으로의 이행의 느낌은 어쨌든 서로 다른 계열들, 서로 다른 관계들 속에서 재활성화될 수 있습니다. 이 기억이 몸 안에 저장되어 있다고 말씀하실 때, 그것은 반드시 개별적individual인 몸체가 아니라, 관계들을 맺는 몸체들, 복합되어 있는 몸체들에 대한 얘기일 겁니다. 우리가 새로운 일련의 관계들로 이동하게 될 때는 무슨 일이 일어나는 것일까요? 계획 없이 그냥 시작하는 걸까요? 아니면 그 정동적인 기억들을 불러올 수 있는 걸까요?

마수미 계획 없이 그냥 시작하는 건 없다고 생각합니다. 매우 복잡하고, 과잉되어 있는 세상에서 모든 것은 재-시작합니다. 하나의 몸체만 하더라도 사전에 미리 채워집니다 — 본능으로, 경향성으로, 바글거리는 느낌들과 기억의 덩어리들로, 의식과 비의식으로, 그 사이엔 온갖 종류의 명암들이 있습니다. 항상 문제는 '어떻게'입니다 : 그러한 밀집을 어떻게 새로운 구성으로, 생성의 구성으로 이동시킬 것인가입니다. 정동이라고 부르는 것, 또는 정동을 몸체의 이동이 느껴진 순간이라고 부르는 것, 그것을 상호주관성이라고 부르는 것은 오해의 소지가 있습니다. 만일에 상호주관성이라는 것이 미리 구성된 주체들이 이미 존재하는 세계에서, 또는 주체가 도래하여 점유할 준비가 되어 있는 미리 주어진 주체 위치들의 구조에서 출발하는 것을 의미한다면 말입니다. 문제는 엄밀히 말해 주체의 발생, 그 최초의 구성에 있습니다. 또는 그것의 재-발생과 재구성에 있습니다. 경험의 주체는 아직은 그 주체가 아닌 조건들의 장으로부터 발생합니다. 바로 그곳에서 주체는 그 자신이 됩니다. 정상적인 어떤 의미에서든 이 조건들은 불가피하지만 아직은 주관적이지 않습니다. 주체 이전에, 내-혼합이 존재합니다. 상호주관성이라고 부르기에는 지나치게 빽빽하고 혼종적인 관계가 돋아나는 장이 존재합니다. 그 장은 아직은 주체와 객체 같은 범주들로 안착된 수준은 아닙니다. 이것은 윌리엄 제임스가 순수 경험이라고 불렀던 것과 같은 수준입니다. 그것들 모두 몸체로 되돌아온다고 했을 때, 제가 말하고자 했던 것은 자아나 주체와 무관한 하나의 사물로서의 몸체가 아니었습니다.[10] 제가 말한 것은 몸체가 바로 주관성이 발생하는 혼합의 지대라는 것입니다. 그것은 함께 세상에 나옵니다. 경험을 위해, 주체나 객체 같은 할당된 범주의 어떠한 가능성에도 우선하는 여기-바로-지금 안에서. 우리가 말했던 그 정동적 지대는 상호주관적이라는 의미에서 중-간이 아닙니다. 그리고 그것은 주체-객체의 양극단을 이미 수반한다는 의미에서 의도를 가진 것이 아닙니다. 그것은 우려내어지는, 세계의 태동입니다. 저는 그것을 '맨 활동'이라고 부릅니다. 그것은 도래하는 사건입니다. 이를 통해 그러한 범주들이 되돌아올 겁니

---

10. [옮긴이] 심신평행론에서 말하는 주관과 대립하는 이원론적 항으로서의 몸체가 아니라 주관과 혼종적으로 결합되어 있는 몸체를 말한다.

다 — 아니 그 이상입니다. 그들의 재기는, 그리고 그와 아울러 다른 무엇이 나오든, 사건에 달려 있습니다. 그것은 이미 자리를 잡은 상태에 의존하는 사건이 아닙니다.

맥킴 그렇다면 사건 이전엔 무엇입니까? 무엇이 사건을 떠오르게 합니까?

마수미 충격이죠. 이것은 퍼스의 말입니다. 정동은 충격 개념과 분리할 수 없다고 봅니다. 충격이 반드시 드라마 같을 필요는 없습니다. 실제로 그것은 미시충격에 더 가깝습니다. 우리 일상에서 벌어지는 매 순간을 채우고 있는 것이죠. 예를 들어 [눈의] 초점을 바꾸거나, 시야 주변이 하늘거려 시선을 그쪽으로 향할 때가 그런 경우입니다. 그렇게 주의를 옮기면, 중단이 일어납니다. 앞쪽으로 전개되는 삶의 양식에 일어난 순간적인 절단이죠. 그 절단은 눈에 띄지 않고, 지각할 수 없을 만큼 미세한 충격을 주면서 지나가 버립니다. 단지 그 효과들[결과들]만이 펼쳐지는 가운데 그것들을 의식적으로 알게 될 뿐입니다. 이것이 바로 제가 앞서 언급했던 활성화의 시작입니다. 심지어 이 같은 경험의 시작은 본성상 지각할 수 없다고까지 말할 수 있습니다.

이것이 '미시지각'을 이해하는 하나의 방식입니다. 미시지각은 들뢰즈와 가따리에게 아주 중요한 개념이죠. 미시지각은 작은 것을 지각하는 것이 아닙니다. 미시지각은 질적으로 전혀 다른 지각입니다. 그것은 의식에 등록되지 않고 느껴지는 어떤 것입니다. 미시지각은 그 효과로만 등록될 뿐입니다. 이렇게 충격이라는 개념에 따르면, 항상 소란이 일어나고 있습니다. 제임스였다면 '뭔가 하는 중'이라고 말했을 겁니다. 항상 무엇인가-절단하고 있고, 중단시키고 있습니다. 연속되고 있는 것이 무엇이든 말이죠. 사물이 계속하려면, 다시-계속해야 합니다. 중단이 일어난 주변에서 다시 까닥까닥해야 합니다. 다시-까닥거리는 순간에, 몸은 다가올 것에 대비를 합니다. 몸이 가다듬어 내-대비태세를 한다는 말은, 삶이 더 오도록 자신의 잠재로 되돌아간다는 뜻입니다. 그리고 잠재가 자기 자신의 현실적 부상에 내재적이라는 뜻입니다.

간혹 우리는 이 내-대비태세 자체를 느낄 수 있습니다. 주로 놀라거나 두려울 때 알 수 있습니다. 내가 두려워하는 것을 의식적으로 인지할 수 있기도 전에, 또는 느낌의 주체가 나 자신임을 느끼기도 전에, 나는 그 상황이 주는 두려움의 느낌 속으로 내던져집니다. 내가 그것을 알게 되는 것은 오로지 그다음 순간입니다. 그제야 나는 무엇이 나를 내던졌고, 내가 그것에 대해 무엇을 할지에 대해 좀 더 잘 알게 됩니다. 그제야 나는 온전히 나 자신의 느낌을 가지는 것이죠. 그리고 그것을 내 삶의 내용물로, 내 개인적인 역사의 감정적인 에피소드로 인지하게 됩니다. 그러나 정동적 충격의 순간에는 아직 내용물은 없습니다. 있는 것이라곤 정동적 특질뿐입니다. 중단의 느낌과 같은, 앞서 제가 말했던 일종의 느껴진 이행 같은 것이죠. 그 정동적 특질이 그 순간의 세상에 있는 전부입니다. 정동적 특질은 이제 측정할 수 없는 충격의 순간 동안 삶을 이어받고, 세상을 채우겠죠. 미시지각이란 바로 이와 같이 순전히 정동적인 세계의 재-시작입니다.

미시지각은 육체적입니다. 몸 안에서 일어나거나 몸에 동반되는 운동이 없으면 놀람도 없습니다. 또 그런 경우 정동도 없습니다.[11] 이것이 그 유명한 제임스-랑게James-Lange 이론입니다.[12] 사실 이 이론은 더 멀리 갑니다. 이 육체적 소요가 바로 감정이다, 라고까지 말합니다. 제임스는 그것을 감정emotion이라고 불렀죠. 그러나 발생적 수준에서 볼 때, 그것이 바로 우리가 말하는 정동입니다. 제임스-랑게 이론은 환원주의라고 많은 비판을 받아 왔습니다. 그러나 이것은 그 이론을 잘못 알고 있는 것입니다. 사건들로 가득 찬 이 재-시작에서 몸은 과거를 부활시키며 미래 쪽으로 이미 매진하려는 경향을 실어 나릅니다. 그 소요 속에서 능력들이 재활성화됩니다. 존재가 가지는 그 능력들의 집단적 힘이 증대되거나 감소하면서, 일이 벌어질 태세에 돌입하는 겁니다. 몸은 여기서 재-관계를 위한 잠재력으로, 차이로 채워지면서, 관계의 연속성을 절단하는 역할을 합니다. 미시지각에서 일어나는 충격은 우리 몸의 현존의 힘을 재-배열하는 것과 같습니다. 여기서, 그 몸이란 바

---

11. [옮긴이] 정동은 육체와 혼동될 수 없지만, 육체가 없이는 존재(현실화)할 수 없다. 육체는 정동의 현실적 원인이다. 가령, 칼의 '날카로움'은 칼이 없으면 존재하지 않으며, '놀라움'의 표정 또한 근육 덩어리로서의 얼굴이 없으면 존재하지 않는다.

12. [옮긴이] 제임스-랑게 이론은 윌리엄 제임스와 칼 랑게(Carl Lange)가 주창한 감정의 기원에 관한 가설을 말한다. 이들은 종전의 심리학 이론과 달리 감정보다 생리적 자극이 먼저 나온다고 주장한다. 즉 감정 경험이 나오고 이어서 육체적·생리적 반응이 뒤따르는 것이 아니라, 반대로 생리적 변화가 먼저 나오고 다음에 감정의 경험이 일어난다는 것이다. 이 이론을 잘 설명해 주는 유명한 명제가 바로 "무서워서 도망가는 것이 아니라 도망가기 때문에 무서움을 느낀다"이다. 이것은 제임스가 대표하는 행동주의 심리학의 핵심적인 명제라 할 것이다.

로 퍼스가 '물질적 특질'이라고 부른 것입니다. 즉 실제로 실행되기 전에 활발히 거주 중인, 다가오고 있는 경험의 특질입니다. 그것은 강릴도 속에, 일종의 실존적 불안 속에, 다가오는 사건에 대한 각오나 자세 잡기, 일종의 움찔하기에 거주 중입니다. 세계를 등지고 물러나는 것이 아닙니다. 오히려 다시 세계에, 그리고 그것이 어떻게 다르게 될 것인지에, 가다듬어 대비하는 것이죠.

우리가 사는 세계는 그야말로 이렇게 재개시하는 미시지각들, 절단, 큐싸인 발생, 점화 능력들로 이루어져 있습니다. 모든 존재는 매 순간 그 많은 것들에 얽매여 있습니다. 하나의 몸은 복잡하게 연쇄적으로 실행하는 내-대비태세들의 복합입니다. 활성화된 경향성과 능력들이 반드시 어떤 결실을 내는 것은 아닙니다. 어떤 것들은 펼쳐지기 직전까지, 단지 뒤처진 채, 비실제적인 상태까지만 부름을 받을 것입니다. 그러나 이들조차도 흔적을 남깁니다. 바로 그 중단된 소요의 순간에, 생산적 망설임이 존재합니다. 건설적인 서스펜스입니다. 잠재태들은 서로 공명하고 간섭합니다. 그리고 이것은 실제로 사건이 일어나는 것을 변조합니다. 심지어 일어나지 않은 것조차 어떠한 변조 효과를 가집니다. 화이트헤드는 이것을 '부정적 파악'negative prehension이라고 불렀습니다. 이것은 다소 역설적인 개념입니다. 말하자면 경험의 구성으로부터의 능동적 배제로 인해, 경험의 구성에 긍정적으로 진입하는 느껴지지 않는 느낌입니다. 정동의 개념은, 많은 어떤 것들이, 그들 대부분은 느껴지지 않지만, 행하고 있는 구성의 수준에서 일어나는 변조의 관념과 연관이 있습니다. 다르게 말해, 효과로서만 느껴질 뿐입니다.

느껴지지 않고 지나가는 것 치고는 적잖이 실재적이죠.

가령 똑같은 컷에 맞추어진, 똑같은 큐싸인에 반응할 준비가 된, 일제히 충격을 받는 많은 육체들이 있습니다. 집단적 사건이 일어나겠죠. 그것은 이 육체들 속에 분산되어 있습니다. 각각의 육체는 서로 다른 경향성과 능력을 가지기 때문에, 이들이 일제히 큐싸인을 받는다 해도 조화롭게 행동할지는 보장할 수 없습니다. 그들의 최종 행위들이 아무리 서로 다르다 해도, 모두가 같은 서스펜스로부터 펼쳐질 겁니다. 그들은 동일한 북새통에 ─ 서로 다르게 ─ 반응하도록 맞추어져 있을 겁니다. 다니엘 스턴Daniel Stern 의 개념인 '정동적 조율'은 정동의 퍼즐에서 아주 중요한 조각입니다.[13] 그 개념은 정동정치에 접근하는 한 방법입니다. 그것은 문학에서 더 많이 사용되는, 가령 모방이나 감염과 같은 '정동적 전환'이라는 개념보다도 훨씬 더 유연합니다. 왜냐하면 그 개념은 조화속의 차이, 차이 속의 공조를 발견하거든요. 그렇기 때문에 그 개념은 '같은' 정동으로 간주될지도 모르는 것에서 일어날 수 있는 가변성뿐만 아니라, 집단적 상황의 복잡성을 더 잘 반영합니다. 정동의 동일성은 없습니다. 동일한 사건의 정동적 차이가 있을 뿐이죠. 그 고전적인 사례로 다시 되돌아가서, 공포에 대한 반응은 매우 다양합니다. 심지어 동일한 개체의 삶에서도 서로 다른 시기에 전혀 다르게 나타납니다.

---

13. Daniel Stern, *The Interpersonal World of the Infant : A View from Psychoanalysis and Developmental Psychology* (New York : Basic Books, 1985), pp. 138~61.

맥킴 선생님께서는 정동정치의 개념을 언급하십니다. 사건들과 미시지각들에 대한 이런 생각이 어떤 식으로 정치적인지에 대해 더 말씀해 주시겠습니까?

마수미 정동적으로 접근해 보면, 정치란 일종의 방해 신호를 발산하고, 큐사인을 보내고, 몸의 능력들을 차등적[미분적]으로 활성화하면서 몸을 조율하는 예술이라 할 수 있습니다. 정동정치는 귀납적입니다. 몸은 경향성, 미래성, 그리고 가능의 특정 지역들로 유도되거나, 조율될 수 있습니다. 몸은 동일한 정동적 환경에 거주하도록 유도될 수 있습니다. 몸이 그 환경에서 똑같이 행동할 것이라는 확신은 없지만 말이죠. 좋은 예가 바로 위협이나 위험에 대한 경보, 신호입니다. 결국 거짓 경보라는 것을 다음 순간에 알게 되더라도, 우리는 그 경보가 위협의 하나로서 유효한 어떤 환경 속에서 알게 되는 겁니다. 그 경보를 들었던 다른 사람들은 당연히 다르게 반응할 겁니다. 그러나 그들은 다 함께 다르게 반응하게 됩니다. 동일한 정동적 환경의 거주자들로서 말이죠. 그 경보를 등록하는 모든 사람들은 어떤 식이었든 동일한 위협 사건에 조율되었을 것입니다. 그것은 정치적으로 무엇이었을지를 규정할 동일한 사건에 의해 호명되는 서로 다른 방식들의 총체입니다. 그 사건이 전적으로 미리 결정될 수는 없습니다. 그 사건이 어떻게 일어나는지에 따라 결정되겠죠. 반응의 단일성이 존재하려면, 틀림없이 다른 요소들이 적극적으로 경향성들을 미리-정향했을 겁니다. 부시 행정부 시절 좌지우지했던 정치처럼, 위협 신호를 중심으로 돌아가는 순응적 단결의 정치는 다양한 수준에서 그리고 상대적인 성공을 보장하도록 몸을 가누는 다양한 리듬들 위에서 작동해야 합니다. 그리고 다시, 거기에는 강조되지 않은, 또는 부조relief로 떠오르지 않은, 또는 충분히 시행되지 않은, 그러나 부정적[소극적] 파악이라는 무심한 방식unfeeling way으로 모두가 느꼈을, 소수자의 계열들이 존재할 것입니다. 그것들은 정치적 가능의 저장소로 남게 됩니다. 직접적으로 집단적인 것이 바로 잠재입니다. 잠재는 단순한 가능성이 아닙니다. 잠재는 그러한 상황을 구성하는 능동적인 일부분입니다. 그것은 단지 지금까지 충분히 발전하지 않았던, 현실화되기에는 충분한 능력이 안 되었던 것일 뿐입니다. 이것이 의미하는 바는 모든 상황에서 집단적으로 내-태세된 핵심에 잠재적 변경-정치alter-politics가 존재한다는 것입니다. 우리는 실재하지만 표현되지 않은 잠재의 저수지로 되돌아가, 그것에 재-신호를 보낼 수 있습니다. 이것이 미시지각의 정치일 것입니다 : 미시정치. 오바마 캠페인이 귀에다 대고 보낸 희망을 향한 재-신호는, 흥미롭게도, 거시-미디어 수단을 통해, 바로 그 미시정치의 수준을 겨냥한 것으로 볼 수 있을 것입니다.

가장 통제된 정치적 상황에서도, 집합적으로 느껴지는 시행되지 않은 잠재의 잉여가 존재합니다. 그것이 큐싸인을 받으면 상황을 재조정할 수 있습니다. 들뢰즈와 가따리가 말했듯이, 거기에 이데올로기란 없으며, 있었던 적도 없습니다. 그들이 말하고자 하는 것은 어떠한 상황도 이데올로기적 구조나 약호 들로 완벽하게 미리 결정되지는 않는다는 것입니다. 오로지 그 수준에만 주의를 쏟으면 어떠한 설명도 불완전할 수밖에 없습니다. 이데올로기적인 주입 교육은 어떤 상황에서든 간단히 행동으로 옮겨지지는 않습니다. 사건은 항상 존재합니다. 그리고 그 사건은 완전히 현실화되지 않는 수준들을 항상 포함하고 있습니다. 그래서 어느 정도는 열려 있습니다. 이벤트는 항상 역동적이고 재-형성 중에 있습니다. 효과가 있으려면, 이데올로기적 선결정들이 사건으로 진입해야 하고 효력이 발휘되어야 합니다. 그 선결정들은 재천명되어야 하며 그 사건을 이루는 유효한 구성요소가 되어야 합니다. 그들의 유효성은 언제나 어떤 완수, 재개된 승리입니다. 그리고 완수될 필요가 있는 것은 실패할 수 있습니다. 미시정치, 정동정치는 변경-완수 alter-accomplishment에 대비한다는 희망을 가지고, 어떠한 상황에서든 열림의 정도들을 찾아냅니다. 전에는 느껴지지 않았던 잠재를 지각 가능한 지점까지 증폭시키는 방식으로 어떤 상황을 변조하는 것이 바로 변경-완수입니다.

맥킴 그렇다면 기억의 문제는요? 그러한 질적인 변화가, 또는 정동적 색조의 변화가 기억되고, 다른 문맥으로 전환될 수 있을까요? 그것이 운반될 수 있을까요?

마수미 서로 다른 여러 가지 기억이 존재합니다. 어떤 지각이든 직접 연루되어 있는, 몸이 계속해서 이월시키는 후천성 또는 선천성 기질과 성향으로 나타나는 일종의 기억이 있습니다. 이 기억은 주관적인 재현에는 없는 과거이며, 오로지 그것이 활성화될 때에만 나타나는 과거입니다. 그것은 시행된 과거, 즉 실제적 현재입니다. 그것은 두뇌 안에 있지 않습니다. 중간 지대에, 재부상하는 관계 속에, 상황 속에 있습니다. 그것은 행위로서의 사유와 아주 많이 닮아 있습니다.

그것은 특정한 일반성을 가지는 감각 속에 존재하는 생각과 같습니다. 경향이나 성향은 엄청난 수의 과거 사건들을 뒤섞거나 수축시켜서 그다음을 대비합니다. 습관이나 숙련은 반복을 통해 습득됩니다. 그러나 일단 우리가 그것을 수축하고 나면, 우리는 반복하지 않습니다. 우리는 일련의 행위들을 재배치할 수 있는 능력을 가집니다. 여기에는 상황에 맞는 특수성에 순간적으로 반응하는 임기응변식 변용이 포함됩니다.[14] 이것은 상황에 따라 펼쳐지는 적응성 잠재라고 할 수 있습니다. 그것은 과거로부터 물려받은 유산으로서의 현재가 됩니다. 그러나 그것은 미래를 준비하고 있는 한에서만 그렇습니다. 이런 종류의 기억을 화이트헤드는 즉각적 과거라고 불렀습니다. 현재의 즉각성과 일치하기 때문이죠. 이것은 본성상 비의식적입니다. 이 기억은 우리가 그것을 기억으로서 소유하기 전에, 우리를 사로잡아 버립니다. 이 기억은 반성의 가능성 이전에 펼쳐지는 경향성으로 우리를 내던집니다. 이것은 실행되지 않을 수도 있습니다. 다가오는 사건의 개시된 소란 속에 남아 있을지도 모릅니다. 그냥 내재적으로만 소란을 피울지도 모

---

14. [옮긴이] 습관과 숙련은 반복을 통해 만들어지지만, 일단 반복이 수축되어 습관으로부터 빠져나오면 변용의 가능성이 생긴다. 예컨대, 악기를 연주하거나 운동을 하는 경우 습관의 초과는 변주라고 하는 자유의 가능성을 연다.

릅니다. 그럴 경우 이 기억은 베르그송이 '발아기' 또는 '초창기' 행동이라고 불렀던 것으로 남게 됩니다.

한편, 이 기억은 우리를 곧바로 행위로 내던질 겁니다. 어떤 경우든 그 순간의 최초, 즉 사건의 개시는 바로 과거와 떠오르는 현재의 절대적 동시발생입니다. 하나의 주체가 생각을 하거나 세계로 향하는 것이 아니라, 능동적으로 현존하는 과거의 배아 주위에서 세계가 그 자신을 재구성하는 것입니다. 바로 그 측정 불가능한 초창기 순간 속에 이미 미래로 향하는 경향들의 활동이 존재합니다. 미래는 일종의 유인자ᵃⁿ ᵃᵗᵗʳᵃᶜᵗᵒʳ로서, 느껴진 현재, 정동적 현재입니다. 각각의 경향성은 특정한 종류의 결과로 향하기 때문입니다. 그것은 자신의 종착지에 의해 유인됩니다. 그 끝 지점을 윌리엄 제임스는 '한계점'ᵗᵉʳᵐⁱⁿᵘˢ이라고 불렀습니다.[15] 그것은 펼쳐지는 방향을 지배하는 한계 지점입니다. 다시 말해, 그것은 사유

---

15. [옮긴이] 윌리엄 제임스는 이 용어를 여러 관점에서 사용하지만, 그것들을 관류하는 하나의 의미가 있다면 '특정 지점' 또는 '한계 지점'이라 할 수 있다. 그는 어떤 경우에는 '기점'(terminus a quo)과 '종점'(terminus ad quem)을 구분하기도 한다. 예컨대, 사유 체계는 감각적인 느낌이 없으면 개념이나 가상적인 지식에 머물 뿐이다. 그것이 실제적인 지식이 되려면 특정 대상에 대한 감각적 느낌을 가져야 한다. 이때 그 감각을 사유의 기반이자 목표 지점, 즉 '기점'이자 '종점'이라 할 수 있다.(William James, *The Principles of Psychology*, Vol II (New York : Henry Holt and Company, 1890), p. 7. [윌리엄 제임스, 『심리학의 원리 2』, 정양은 옮김, 아카넷, 2005.]) 또 제임스는 이렇게 말하기도 한다. "신경체계란 단지 감각적 기점과 근육의 종점, 선상의(glandular) 종점, 또는 그 밖의 다른 종점들 사이에 있는 경로들의 체계에 다름 아니다."(William James, *The Principles of Psychology*, Vol II (New York : Henry Holt and Company, 1890), p. 108. [윌리엄 제임스, 『심리학의 원리 2』, 정양은 옮김, 아카넷, 2005.]) 이런 점에서 한계점은 감각적일 수도 있고, 관념적일 수도 있으며, 잠재태가 현실화되기 위한 출발점이기도 하고 종착점이기도 하다.

된 어떤 것과 같습니다. 생각이라는 것이 실제로는 여기에 없는 것의 유효한 현존임을 고려한다면 말입니다. 실제로는 그곳에 없음에도 유효한 현존이란 어떤 가능성으로서의 미래에 의식적으로 투사된 것을 뜻하지 않습니다. 그것은 자기를 빠져나가, 자신의 사건 안에서부터, 이미 과거임[과거일반]을 배태한 현재의 끌어당김입니다. 그것은 그 발생에 내재적으로 작용하는 시간의 강제력입니다. 그것은 순간 형성의 실재적, 발생적 요인입니다. 그것도 하나의 강제력이라고 생각합니다. 왜냐하면 거기에는 특정한 종류의 효력, 형성적 힘이 있기 때문입니다. 그것은 유효한 물질적 원인보다는 카오스 이론에서 말하는 유도자에 더 가깝기 때문에, 저는 이것을 미래의 '흡사quasi-원인'의 형성적 참여라고 부릅니다. 화이트헤드는 주장합니다. 미래 또한 언제나 다가오는 사건을 개시하는 과거에 의해 현재의 '활기' 안에서 능동적이라고.

그 모든 것은 컷 안에서, 동요, 미시충격, 또는 샘솟는 사건-서스펜스의 순간 안에서 발생합니다. 들뢰즈의 말을 빌리자면, 그것은 미시지각의 수준에서, 가장 작은 지각가능성보다 더 작은 간극 안에서 일어납니다. 의식적으로 그것을 지각할 수는 없습니다. 우리가 지각하는 것은, 다가오는 사건이 실행될 때, 순간들의 상호침투로부터 펼쳐지는 것입니다. 우리가 지각하는 것은 과거에 벌어졌던 상황으로 들어가는 동시에 이미 그 상황에서 빠져나와 일어났던 그 사건의 미래로 향하는 과거의 흔적입니다. 우리가 경험하는 것은 시간의 강제력이 내는 도플러 효과Doppler effect 같은 것입니다. 우리가 그 순간을 경험하는 것은, 즉 우리가 지속을 경험하는 것, 시간이 연장되는 느낌은 바로 이 도플러 효과 때문입니다.[16] 그 지속은 그러한 시간의 차원들을 아우르는 우리의 경험입니다. 전개되는 행위 속에 있는 것만큼이나 사유 같은 것이죠. 지속은 정동적인 색조로 등록됩니다. 우리는 주로 시간의 연장 속에서 질적인 경험을 합니다. 질적으로 산 이 시간을 윌리엄 제임스는 허상적[허울상의] 현재the specious present라고 불렀습니다.[17] 그것이 '허상적'인 이유는 모든 것이 시간의 균열로부터, 시간의 절단으로부터, 충격과 서스펜스로부터 나오기 때문입니다. 미시충격들은 멈추지 않습니다. 그것들은 무리 지어 출현합니다. 모두가 가장 미

---

16. [옮긴이] 도플러 효과란 음파가 거리에 따라 수축되었다가 이완되는 현상인데, 여기서는 시간이 현재 쪽으로 갈수록 수축되고 과거와 미래 쪽으로 갈수록 이완되는 현상을 빗대어 쓰고 있는 것처럼 보인다. 가까운 사건에 대해서는 시간이 중첩되고 수축되어 서로 간섭하고 있는 반면, 멀어지는 시간은 이완되어 느슨해진다.

17. [옮긴이] 이 용어는 원래 클레이(Edmund. R. Clay, 본명은 E. Robert Kelly)라는 심리학자가 처음 썼다고 알려졌으며, 윌리엄 제임스가 그의 개념을 발전시켜 논의하였다. 그에 따르면 우리가 현재라고 느끼는 지각은 실제로는 과거(최근 과거)의 편린이다. 지각을 구성하는 감각적 자료(a sensory datum) 자체가 이미 과거의 일부이기 때문이다. 바로 이 과거를 "허상적 현재"(the specious present)라고 부른다. 말하자면 허상적 현재란 감각 자료에 대한 시간적 대응 개념이라 할 수 있다. 이에 따라 제임스는 시간의 구성을 네 부분으로 나누어 "명료한 과거"(the obvious past), "허상적 현재"(the specious present), "실제 현재"(the real present), 그리고 미래로 구분한다. 그는 허상적 현재를 모든 상상된 시간의 원형이며, 직접적이고 끊임없이 감각 가능한 "짧은 지속"이라고 보았다. 이에 대해서는 그의 책 *The Principles of Psychology*, Vol I (New York : Henry Holt and Company, 1890)[윌리엄 제임스, 『심리학의 원리 1』, 정양은 옮김, 아카넷, 2005]의 15장을 참고하라. 참고로, 베르그송은 지각을 둘로 구분하여, 기억 즉 과거에서 오는 "의식적 지각"과 물질과 본성적으로 다르지 않은 "순수지각"으로 나누었는데, 여기서 의식적 지각이 허상적 현재와 정확히 동일하지는 않지만, 과거에 사로잡힌 현재라는 점에서 동일한 위상을 가지는 개념이라 할 수 있다. 의식적 경험과 시간의 한 관계를 보여 주는 이 개념은 의식적 경험 속에서의 시간(지속)의 무한한 분할의 증거라 할 것이다.

세한 지각가능보다도 작은 간극들 안에서 말이지요. 그들 모두는 언제나 무한하게 분할됩니다. 우리가 그 순간을 무한하게 확산하는 프랙털 분열로의 내파로 느끼지 않고 연장하는 것으로 느끼는 이유는 오로지 정동적 색조가 그 충격의 순간들을 무리 지어 감싸고, 그 순간들을 통과하거나 그 주변을 돌며 지속하기 때문입니다. 이것이 바로 그 순간을 만드는, 그리고 그 순간에 연속성을 부여하는, 지속을 만드는 경험의 질입니다.[18] 현재는 정동에 의해 들어 올려집니다. 이것이 또한 화이트헤드가 주장하는 바입니다 : 정동은 시간 안에 있는 것이 아니라, 시간을 만듭니다. 그것은 시간을 현재로 만들고, 현재를 순간으로 만듭니다. 그것은 우리가 순간적 현재를 효과로서 경험할 때 발생하는 시간의 창조적 요인입니다. 그것은 살아진 시간을 구성하는 요소입니다.

의식적 기억은 이런 종류의 기억, 즉 산 경험의 사건을 활성화하는 데 기여하는 직접적 과거의 기억과는 전혀 다릅니다. 의식적 기억은 회상적입니다. 그것은 현재로부터 출발해서 과거를 재활성화합니다. 반면에 능동적 기억은 반대 방향으로 갑니다. 그것은 과거로부터 와서 현재에 활력을 줍니다.[19] 다음으로 또 다른 종류의

---

18. [옮긴이] 운동이 점들(위치들)의 이행인 것처럼 시간 역시 순간적 계기들의 이행이라고 생각해 볼 수 있다. 그러나 운동과 마찬가지로 시간은 연속하는 흐름이기 때문에, 그것을 이루는 불연속하는 순간적 계기들을 연속하도록 해 주는 것이 필요해진다. 그 아교 같은 역할을 하는 것이 바로 "정동적 색조"라는 것이다. 이런 의미에서 정동은 시간 안에서의 경험적 실체(experiential entity)의 근간이라는 정의도 가능하다. 들뢰즈는 영화에서의 클로즈업 이미지를 '실체의 추상'이라고 불렀는데, 그에 따르면 정동 자체가 바로 실체이다.

19. [옮긴이] 회상된 기억(자발적 기억, 의식적 기억)은 현재로부터 의식적으로 떠올려지

기억이 있습니다. 일종의 키르케고르적인 기억입니다. 키르케고르 Søren Kierkegaard는 '앞으로 향한 기억과 뒤로 향한 상기'를 구분합니다.[20] 뒤로 향한 상기는 의식적 기억입니다. 앞으로 향한 기억은 유인자the attractor의 느낌, 종점이나 한계점의 느낌이며, 과거 안에 수축된 그리고 지금은 재활성화된 경향성의 한계 지점으로 느껴지는 것입니다. 그 유인자는 일종의 미래성입니다. 그러나 그것은 단지 과거일반을 수축함으로써 미래성을 가진다는 점에서 기억-같은 것입니다. 그것은 현재라는 도가니를 통해, 자기 자신을 향하여, 지금 이 사건의 아직-아님을 향하여 수축된 과거를 끌어당깁니다. 제 생각에는 이 한계점에 대한 발상은 화이트헤드가 말했던 '영원한 대상'an eternal object과 연결될 수 있지 않나 싶습니다.(영원한 대상은 부적절한 용어입니다. 왜냐하면 그것은 대상이 아니라 잠재potential이기 때문입니다. 그리고 시간을 통해 지속한다는 의미에서, 아니 오히려 매 순간의 구성에 적극적으로 들어간다는 의미에서, 그것은 영원한 것이 아닙니다.)[21]

는 상상 가능한 과거로 가기 때문에 현재와는 본성적으로 차이가 없는 기억이다. 이 것은 영화의 플래시백처럼 현재가 과거를 불러오는 방식이다. 반면에 후자는 의식을 넘어선 과거의 직접적 기억이 현재로 와서 현재를 채우고, 정동적 실체를 부여하고, 현재를 살아나게 하는 방식이다. 이로써 과거는 현재에 삽입되어 본성적으로 다른 현재를 만든다.

20. [옮긴이] 키르케고르는 플라톤의 상기론을 두고 더 이상 앞으로 가지 않는, 즉 '진정으로 반복하지 않는 가짜 반복'이라고 비판하고, 이에 대립하는 자신의 '반복'(자신을 내던지는 삶 같은)을 확신에 기반을 두고 미래로 가는 '진정한 반복'이라고 규정한 바가 있다. 이러한 반복의 개념은 니체에 이르러 다른 양상으로 심화된다.

21. [옮긴이] 화이트헤드의 영원한 대상은 경험적이라는 점에서 관념적 형상으로서의 이데아(Idea)와는 다르다. '영원성', '대상'은 모두가 과정을 배제한 개념이기 때문에,

따라서 적어도 세 가지 종류의 기억들이 있습니다: 우선 현재의 비의식적 기억이 있습니다. 이것은 현재 순간의 절단으로 능동적으로 수축된 과거입니다.(저는 이것을 허상적 현재와 구별하기 위해 '여기-그리고-지금'이라고 부릅니다. 왜냐하면 허상적 현재는 그 현재의 순간에서 일어나는 프랙털 구조적인 부글거림을 포괄하고 통일하며, 거기에 지속의 연속성을 부여하기 때문이죠.) 다음은 과거의 기억이 있습니다. 이것은 살았던 지속 중에서 의식적으로 경험된 허상적 현재의 관점에서 바라본 과거의 이면입니다. 그리고 미래의 느껴진 기억이 있습니다. 이것은 효력을 가지는 경향성의 흡사-원인이 되는 힘이며, 그 경향성이 향하는 한계점의 미래성의 되풀이되는 회귀에 의해 지배됩니다. 이러한 모든 기억의 형태들은 동시에 작용합니다. 우리의 깨어 있는 삶 속에서 늘 작용합니다. 그들은 서로 상호보완적입니다.

정동적 색조에 등록되는 질적인 변화가 운송 가능한지 여부에 대해 말하자면, 그렇지 않다고, 엄밀히 말해 아니라고 해야 할 겁니다. 우리가 말했던 모든 것들은 사건의 발생적 요인들입니다. 정동은 사건들의 구성으로 진입하는 하나의 창조적 요인입니다. 매우 특별한 것이긴 하지만 말이죠. 그것은 하나의 사건에서 다른 사건으로 운송될 수 있는 어떤 내용물이 아닙니다. 모든 사건-요인들처럼, 정동은 되풀이될 수 있고, 재활성화될 수 있습니다. 그것은 재부상할 수 있습니다. 그러나 언제나 새로운 것입니다. 정동

'영원한 대상'이라는 용어 자체는 화이트헤드의 본래 의도와는 다르다는 것이다.

의 논리는 사건들에 적용되는 연쇄적인 반복과 차이의 논리와 밀접하게 연관이 있습니다. 그것은 전송이나 소통의 논리가 아니라 사건-논리입니다.

맥킴 서로 다른 다소 다양한 기억들을 밝히는 것에 대해 제가 일부 흥미롭게 생각하는 것은 바로 선생님께서 처음에 말씀하셨던 개념, 즉 존재의 다른 힘으로의 정동적 이동은 기억을 수반한다는 발상입니다. 잠재적으로 재활성화되거나 다른 상황에서 몸의 경험을 변화시킬 수 있는 기억 말이죠. 선생님께서는 이 충격들이 미시지각의 수준에서 발생하며, 우리가 경험하고 보유하는, 최초의 미시지각적 충격 경험과 실제로 전혀 다른 사후의 의식적 지속이 존재한다고 언급하셨습니다. 이 정동적·질적 변화에 의해 수반되는 기억에 대해 미시지각적 충격에 민감해지는 것이라고 말해도 될까요? 그렇다면 우리에게 뚜렷이 영향을 주고 있거나 계속해서 우리에게 충격을 주는 이들 정동적 충격에 대해 좀 더 잘 알수 있을까요? 이것이 가능한 과정의 일부일까요?

마수미 그렇습니다. 그것은 분명히 잠재적인 과정의 일부입니다. 이런 식으로 새로운 성향을 획득합니다. 그리고 그 성향들이 일상 속에 내장되면, 삶은 습관이 됩니다. 그들이 반복되면서, 우리는 그들이 기능한다는 것을 알게 됩니다. 그들이 기능할 때는 그들을 알지 못하긴 하지만 말이죠. 그 이차적인 앎은 쉽게 낡아 버립니다. 습관이란 주의를-두지 않는 것입니다. 그런데도 무엇인가에-맞추어 행위는 합니다. 습관의 비의식적 기능은 자기-반복이며, 결국 그 자신의 캐리커처로 귀결되어 되풀이되는 과정입니다. 습관은 자기 자신에 길들여지는 것입니다. 무슨 말이냐면 습관은 결국 그것을 촉발한 상황들 속에 내재하는 새로움이나 차이에 주의를 두지 않게 된다는 겁니다. 그렇게 되면, 습관은 다가올 사건을 과거의 사건들에 순응시키는 경향성을 가지게 됩니다. 각색의 힘은 사라지고, 자기 자신을 새롭게 갱신할 수 있는 힘도 사라지고, 단순한 반사운동만 생기는 겁니다.

그 반대도 일어날 수 있습니다. 습관은 새로운 성향의 획득에 창조적 힘으로 재생성될 수 있습니다. 습관은 능력들을 시행 가능하게 하고, 그 가능해지게-하는 과정에서 무엇인가가 다양해지고, 그러면 몸의 저장소에 그러한 것들이 쌓이는 것입니다. 이러한 재생성 방식으로 습관을 동원하려면, 선생님께서 말씀하셨듯이, 몸은 다가오는 것에 민감해져야 합니다. 하나의 형성적 힘으로서, 몸은 결실을 낳기 전에 기폭작용priming을 느껴야 합니다.[22] 기이하게도, 이것은 일종의 선제적 역량이라 할 수 있습니다. 이것

---

22. [옮긴이] priming의 기본형인 prime은 다가올 일을 준비하고 채비를 갖추거나 기폭 효과를 내는 행위를 뜻한다. 특정 단어나 이미지에 노출되면 그와 연관된 다른 단어를 떠올리거나 그와 연관된 행위를 하게 되는 것을 기폭효과(priming effect)라고 부른다. 가령, juice(주스), coffee(커피)와 같은 음식 관련 단어들에 노출된 후에 "so_p"라는 글자들을 보면 soap(비누)이 아닌 soup(수프)를 떠올리거나, gray(회색), bald(대머리의), wrinkle(주름)과 같은 노인과 연관된 단어를 듣고 나서 평소보다 계단을 오르내리는 행동을 더 많이 하는 등의 실험결과들은 이러한 기폭효과를 예시해 준다. 즉 priming이란 사건이 실제로 일어나도록 유도하거나, 마중을 나오는 기폭제나 자극제 같은 작용을 말한다.

은 삶에 '더함'ᵃ moreness을 창조하는 선제적 역량입니다. 저는 이것을 '존재력'an ontopower이라고 부릅니다. 이것을 기이하다고 한 이유는 이 힘이 현시대의 군사조직에 의해 동원되는 힘과 동일하다고 확신하기 때문입니다. 군사이론에서 정동- 및 지각-능통perception-savvy을 다루는 요즘 대부분의 텍스트에서는, 이 습관의 재생성-창조를 '비-인지-기반-기폭작용'과 '미래의 표본추출'이라고 부릅니다. 그것은 전쟁-기계에 의한 미시-지각the micro-perceptual 식민지화의 일부입니다.23

이 수준에서 말할 때, 우리는 조심해야 합니다. 만약에 우리가 '나는 습관을 수축한다. 그러면 습관은 나를 지배한다', 또는 '우리는 미래를 위해 습관을 재동원할 수 있다'라고 말한다면, 우리는 습관이 중심을 이루는 사건-형성의 과정에 앞서서 그리고 그로부터 분리되어, 우리 또는 나, 즉 하나의 주체를 정위하고 있는 겁니다. '나'는 습관들을 수축하지 않습니다. 나를 형성하기 위해 습관들이 수축하는 것이죠. 그것은 '나를' 이끌어내 몸이 앞으로 이월하는 재활성화의 상관적 매트릭스가 되도록 합니다 ― 제가 앞서 정의했던 것처럼 이것이 나의 몸입니다. '나의'가 '나를' 앞에 옵니다. 존재는 소유격이지, 일인칭이 아니라고 라이프니츠는 주장했습니다. 나의ᵐʸ가 나를ᵐᵉ 앞에 옵니다. 또는 반복이 정체성 앞에 옵니다. 들뢰즈의 말을 더하자면, 반복된 차이는 언제나 정체성을 능

23. Brian Massumi, *Ontopower: War, Powers, and the State of Perception* (Durham, NC: Duke University Press, 2015)를 참조하라.

가합니다.

맥킴 그렇다면, 충격 극복이 우리가 찾는 것은 아니겠지요.

마수미 충격 극복은 우리가 찾는 것이 결코 아닙니다. 우리를 형성하는 것을 어떻게 이길 수 있겠습니까? 하물며 우리가 그것을 알기도 전에, 우리를 매 순간 재형성하는 것을 말이죠? 그러나 이것은 존재력 앞에서 우리가 무능력하다는 말은 아닙니다. 정반대입니다. 우리의 삶은 존재력에 의해 가능해집니다. 우리는 존재력을 살아갑니다. 우리 자신인 존재의 역량이 그것을 표현합니다.

맥킴 비판이론 이래 폭넓게 가해졌던 비판, 즉 정동정치학은 본질적으로 파시스트적이라는 비판에 대해서는 어떻게 생각하십니까?

마수미 잠재적인 것이 파시즘에 존재한다는 점에는 동의합니다. 그러나 파시즘이 정동정치에 내재한다는 주장에는 동의하지 않습니다. 정동에 대한 잘못된 믿음은 정동을 원초적인 자극-반응 체계라고 생각하는 것에서 비롯됩니다. 대신에 저는 그것을 '기폭작용'priming과 연결시킵니다. 기폭은 자극-반응이라고 하는 선형적인 인-과 구조가 아닙니다. 조율과 연관이 있습니다. 조율은 간섭하고 공명하는 것입니다. 이것은 비선형적입니다. 자극-반응은 제한된 경우에 해당합니다. 그것은 반사운동이 되어, 조정 능력, 변주 능력, 미래의 힘을 상실하여, 세상에 대해 조금도 놀라지 않는 습관의 경우에 해당합니다. 그것은 반복의 힘만큼이나 작용인an efficient cause이 거의 될 뻔했던 권태로운 습관입니다. 그것은 자신의 인과관계 안에서 '흡사'quasi를 놓아버렸습니다.24 또한 정동정치를 파시스트로 비판할 때, 거기에는 비의식적 과정을 사유의 부재로 본다는 의미도 있습니다. 비의식적 과정은 사유의 탄생이라는 들뢰즈와 가따리의 말을 저는 믿습니다. 그것은 배아적 사유로서, 다가오는 행위 속에서 존재의 역량을 표현하는 시간의 강요에 의해 움직입니다.

비판이론의 관점에서 보면, 저는 그 죄를 더 악화시킨 것입니다. 왜냐하면 저는 정동정치의 옹호는 미학정치의 옹호라고 생각하기 때문입니다. 미학정치 역시 파시즘과 동의어로 간주되곤 했습니다. 저는 화이트헤드의 '대비'contrast 개념을 통해 정동정치와 미학정치의 연결을 생각합니다. 대비는 동일한 상황 속에 함께 묶이는 경향적 펼침들입니다. 그들은 순간에 함께 나오는 선택적 종착점들입니다. 그들의 실제적 펼침들이 상호 배타적이긴 하지만 말이죠. 그들의 상호 배타성은 일종의 창조적 긴장입니다. 이것이 바로 개입하고 공명하고, 오는 것을 변조하는 종착점들 간의 대비들입니다. 허상적 현재는 그 펼침과 매한가지인 경험의 방울입니다. 사건이 역할을 다하고, 그런 다음 과정이 처음부터 다시 시작

---

24. [옮긴이] 습관은 물질적 수준에서 일어나기 때문에 물질의 인과성에 종속되어 있다. 따라서 '흡사—원인'(quasi-cause)으로서의 정동을 배제한다는 뜻이다.

할 때, 그것은 긴장 해소의 느낌입니다. 만일에 사유가 실제로는 현존하지 않는 것의 유효한 현존이라면, 하나의 한계점은 바로 사유의 요소입니다. 그리고 다수의 한계점들은 모두가 일종의 사유의 강렬화입니다. 허상적 현재는 이러한 사유의 강렬도가 행위로 이행하는 것을 느낍니다. 보통 강렬도 그 자체는 그 자신이 이행하여 일부가 되는 행위의 유효성에 의해 그늘져 있습니다. 화이트헤드는 미적인 것을 이러한 대비들의 강렬도의 차원에서 규정합니다. 미적인 행동은 행위의 유용함 또는 기능적 목적의 그늘 아래로부터 이러한 대비의 강렬도를 불러냅니다. 미적인 행동은 능동적 잠재태의 대비의 강렬도를 그러한 허울상의 현재로 불러와, 그 자신 외에 다른 어떤 가치에도 기대지 않고 홀로 섭니다.[25] 미적인 행동은 모든 행위의 발생을 특징짓는 대비라는 창조적 긴장을 확장합니다. 그것은 그 절단의 부유 상태[또는 긴장] 및 간섭과 공명의 소요를 연장하고, 거기에 지속을 부여합니다. 그럼으로써 지각가능성의 문턱을 통과해서 의식의 수준에서 잠재로 느껴집니다. 이것은 자극에 대한 반사 반응처럼 한계점이 끝까지 자동으로 피드포워드feed forward 되는 것을 막아줍니다.[26] 최종 결말은 부유

---

25. [옮긴이] 미적인 행위는 진부한 습관이나 삶의 필요(유용성이나 기능성)에 의해 묵살되어 버린 질적 현존들의 강렬한 대조(일종의 차이의 지각)를 통해 세계를 그 자체로서 직접 경험하는 역량을 실천한다. 예컨대, 본능에 따라 대상을 지각하는 염소는 녹색 풀밭 전체를 식별하는 것에 만족하지만, 예술가는 개별적인 풀잎 하나에 주의 깊은 지각을 기울인다. 여기서 현재의 지각과 상상적 기억은 식별 불가능한 상태가 되고, 잠재태는 실제적인 현재 안에서 관념적인 매개 없이 그 자체로서 직접 경험된다.
26. [옮긴이] 피드포워드란 미래의 가능한 산출 결과를 예측하고 계산해서 제어량을 조

합니다. 지금 가고 있는 한계점들은 가상적 끝으로 남게 됩니다. 그들의 상호 배타성은 앞으로 어떻게 될지에 기여하면서 여전히 상황에 기별을 합니다. 그러나 긴장 그 자체가 의식적으로 느껴지고 생각되기 위해 해소될 필요는 없습니다. 미학정치는 우유부단합니다. 그것은 일정한 행위의 가상적 불완전성에 대한 생각하기-느끼기thinking-feeling입니다.27

맥킴 창조성과 발명의 과정을 이해하기 위해서는 이 '대비의 강렬성'이라는 생각이 중요하다는 것을 알겠습니다. 그러나 이것이 정확히 어떤 점에서 정치적이라는 것인가요?

마수미 정치적으로 들리지 않을 수도 있습니다. 적어도 일반적인 의미에서는 그렇습니다. 그러나 그것은 정치적입니다. 왜냐하면

절하는 제어체계를 말한다. 교통신호 체계가 그 좋은 예이다. 피드포워드는 미리 결정된 제어이기 때문에 자극에 대한 반사 반응처럼 기계적이고 맹목적이며 우발적인 사건에는 무력하다.

27. [옮긴이] 여기서 말하는 thinking-feeling 또는 thought-felt는 사유와 감정이 중첩된 사고 활동을 지칭하는데, 어떤 면에서는 일종의 '직관 행위'로 볼 수 있을 것이다. 이 책 여러 곳에서 마수미는 thinking과 feeling, 또는 thought와 felt를 붙여서, 각각 능동과 수동, 행위와 그 행위의 내용을 구별한다. 들뢰즈는 expressing, expressed로 나누어 행위와 그 행위의 대상을 구분했는데, 이러한 어법을 마수미도 따르고 있는 것으로 보인다. 따라서 이들을 개별적으로 쓰는 경우엔 문맥에 따라 일반적인 용어를 썼지만, 이들이 붙어서 한 단어처럼 쓰이는 경우에는 그 의미를 구별할 필요가 있으므로, thinking-feeling은 능동성을 강조해서 "생각하기-느끼기"로 하고, thought-felt는 수동성을 강조하여 "생각된-느껴진"으로 옮겼다. 한편 thinking-feeling과 thought-felt가 명사가 아닌 동사구에 포함되어 사용되는 경우도 있는데(가령, "the transindividuality is thought-felt …"), 이런 경우엔 동사로 간주하여 문맥이나 시제에 맞추어 어미를 사용하였다.

가상성virtuality이란 도래할 사건의 문제이고, 앞서 우리가 보았듯이, 사건은 언제나 몸의 다양성을 미분적[차별적]으로 구별하여 그 발생에 정동적으로 조율할 수 있는 잠재성을 가지기 때문입니다. 미학정치는 공유된 사건들의 집단성을, 도래할지 모를 어떤 것을 위한 미분적이고 다양한 몸체의 잠재태로서 전면화합니다. 차이는 이 설명 안에 들어가 있습니다. 미학정치로 간주되는 정동정치는 불일치를 근간으로 하는데, 그것은 서로 대비되는 여러 대안들 중에서 하나의 대안이 나와도 다른 대안들의 증발을 직접 요구하지 않고 그들을 함께 유지한다는 점에서 그렇습니다. 정동정치는 생존을 위해 사유된-느껴진 서로 다른 능력들을, 서로 다른 삶의 잠재태들을, 서로 다른 삶의 형태들을 만듭니다. 그들 중 하나만 선택할 것을 즉시 강요하지 않습니다. 따라서 정치의 문제는 어떻게 해결책을 찾을 것인가가 아닙니다. 문제는 다음에 일어날 일 안에 어떻게 강렬도를 머물게 할 것인가입니다. 유일한 방법은 실제적인 차이화[분화]differentiation를 통해서입니다. 펼침[현실화]의 서로 다른 계열들은 대비를 실제성으로 전환합니다. 그들 사이에서요.[28] 따라서 정치의 문제는 이사벨 스텡거스가 말했던 '실천의 생태학'입니다. 이러한 차이화의 확산을 어떻게 돌보겠습니까? 서로 다른 계열들이 어떻게 서로 충돌하지 않고 서로를 파괴하지 않을

28. [옮긴이] 마수미가 화이트헤드의 '대조' 개념을 차용하는 것은 현실화 과정을 '대립'이나 '모순'으로 치부하지 않고 '대조'나 '대비'라는 용어를 통해 서로 갈등하고 있는 현실적 존재자들 간의 질적 차이에 주목하기 위한 것이 아닌가 싶다. 차이가 드러난 상태를 대비라 할 수 있으며, 이것이 차이의 강렬도다. 결국 그가 말하는 정동정치란 '질적 차이의 파악'과 그에 기반을 둔 '정동적 관계의 조율'이라고 짐작할 수 있다.

수 있을까요? 어떻게 함께 살까요? '해법'은 선택을 통해 그 긴장을 해결하는 것이 아니라, 공생하도록 조절하는 겁니다. 사건 속에서 함께 나오는, 그 사건에 함께-속하는 강렬도를 최대로 살아내는 수정능획득의 교차-수정입니다.

맥킴 공유된 차이라는 개념이 흥미롭습니다. 더 흔한 말로 해서, 공통의 언어가 필요하듯이, 공통성 차원의 집단적 정치라고 할 수 있을 것 같습니다.

마수미 저는 공통 언어의 가능성이 존재한다고는, 더 이상 생각하지 않습니다. 설사 있었다고 해도 말이죠. 그것이 있었다고 해도, 저는 원하지 않을 겁니다. 저 혼자 그런 생각을 한다고 보지 않습니다. 공통언어 자체가 그것을 공통하지 않게 합니다. 부과[강요]되어야 할 테니까요. 그것은 지배-권력의 연습을 필요로 합니다. 존재력의 권능이양, 즉 [무엇인가를] 하려는-역량과는 전혀 다른 것이죠. 저는 원하지 않습니다. 어떻게 생각하든 그것은 마비되어 무감각해질 겁니다. 그것은 탈-강렬화할 겁니다. 그것은 표준화된 반응에 의한 밋밋한 정동이 될 겁니다. 그것은 정치를 창조적이지 않은 반사 운동으로 되돌릴 겁니다. 합의는 언제나 지배-권력의 산물이었습니다. 그것[합의]는 그것[지배-권력]에의 습관화[순응]입니다. 그것[지배-권력]이 부드러운 형태일지라도 말이죠. 탈-강렬화의 방식으로 건설되는 합의 말고 다른 '공통 언어'가 있는지는 잘 모르겠습니다.

세계는 너무 복잡해서 하나의 모델로 유지하기 어렵습니다. 하위-공동체들로 파편화되는 국가들, 그에 동반하여 이 공동체들로부터 형성된 민족-국가들의 수적인 증가, 자본의 운동에 의한 해체 효과들, 사람·상품·관념과 정보들이 국경을 넘나들며 해대는 끊임없는 운동을 가능하게 하고 강제하는 해방된 자본의 흐름 — 이 모든 것들은 그 어떤 총체적 감독이 있을 수 없는 흐름과 변이의 과hyper-복합적 상황을 창출해 왔습니다. 그 모두를 아우를 수 있는 최적의 지점은 존재하지 않습니다. 보편 언어를 발견하거나 합의를 세우거나 합리성을 공유할 수 있는 공통의 관점 역시 존재하지 않습니다. 상황은 구성적으로 불일치합니다. 보편적 언어, 보편적 목적, 보편적 합리성을 찾는 데 실패한 프로젝트로 되돌아갈 것이 아니라, 그 불일치의 복잡성이 정치의 출발이 되어야 할 것으로 보입니다. 무엇 때문에 처음부터 차이를 줄이고, 진부한 습관으로 경로를 설정합니까? 그것은 패배로 시작하는 겁니다. 좀 넓게 말해, 복잡성을 출발점으로 삼는 것, 이것이 바로 '생태학적'이라는 말이 의미하는 것입니다. 제가 보기엔 정동적 강렬도와 삶의 잠재적 가능성을 다양화하는 미학이, 스텡거스가 말했던, 그리고 그에 앞서 가따리가 말했던, 공생적 실천의 생태학에서 중요한 요소라고 생각합니다. 이 공생적 관점으로부터, 자본주의 그 자체에 의해 촉발되는 삶의 형태들의 가변성과 가능태를 긍정함으로써, 반-자본주의 정치학이 시작됩니다. 그것은 이미 시작된 삶의 형태들을 계속해서 차이화합니다. 그러나 그것은 다른 종착지 무리들에 의해 지배되고 다른 가치들을 체현하는, 다른 방식으로 차이화합니다.

맥킴 우리는 미시정치에 대해 논의하고 있습니다. 그리고 어쩌면 이것은 미시정치와 정동정치가 물질화될 수 있는 방법들을 논의하기 위한 좋은 출발점이 될 수 있을 것 같습니다. 에린 매닝과 선생님께서 몬트리올 〈감각실험실〉을 통해 진행 중이신 그 창조적인, 미학적-정치적 이벤트들이 한 예가 아닐까 싶습니다. 그에 대해 말씀해 주시겠습니까?

마수미 미시정치에서 '미시'는 작은small과 동의어는 아니지만, 그리고 그 수준에서 효과가 발휘될지도 모르는 변조들이 광범위하게 분포될 수도 있지만, 우리가 매일매일 살아가고 일을 하는 지엽적인 문맥만큼 좋은 출발점은 없다고 생각합니다. 거시정치의 정위positioning는 순수하고 정확하고 오염되지 않은 상태를 유지하면서 외부에서 판단할 수 있도록 하는 중립적인 상위의 최적 위치가 존재한다는 환상을 가지고 작동합니다.[29] 이런 식으로 수행되는 비판은 의무를 배가합니다. 비판은 반대를 합니다. 심하게 단순화해서 말하자면요. 그러나 비판은 또한 방어도 합니다. 외부에서 판결하는 것은 난공불락의 위치에 안전하게 자리를 잡는 것입니다. 미시정치에서, 비판은 내부로부터 나와야 합니다. 사물의 가

---

29. [옮긴이] 거시정치의 위치설정, 정위는 전체성을 가정한 불변의 틀을 통해 사유하는 방식을 지칭한다. 큰 틀에서 국가, 진리, 사회, 도덕 같은 거시 담론을 통해 문제를 일거에 해결하려는 시도가 이에 해당한다.

장 치열한 내부로부터 말입니다. 손에 흙을 묻혀야 한다는 말입니다. 상황의 외부에 있다는 상황은 존재하지 않습니다. 그리고 어떠한 상황도 장악당하지 않습니다. 상황에 따른 연루의 끈과 한계들을 인식할 때에만 우리는 그 제약들을 구성적인 수준에서 조절할 수가 있습니다. 그리고 거기서 그 제약들은 재-발생하고 계속됩니다. 이것이 바로 '내재적 비판'입니다. 이것은 능동적인, 참여의 비판입니다. 제가 볼 때 미시정치적 행위는 발생의 조건들을 능동적으로 바꾸는 이러한 내재적 비판과 연관이 있습니다. 이것은 생성에 맞물려 있는 것이지, 무엇인지를 판결하는 것과는 관계가 없습니다.

에린과 저는 모두 교수입니다. 따라서 대학이란 곳이 바로 우리가 시작했던 그날-그날의 상황이었습니다. 좀 더 구체적으로 말해 대학은 발표하고, 워크숍을 하고, 회의를 하는 포괄 환경을 포함하는 학문 기관입니다. 에린 역시 예술대 소속입니다. 그래서 우리는 학문 기관과 예술 사이에서 작업합니다. 두 경우 모두 어떤 요청을 받고 있습니다. 기업의 용어를 수입해서 최근 점점 많이 호명되고 있는 '배송품'a deliverable ― 가치화될 수 있는 제품, 갤러리 전시용 예술 작품이나 표준화된('동료―평가된') 분과학문 저널에 발표할 수 있는 논문 ― 을 생산하고 만들어 내라는 요청입니다. 배송을 해야 하기 때문에 포장이 잘 된 내용물에 역점을 둡니다. 갈수록, 이런 환경에서는 과정 그 자체가 제품이 됩니다. 예술가들이 발전시킨 창조적인 발표의 장들이 '문화 산업'을 위한 제품 개발에 먹이를 제공하는 연구 조사 기능으로 간주되듯이 말입니다. 지적 재산이 새로운 창조력이 되었습니다. 캐나다와 그 밖의 다른 지역에서 이런 방향으로의 강한 압력이 존재합니다, 예술은 '조사'(캐나다에서는 이것을 '조사-창조'라고 부릅니다)가 되었고, 모든 학문적 활동과 마찬가지로 생산성 평가의 대상이 되었습니다. 우리는 이러한 경향에서 떨어져서 예술과 학문 기관 내에서 공동작업의 창조적인 과정을 해방시키는 쪽으로 얼마나 멀리까지 갈 수 있는지를 보고 싶었습니다. 한편 좋든 싫든 우리를 먹여 살리는 — 우리가 그 환경에 참여하고 있고 기대고 있다는 점을 부인할 수는 없겠죠 — 그리고 전부가 당장에는 변할 것 같지 않은 그러한 환경에서 여전히 계속 살아남으면서 말입니다.

우리의 일에 많은 자극제가 되어준 것은 이사벨 스텡거스와 나누었던 아주 강렬한 대화들이었습니다. 그녀의 설명에 따르면 성공적인 지적 이벤트의 기준은 바로 그것이 사건이어야 한다는 것이었습니다.[30] 다른 상황이었더라면 일어나지 않았을 무언가가 진짜로 일어나는 겁니다. 예전에 〈토킹 헤즈〉Talking Heads가 불렀던 노래처럼, 아무 일도 일어나지 않는 곳이 천국이라면, 학회는 틀림없이 학계의 천국입니다.[31] 학회에서 진짜로 새로운 사유를 했던

---

30. [옮긴이] 이 책에서 event는 주로 '사건'의 의미로 쓰지만, 연구실에서 행하는 실험이나 학계의 학회와 같은 지적인 이벤트를 의미하기도 한다. 물론 이러한 이벤트들 역시 사건을 겨냥하고 있기는 하지만, 그 문맥에 따라 '사건'과 '이벤트'를 구별해서 옮겼다.

31. [옮긴이] 〈토킹 헤즈〉는 1975년에 뉴욕에서 결성되어 1991년까지 미국에서 활동했던 펑크 록 밴드이다. 이들의 곡 중에 〈천국〉(Heaven)은 젊은이들이 밤낮없이 드나들던 술집을 천국에 비유하여, 이곳에서는 어떠한 변화도 일어나지 않고 반복적인 삶만이 있다고 자조적인 푸념을 한다.

때가 언제죠? 학문적 토론이나 논쟁을 통해 견해나 입장이 바뀌는 광경을 본 때가 언제죠? 예술 쪽에서 그와 유사한 천국은 예술가들이 하는 말과 표준화된 갤러리 전시일 겁니다. 이사벨은 또 강조합니다. 단순히 제약들을 걷어 올린다는 의미에서, 그것은 '자유'의 문제가 아니라는 겁니다. 제약들이 없는 곳에서는 대부분 아무 일도 일어나지 않습니다. 왜냐하면 그렇게 되면 무엇이든 다 되고, 다 되는 것은 단지 높은 권력으로 옮겨가는 무^{nothing}, n 제곱으로 가는 천국에 불과하기 때문입니다. 학회를 피할 수는 있습니다. 그러나 자유롭게-부유하는, 밤늦게 기숙사에서 자유-연상 토론으로 결론 낸다면, 그게 무슨 의미가 있겠습니까? 제약이 없으면 내기^{stakes}도 없습니다.

우리가 출발점으로 삼은 것은 '권능화 제약'$^{enabling\ constraints}$이라고 불렀던 것입니다 — 일련의 계획된 제약들을 말하는데요, 창조적인 상호작용을 위한 특정한 조건들을 만들어서 거기서 어떤 일이 발생하도록 정해 놓는 것입니다. 하지만 결과가 정확히 무엇이 될지 또는 무엇이어야 하는지에 대한 개념이 사전에 결정되어 있지는 않습니다.[32] 배달 가능한 제품도 없습니다. 과정일 뿐입니

---

32. [옮긴이] enabling constraints는 앞 장 각주에서 간략히 설명했듯이, 어떠한 창조적 역량을 발휘하는 데 조건이 되는 제약을 말한다. 이것은 불리한 상황을 그 구도의 차원에서 반전시키고 뒤집는 데 관심을 두는 정동정치 활동의 한 측면이라 할 수 있다. 이에 따르면 제약은 권한과 자격의 조건으로 인식된다. 마조히스트의 유머가 이 전략의 좋은 예라 할 수 있다. 들뢰즈에 따르면 마조히스트의 피학적 쾌락은 매를 맞는 행위가 위반의 자격을 부여받는 과정으로 간주되기 때문이라고 설명한다. 위반에 따른 처벌이 피할 수 없는 것이라면, 반대로 처벌을 받고 나면 위반의 자격이 주어진다는 식이다. 즉 마조히즘의 유머는 제약으로서의 고통이 오히려 쾌락의 조건

다. 우리가 처음에 했던 것은 이벤트 설계, 즉 대체-형식alternative-format 예술-학문 이벤트들을 위한 설계라고 생각했던 것을 실행하는 것이었습니다. 내기는 쟁점이나 내용이나 규정 가능한 결과에 의해 규정되지 않습니다. 내기는 사람들에게 다시 원기를 주고, 제도 안에서 그리고 그 주변에서 그들이 기능하지만 동시에 더욱 활력 있고 더욱 강렬한 삶을 만드는 탐험과 발명의 새 장을 열기 위해 무엇을 해야 할지를 보는, 일어나거나 일어나지 않은 사건입니다.

⟨감각실험실⟩을 시작한 사람은 에린이었습니다. 거기서 저는 동료로서 참여했습니다. 우리가 처해 있었던, 예술과 학문 제도라는 그 환경을 바라보면서, 서로에게 제공할 수 있는 것 – 공생의 씨앗 – 이 있다고 생각했습니다. 학문 측에서 예술계에 기여할 수 있는 것은 정교한 언어표현을 추구하는 경향이나 성향입니다. 예술 쪽에서는 어떤 대상이나 체계나 상호작용에 철저하게 언어를 초과하는, 적어도 언어의 표준화된 외연이나 지시적 사용을 초과하는 강렬도를 투자합니다. 우리는 그 두 경향을 결합하고 싶었습니다 : 개념들을 정교한 언어 표현으로 가져오기, 그리고 지각과 경험을 강렬화하기.

이 된다는 점에 있다. 마수미와 동료들은 자신들의 연구실에서 다수의 사람들과 함께 특정한 제약을 설정해 놓고 그 제약을 이용해 자신들이 무엇을 할 수 있는지를 실험한다. 이 권능화 제약들은 모든 행위와 사유를 통제하는 '구조'와 '체계'에 대응하는 개념이라 할 수 있다. 마수미에 따르면 권능화 제약은 자유의 형식이기도 하다. 자유는 문제의 완결이나 도피가 아니라 주어진 제약을 이용해 그것을 넘어서는 과정이기 때문이다.

우리는 먼저 〈예술과 테크놀로지를 위한 모임〉the Society for Art and Technology이라고 부르는 지역 공동체 기반 전자 예술 단체에서 시작했습니다. 몬트리올 대학들 사이에 있는 곳입니다. 이곳은 몬트리올에서 서로 다른 언어를 사용하는 공동체들이 뒤섞인 도시 공간입니다. 이곳에는 학자들, 대학에 있는 예술가들, 그리고 지역사회의 독립 예술가들이 모두 모일 수가 있었습니다. 우리는 사람들이 함께 모일 수 있는 이벤트를 어떻게 만들지 고민했습니다. 빈 석판 위가 아니고, 그냥 지면 위도 아니었습니다. 그보다는 창조적인 편견에서, 무엇이 사람들을 움직였을지, 무엇이 그들의 작품을 움직였을지, 무엇이 그것을 작동하게 했는지의 측면에서였습니다. 우선 완성된 작품을 가져오는 것을 금지했습니다. 우리는 그들에게 작품을 가져오지 말고, 작품을 작동시키는 것 — 내부로부터 그 작품을 내몰았던 경향성들, 기술들, 강박들, 유혹들, 성향들 — 을 가져올 것을 원했습니다. 우리는 어떤 상황을 만들어서 어떤 이들에게는 하나의 예술 전시로 해석될 수 있도록, 또 어떤 사람들에게는 학회로 해석될 수 있도록 했습니다. 그러나 둘 다 아니었습니다. 무엇인가를 보여 주거나 전달하려고 했던 사람은 아무도 없었습니다. 상황은 알 수가 없었고, 우리가 알았던 건 방해가 되거나 위협이 될 수도 있었습니다. 우리는 일정한 소외[불화]가 필요했습니다. 그러나 그것이 요점이 아니었습니다. 그것은 단지 여러 가지 권한부여the enablements의 하나였습니다. 우리는 사람들이 자신의 작품을 구성하는 단계에서 모이길 원했습니다. 반면에 그들은 이미 구성된 것을 가지고 오도록 요청받는 것에 익숙했습니다. 사건이 가능하도록 하려면 어떤 특정한 종류의 기대를 가능하지 않게 해야 합니다. 일시 중지시키는 것이죠. 충격처럼요. 그러나 거시적인 의미에서는 아닙니다. 그냥 잠시 멈추거나 기본설정 밖으로 끄는 것이죠. 우리는 — 여기서 '우리'라는 말은 매우 열심히 했던 집단을 말합니다. 프로젝트에 참여했던 학생들과 그 밖의 다른 헌신적인 사람들을 포함해서요 — 어떤 종류의 공간 배치가 가장 좋을지, 사람들이 그 공간을 들어오면 어떻게 기대[예상]을 조정할지, 어떻게 초대하듯이 부드럽게 예상을 깰지 등에 대해 골똘히 생각했습니다. 우리는 처음엔 환대의 차원에서 생각했습니다. 그것이 우리의 모델이 되었죠. 그 상황이 테스트라든가 각자 물건을 가져와서 발표하는 식의 수업이 아니라, 환대의 하나가 되도록 어떻게 권한부여[권능화] 제약을 만들 것인가. 그것을 위해 우리는 아주 작고 구체적인 방법들을 찾으려 했고, 전통적인 이벤트들이 손들었던 걸림돌들을 예측하고자 했습니다. 예를 들어, 입장의 순간이 중요합니다: 사람들이 이벤트에 어떻게 들어오는지는 모든 종류의 역동성을 뿌리내리게 합니다. 일단 그들이 들어오면, 그룹의 역동성이 그다음 도전이 됩니다. 전체회의가 그 예입니다. 사람들은 전체-그룹의 상호작용을 원합니다. 그렇지 않으면 그 이벤트는 흩어져 버린 것처럼 느껴져서 무엇인가가 일어났다는 느낌을 아무도 갖지 못할 겁니다. 그러나 전체회의는 너무 지루합니다. 사람들은 잠들어 버립니다. 몇 사람만 주도를 하고 다른 사람들은 말할 힘이 없다고 느낍니다. 토론은 지나치게 일반적이 되어 가고, 함축된 의미는 서로 다른데도 같은 말들이 계속 반복되어, 아무도 다른 사람의 말에 진짜로 연결되지 못합니다. 지루해 죽습니다. 하지만 작은 그룹의 경우라면, 어떻게 그 집단들을 구성할까요? 그리고 작게 축소된 총회가 되지 않도록, 그들은 무엇을 할까요? 그리고 작은 그룹 안에서 뭔가가 실제로 일어난다면, 일들이 가장 잘 일어나는 곳은 어디일까요? 그 사실을 다른 그룹들에게, 또는 전체 그룹에 어떻게 전달할까요? 이런 것들이 바로 우리가 했던 질문들입니다.

작은 그룹을 어떻게 구성할지의 문제를 해결하기 위해, 우리는 정동의 메커니즘을 찾아보았습니다. 예를 들어, 첫 번째 이벤트에서 우리는 털이 많고, 부드럽고, 아름다운 색과 무늬로 가득 찬 천 조각들을 준비했습니다. 참가자들을 여러 그룹으로 나누기 위해, 우리는 간단히 사람들에게 마음에 드는 천 조각을 고르라고 했습니다. 그런 다음 그 천을 이용해서 상호작용의 공간을 만들어 보라고 했습니다. 앉거나, 주변에 모이거나, 그 안에 들어가 자신들을 싸거나, 어떻게든 움직이게 하는 것이죠. 그래서 최초의 말을 주고받거나 첫 번째 과제가 시작되기 전에, 사람들은 이미 약간의 친밀감-기반의 환경에 속하게 되어 잠깐이나마 집에 있는 느낌을 가지게 됩니다. 우리는 천으로 그들을 그룹으로 나누었습니다. 어떻게 하면 작은 그룹들을 전체-그룹의 상호 작용으로 옮길지를 위해 우리는 각 그룹이 공유해야 했던 권능화 제약을 그만두었습니다. 그러나 그들이 공유했던 것은 과정이었습니다. 그래서 보고하지 말라고 했던 것입니다. 외부의 관점에서와 마찬가지로, 무슨 일이 있었는지 설명할 수 없었습니다. 그것을 다시 수행하는 방법을 찾아야 합니다. 그러나 더 많은 숫자에 적합한 방식이어야 합니다. 직접 보고를 하거나 번역도 할 수 없습니다. 변환해야transduce 합니다.[33] 이러한 변이들을 발명 또는 임시변통하는 것이 그 이벤트의 주요 일부가 되었습니다. 그것은 마치 사건의 내용이 그 형식이 되는 것, 또는 그 반대인 것과 같습니다. 모든 사람이 도와주지 않으면 아무 일도 일어나지 않을 겁니다. 따라서 결과는 모두에게 달려 있습니다. 사건을 만드는 데 있어 모두가 능동적으로 연결되어 있습니다. 그들은 배달하지 않았습니다. 우리도 마찬가지입니다.[34] 참여자들의 능동적인 관여가 없다면, 아무 일도 일어나지 않았을 겁니다. 아무것도 주어지지 않았기 때문에, 해당 그룹이 집단적으로 만들어낸 것 외에는 소유한 것 역시 아무것도 없습니다. 우리가 도달했던 것은 가따리가 말했던 '주체-그룹'이었습니다. 그런 식의 그룹 형성이 항상 그렇듯이, 발생했던 일들은 곧바로 분명해지지 않았습니다. 과정으로부터 분리된, 평가 가능한 결과물이 없었기 때문입니다. 그 당시에 분명했던 것은 단지 경험이 강렬했었다는 것, 그리고 집단적이었다는 것뿐이었습니다. 나중에 가서 상황은 발전했습니다: 사건 속에서 싹텄던 협업은 증

---

33. [옮긴이] 여기서 설명하는 이벤트를 직접 겪어 보지 않았기 때문에, 그 구체적인 내용을 정확히 알 수는 없다. 전달된 말을 통해 추측해 보건대, 구체적인 소그룹으로 나뉜 무리가 각각의 천 조각으로 만들어진 어떤 분위기를 공유하고, 거기서 공유했던 과정과 느낌을 전체 그룹에서 다시 표현해야 하는 상황을 설명하는 이벤트로 보인다. 여기서 말로 보고를 하거나 다른 말로 바꿔서 전달해서는 안 되고, 자신들이 느끼면서 공유했던 정동적 경험을 새로운 환경에서 새롭게 표현하는 방법을 창출해야 한다.

34. [옮긴이] 배달한다는 말의 뜻은 '포장된 형태의 소유 가능한 상품'처럼 말이나 행동처럼 형태나 틀이 잡힌 어떤 묶음을 '재현'(represent)한다는 뜻으로 보인다. 즉 정동은 재현의 대상이 아니라 표현과 발명의 문제라는 뜻을 함축하고 있다.

가했습니다. 3년이 지난 지금도 아직 진행 중입니다. 다른 토양에서 배양되었던 과정의 배아들이 뿌려졌습니다. 그로 인해 우리는 두 번째 모델에 이르게 되었습니다. 우리가 아직도 작업을 하고 있는 과정적 파종이라는 모델입니다.

천을 통한 그룹 구분과 이들이 수행한 이행 메커니즘들은 우리가 '관계의 기술'이라고 불렀던 작은 예들에 불과합니다. 각 이벤트에서의 어려움은 그 특별한 모임에서 특이한 것에 맞게 그 이벤트를 조정해 주는 권능화 제약과 관계의 기술을 발견하는 것입니다. 그러기 위해서는, 우선 올 사람들을 움직이게 하는 것이 무엇인지 알 필요가 있습니다. 그래서 관계를 위해 발판을 마련해 줄 수 있는 사전-이벤트 기술이 있어야 합니다. 그리고 사후-이벤트 협업 개발은 네트워크에 매우 중요합니다. 그것이 바로 이벤트에서 일어난 일이 진짜로 사건이 되는 곳이기 때문입니다.

우리에겐 일어난 어떤 일을 언어로 취합할 것인가가 매우 중요합니다. 우리 둘 다 글을 쓰기 때문입니다. 우리 둘 다 우리의 일을 철학으로 생각합니다. 그렇게 우리는 언제나 철학의 실질적, 효과적 현존을 위해 노력합니다. 그러나 다른 종류의 실천을 판결하는 지식 분야의 대가로서가 아닙니다. 우리는 그것을 공생으로 봅니다. 이 공생 안에서는 언어가 우선적이지 않은 실천들도 명료한 언어 표현으로 전환될 수 있는 능동적이고 개념적인 힘을 품고 있는 것으로 보입니다. 그리고 언어로 전환됨으로써 그 실천들은 발전해서 더욱더 박차를 가하는 실천으로 주기를 되찾을 수 있습니다. 우리는 들뢰즈와 가따리가 규정했던 식으로 철학에 접근합니다. 그들에 따르면 철학은 개념의 창조이고, 그 임무는 사유하는 것뿐만 아니라, 행위하고, 느끼고, 지각하는 능력들을 증강시키는 것입니다. 따라서 우리는 철학을 그 자신의 권리를 가진, 자신만의 재료와 활동 양태를 가진, 하나의 창조적 실천으로 접근합니다. 그리고 그것은 언어입니다. 또 다른 문제:그 밖에 다른 관계의 기술들이 발명되어야 합니다. 서로 다른 창조 활동 양태들과 그들 각각의 구체적 물질성들 간의 이러한 상호 작용을 강화하기 위해서요. 사건 설계에 대한 많은 생각과 실험이 이와 관련이 있습니다. 우리가 실시했던 특별한 이벤트뿐만 아니라 〈감각실험실〉 그룹의 매일매일 일상적 활동에서요. 그뿐만 아니라 인터넷 그룹 중심이긴 하지만, 지역적으로 먼 거리에서도 마찬가지입니다.

우리가 관계의 기술이라고 부르는 것에 대해 많은 생각들이 전부터 사회운동 분야에서 있어 왔습니다. 특히 1960년대 무렵부터 시작되었죠. 그리고 예술 운동 분야도 그랬습니다. 우리는 세상 사람들이 다시금 갈망을 느끼고, 스스로 다시 이어가고 있는 무엇인가가 있음을 느낍니다. 각자의 집을 근거지로, 서로 다른 방식으로, 때로는 반-세계화 운동과 같은 운동들과 의식적으로 연결되어, 때로는 보다 작은 자신만의 단체의 범위 내에서, 더욱 활기 있고 지속하기를 바라는 것입니다. 많은 사유와 실험들이 진행되고 있으며, 이미 발명된 많은 기술들과 그 밖의 많은 것들이 진행 중에 있습니다. 우리는 그러한 활동의 일환으로 하나 이상의 포럼을 운영함으로써 이미 그러한 폭넓은 운동에 연결되어 있다고 봅니다. 이것은 우리가 뭔가 발명해 냈거나 나름대로 뭔가를 소유하고 있다는 말이 아닙니다. 이것은 불연속적인 전통과의 연속성 속에 있습니다 — 일어나고 가라앉는, 그러나 습관이 되어버린, 삶의 반성-관리 형식들에 새로운 활기를 불어넣고, 그것을 집단적으로 해야 할 필요, 갈망이 항상 거기에 있기 때문에, 언제나 재부상하는 듯한, 일군의 실천들과 지향성들. 우리는 점점 더 밀집되어 네트워크로 연결되고 확장되어 가는 참여 예술-철학-정치 이벤트 설계에 대한 서로 다른 접근법들 간의 접속들을 기대하고 있습니다.

맥킴 그러한 접근법에서 흥미로운 것은 그것이 사건 생산에서 요구하는 창조적 한계들과 관련이 있다는 점, 그리고 다양한 사건이 어떻게 서로에게 공명하고 서로를 증폭시킬 것인가의 문제와 관련이 있다는 점입니다. 이것은 우리가 앞서 다루었던 문제, 즉 정동정치가 어떻게 전 지구적인 위상을 가질 수 있을지, 또는 하나의 이벤트를 넘어 보다 큰 스케일로 도약할 수 있을지의 문제로 되돌아가게 합니다.

마수미 그렇습니다. 미시정치적 사건도 폭넓은 영역을 가질 수 있습니다. 사건을 미시정치로 규정하는 것은 그것이 일어나는 방식에 있지, 취하는 규모에 있지 않습니다. 미시정치적이라는 말은 사건의 구성에 내재적인 변조를 일으키는 소요를 생산하는, 사건의 태동 시기에, 경험의 발생적 순간으로 되돌아간다는 뜻입니다. 그것은 우리 삶의 배아와, 우리가 살아가는 상황들의 발생적 조건들[미결정 지대로서의 잠재태]와, 그 과정의 수준에서 재접속되는 문제입니다. 따라서 문제는 그 재접속을 앞으로 계속 전달하는 메커니즘을 찾는 것입니다. 강요를 하는 것이 아닙니다. 보편적인 모델로 그것을 제안하는 것도 아닙니다. 오히려, 하나의 선물로, 자기-갱신 과정이라는 선물을 주는 겁니다. 이러한 사건-전파의 문제, 경험을 부활시키는 선물 경제의 일부로서의 과정의 파종 문제는 큰-스케일의 미시정치의 문제이기도 합니다. 과정 그 자체는 자기-가치화되어야 합니다. 그것은 그 자체로 가치를 가져야 합니다. 세계 상황이, 오바마 정부에도 불구하고, 대체로 희망적이지 않기 때문입니다. 세계 상황은 가망이 없어 보입니다. 희망을 가질 이성적인 지반이 없습니다. 세상을 이성적으로 보면, 세계적으로 점점 증가하는 부와 보건의 격차를 보면, 점점 만연하는 환경 파괴를 보면, 경제적 토대에 있어 다가오는 재앙을 보면, 전 세계에 영향을 주는 에너지 위기와 식량 위기를 보면, 특히 그것들이 상호 관련을 맺는 방식을 보면, 부활하고 있는 민족주의 정서와 전쟁 문화의 증오를 보면, 희망이 안 보입니다. 따라서 미시정치의 문제는 그 절망적인 상황의 한계 내에서, 그럼에도 불구하고 지속하는 방식을 찾고, 그 거대한 문제들을 야금야금 벗겨내면서, 증강된 존재 역량으로, 어떻게 하면 보다 강렬하게 살 것인가, 어떻게 하면 보다 충만하게 살 것인가입니다.

미시정치적 사건에는 불완전함이 존재합니다. 〈감각실험실〉 이벤트가 그 예입니다. 참가자들이 느끼는 많은 것들은 모양을 막 잡아가기 직전으로 완전히 드러나지는 않았습니다. 단지 어렴풋하게만 볼 수 있었던 잠재들은 뚜렷하게 나타나지 않았습니다. 목표는 불완전함을 극복하는 것이 아닙니다. 목표는 강렬하게 끄는 겁니다. 어떤 것은 형태가 잡혀 뚜렷하고, 또 어떤 것은 전에는 분명히 표현되었지만 지금은 배경으로 밀려난, 또 다른 일련의 잠재태들을 드러내면서, 전혀 다르게 다시 하도록 모두를 움직일 만큼 끄는 겁니다.[35] 그것은 아주 작지만, 잠재태의 가변적인 환경을 창조합니다. 목표는 그러한 잠재태의 가변적인 환경에 들어가 사는 겁니다. 어떻게든 그렇게 하면, 우리는 절망의 마비를 피하게 됩니다. 희망도 아니고 절망도 아닌 ─ 잠재태의 실행주의입니다. 우리는 매 수준에서 잠재태를 살아야 합니다. 우리가 파트너와, 심지어 고양이와 관계를 맺듯이요. 교수라면 수업 시간에 가르치듯이요. 예술가라면 작품을 창조하고 공연하듯이요. 제가 앞서 언급했던 것과 같이 좀 더 정기적인 이벤트에 참여하게 되면, 그 이벤트들이 전파하고 확산시키는 것을 위한 지속적인 환경에 접하게 될 겁니다. 특별한 이벤트와 일상의 공생인 것이죠. 창조적인 방조 속에서요.

더 거시적인 하향식이 나쁘거나 그렇게 해서는 안 된다는 말이 아닙니다. 만약에 미시정치적 활동을 배제하게 되면, 억누르게

---

35. [옮긴이] 여기서 묘사되고 있는 이벤트-사건의 전개 과정은 지각과 기억의 원뿔 구도가 새롭게 갱신하며 실현되는 베르그송주의의 시간론을 연상시킨다. 어떤 것은 수축되어 전면에 나와 지각으로 첨예화되고, 또 어떤 것들은 다시 배경으로 밀려나고, 이렇게 현재와 과거가 영원회귀의 회전처럼 돌아가고 선회하는 가운데 새로운 잠재태와 가능태가 미래로 열리는 것이다. 이러한 두 축의 계주관계는 시간뿐만 아니라 사회적 변화, 생명의 진화 과정에도 적용될 수 있다.

될 것이라는 말입니다. 심지어 살아남기 위해서라고 할지라도 말이죠. 때로는 중앙에서 특정한 권능화 제약을 부과하는 것 외에 어떠한 대안도 없을 때가 있습니다. 예를 들어, 재생가능-에너지의 미래로 이행하거나 부의 전 지구적 재분배나 비-성장 패러다임이 자본주의 체계에 강제된다면 저는 아주 행복할 것입니다. 그러나 그렇게 높은-수준의 해결책들은 단지 정치 방정식의 일부일 뿐입니다. 그리고 특히 우리가 논의하고 있는 정동정치가 피력하는 것도 아닙니다. 미시정치는 프로그램에 의존하지 않습니다. 그것은 전 지구적인 일거의 해결책을 구성하거나 강요하지 않습니다. 그렇다고 해서 미시정치가 그런 종류의 거시-활동과 무관했다고 생각하는 것은 단순한 생각입니다. 무엇이든 존재의 역량을 증강시키는 것은 미시정치가 융성해지는 조건들을 만듭니다. 충분한 음식과 보건 없이 융성해질 수는 없습니다. 미시정치의 개입은 거시적 해결책이 필요합니다. 그러나 거시정치적 수준의 성공은 미시정치의 상호보완적 융성이 없이는 기껏해야 부분적일 뿐입니다. 그것이 없으면 표준화로 기울어지게 됩니다. 거시정치적 해결책은 그 자체로 일반화해서 적용할 수 있기 때문에, 그 자체로 삶의 형태의 다양성과 풍성함을 축소 조치합니다. 거시정치의 개입은 생존의 최소 조건들을 타깃으로 합니다. 미시정치는 발생적 조건들의 과잉을 배양함으로써 그것을 보완합니다. 그러한 창의성이 바로 새로운 해결책들이 결정화되기 시작하는 지점입니다. 미시정치적 수준에서 생산된 잠재태는 거시정치가 내려오는 경사면을 오르면서 튼실해집니다. 미시정치와 거시정치는 함께 갑니다. 하나가 없으면 다른 하나도 없습니다. 그들은 과정상의 상호관계입니다. 그들은 서로 부양합니다. 최상의 상태에서, 그들은 서로를 교정합니다. 심지어 미시정치적 활동을 축소하기 위해 설계된 거시적 해결책조차 살아가며 지내는 새로운 방식을 발명하기 위해 그것을 필수적인 것으로 만들어 부양시키기도 합니다. 창조적 변이는 정치에서 유일한 실질적 지속입니다. 들뢰즈와 가따리는 종종 이 점을 지적합니다. 가령, 국가는 그것으로부터 빠져나가는 것 위에 세워진다는 슬로건이 그것입니다.

우리가 세계의 종말을 상상할 수 있는 상황 속에 있다고 말하는 것이 최근엔 아주 흔한 것이 되었습니다 ─ 그러나 자본주의의 종말은 아니죠. 기획에 의해, 즉 하향식 ─ 위에서 주어진 ─ 으로는 오지 않을 것 같은 것도 엄연히 하나의 '해법'입니다. 자본주의의 붕괴는 상호이익[또는 교환]의 파괴에 의해서만 도래할 하나의 '교정'입니다. 제 말은 거시─ 그리고 미시─정치 사이를 말하고 있는 것입니다. 거시─/미시─정치적 상호이익의 지배적인 운용 조건은 그 대칭이 결코 깨지지 않는다거나, 분기점은 결코 발생할 수 없음을 의미하는 것으로 간주되면 안 됩니다. 상보성은 양쪽 방향 모두에서 깨질 수 있습니다. 거시─구조들이 스스로를 소형화해서, 지배적인 일반성들을 소규모로 축소한 버전으로 미시─정치적인 것의 토대를 강탈할 때, 그것이 바로 파시즘입니다. 미시정치적인 융성이 특이성 생산을 위해 확산될 때, 그것이 바로, 거시체계의 분기점이라는 의미에서, 혁명입니다. 미시정치의 궁극적인 소임이 바로 이것입니다 : 상상할 수 없는 것을 시행하기. 대칭─깨기, 즉 상상할 수 없는 것이 생기는 지점은 역사적으로 지각 가능한 가장 작은 간극보다 '작은', 단지 하나의 절단입니다. 말하자면, 질적으로 다른 겁니다. 우리가 결코 그 도래를 볼 수 없는, 전혀 기대하지 않았을 때 오는, 전혀 다른 색의 계기. 어쩔 수 없이, 다음의 미시/거시 상보성은 속히 안정될 겁니다. 그러나 그것은 예상하지 못했던, 그러나 지금은 할 수 있고 생각할 수 있는 하나의 형태를 취하게 될 겁니다. 상상할 수 없는 것을 실천 가능한 것으로 만드는 것, 이것이 미시정치입니다. 가능하게 하는 것은 바로 잠재태입니다.

3장 이데올로기와 탈출

유브라지 아리알과의 인터뷰

유브라지 아리알(이하 아리알)[1] 오늘날 자본주의하에서 권력이 작동하는 방식을 이해하는 데 있어 이데올로기와 계급 같은 개념 대신에 '정동'이 더 중요한 이유가 무엇입니까? 우리가 '탈-이데올로기' 사회, 또는 '이데올로기 이후의 사회'에서 살고 있다고 할 수 있습니까? 오늘날 이데올로기의 운명은 어떻게 될까요?

브라이언 마수미(이하 마수미) 탈-이데올로기 사회라고 한다면 이전의 사회가 이데올로기에 의해 효과적으로 구조화되었다는 것을 명시하는 것입니다. 이것은 논의를 부정적인 주장에 맞춥니다 : 파열이 일어났다는 것이죠. 그 주장을 뒷받침하려면, 그것이 주장하는 바에서 받아들여진 설명을 출발점으로 삼아야 합니다. 전체 논의의 구도는 그것이 문제제기하고 있는 개념 측면에 있습니다. 들뢰즈와 가따리는 이데올로기 이후의 사회를 언급하지 않습니다. 그들은 훨씬 더 급진적인 주장을 합니다 : '이데올로기는 존재하지 않는다. 존재했던 적도 없었다.' 이 말은 그들이 하는 주장의 결론이 아니라 출발입니다. 이러한 도발적인 주장으로 그들이 하려는 말은 문제설정 전체의 구도를 처음부터 끝까지 다시 짜야 한다는 것입니다. 이데올로기라는 개념으로 묶였던 관념적 가닥들이 풀어져야 합니다. 그리고 그들 간의 연결도 다시 문제제기되어야 합니다. 그 과정에서, 그러한 이데올로기 구성을 이루는 전제들을 재-검토해야 합니다.

---

1. 유브라지 아리알(Yubraj Aryal)과의 인터뷰(2012)

넓게 보면, 이데올로기의 개념을 이루는 기본적인 전제는 사회가 하나의 구조라는 것, 그리고 권력 메커니즘이 그 구조를 보호하고 재생산한다는 것입니다. 구조란 전체 안에서 특정 기능을 가지고 결정적 위치들을 점유하고 있는 부분들로 구성된 조직화된 전체입니다. 부분들은 보편적 이익에 봉사하면서 전체를 구성하고, 그 부분들의 관계는 그 전체 구조에 의해 조건 지어진 일관성을 가집니다. 그[이데올로기] 구성의 일관성은 일정한 형태의 합리성으로, 상호 간에 응집된 일련의 명제들로 표현 가능한 ― 간단히 말해, 생각의 구조 속에 반영됩니다. 이데올로기 개념의 임무는 그다음에 제기되는 골치 아픈 문제를 설명하는 것입니다. 즉, 구조가 추구하는 '보편적 관심[이익]'은 그 구조에 종속되어 실행하는 부분들 다수의 특수한 이익과는 결코 일치하지 않는다는 것입니다. 그러나, 그것은 사회를 이루는 부분들 중 하나, 또는 어떤 핵심적인 위치를 점유하고 있는 소수 집단과는 꽤 잘 맞는 경향이 있습니다. '보편적 관심'은 언제나 지배(자)의 관심입니다. 그 구조가 생각의 일관된 구조로 표현이 가능한 합리성을 구현한다면, 어째서 그에 종속된 부분들 ― '계급'이라고 부릅시다 ― 은 자신들의 자리를 받아들이는 것일까요? 어째서 그들은 합리성이 어떻게 일관성을 가지는지, 또 그것이 그들에게 무슨 의미가 있는지를 알지 못할까요? 왜 그들은 생각이 없는 것일까요? 어째서 그들은 '보편적' 관심 ― 지배 계급의 이익을 완곡하게 표현한 겁니다 ― 이라는 신기루를 간파하지 못하고, 그것을 그것 자체로서 이해하지 못할까요?

정동이 이데올로기 분석의 그림 속으로 들어오는 지점이 바로 여기입니다. 생각의 구조는 명료해지지 않은 채로 주입되어야 합니다. 지배적인 합리성은 전파되어야 합니다. 그러나 주술화되고, 은폐되고, 왜곡되어야 합니다. 그렇게 되려면, 합리성은 또 다른 매개를 거쳐야 합니다 : 그것은 정동 차원의 등록으로 번역되어야 합니다. 피지배 계급은 '보편적' 관심사라는 신기루가 자신들의 이익인 것으로 오인하도록 유도됩니다 — 정념passion에 대해서도 그렇습니다. 그들은 자신들을 억압하는 권력의 메커니즘에 속아 그 모순을 인식하지 못하고 정동적으로 사로잡힙니다. 그들은 자신을 지배하는 체계의 자발적 도구가 됩니다. 이것은 사회 권력 구조와 공명하는 감정과 행위 양식들을 일상적 삶의 습관적 직물로 엮음으로써 가장 효과적으로 실행됩니다. 그러한 양식들이 일상적 삶 속에서 검토되지 않은 채 작동하는 겁니다. 이데올로기가 가장 잘 작동하는 것은 그러한 생각의 구조대로 살아갈 때, 즉 (부르디외의 '아비투스'처럼) 사유되지 않고, 일상 속에서 시행될 때입니다.

이데올로기의 개념이 단순히 정동의 개념들을 묵살하는 것은 아닙니다. 그것은 오히려 정동의 개념들을 특정한 방식으로 동원합니다. 정동은 기본적으로 망상적인 것으로 간주됩니다. 그러나 그 망상은 유용합니다. 정동은 합리성이 자신의 갈고리를 살 속에 걸 수 있도록 초대의 자리를 마련합니다. 정동은 [특정되지 않은] '단순한' 느낌feeling의 영역입니다. 정동은 사회의 더 큰 세력에 대한 개체의 취약점을 반영합니다. 권력은 느낌을 통해 개체를 낚아챕니다. 그리고 나서 개체가 자신에게 할당된 역할에 현혹되어 묵인하도록 인도하는 줄을 잡아당깁니다.

사회를 구조로 보는 것은 연관된 여러 전제들 중 하나에 불과합니다. 그와 연관된 더 많은 전제들이 존재합니다. 정동, 또는 느낌은 개체적이라는 가정이 있습니다. 또 정동은 합리의 반대라는, 단지 비합리적이라는 가정도 있습니다. 더 나아가서 개체들이 이데올로기적인 목적을 위해 정동적으로 호도되지만 않는다면, 자신들의 진정한 이익에 부합하는 행위를 할 수 있도록, 비합리성을 극복할 가능성이 있다고 가정하기도 합니다. 이것은 대단히 전통적인 — 하나 덧붙이자면, 전적으로 '부르주아적'인 — 억측을 담고 있습니다. 즉 사리 추구가 가장 중요한 원동력이라는, 그리고 사리 추구에 따른 행동은 합리적인 행동이라는 억측입니다. 지배 이데올로기 비판이 '새로운 인간'(아니면 다른 어떤 용어를 사용하든)의 구성과 관련이 있어야 합니다. 왜냐하면 바로 이러한 가정이 막후에 도사리고 있기 때문입니다. 보편적 관심을 현실화하는 것은 집단의 과제입니다. 개체들의 감정과 행동 양식은 개체와 집단의 관심 간의 거리를 폐지하는 새로운 합리성으로 개조되어야 합니다. 감정의 구조는 새로운 사회적 일관성에 일치하도록 만들어져야 합니다. 정동은 그러한 일관성을 반영하는 관념의 구조에 의식적으로 일치하도록 만들어져야 합니다. 개체는 그러한 집단적 구조를 정동적으로 구현해야 합니다. 그리고 그것을 매일매일 살아가야 합니다.

그러나 이데올로기의 이러한 원상복귀를 — 대응-이데올로기를 심지 않고 — 어떻게 이룰 수 있겠습니까? 권력의 새로운 메커니즘을 적용하지 않고 대응-이데올로기는 또 어떻게 심을 수 있겠습니까? 자기의 특별한 이익을 가지고 그러한 권력 메커니즘을 가장 직접적으로 적용하는 이들이 어떻게 새로운 계급이 되지 않을 수 있겠습니까(당 기관원 계급으로 변하는 비판적-이데올로기적 전위 예술가들처럼)? 그들의 특수한 이익을 '보편적' 관심이라는 이름으로 되살린 신기루를 유지하기 위해 어떻게 정동에 다시 호소하지 않을 수 있겠습니까? 간단히 말해, 결국 거의 동일한 구조를 되새기는, 그리고 상당 부분 동일한 전제들을, 예전 것으로, 결합시키는 새로운 이데올로기를 부여하지 않고 어떻게 지배이데올로기가 변할 수 있겠습니까?

들뢰즈와 가따리가 '이데올로기는 없다. 존재한 적도 없었다'라고 구호를 외쳤던 것은 철학적 견지에서뿐 아니라 이렇게 실천적 견지에서였습니다. 철학적으로 볼 때, 그 구호는 다음과 같은 질문들에 대답함으로써 문제의 프레임을 다시 짜려는 시도라 할 수 있습니다 :

1. 사회를 하나의 구조로 보는 것이 정말로 의미가 있을까? 사회를 하나의 과정으로 보는 것이 더 쓸모 있지 않을까? 과정은 역동적이고 열려 있습니다. 그 자체로 계속 일어나는 변이들로 이루어진 것입니다. 과정은 기본적으로 구조의 근거를 결여합니다. 무엇이든 고정시키는 구조화 과정은 **발생적[우발적]**emergent이며, 자기-즉흥적입니다. 이것은 변이와 변화를 같은 것의 재생산보다도 더 근본적으로 만듭니다. 문제는 거꾸로 되어 있습니다. 그것은 더 이

상, '사회 구조 안에 이데올로기적 재생산이 뿌리내려 있다면 변화가 어떻게 가능할까?'가 아닙니다. 그 대신, 문제는, '어떠한 규칙들이 변이들을 가로질러, 항상 새로운 형태로, 어떻게 재-출현할 수 있을까?'입니다. 과정은 정향되어 있습니다. 그러나 서서히 진화하는 열린 전체로서 그러합니다. 그것은 자기-일관성이 없으며, 관념의 구조로 그리고 그것의 기능적 구현으로 환원할 수 없습니다. 그것은 오히려 작동들의 상호 함축입니다. 그것은 기능이 아니라 **작동**operative입니다.[2] 그것은 구조화되지 않고, 발생적으로[우발적으로] 자기-**구조화**self-structuring합니다. 들뢰즈와 가타리는 자본주의 사회를 항상 진행 중인 자기-구조화의 역동적 과정으로 사유하기 위해 이데올로기 비판이라는 낡은 관행을 걷어치워야 했던 것입니다.

2. 이런 관점에서, 이데올로기 비판이 결정적 토대로 보는 것은 하나의 결과, 즉 과정의 산물, 과정적 파생입니다. 과정은 재-발생하는 **규칙들**로 응고됩니다. 이데올로기 비판은 이들을 **부분들**로 물화하는 경향이 있죠. 계급과 같이 사회의 건물 블록으로 이해되는 겁니다. 역동적 과정은 부분들로 구성되지 않습니다. 그것은 본성상 직접적인 관계의 작동들로 구성됩니다. 직접적 관계라는 말은 관계의 항들이 관계에 앞서 미리 존재하고 나서 그 관계로 들어가지 않는다는 말입니다. 관계의 항들은 관계에 의해 생산

---

2. [옮긴이] 마수미의 의도에 따르면, function이 하향식으로 주어진 관념을 역할이나 위치에 따라 고독하게 구현하는 활동이라면, operation은 미리 주어지는 것 없이 상황에 따라 행해지는 우발적이고 집단적인 작용을 뜻한다.

됩니다. 오히려 관계로부터 파생되는 것이죠. 이것은 맑스의 생각과 아주 많이 일치합니다. 그의 사유의 핵심에 있는 것은 자본주의적 관계입니다. 노동자와 자본가가 이 관계로 단순히 진입하는 것이 아닙니다. 그들은 이 관계에 의해 구성됩니다. 그들[계급]의 구성 그 자체는 [자본의] 축적을 꾀하는 가운데 파생하는 어떠한 효과 — 즉, 불균등 효과, 불균등한 접근, 불균등한 분배 — 가 보여 주는 규칙적인 패턴입니다. 그 축적은 자본주의적 관계가, 더 끈질기게, 더 규칙적으로, 더 멀리 경계를 밀어내며, 회귀하도록 결정하는 그러한 방식으로 응고됩니다. 자신을 재생산하는 것은 사회의 자본주의적 구조이기보다는 자본주의적 관계입니다. 그것은 항상 장을 확장하면서, 자기-확산합니다. '계급'은 규칙성이라는 일정한 역사적 범위 내에서 작동하는 이러한 불균등의 과정적 축적을 일컫는 말입니다. 이것은 '노동자'와 '자본가' 같은 범주들의 위상을 변화시킵니다. 자본가는 사회의 자본주의적 구조와 동일시된다고 맑스는 말하지 않았습니다. 노동자가 그 구조 속에 정동적으로 투입된다고 말한 것도 아닙니다. 그가 말한 자본가는 생산하기 위해, 그리고 생산력을 더 광범위하게, 더 강렬하게 전유하기 위해, 자본주의적 관계의 힘을 인격화한 화신이라는 것입니다. 노동자는 자본주의적 관계가 확산되고 그 작동을 강화함에 따라 생산력을 계속해서 전유하는 잠재태를 인격화한 — 그러나 또한 그 작동이 장애(피로, 사보타주, 저항)에 부딪치는 잠재태를 인격화한 화신입니다. 다르게 말해, 노동자와 자본가는 자본의 [육화된] 형상들 또는 인물들figures입니다. 그들은 자본을 구성하는 긴장과 경향성의 지표입니다. 그들은 자본이 가동될 때의 관계의 역동을 그리는 그 과정의 산물들입니다. 이 과정적 형상들은 그래서 2차 효과(과정적 자기-지시 효과)를 발생시키는 과정으로 피드백될 수 있습니다.

관계가 먼저 옵니다. 존재론적으로는 사람과 관련해서, 마찬가지로 정치적으로는 구조와 관련해서. 관계가 우선합니다. 자본주의적 관계는 열린, 복잡한, 변하는, 기본적으로 예측할 수 없는, 늘-발생하는 사건들의 장 안에서 확산하기 때문에, 그 파생 효과는 완전히 안정화될 수 없습니다. 규칙화는 다만 예비적일 뿐입니다. 안정성은 다만 '메타안정성', 예비적 안정성일 뿐입니다. 우리가 계급 차이로 간주하는 차이들(불평등 분배 효과를 표현하는)은 자본의 과정에 의해 계속해서 생산됩니다 — 여기서 '계속해서'가 강조됩니다. 자본주의 과정은, 확률적으로 포섭할 수 없는, 작동하는 열린 장의 복잡성을 항해하면서, 계속해서 자신을 재형상화하는 과정 속에 있습니다. 계급이 무엇을 의미하는지, 그 개념이 어떤 차이를 형상화하는지는 기본적으로 자본주의의 한 국면에서 다른 국면으로, 앞서 존재했던 지시 프레임과 연관 있는 바로 그 본성을 변화시킬 수 있을 정도로 변합니다. 이런 유형의 국면-이동은 최근에 크리스티안 마라찌Christian Marazzi와 같은 사상가가 분석했던 자본의 금융화와 궤를 같이하여 일어나고 있습니다.[3] 금융 자본주의의 극단적 복잡성, 불확실성precarity 그리고 순

---

3. Christian Marazzi, *The Violence of Financial Capitalism* (New York : Semiotext(c),

수 작동성pure operativity — 모든 논리를 거의 초월할 만큼 매우 추상적인 작동성 — 이 나타난 것은 2007~8년 금융위기 때였는데 아주 장관이었습니다. 자본의 금융화는 기본적으로 시나리오를 복잡하게 합니다. 파생 상품을 '구현한다'는 것이 무슨 말인가요? 신용부도스와프는 또 무슨 말인가요?4

이데올로기를 넘어선다는 것은 이러한 놀라운 상황들에 주목하라는 것입니다. 그리고 자본주의 과정의 최근 가동 양태를, 그리고 그것이 생산하는 새로운 유형의 파생효과들을 개념화하는 방법을 찾아야 한다는 것입니다. 그 새로움과 복잡성을 파악할 수 있도록 말입니다. 어떻게 하면 관계적 접근을 통해 자기-확산 과정으로서의 자본주의에 대한 새로운 이해가 가능할까요? 그 관계를 육화한 새로운 형상들은 무엇일까요? 형상화가 여전히 인격화의 문제일까요? 만약 그렇다면, 동일화는 여전히 자본의 형상들에 근거를 두고 있을까요? 만일에 자본주의의 작동성이 지나치게 복잡해지고, 그 '도구들'이 추상화되어, 기존의 논리로 해명할 수 없다면 — 그리고 여전히 강렬하게 효과를 발휘한다면 — 아직도 그것을 '합리성'이라고 해야 할까요? 만일 그것이 합리성이 아니라면, 우리가 어떻게 계속해서 이데올로기를 말할 수 있겠습니까?

3. 들뢰즈와 가따리의 이데올로기에 대한 문제제기가 함축하

2010). [크리스티안 마라찌, 『금융자본주의의 폭력』, 심성보 옮김, 갈무리, 2013.]
4. [옮긴이] 여기서 마수미의 금융자본주의에 대한 언급은 자본주의가 이데올로기적인 것으로부터 벗어나, 유동적이고, 불확실하며, (구조적) 기능이 아닌 작동 중심적이라는 것을 강조하기 위한 것이다.

고 있는 것은 자본주의를 과정으로서 이해하기 위해서는 정동성의 개념이 합리성보다 더 근본적이라는 것입니다. 정동의 우선성은 관계의 우선성으로부터 비롯된 필연적 결과입니다. 그러나 여기서 정동의 개념이 유용한 것이 되려면, 개념 규정이 다시 되어야 합니다. 정동을 근본적으로 개체적이 아닌 직접적으로 집단적인 것으로(관계와 연관된 것으로) 이해하는 쪽으로 다시 생각해야 합니다.5 그래서 생각하기와 대립하는 '감정'으로 정동을 환원할 수 없습니다. 정동은 생각하기 안에 느끼기를 포함하는 것으로 이해해야 합니다. 그리고 그 반대의 경우도 마찬가지입니다. 이를 위해서는 합리성 ─ 그리고 이기심 ─ 이라는 개념 전체를 재방문해야 합니다. 과정-지향 프레임 안에서, 정동의 생각하기-느끼기는 언제나 작동성 안에 직접적으로 함축되어 있습니다 ─ 보다 더 근본적으로 그것은 사람보다는 사건에 속합니다.6 그것은 직접적으로 시행적입니다. 이러한 시행적으로 생각하기-느끼기가 무엇일까요? 그리고 권력의 한 양태로서의 자본주의에 대해 그리고 저항에 대해 우리가 어떻게 생각할 것인지에 대해 어떤 차이를 만들어 낼까요?

---

5. [옮긴이] 여기서 '직접적'은 관념적 매개가 필요치 않은 영향 관계의 직접성을 의미한다. 예컨대, 계급으로 구획된 노동자와 자본가의 관계, 또는 사회적 기능의 단위로서 구분된 원자나 개인의 추상적 매개 없이 직접적으로 영향을 주고받는 정동적 관계를 뜻한다.

6. [옮긴이] 작동성에는 기능성과 달리 우발적 사건을 포함하여 임기응변식의 조작적 행동을 포함한다. 따라서 질적 고려가 필요해지며 기능성에서는 발휘될 수 없는 정동적인 역량이 발휘되어야 한다. 이 과정은 사유나 느낌에의 편향된 몰입이 아니라, 사유 속 느낌, 느낌 속 사유를 공동으로 실천하는 중첩을 필요로 한다.

아리알 그렇다면 이 새로운 정동성의 개념이라는 것이 정확히 무엇인가요? 그것이 하나의 사고 양태라면, 합리성과 사유 — 제 생각엔 서로 대등한 것은 아닙니다만 — 에 대한 우리의 개념을 어떻게 바꿉니까? 그리고 이 정동성은 지배하고 통제하는 권력에 대해 어떻게 저항의 기능을 수행할 수 있습니까?

마수미 제가 발견한 가장 유용한 정동의 개념은 스피노자의 잘 알려진 정의입니다. 그는 아주 단순하게 말합니다. 정동은 "정동하거나 정동되는 능력"[또는 정동적 영향을 주거나 받는 능력]이다. 이 정의는 믿을 수 없을 만큼 단순합니다. 우선, 그것은 직접적으로 관계적입니다. 왜냐하면 그것은 관계의 공간, 즉 정동적 영향을 주고 정동적 영향을 받는 사이에 정동을 놓았기 때문입니다. 주안점은 바로 그 중간에 있습니다. 그 사이에서 무슨 일이 일어났는가에 직접 주목하는 것이죠. 그보다도 그 정의는 수동성과 능동성을 분리하지 않습니다. 그 정의는 '정동적 영향을 받는 것'을 능력으로 보았습니다. 예를 들어, 주먹으로 강타하는 힘은 저항의 힘, 즉 저항하는 어떠한 능력에 맞서는 충격의 힘의 산물입니다. 그 저항 능력은 일종의 몸의 활동[능동] 양태입니다. 그것은 강타 자체에 못지않은 하기ᵃ ᵈᵒⁱⁿᵍ입니다.(그것은 흡수하고, 방향 전환하고, 주먹을 피하고, 심지어 무술에서처럼 그 힘을 그 장본인에게 되돌려 가하기도 하여 특정한 방식으로 대비하면서, 자신의 구조적 통일성을 주장하는 몸입니다). 상호작용의 관점에서, 강타를 전달한 주먹은 목표물에 일방적으로 정동 촉발을 하지 않습니다. 그것은 마주치는 저항의 힘에 의해 정동적 영향을 받기도 합니다. 때리는 것은 맞는 것 못지않게 다칠 수 있습니다. 그러나 공유된 고통은 역할들의 분배에 상응합니다. 역할들의 분배는 능동성의 양태와 정도를 첨부합니다. 그 결과 다음번 마주침에서 한쪽 편에 특정하게 유리함이 부여될 수도 있습니다. 서로 관련된 당사자들의 상대적인 입장은 효과가 지속되면서 변할 수 있습니다. 만일에 그 지속적인 효과들이 뒤이은 마주침들을 조건 짓는 당사자들 간의 불평등 쪽으로 안정된다면, 새롭게 발생하는 힘의 구조의 구조화가 일어난 것입니다.

일격은 바로 그것이 하는 것입니다. 그것이 하는 것은 마주침의 지점에서 물력들이 가지는 차이의 다사다난한 결의의 촉발입니다. 정동에 대한 스피노자의 정의는 정동을 마주침에 매답니다. 그것은 전적으로 다사다난하고, 사건으로부터 구조를 도출합니다. 지나가는 마주침을 사이에 둔 이 두 측면들을 단순히 수동이나 능동으로 특징지을 수 없습니다. 정동적 사건은 한쪽에서는 수동성을 전제하고 다른 한쪽에서는 능동성을 전제하지 않습니다. 그것은 구조화 효과로 다사다난하게 결의된 활동(능동성)의 양태들과 정도들의 차이를 포함합니다. 이것은 미셸 푸코의 생각과 일치합니다. 그는 힘power을 물력들forces의 복잡한 차이로 정의했습니다. 거기서 정동적 영향을 미치는 힘은 저항하는 힘과 바로 동시에 일어나고, 힘의 효과들은 축적됩니다. 이것은 힘의 구조들 그리고 그에 상응하는 역할들을 효과의 수준에, 또는 다사다난하게 결정에 이르는 수준에 배치합니다. 힘은 더 이상 미리 결정하는 이데올로기의 근거 위에 있는 것으로 해석될 수 없습니다. 따라서 저항을 위해 정동 이론을 동원하는 데 있어 알아야 할 첫 번째 단계는 어떠한 마주침이든 저항은 단순히 수동적인 것만은 아니며, 이미 어떤 능력을 표현하는 제1의 저항 단계가 존재한다는 것, 그리고 결정해 가는 것은 바로 이들 마주침이라는 것입니다. 어떤 경우든, 결정으로서의 이데올로기는 존재하지 않습니다. 힘의 구조는 정동적 마주침의 이차적 결과입니다. 그리고 이데올로기들은 힘의 구조의 이차적 표현들입니다. 이데올로기는 결과 쪽에 있습니다 ― 그것도 두 번씩이나. 기본적으로 이데올로기는 원인 쪽이 아닙니다. 충분 원인은 틀림없이 아닙니다.

이러한 정동 모델의 복잡성은 이내 더 심해집니다. 정의의 두 번째 부분이 있습니다. 스피노자는 말합니다. 이행에 적용될 때, 정동은 정동적 영향을 주거나 정동적 영향을 받는 능력이라고요. 나아가, 이행은 보다 높거나 낮은 존재의 힘으로의 문턱을 통과하는 것으로서 느껴지고, 후속 마주침을 위한 정동적 준비로서 파악됩니다. 그 준비는 이미-확립된 권력 구조에 의해 불평등하게 할당된 역할들에 종속되지 않을 정도로 저항을 수반합니다. 느껴지는 이행을 포함하는 정동의 개념과 아울러, 선생님께서 질문에서 지적했듯이, 우리는 합리성의 패러다임으로부터 벗어나, 사유를 보존하는 가운데, 운동합니다. 마주침의 열기 속에서, 우리는 정동적 능력의 다사다난한 작업에 빠져듭니다. 우리는 사건으로부터 거리를 두는 사치를 누릴 수 없습니다. 우리는 그 사건을 통해 관찰하고 그것을 반성합니다. 그러나 그 마주침에 몰두해 있는 감정의 즉각성 안에서, 우리는 이미 파악합니다. 존재를 이루는 모든 섬유질 안에서, 성패 여부를, 그리고 사태들이 어디로 향할지를. 이행하는 마주침의 감정은 '날' 감정이 아닙니다. 그것은 진행 중인 것, 다가올지 모르는 것 ─ 그리고 우리가 되어 가는 것 ─ 에 대한 즉각적 이해로 고취됩니다. 이것이 바로 시행적 이해입니다 : 행동과 같은 겁니다. 이것이 바로 제가 생각하기-느끼기라고 불렀던 것입니다. 생각하기-느끼기는 퍼스의 '귀추법'의 범주와 대략 일치합니다. 그는 논리적 범주들 중에서 가장 일차적인 것을 고려합니다. 이것은 귀납과 연역이라는, 더 잘-알려진 다른 논리 양태들의 근거가 됩니다.

분명한 것은 정동적 생각하기-느끼기가 특정 객체 ─ 또는 특정 주관 ─ 에 대한 생각하기나 느끼기가 아니라는 것입니다. 생각-느낌은 객체들이나 주관들 자체보다는 객체 그리고 주관 사이-내를 통과하는 사건에 더 직접적으로 연관이 있습니다. 생각-느낌은 사건의 전개에 필수적이기 때문에, 기억 속에서 그리고 사후 반영 속에서, 한 개체화된 경험의 내용으로서, 회상적으로만 '소유될' 수 있거나, 인정받을 수 있다는 의미에서, [생각-느낌이] 전-주관적이라는 점을 강조하는 것은 중요합니다. 그러나 더욱 중요한 것은 여기에서 '전-주관적'이라는 말이 초개체적이라는 뜻임을 아는 것입니다. 정동적 생각-느낌은 두 가지 의미에서 초개체적입니다. 첫 번째, 방금 언급했던 의미에서, 즉 생각-느낌은 따로따로 분리해서는 어느 쪽으로도 환원할 수 없는, 서로 연관된 개체들 사이를 통과하는 것과 직접 연관이 있다는 점입니다. 그리고 두 번째로, 생각-느낌은 서로 연관된 개체들의 **생성**ᵃ becoming에 상응한다는 점에서입니다. 하나의 사건으로서, 생각-느낌은 그 자체를 넘어 이미 각자 운반하는 중입니다. 바로 지금이 아닌 다른 것으로, 그리고 이미 그때였던 것 이상으로.

이런 관점에서 본다면, 정동은 생성하는 공동 활동 안에서 두 몸체들 간에 일어나는 **미분적 조율**ᵃ differential attunement입니다.[7] 제가 말하는 미분적 조율이란 서로 마주친 몸체들이 양자 모두 느껴진 이행으로 완전히 흡수된, 그러나 그들은 서로 다르게 흡수되고, 서로 다른 각도에서, 비대칭적으로 다가가고, 정동하고-정동되는 서로 다른 양상을 살아가면서, 그 마주침을 통해 서로 다른 결과들로 이행하는 가운데, 아마도 서로 다른 역할들로 구조화되는 것입니다.[8] 그러나 이 모든 차이들은 사건 속에 적극적으로, 역동적으로 상호-함축됩니다. 사건의, 동일하게 펼쳐지는 사건의 즉

---

7. [옮긴이] a differential attunement는 '서로 다른 힘의 차이를 조율한다' 또는 '서로 다르게 힘을 조율한다'의 뜻으로 읽을 수 있다. 즉 이자적 관계나 다자적 관계에서 서로 다른 힘을 긍정하면서도 그 차이를 차등적으로 조율한다는 의미이다. 또한 마수미는 여러 곳에 걸쳐 이러한 관계를 '각도', '기울기', '접점' 등의 술어들을 통해 묘사하기도 한다. 이런 점을 감안하여 차이, 차등, 특이 등을 모두 담고 있는 용어로 '미분적 조율'로 옮긴다. 그 외에 differential이나 differentially를 단독으로 쓰는 경우엔 의미를 해치지 않는 한에서 맥락에 따라 '차이의', '차등적', '특이한', '서로 다르게' 등으로 옮겼다.

8. [옮긴이] 앞에서도 언급했듯이 마수미가 제시하는 '정동적 조율', '미분적 조율'의 개념을 가장 잘 묘사해 주는 이미지는, 들뢰즈가 예시한 바 있는 '시멘트를 바르지 않은 돌담'이라 할 것이다. 돌담을 형성하면서 힘의 관계에 참여하고 있는 돌멩이-몸체들은 자신들을 잡아주는 외부의 어떠한 기준이나 모델이나 중심 없이 오로지 서로-각자의 정동적 또는 미분적 조율을 통해 내적 긴장과 관계를 지속한다. 이것은 유기적 일치를 전제하는 합의나 조화 또는 구조가 아니다. 그가 말하는 조율은 일종의 '불일치의 일치'라 할 수 있다.

각적 차원으로서. 그것은 양자에 의해 완전히 — 완전히 그러나 이질적으로, 동시발생적으로 그러나 비대칭적으로 — 살아진 동일한 사건입니다. 사건은 차이들의 적분입니다. 사건은 차이들의 정동적 통합의 곡선입니다. 그것들의 생각된-느껴진, 펼쳐지는 상호-함축의 호arc입니다.

그렇지만 두 개의 몸체로 논의를 제한할 이유가 뭐가 있습니까? 삶은 다수의 몸체들을 포함하는 상황들로 가득 차 있습니다. 몸체들은 그 상황에 대처하면서 하나의 사건에 유사하게 미분적으로 조율됩니다. 특히 미디어 사건들을 생각해 보면, 거기에는 몸체들의 다양성이 연관되어 있습니다. 앞서 말한 충격의 예는 단지 논의의 편리를 위한 것일 뿐이죠. 다양성이 더 준칙에 맞습니다. 정동의 개념이 그 총력과 최대의 영향력을 발휘하려면, 반드시 다양성을 수반하는 것으로 간주되어야 합니다. 두 몸체들 간의 모든 마주침은 항상 더 많은 몸체들로 열리는 잠재태를 가집니다. 정동의 개념은 개체군populations에 가장 적절하게 적용됩니다.

그러면 두 몸체 사이에서의 단순한 마주침에서 복잡한 초개체의 생각하기-느끼기thinking-feeling가 존재한다면, 그 초개체성은 다-몸체 상황들 속에서 얼마나 더 강렬하게 생각되고-느껴질 thought-felt까요? 주먹으로 칠 때처럼 두 몸체들 간의 단순한 마주침에 저항이 있다면, 그래서 무술들이 싸움 마주침의 정동적인 물력을 조정하듯이, 마주침이 일어날 때 그와 같이 조정될 수 있다면, 그것은 사건 속에 정동 조정 테크닉들이 존재한다는 것을 의미합니다. 그것들은 반사행위, 습관, 훈련, 기술 터득을 통해 사건에 접근하게 됩니다 – 이들은 사건만큼이나, 직접적으로 사건의 일부로서 상당히 역동적인 즉각성으로 작동하는 자동성들입니다. 이러한 자동성을 변용의 여지를 결여한 맹목적인 반복으로 환원할 수는 없습니다. 실제로 그 자동성은 즉흥연주에 있어 필수적인 토대라고, 음악가라면 누구나 말할 것입니다. 우리는 오로지 '제2의 천성'이라는 모든 자동성에 부합하는 시행적인 앎의 정교한 형식들의 근거 위에서만 효율적으로 즉흥연주를 할 수 있을 뿐입니다. 제가 말하고자 하는 것은 정동은 생각되고-느껴져 실행되는, 사건으로 달아오른, 즉흥적인 테크닉에 의해 조정될 수 있다는 것입니다. 이 정동을 생각하기-느끼기는, 그 모든 즉각성에 있어, 전략적일 수 있습니다. 생각하기-느끼기는 전개되는 사건을 그럭저럭 대충 조정하기 때문에, 그 결과를 완전히 통제할 수는 없습니다. 그러나 그것은 그것을 굴절시키고, 비틀 수는 있습니다. 따라서 그것은 어떤 특정한 결과를 모든 세부사항까지 미리 구상하고, 그렇게 의도된 결과에 도달하기 위한 수단을 강구하기의 차원에서 볼 때는 전략적이지 않습니다. 그것은 변통 또는 백계all means입니다 – 마주침의 한가운데, 한복판에, 한창 중에 있는 것입니다. 그것은 조정하에 있는 사건과 거리를 두지 않고 직접 참여합니다. 그것은 전개되는 호를 비틀기입니다. 임시변통으로. 그래서 그것은 미리 결정된 의도, 또는 미리 의도된 처방의 배치가 아니라, 이미 활성화된 경향성의 편향the deflection이나 굴절the inflection에 더 가깝습니다. 그러나 경향성의 굴절은 또한 하나의 마주침에서 또 다른 마주침으로 축적될 수 있으며, 새로운 어딘가로 이끌어질 수 있습니다. 그것은 증폭하거나, 울려 퍼지거나, 갈래를 칠수도 있습니다 ─ 권력 구조로 응고되지 않는, 그러나 그 대신에 재구조화를 유지하면서, 그 구조화하기를 살아있게 하는 방식으로 잠재적으로. 이것은 '합리성'이 아닙니다. 그것은 사유의 냄새를 풍기는, 행동으로 불거진, 정동성입니다.

정치적으로 이것은 전체 틀을 바꿉니다. 즉흥적으로 생각하기-느끼기의 정동적 테크닉은 관계의 테크닉입니다. 그것은 사람들보다는 상황에 더 직접 적용됩니다. 그것은 집단적입니다. 그것은 기본적으로 참여의 테크닉입니다. 그것은 상황 속에서 활성화되고, 그 마주침의 발생을 통해 특이하게 표현되기 때문입니다. 그것은 사건-요인이지, 의도가 아닙니다. 제가 말하고자 하는 바는, 스피노자의 정동 개념에 함축된 저항이라는 원초적 능력으로부터 도약하는 방식으로 전개되는 사건들을 조정하기 위해 실행될 수 있는, 그리고 정확히 어떤 결과가 나올지 미리 설계하지 않고 전혀 다른 결과들로 향하도록 경향성들을 재정향하는 잠재성을 가진 관계의 테크닉이 존재한다는 것입니다. 이것은 저항을 받고 있는 상당히 같은 종류의 권력 구조를 재부여하는 것으로 귀결되는 이데올로기[지배 이데올로기에 저항하는 또 다른 이데올로기]의 함정을 벗어납니다. 경향성들은 정향됩니다. 그러나 조정이 가능하도록 열려 있습니다. 상황-중, 임기응변식 조정은 얼마든지 많은 몸체들에 의해 복합적으로 상호-굴절될 수 있습니다. 그럼으로써 연루되어 있는 모든 것이 미분적 조율 속에서 동일한 사건이 되는, 현재 작용하고 있는 차이들의 적분은 환원할 수 없는 집단적 산물이 될 것입니다. 그것은 집단적 자기-구조화입니다. 이것은 사리 추구를 넘어서는, 그러나 '보편적' 이익[관심]도 추구하지 않는 정치입니다. 그것이 추구하는 것은 집단적으로 전개되는 사건의 도모입니다.

제가 볼 때 이것은 직접 민주주의를 실천하는 토대입니다. 산 민주주의lived democracy, 본질적으로 참여하는 민주주의 그리고 즉흥적인 사건 역학으로 실천된, 환원할 수 없는 관계 민주주의의 실천을 위한 토대입니다. 이러한 민주주의는 그 근본 개념에 있어 집단성으로부터 자유로운 개체가 가정된 것이 아닙니다. 반대로 그것은 집단성의 자유, 집단성의 생성을 위한 자유입니다. 이것은 생각하기-느끼기를 통해 함께 모여드는, 즉각적으로 그리고 긴급하게, 미분적으로 조율된 생성에 참여하는 몸체들이 구현된 자유입니다.

에린의 철학 실험실인 〈감각실험실〉에서 그녀와 제가 함께 조직했던 그 활동들은 사건 역학이 가지는 이러한 초개체적 관점을 통해 즉흥적인 관계의 테크닉을 실험하려는 시도입니다. 아랍의 봄Arab Spring, 뉴욕의 월스트리트 점령Occupy Wall Street, 스페인의 인디그나도스 운동Los Indignados, 그리고 퀘벡에서의 메이플의 봄Maple Spring이라고 부르는 2012년의 학생운동 같은 운동–사건들은 이러한 종류의 활동하는 민주주의의 집단적 구현으로 볼 수 있습니다.[9] 이 운동들 어디에서든 재현representation은 피하고 표현presen-

---

9. *Theory & Event*, ed. Darin Barney, Brian Massumi, and Cayley Sochoran, vol.

tation을 선호합니다. 정동적 주파수 조율이라는 관점에서 보자면 말이죠. 또한 어디서든 광장이나 거리가 정당 모임보다 우선합니다. 또한 어디에서든 직접 구현된 참여가 의견의 소통이나 의도된 결과에 대한 처방보다 우선합니다. 또한 어디서든 결정은 함께-가는, 함께-되어 가는, 서로 다른 인간적 다양성의, 그리고 어떤 계급장이든 현존하는 권력의 지지를 받는 지도자 한 개인individual이나 계도 그룹의 칙령이 아닌, 우발성을 취합니다 ― 그곳에서는 직접 민주주의가 즉흥연주됩니다. 그곳에서, 저항이 펼쳐집니다.

아리알 선생님께서 앞서 주창하신 '과정-지향 프레임'은 화이트헤드를 연상케 합니다. 화이트헤드의 형이상학이 이러한 이슈들을 통한 생각에 유용한 자원이 될 수 있을 것이라고 확신하십니까?

마수미 네, 매우 그렇습니다. 하지만 화이트헤드의 용어들은 사회 정치적 이슈들에 적용해 보면 당혹스러울 수는 있습니다. 우리 역사의 입장에서 볼 때, 특히 비-유럽 중심적 관점에서 볼 때, '과정'과 '문명' 같은 용어들을 정치적 사유의 토대로 두기는 어렵습니다. 그러나 지금은 오염되어 버린 이러한 용어들을 통해 화이트헤드가 무엇에 도달했는지를 보면, 그의 생각은 지금과도 상당

15, no. 3 (September 2012), http://muse.jhu.edu/journals/theory_and_event/toc/tae.15.3S.html의 특별 부록 *Quebec's Maple Spring*을 참고하라.

히 관련성이 있습니다. 그가 말한 '문명'은 어떤 형태로든 무리group 정체성과는 관련이 없습니다. 대신에 그는 '대비'contrast를 말합니다. 기본적으로 그가 말하는 문명화 과정은 대비를 결합하는 능력입니다.[10] 이것은 서로를 상호 배제해 왔던 경향이, 차이에도 불구하고가 아니라, 차이를 하나의 가치로서 긍정하여, 동일한 장에서 동거하는 형식들 또는 형성체들을 만드는 문제입니다. 이것은 상호 배타적인 공존 가능한 것을 만드는 포괄적 장의 조건들을 창조하기 위한 관계의 테크닉을 포함합니다. 동일한 장 안에서 대비되는 형식들의 상호 포함은 그 장의 강렬화intensification입니다. 화이트헤드가 말하는 '과정'은 더욱더 커지는 강렬도의 달성입니다. 그것은 미리 설계된 결과를 향한 선형적 발전이 아닙니다. 그것은 목적론이 아닙니다. 그것은 상호 포함의 새로운 장의 발명입니다. 그리고 그 발명은 바로 제가 말했던 집단적 자기-구조화 사건들의 모든 특이성을 가집니다. 그리고 그것은 목적론 없는 경향성을 가집니다.

---

10. [옮긴이] 화이트헤드가 규정한 존재의 범주들 — 현실적 존재자(actual entity), 파악(prehension), 결합체(nexus), 주관적 형식(subjective form), 영원한 대상(eternal object), 명제(proposition), 다중성(multiplicity), 대비(contrast) — 가운데 마지막에 속하는 '대비'의 개념은 단숨에 일어나는 파악 또는 느낌 속에서의 상이한 다수 존재자들의 종합의 양태를 말한다. 대비는 서로 관계하는 항들의 차이 또는 불연속성을 보존하면서, 동시에 그 관계 항들의 통일적 종합을 보존한다. 그럴 수밖에 없는 것이 차이와 불연속이 아니라면 항들의 대비 자체가 불가능하고, 또한 종합이 아니면 그 항들 역시 대비의 여건이 될 수 없기 때문이다. 따라서 서로 다른 존재자들은 대비의 종합에 의해 내적으로 관계하며, 대비되는 존재자들 사이에서 드러나는 그 관계를 통해 다자(many)는 일자(one)로서 공존한다. 이런 의미에서 대비란 차이로부터 관계가 추상되는 실재적 조건이라 할 수 있다.

강렬함은 가치를 '소유하지'have 않습니다. 강렬함은 그 자체가 하나의 가치로 존재is합니다.[11] 사실, 그것은 잉여-가치입니다 : 삶의 잉여-가치. 그것은 삶 안에 있는, 삶에 더한 것, 그것의 즉흥적 생각하기-느끼기와 함께하는 것입니다. 대비의 관점에서 그리고 느낌이라는 산lived 강렬함의 관점에서 정치를 생각하는 이런 방식은 틀림없이 분위기의 미학aesthetic in tenor입니다.[12] 화이트헤드는 미학-정치를 창조한 최초의 철학자들 중 한 명입니다. 저는 화이트헤드의 미학-정치적 접근과 펠릭스 가타리의 '윤리-미학 패러다임' 간의 많은 공명을 보았고, 저 역시 거기서 많은 영감을 얻었습니다.[13] 공유된 역동적 장 안에서 대비들의 통합적integral 상호 포함의 개념은 앞서 제가 사용했던 '미분적 조율'의 개념에 가깝습니다. 차이들의 상호 포함이라는 기본 가치를 만들자는 화이트헤드의 제안은 정치의 목표가 차이의 극복일 필요가 없는, 또는 화해나 타협도 아닌 중요한 지점을 형성합니다. 대신에 정치의 목표는 차이 나는 그대로, 다사다난한 사이-내에서 가질 수 있는 모든 강렬함을 가지고, 공존 가능성을 제시하는 것입니다.

---

11. [옮긴이] 마수미는 에리히 프롬(Erich Fromm)이 to have와 to be를 대비하듯이 강렬도가 물화된 것이 아니라는 점을 강조하고 있다. 이에 따라 have를 '소유'로, be동사 is를 '존재'로 옮겨서 이러한 프롬식의 차이를 대별하여 나타냈다.

12. [옮긴이] tenor는 tone과 동의어로 쓰고 있고, 이것은 질적인 뉘앙스를 직관하는 능력에 관한 언급으로 읽힌다. 그런 의미에서 tenor는 음조, 색조, 취지, 논조 등 분위기의 파악과 연관이 있으므로 이를 '분위기'라고 옮겼다.

13. Félix Guattari, *Chaosmosis : An Ethico-Aesthetic Paradigm*, trans. Paul Bains and Julian Pefanis (Bloomington : Indiana University Press, 1995). [펠릭스 가타리, 『카오스 모제』, 윤수종 옮김, 동문선, 2003.]

아리알 들뢰즈에게 정치적으로 가장 중요한 문제는, 우리는 '마치 노예상태가 우리를 구원해 주기라도 하듯이 그것을 고집스럽게 추구하는 조건하에 있는데', 어떻게 하면 그러한 조건으로부터 해방될 것인가?, 입니다. 정동정치의 저항이 가지는 퍼포먼스적인 특질이 우리를 계속해서 억압하는 사회 체계에의 투자로부터 우리를 보호할 수 있을까요? '정동'에 대한 믿음이 지배와 통제의 권력 내부에서 또는 권력으로부터 우리의 자유를 확신할 수 있을까요?

마수미 저에게 정동은 믿음의 문제가 아닙니다. 그 개념을 그러한 용어들로 해석하는 것이 우려스럽습니다. 정동에 대한 믿음은 소위 사심 없는 이성에 대한 믿음처럼 오해의 소지가 있습니다. 제가 보는 문제는 두-겹입니다. 먼저 그것은 순수하게 실행주의적 pragmatic이고, 또 한편 그것은 특정 방식으로 미학적입니다. 실행주의적으로 보면, 그 문제는 존재의 역량 – 행위하고, 생각하고 느끼는 역량 – 과 관련이 있습니다. 사건들에 대한 정동적 접근을 우선적으로 고려하는 전략들이 우리의 존재 역량을 증대시킬 수 있을까요? 그러한 전략들을 통해 우리는 다르게 행동하고, 더 능동적으로 생각하고, 더 사려 깊게 느낄 수 있을까요? 만약에 대답이 '예'라면 – 제 생각이 그렇습니다만 – 그 전략들은 존재의 강화제이며, 제가 삶의 잉여-가치라고 불렀던 것을 생산합니다. 삶의 잉여-가치는 경험의 잉여-가치입니다. 즉 시행적으로 살아진 그리고 직접 느껴진 질적 차이이며, 이것은 능력들의 고조를 표현합니다. 그것은 존재의 특정한 어떤 상태를 넘어서는 그 이상의, 잠재의 느껴진 초과입니다. 그것은 미학적 가치의 정의에 아주 적합합니다. 정동적 접근들은 생명이 살아가는 실행주의적 미학을 구현합니다.

노예상태의 문제는 실제로 이러한 관점으로 인해 복잡해집니다. 정동에 대해 본질적으로 자유롭거나 진보적인 것은 없습니다. 들뢰즈와 가따리는 자신들이 '미시파시즘'microfascism이라고 불렀던 문제에 관심이 많았습니다. 그들의 생각에 따르면 억압적인 구조들(국가와 같은)은 오로지 위에서부터 압도할 수 있을 뿐입니다. 왜냐하면 그것들은 처음에 아래로부터 일어난 것이기 때문입니다. 억압적 구조들은 자기-재생산 구조를 증폭시키고 그것에 안주하는 경향성의 결정화입니다. 권력 구조들은 정동적 경향성들의 구조화입니다. 그것들은 발생적emergent입니다. 그리고 모든 발생이 그렇듯이, 그것들의 자리는 정동의 자리입니다 ─ 저는 이것을 '맨 활성'이라고 부릅니다. 또는 정동적 조율 안에서, 사건들이나 다른 몸체들에 전면적으로 열린 상태 속에서 활성화되어 생각하는-느끼는 몸입니다. 억압의 구조들은 맨 활성 안에 자리를 잡고 있을 뿐만 아니라, 계속해서 그것으로 되돌아가야 하고, 그것을 통해 다시 빠져나오기 위해, 그 안으로 접혀야 합니다. 그 이유는 바로 제가 앞서 '사회'에 대해 말했듯이, 고도-질서를 가지는 구조화는 발생적이기 때문입니다. 그 구조화들이 발생하면, '포획의 장치들'로 안착합니다. '안착된다'는 말은 재-발생을 도모한다는 말입니다. 그러면서 구조화들은 체화된 집단적 조율의 열린 장에서 유래하는 정동적 경향성들을 포획합니다. 그리고 그것들을 먹어버려, 자신들의 것으로 영구보존합니다. 억압의 구조들은 포획의 규칙화입니다. 포획에 앞서, 맨 활성의 실존적 장에서 일어나는 최초의 흥분에서, 어떤 구조가 먹어치우게 될 운동들은 구조화되는 것과는 다른 질서에 속합니다. 그것들은 전혀 다른 결에 속하는 시초적 발단의 질서에 속합니다. 권력의 구조들은 자신들이 포획하는 이 다른-질서의 운동에 의해 힘을 받습니다. 기생충 같고, 흡혈귀 같은 것이죠. 권력 구조는 발생하고, 자기-구조화하고, 외부 에너지들의 물마루에서 파도타기 합니다. 그리고 다시 다이빙하여 그 파도를 따라잡아야만 스스로를 영구 보존할 수 있습니다. 그들은 스스로 동력을 가지지 않습니다.[14]

권력 구조들은 그 질서 외부에서 나오는 에너지들로부터 힘을 얻는다는 생각은 들뢰즈와 가따리가 정식화한, 구조는 '그것을 빠져나가는 때에 의해 규정된다'는 역설적 정치 공식으로 요약할 수 있습니다. 권력 구조는 항상 구현된 활동의 집단적 장 안에서 다른-질서 운동들을 찾아다닙니다. 그것들을 자신의 경로에 따라 수렴하여 흐르게 하기 위해서입니다. '합리성'은 그러한 종류의 경로화 논리 외에 그 무엇도 아닙니다. 모든 합리화는 정동 안에 자리를 잡

---

14. [옮긴이] 여기서 마수미는 정동적 수준의 맨-활성을 구조화가 포획하는 과정을 설명하고 있다. 그러나 구조화는 정동적 활성으로부터 '발생'한 것이지, 정동적 활성에 미리 주어진 것이 아니라는 점에 주목하자. 마수미가 말하는 '발생'은 '소여' 즉 주어진 것에 대립하는 용어이다. 따라서 구조화는 그 정동적 활성의 첨단에서 그것을 포획할 수 있을 뿐이며, 구조가 자신을 재-구조화하거나 보존하기 위해서는 정동적 활성이라는 저류에서 요동치며 새롭게 흐르는 파도에 뛰어들어 그것을 다시 따라잡아야 한다는 것이다. 이런 의미에서 구조는 항상 뒤늦게 일어나는 재현의 형식으로, 자신의 동력을 내재적으로 가지지 않는다.

고 있으며, 정동의 산물로 남아 있습니다 — 모든 고결한 항변이 그 반대를 향하듯이 말이죠.

이 모든 것은 권력으로부터 자유로운 순수 왕국은 존재하지 않는다는 것을 의미하기 때문에 예속의 문제를 복잡하게 합니다. 만일 권력의 구조들이 살아가기 위해 항상 다른-질서 운동들을 찾아다닌다면, 그들은 자신의 영양 작용을 발생의 장으로 되먹이는 방안들을 찾는다는 것을 의미합니다. 권력의 구조들은 그 발생의 장을 오염시킵니다. 그들은 그 장에서 일어나는 운동들을 자신들의 목적에 따라 전환합니다. 운동들 중에는 이미 경향성이 스스로 포획에 가담하는 쪽으로 움직이기도 합니다 — 때에 따라 전환-준비에 돌입하는 발생의 형성력이죠. 이러한 '미시파시즘적' 경향들이 바로 니체의 '반동적 힘'reactive forces입니다. 그는 『도덕의 계보』The Genealogy of Morals 15에서 이것을 '원한감정'ressentiment이라는 개념으로 분석했습니다. 들뢰즈가 쓴 용어인 반동적 힘이란 '다른 힘들을 자신이 할 수 있는 것으로부터 분리하는' 힘을 말합니다. 그것은 반복하려는 경향(차이의 축소)이며, 안정화하고 휴식하려는 경향(탈-강렬화)이며, 분리와 포섭(나누고 정복)하려는 경향입니다. 들뢰즈는 니체에 관한 책에서 능동적 힘과 반동적 힘의 관계에 대해 탁월한 설명을 합니다.16 초기에 제가 썼던 책,『최초의

---

15. [한국어판] 프리드리히 니체, 『선악의 저편·도덕의 계보』, 김정현 옮김, 책세상, 2002.

16. Gilles Deleuze, *Nietzsche and Philosophy*, trans. Hugh Tomlinson (New York : Columbia University Press, 1983). [질 들뢰즈, 『니체와 철학』, 이경신 옮김, 민음사, 2001.]

그리고 마지막 황제 : 폭군의 절대적 상태와 몸』[17]에서 저는 반동적 힘이 일정한 규모로 증폭하여 전–사회에 걸쳐 발현될 때의 구성적 긴장을 탐구했습니다. 현재 논의에서, 미시파시즘 개념의 중요성은 어떤 식이든 족쇄가 채워지는, 그러나 되돌아가려는 꿈을 우리가 소중히 돌볼 수는 있는 본래 상태의 자유는 존재하지 않는다는 것입니다. 억압의 씨앗들은 항상 이미 심겨 있고, 항상 이미 작용하고 있습니다. 정동의 역동성은 비단 억압적 구조를 낳을 수밖에 없는 운명이라는 것은 말할 필요도 없습니다. 타자들뿐만 아니라 자신의 예속상태, 그 수준 여하를 막론하고 권력 구조들에 의한 예속상태는 집단적인 욕망의 대상입니다. 1930년대의 '군중'은 이데올로기적으로 기만을 당해 파시즘에 굴복한 것이 아니었다고 들뢰즈와 가따리는 말합니다. 그들은 적극적으로 그것을 욕망했던 것입니다. 그들은 능동적으로 그것을 긍정했습니다. 파시즘은 원한감정의 성향을 가지는 집단의 정동적 조율 양식의 맨–활성적 흥분으로부터 출현합니다. 그리고 그것은 증식하고 강화되었으며, 조직화되고 되풀이되어, 악몽 같은 회로 속에서 살아갔습니다.

아리알 그렇다면, '몸이 할 수 있는 것은 무엇입니까?' 몸은 어떻게 권력에 저항할 수 있습니까? 다르게 말해, 우리는 어떻게 우리의 몸을 동원해서 자본주의 권력의 '지배 테크놀로지' 내에 또

---

17. Kenneth Dean and Brian Massumi, *First and Last Emperors : The Absolute State and the Body of the Despot* (New York : Autonomedia, 1992).

는 너머에 푸코가 말했던 '자기의 테크놀로지'(자유를 실천하고 '존재의 스타일'을 창조하는)를 구성할 수 있습니까?

마수미 두 개의 길이 있습니다. 비록 우리가 되돌아갈 수 있는 자유의 원초적 상태는 없지만, [들뢰즈와 가따리의 말처럼] 권력 구조가 자신을 빠져나가는 것에 의해 규정된다면, 저항은 지배 테크놀로지에 의한 포획을 추구하려는 성향에 못지않은 집단적 장의 일부라 할 것입니다. 이것이 푸코의 기본적인 입장입니다 : 권력과 저항은 동전의 양면이라는 것이죠. 자유로운 행동 성향이나, 결정화된 권력 구조들로부터 빠져나가려는 성향들은 제가 방금 말한 포획되려는 성향만큼이나 근본적인 것입니다. 권력화된 구조가 모든 것을 포괄하지는 않습니다. 권력화된 구조는 그 자신을 포함하는 발생의 장으로부터 탄생합니다. 그것은 활동성이라는 보다 넓은 장과 연결되어 있으며, 그것을 먹고삽니다. 그 장은 서로 다른 구조화 양태들의 잠재태를 나타내는 성향들로 시끌벅적합니다. 그 성향들은 발단의 지점을 넘어서 증폭되지 않을 것입니다. 그들은 포획될 수도 있고, 아니면 그냥 좌절해서 자신들이 나왔던 맨활성의 장으로 다시 가라앉을지도 모릅니다. 그러나 여전히 그들의 차이는 어떤 수준에서, 어떤 식으로든, 느껴지지 않을 수 없습니다. 따라서 우리가 되돌아갈 더럽혀지지 않은 자유의 상태는 없더라도, 다른 발생들을 가능케 하는 자유의 정도는 항상 존재합니다.[18] 결합되고, 함께 움직이고, 증폭을 위해 스스로 나서는 반-경향성은 항상 존재합니다. 변용의 여지는 항상 존재합니다. 몸이 할 수 있는 것은 그 장을 비트는 것입니다 — 다른-질서에 속하는 정동적 경향들이 제공하는 것을 받아들이면서 활동의 장을 즉흥적으로 변조하는 것이죠.[19] 몸이 할 수 있는 것은 기존 구조에 의한 포획에 저항하는 반-증폭과 반-결정화를 유발하고, 그것들을 끊임없는 집단적 탈주 운동으로 유출시키는 것입니다. 만일에 그 운동이 집단적 장 안에서 대비의 조율로 서로 간에 고조된 능력들의 상호 포함을 통해 그 집단적 장의 강렬화를 초래한다면, 자유의 정도는 전반에 걸쳐 증대된 것입니다. 존재의 역량들은 집단적으로 증가되어 왔습니다. 이것은 오로지 내부로부터, 상황 속에서, 사건들로 붉어지면서, 시행enaction의 즉각성 속에서만 일어납니다.

이러한 시행의 즉각성에서, 저항은 제스처의 성격을 가집니다. 저항은 의사소통되거나 주입될 수 없습니다. 단지 제스처로 나타날 뿐입니다. 그 제스처는 조율에 대한 요청입니다. 집단적 운동 안에서 그것은 상호 포함으로의 초대입니다. 저항이 가진 유일한 힘은 **본보기**|exemplary입니다. 그것은 자신을 내세울 순 없습니다. 단지 유행할 뿐입니다. 그것의 힘은 자신의 증폭의 유혹을 떨쳐버리는 것입니다. 그 힘은 전염성이 있습니다. 저항의 제스처는 제공된 전염의 미시-제스처입니다. 이것은 같은 수준에서, 같은 장 안에

---

18. [옮긴이] 마수미는 자유의 두 양태인 '상태'(state)와 '정도'(degree)를 대비해서, 불변의 관념적 대상으로서의 자유와 정동적 조율에 의해 필연적으로 강렬도를 가지는 자유를 구별하고 있다.

19. [옮긴이] '다른-질서에 속한 정동적 경향성들을 받아들인다'는 것은 습관화된 관념과 구조화된 예속상태로부터 벗어난 몸에 흐르는 잠재태의 다양성 또는 정동적 경향성을 끄집어내어 긍정한다는 의미이다.

서 일어나는 미시파시즘의 제스처들이 잘 기울어지는 구조들 쪽이 아닌 다른 쪽으로 정향된 것입니다. 이 모든 것들은 장-가브리엘 타르드Jean-Gabriel Tarde의 '모방'의 미시-사회학과 상당히 일치합니다.[20] 그러나 그것은 또한 미학적 차원 ─ 매혹의, 제스처 스타일의 ─ 이 존재한다는 생각을 강화합니다. 미학적 차원은 덧붙여진 차원이 아니라 바로 그 저항의 운용에 절대적으로 필수 불가결한 요소이며, 자신의 정치성을 가진 것입니다.

단 하나의 아프리오리가 존재합니다 : 참여, 즉 맨 활성 안으로의 참여를 통한 침잠입니다. 저항은 내재성에서 옵니다. 그것은 이 끌려질 수 없습니다. 만약에 그렇게 되면, 그것은 마치 위에서 외부에서 나오듯이 일어나서 압박을 주는 포획의 장치로 이미 응고되는 것입니다. 저항은 내재적 비판입니다. 즉 시행의 힘을 가진 '비판'입니다. 그것은 몸이 더욱 능동적으로 생각하고 더욱 사려 있게 느껴서, 서로 다르게 함께 행동으로 가는 수준에서 발생합니다. 이런 유의 저항에는 아방가르드가 없습니다. 씨앗들이 있습니다. 맨 활성이라는 바람에 날리며, 꽃을 피우기 위해 조율이라는 비옥한 장을 찾아다니는 자유로운 행동의 씨앗들. 유비analogy는 부정확합니다. 그러한 장은 존재하지 않습니다. 선도적인 제스처라는 역할 속에서, 저항은 자신의 장을 창조합니다. 저항은 자신

---

20. [옮긴이] 프랑스의 사회심리학자 장-가브리엘 타르드는 『모방의 법칙』(*Les Lois de l'imitation*, 1890 [문예출판사, 2012])에서 사회(현상)의 본질은 사회를 구성하는 사람들의 심리적 관계에 있다고 천명하고, 개인들의 신념과 욕망을 사회현상의 원동력으로 간주했다. 특히 개인들 간의 모방은 심리적 관계를 객관적으로 표현하는 것으로서 사회학의 대상이라고 보았다.

의 장을 몸짓으로 존재하게 합니다. 자신만의 전염의 힘을 통해서
요. 저항은 그 자체로 수행적performative입니다. 그것은 자신만의 자
기-조직화를 촉발합니다. 그 장은 항상 도래하고, 자신만의 자기-
증폭 사건으로 불거집니다.

내재적 비판은, 그 이름이 함축하듯이, 올바름이나 불가피함
이라는 이미-확립된 기준을 집단적 행동의 장에 적용할 수는 없
습니다. 그것은 명령적인 것을 통하여, 미리 존재하는 정치적 프
로그램이나 이미 구조화된 도덕적 지침들의 무대장치에 기반하여
작동할 수 없습니다. 그것은 확립된 원리들에 호소해서 자신을 정
당화할 수 없습니다. 그것은 내재적으로 자신의 원리를 스스로 시
행[제정]합니다. 그리고 그것은 자신의 선도적인 운동을 가집니다.
저항에 의무는 없습니다. 우리는 자유를 욕망하는 것이 예속상태
를 욕망하는 것보다 더 낫다고 어떤 근거에서 말할 수 있을까요?
저항해야 할 바로 그 '의무'? '의무'라고 하는 것은 보다 상위의 명
령의 질서에 이미 가정된 예속상태 외에 그 무엇도 아닙니다. '의
무'라고 말하는 것은 추상적 원리에 대한 우리의 예속을 시행하
는 것이며, 외부에서 그리고 위에서처럼, 그 원리를 타인들에게 부
여하는 우리의 행위를 정당화하는 것입니다. 그것은 일종의 파워
무브a power move입니다.21 그처럼 의무는 지배 ─ 아마도 지배의 새로
운 질서, 그러나 그럼에도 불구하고 지배 ─ 의 씨앗을 수반합니다. 억

---

21. [옮긴이] 파워무브란 선택의 자유가 없는 상황에서 그 상황을 더욱 가멸차게 추진
하여 자신의 상황을 심리적으로 정당화하려는 행위를 뜻한다. 여기서 마수미는 의
무를 강변하는 것은 오히려 예속의 정당화라고 말하는 것으로 읽힌다.

압과 마찬가지로, 자유는 욕망의 대상입니다. 그렇지 않다면 그것은 아무것도 아닙니다. 그것은 '의무'가 부여될 수 없습니다. 주입될 수도 없습니다. 그것은 욕망됩니다. 그것이 아니면 아무것도 아닙니다. 저항은 대비의 강렬한 장 안에서 일어나는 역동적 상호포함 속에서 존재력의 집단적 증강을 위한 대응-욕망입니다. 그것이 원칙상 '더 낫다'고 말할 근거는 없습니다. 그러나 그 욕망의 바람직함을 실행하기 위한 방법들 – 더 욕망하게 하고, 더 강하게 기울어지게 하고, 더 증폭되고 더 선도적이 되도록 하는 – 은 존재합니다. 저항의 테크닉들은 정말로 존재합니다. 그 테크닉들은 내재적 장-조정을 겨냥하는 관계의 테크닉들입니다. 그것들은 이미 관계 속에 있는, 참여로 침잠된, 자기-증강하는 관계 운동으로 꿈틀거리는 제스처들입니다.

이것은 이데올로기 비판이나 전위적 행동 같은 전통 맑스주의 개념보다는 '행동에 의한 선전' 같은 아나키즘 개념에 더 가깝습니다. 지난 2년간, 우리는 세계 곳곳에서 퍼지고 있는 이러한 선도적인 정치 유형을 보아왔습니다. 월스트리트 점령 운동이 미리 특정한 요구들을 개진할 것을 거부했던 것은 이에 적절한 예라 하겠습니다. 프로그램을 앞서 설정하기를 거부했던 것은 결핍이 아니었습니다. 오히려 그것은 권능화였습니다. 문제는 삶의 잉여-가치 생산을 위해 자기-즉흥의 집단적 운동으로 몸체들과 능력들이 함께 모이는 것이었다고, 그리고 민주주의는 평형운동-에서-먼 – 미리 설정된 안전한 구조 속에 있는 미리-프로그램된 결과가 아닌 – 것이다라고 표현하는 한 방법이었습니다. 이것이 바로 시행적 저항의

'직접적인', 관계의 민주주의입니다.

우리의 지금 토론에서는 어떤 편차 같은 것이 있습니다. 처음에 우리는 자본주의에 대해 논의했는데, 결국은 국가 모델에 암묵적으로 존재하고 있는 지배 구조들에 대한 이야기로 귀결되었습니다. 제가 지금 말한 미시파시즘과 지배 구조들은 자본주의와 관련해서 전면적인 재개념화가 필요합니다. 왜냐하면, 제가 이 인터뷰를 시작하면서 말했듯이, 자본주의가 흔히 사용해 왔던 의미에서의 구조가 아니기 때문입니다. 그것은 구조가 되기에는 지나치게 변화무쌍하고 유동적으로 자기-조직화합니다. 종종 그것을 '체계'라고 부릅니다. 그러나 이 말은 지나치게 정적인 개념입니다. 자본주의는 열린 체계이고, 사회와 동연적coextensive입니다. 자본주의는 대단히 역동적으로 자기-변조하기 때문에 하나의 '과정'이라고 불러야 할 겁니다. '구조'와 '체계' 둘 모두와 대별되는 것이죠. 그것은 삶의 장에 내재적인 사태로부터, 자기-변조하고, 자기-증폭합니다. 자본주의는 자신의 작동방식을 맨 활성의 발생적 장 속으로 피드백해서 그 장에 완전히 내재적-되기에 이릅니다. 자본주의적 관계는 어디에나 존재합니다. 잠재적으로. 어디서나 만들어진 모든 움직임은, 지구에서 가장 먼 구석에서 가장 친숙한 영혼의 깊이에 이르기까지, 자본주의의 포획으로부터 자유롭지 않습니다.

자본주의가 삶의 장 속에 내재한다는 이러한 생각은 마우리치오 랏자라또Maurizio Lazzarato 같은 사상가들이 '생체권력'biopower의 개념을 이용해 종종 분석했던 것입니다. 생체권력의 개념은 자본주의를 권력의 한 형식으로 실용적으로 생각한다면 반드시 해결해야 할 문제들을 제기합니다. 삶의 장에 내재한 자기-변조, 자기-증폭 과정으로서의 최근의 국면을 맞은 자본주의는 항상 자기 자신을 빠져나가고 있습니다. 자본주의는 끊임없이 자신을 위기로 이끕니다. 그 위기로부터 언제나 재-발생의 길을 모색합니다. 자신을 더 멀리 거듭 변이시키는 것입니다. 이러한 자기-발명의 탈주 운동 속에서, 자본주의는 저항의 많은 특징들을 공유합니다. 자본주의는 그 특유의 파괴적인 방식으로 우발적 경향을 정동적으로 양산하고, 즉흥적으로 증폭합니다 — 그러는 가운데, 존재력을 강화합니다. 그러나 그것은 언제 어디서든 자본주의적 관계를, 그리고 지불 수단으로서의 돈과 자본으로서의 돈 간에 그것이 심어 놓은 구별(맑스의 공식에서, 상품-화폐-상품$^{C-M-C}$ 대 화폐-상품-화폐 $M-C-M$)을 해명하는 방식으로 그렇게 합니다. 자본으로서의 돈은 본성상 불평등합니다. 그리고 그 불균등성은 끊임없이 증식하려는 경향이 있습니다.[22] 자본주의는 존재력을 증강시킵니다. 그러나 본질적으로 불평등하게 그러합니다. 자본주의는 삶의 잉여-가치를 생산할지도 모릅니다. 그러나 그것은 불평등하게 분배됩니다. 왜냐하면 그것은 항상 화폐-자본의 관점에서의 잉여-가치를

---

22. [옮긴이] 자본의 순환과 가치증식에 관한 맑스의 공식에서, 상품 교환의 지불 수단으로서의 돈(상품-화폐-상품)과 달리 상품을 매개로 가치를 증식하는 자본으로서의 돈(화폐-상품-화폐')은 이윤을 발생시킨다. 화폐가 상품을 통해 더 많은 화폐로 이행하는 과정에는 교환의 불균등성이 존재한다. 예컨대, 노동 시간의 연장에 의한 이윤의 증대 등이 그것이다. 자본주의에서의 교환은 물물 교환 같은 평등한 교환이 아니라 불평등 교환이며, 이 불평등 교환을 통한 이윤(추구)은 맹목적으로 증식하려는 경향을 가진다는 말이다.

위해 존재하기 때문입니다. 그것에 따르는 모든 불평등[불균등]과 아울러, 그리고 그 불평등[불균등]에 따르는 모든 무자비함과 아울러 말이죠. 간단히 말해, 자본주의는 저항을 포획하여 그 자신의 불평등한 과정의 결과로 이끕니다.

자본주의의 슬로건은 '생산성'입니다. 생체권력 시대에, 본질적으로 몸체들이 생산하려는 것은 경제의 관점에서 생산적인 자신의 삶입니다 ─ '인적 자본'으로의 완전한 자기-전환입니다. 삶 자체가 완전히 자본-집약적이 된 것입니다. 몸체들로부터 존재 역량 증대의 흐름이 멀어져가고, 몸체들 주변엔 불평등의 과정이 축적됩니다. 그들은 '경쟁의' 정도에 상응하는 인적 자본으로 스스로를 구성하는 위치에 있지 않습니다. 그들은 최대의 강렬도로 자본의 과정이 자아내는 자기-생산적 역량을 인격화할 위치에 있지 않습니다. 그들은 불충분한 '생산성' 때문에 지탄을 받습니다. 그들은 자본의 운동에 뒤처지게 됩니다. 생체권력의 지배하에서, 그들은 송장이나 다름없습니다. 생체권력에 관한 논쟁의 대답으로 아쉴 음벰베Achille Mbembe가 이론화한 '네크로폴리틱스'necropolitics가 바로 생체권력의 이면입니다.[23]

---

23. Achille Mbembe, 'Necropolitics', *Public Culture*, vol. 15, no. I (winter 2003), pp. 11~40. [카메룬 출신이면서 프랑스나 미국에서 활동해 온 철학자 아쉴 음벰베는 미셸 푸코(조르조 아감벤을 포함해서)의 근대적 규율권력 개념이 현대의 지배 형식을 설명하기에 한계가 있다고 비판하면서, 푸코의 생체권력에 대응하는 개념으로 '네크로폴리틱스(시체정치)를 주장한다. 그에 따르면 현대 국가는 규율 장치들을 통해 규율적 몸체를 형성하는 것을 넘어 죽음을 명령하고, 죽음의 지대를 창조하고, 사람들을 죽음에 노출시킬 수 있는 권한을 가짐으로써 삶을 통제하고 지배를 실천한다. ─ 옮긴이]]

존재 역량을 증대시키는 과정을 저는 **존재력**ontopower이라고 부릅니다. 자본주의는 스스로를 존재력의 한 종류로 만들어 왔습니다. 현시대에 저항의 임무는 단지 권력에 맞서 싸우는 것이 아니라, 이 존재력에 맞서 어떻게 싸울지를 아는 것입니다. 저항의 홈그라운드에서 벌어지고 있는 싸움, 즉 싸움의 동일한 장에서, 존재력에 맞서는 존재력은 내재적 비판 속에서 동일한 사건들로 불거집니다. 내재적 비판을 대신할 대안은 존재하지 않습니다. 자본주의는 지금 효율적으로 세계화되었습니다. 자본주의 과정에서 외부는 존재하지 않습니다. 외부에서 자본주의를 비판할 수 있는 위치는 존재하지 않습니다. 비판은 우리의 몸체들 안에, 우리 삶의 부상 안에, 맨 활성 안에, 집단적 장의 모든 작은 틈새들 안에 있습니다.

저항에 대한 자본주의의 존재력적 포획의 영향은 멀리까지 미칩니다. 그리고 뚜렷하지 않습니다. 그것들에 대해 논의하는 것은 본 인터뷰의 한계를 넘어섭니다. 최근의 저의 저작에서, 특히 『경제 말 권력』[24]과 『존재력』에서 그 영향들을 풀어 보려고 했습니다. 새로운 구별이 반드시 필요하다고 봅니다. 구조와 시스템과 과정의 구별뿐만 아니라, 생체권력과 존재력(제가 보기에 이것은 실제로 삶의 장에 생성-내재적이라는 점에서 생체권력까지도 넘어섭니다 ― 이것이 랏자라또와 갈라지는 지점입니다)의 구별, 그리

---

24. Brian Massumi, *The Power at the End of the Economy* (Durham, NC : Duke University Press, 2015).

고 국가 (그리고 유사-국가) 구조와 자본주의의 관계에 관해서도 그렇습니다.(왜냐면 국가는 아마도 합리화된 구조의 최후의 피난처 중 하나일 테니까요 — 자본주의는 자신을 피할 수 없다는 사실에 대한 정동적 '사실'을 창조하는 것으로 자위하면서, 더 이상 거리낌이 없이 자신의 합리성을 주장합니다).

어쨌든, 이것은 계속 진행 중인 프로젝트입니다. 우리는 — 항상 그렇듯이 — 한복판에 있습니다. 그리고 우리가 집단적으로 참여를 통해, 우리의 글쓰기와 생각의 개념적 수준에서, 그리고 들판에서 실험적으로, 집단적 운동에의 초대라는 생각-느끼기 제스처로서, 거리에서 그리고 우리의 일상적 활동을 규정하는 제도들 속에서, 실험을 계속할 때만 비로소 사태들은 분명해지기 시작할 겁니다. 저항의 장처럼, 우리의 선도적인 사건들로 불거지면서, 명확해질 겁니다. 발명되려면 … 만약에 정동에 대한 믿음이 부적절하다면, 들뢰즈가 종종 말했듯이, '세상에 대한 믿음'은 없습니다[발명되지 않습니다]. 세계가 이미 언제나 증폭될 준비가 된 자유의 정도들을 제공하고 있다는 참여적 믿음, 이것이 우리가 가진 전부입니다.

4장 파국 장에서의 정동적 조율

에린 매닝과 함께
요나스 프리치와 보딜 마리 스태브닝 톰슨과의 인터뷰

보딜 마리 스태브닝 톰슨(이하 톰슨)[1] 브라이언, 우리는 일전에 후쿠시마 원전 사고에 관해『가디언』지에 기고하신 기사를 읽어 보았습니다.[2] 정동정치와 미디어에 관한 내용이었죠.[3] 파국적 재난은 흔히 예외적인 것으로 간주되었죠. 그러나 오늘날 재난은 어디에나 존재합니다. 선생님은 기사에서 세계화 그리고 위험(위협) 사회와 관련해서 뉴 미디어의 정동 권력에 대해 논의하셨습니다. 그리고 그것을 후쿠시마와 같이 경계를 넘어 세계 어디서나 반향을 일으키고 있는 재난과 관련을 지으셨습니다. 특히, 문화 생산물과 자연력의 경계는 오늘날 모호해졌습니다. 더 이상 거의 적용이 안 됩니다. 그리고 우리가 행동할 수 있는 능력이나 서로를 어떻게 대면할지의 문제는, 그 능력을 거의 상실할 정도에 이르기까지, 자연적-문화적 재난의 정동적 분위기에 영향을 받아 왔습니다. 기사에서 이 문장에 눈에 띕니다 : "생태학적 개조-정치an ecological alter-politics도 틀림없이 정동의 개조-정치일 것이다."

브라이언 마수미(이하 마수미) 설명은 전혀 하지 않았죠.

---

1. 요나스 프리치(Jonas Fritsch)와 보딜 마리 스태브닝 톰슨(Bodil Marie Stavning Thomsen)과의 인터뷰 (2011).

2. Brian Massumi, 'The Half-Life of Disaster', *Guardian*, 15 April 2011, http://www.guardian.co.uk/commentisfree/2011/apr/15/half-life-of-disaster

3. [옮긴이] 이 기사는 후쿠시마 원전사고 자체에 관한 글이 아니라, 그 사고를 중심으로 그 밖의 자연재해, 인재사고, 전쟁, 테러리즘 등 공포와 위험을 통해 현대 미디어에 의해 작동하고 있는 정동정치 행태들을 비판하고 있다.

톰슨 그래서 얘기해 보기로 한 겁니다. 선생님께서 『가상계』[4] 에서 논의하신 '바이오그램'biogram이라는 개념이 우리가 실제로 그러한 정동 권력에 어떻게 반응하고 행동할지를 재설정하는 방식이 될 수 있을 것으로 생각합니다.

마수미 네, 저는 우리가 해 왔던 그리고 우리가 살아가는 개인으로 경험하는 다양한 접촉들이 분산되었다고 생각합니다. 그 접촉들이 불연속으로 대체되었다고 생각하지는 않습니다. 그러나 정동적으로 충전된 전혀 다른 종류의 접촉으로 대체된 것은 맞습니다. 네 맞습니다, 분명한 것은 위기와 파국(재난)은 더 이상 예외적이지 않습니다. 벤야민의 유명한 일갈처럼, 일상적인 상황이 되어버렸죠. 사회적·문화적·경제적·자연적 수준에서, 우리가 살고 있는 연동 체계들의 복잡성은 이제 대단히 복잡하게 느껴집니다. 그것은 우리가 어떤 변곡점에 도달하고 있기 때문입니다. 예컨대 기후 변화와 난민의 범람과 관련해서 말이죠. 어떤 의미에서 우리는 평형-에서-멀어진 상황에 처해 있습니다. 안정을 위해 우리가 기대온 체계들은 금방이라도 위기로 기울어질 태세입니다. 인접해 있는 체계들을 통해, 도미노 효과처럼, 쏟아지는 효과들의 범람의 위험에 처해 있는 것입니다. 대단히 불안정한, 흡사-혼돈의 상황입니다. 따라서 외부에서 그것을 파악할 수 있는 유리한 지점

4. Brian Massumi, *Parables for the Virtual: Movement, Affect, Sensation* (Durham, NC: Duke University Press, 2002), pp. 177~207. [브라이언 마수미, 『가상계: 운동, 정동, 감각의 아쌍블라주』, 조성훈 옮김, 갈무리, 2011.]

은 존재하지 않습니다. 우리는 그 안에 침잠해 있는 것이죠. 우리는 파국적 재난의 절박함 안에 흡수되어 있으며, 언제나 그것에 대비하고 있습니다 ― 무슨 말이냐 하면 파국의 절박함은 우리 삶의 장 속에 내재하고 있다는 것입니다. 이 절박-내재성이 바로 접촉의, 직접적인 정동적 근접성의 양태입니다. 비록 미디어의 행동을 통해 '멀리서', 좀 더 정확히 말해, 점점 더 통합되어 가는 미디어 생태계 내에서 발생하는 것이긴 하지만 말이죠.

정동이 어떻게 작동하는지 알기 위해서는 우선 우리 모두가 절박-내재성의 장 안에 옥죄어져 있다는 사실로부터 시작해야 할 것입니다.[5] 우리의 몸과 생명은 미디어-운반 진동을 위한 일종의 공명 상자라고 봐도 무방합니다. 그것은 우리에게 충격을 가하면서 우리를 통과해 지나다니고, 우리에게 충격을 가함과 동시에 우리를 넘어서 충격을 줍니다. 이것이 바로 우리가 스스로를 정위할 수 있기 전에, 한 걸음 물러나서 경험을 합리적으로 생각하려고 시도하기 전에 일어나는 모든 것입니다. 경험을 향해 사려 깊은 자세를 취할 수 있기 전에, 우리는 매우 직접적으로, 몸으로, 경험에 긴장하고, 경험에 유도됩니다. 그래서 저는 『가상과 사건』[6]에서 '즉접성'immediation에 대해 말한 것입니다.[7] 제가 사건의 모델

---

5. [옮긴이] '절박-내재성'의 원문은 immi(a)nence로 표기되어 있다. imminence와 immanence를 결합한 조어로 보인다.

6. Brian Massumi, *Semblance and Event : Activist Philosophy and the Occurrent Arts*(Cambridge, MA : MIT Press, 2011). [브라이언 마수미, 『가상과 사건 : 활동주의 철학과 사건발생적 예술』, 정유경 옮김, 갈무리, 2016.]

7. [옮긴이] immediation은 mediation에 대립하는 용어로 마수미가 만든 용어로 보인

을 이용해서 말하고자 했던 것은 전통적으로 매개mediation와 전송transmission 차원에서 분석되어 왔던 것입니다. 제가 말하고 싶은 것은 전통적인 의미에서의 매개(중재)보다 더 즉각적인 내-태세in-bracing에 관한 것입니다.[8] 이러한 내-태세는 순차적인 전파보다는 복잡한 장 효과들에, 그리고 그 효과들의 파도-같은 증폭과 증식에 더 깊이 관련됩니다.

이런 관점에서 볼 때, 문제는 장 안에서, 즉각적으로, 무슨 일이 일어나는가입니다. 제가 보기엔 개체적으로 각각의 개별적 위치 지정이 아니라, 타자들과 일종의 미분적 조율을 위해 긴장하고 있는 것입니다. 우리는 모두가 함께 사건에 들어가 있습니다. 그러나 서로 다르게 함께 들어가 있습니다. 우리들 각자에는 서로 다른 일련의 경향성들, 습관들, 행동 가능태들이 딸려 있습니다. 이것이 바로 미분적 조율의 의미입니다: 정동적 사건의 직접성 안에서, 그러나 서로 다르게 각각의 경우에 있어서의 집단적 내-태세. '조율'은 사건으로 인한 주의attention와 에너지의 직접적인 포착을 지칭합니다. '미분적'differential이라는 말은 우리가 사건 속으로 서

다. 여기서는 간접성, 매개성, 중재성과 대립하는 의미로 '즉접', 또는 '즉접성'으로 옮겼다. 아울러 같은 명사형인 immediacy는 immediation과 구별하기 위해 '즉각성', '직접성'으로 옮겼다.

8. [옮긴이] 마수미가 말하는 brace는 특정한 위치에서 긴장이 이완된 상태가 아닌, 언제든지 촉발될 수 있는 잠재적 긴장 상태를 의미한다. 가령 시멘트를 바른 돌들은 외벽의 규정적인 힘에 의해 위치가 결정되어 서로 간의 긴장 없이 안정된 상태로 정위된다. 그러나 시멘트를 바르지 않은 돌담은 돌들이 각자 직접적인 긴장 관계 속에서 내적인 조율을 끊임없이 해야만 균형을 유지할 수 있다. 이렇게 내적으로 강렬하고, 역동적이며, 정동적인 관계를 마수미는 in-bracing이라고 불렀다. 이 책에서는 brace를 긴장, 태세 등으로 맥락에 따라 조금씩 단어들을 바꾸어 번역했다.

로 다른 각도로 진입하고, 우리 자신의 특이한 궤도를 따라 거기서 빠져나오며, 우리 자신의 독특한 방식으로 파도를 탄다는 사실을 지칭합니다. 그것은 우리가 함께 주의하도록 낚아채는, 그리고 우리의 다양성을 그것이 가져올 정동적 임무와 연관짓고, 전체 상황에 활기를 주는, 사건의 관념입니다. 그리고 이 사건은 몸의 직접적인 반응들과 우리의 생각하는 능력이 서로 간에 매우 직접적으로 묶여 있기 때문에 서로에게서, 또는 그 사건의 활기로부터 떼어낼 수 없는 수준에서 발생한다는 것입니다.

현대 미디어 환경을 비판하는 많은 평자들이 말하듯이, 우리의 조건이 동질화되고 있다고 저는 생각하지 않습니다. 또는 이데올로기 비평이 우려하듯이, 만사가 개체를 우선 위치설정함으로써 작동한다고도 생각하지 않습니다 ─ 물론 장 안에서 수행적으로 이식된 특정 전제들이 존재하고, 이미 그것을 벡터화하는 특정 경향성들이 존재하긴 합니다. 발생하고 있는 것의 일종의 원-조직 proto-organization에서요. 요점은 이 모든 것이 평형-으로부터-동떨어져 일어나고 있다는 점입니다. 그래서 중요한 것은 불안정성의 처리이며, 예측할 수 없는 혼돈 효과들-에서-나온-질서가 항상 어떠한 사전-조직화든 무력화시키나, 이탈시키거나 변경할 수 있다는 사실입니다. 따라서 제가 말하는 정동은 결정된 행위들과 결정적인 사유들이 발생되는 절박-내재성의 장 안에서의 직접적인 관계의 침잠에 관한 것입니다. 그것들은 임기응변의 복잡성의 장으로부터, 수행적으로 추출되어야 합니다.

그렇다면 이제 문제는 무엇이 그 [행위들과 사유들의] 추출을 조정하는가입니다. 결국 그것을 조정하는 것은 긴박감에 수반되는 위협의 느낌이며, 그에 대응해서 설정되어온 증권화[안전화]securitization 절차들입니다.[9] 그러나 증권화[안전화]는 불안정성을 가정합니다. 안전security은 불안의 반대가 아닙니다.[10] 그 둘은 결혼했습니다. 니클라스 루만Niklas Luhmann은 신용과 권력에 관한 자신의 책에서 이 점을 분명히 밝힙니다.[11] 그는 말합니다. 어떠한 규칙성이든 안전을 만들려면, 예측할 수 있는 불안이 만들어져야 한다고요. 푸코도 같은 얘기를 했습니다. 안전조치들은 예방적으로 취해져야 합니다. 왜냐하면 우리는 항상 복잡한 비상사태들 속에서 일어나는 어떤 것의 최초의 불거짐 속에 사로잡혀 있기 때문입니다. 그 사태가 어디로 갈지, 무엇이 될지 알기도 전에요. 안전조치들은 흡사-혼돈으로부터 질서를 다시 빼내야 합니다. 제가 주장해온바 이것[흡사-혼돈]은 그것들[안전조치들]에 생성의 절차들로서의 자격을, 혹은 제가 '존재력'이라고 부른 것으로서의 자격을 부여합니다.

따라서 정동정치의 문제는 우리가 집단적 개별화를 촉발하

9. [옮긴이] securitization이란 대출채권, 부동산, 유가증권 등 유동성이 낮은 고정화된 자산을 담보로 매매가 가능한 증권을 만들어 금융시장에서 유동성을 확보하는 과정을 의미한다. 이를 흔히 '자산 유동화' 또는 '증권화'라고 부른다. 마수미는 위협의 느낌 즉 불안정성에 대하여 안정성을 추구하는 대비 행위를 나타내기 위해 이러한 경제용어를 제시한 것으로 보인다.

10. [옮긴이] securitization과 같은 맥락에서 security는 안전, 안보, 보안, 보험, 증권, 담보 등 안정성을 추구하는 모든 대비를 함축한 중의법적 용어이다. 여기서는 가장 포괄적인 용어인 '안전'으로 옮겼다.

11. Niklas Luhmann, *Trust and Power* (New York : John Wiley & Sons), 1979.

는 집단적·미분적 조율의 장 속에 있다는 사실, 그리고 우리는 항상 직접, 몰입되어, 즉각 그쪽으로 내던져지고 있다는 사실을 수용합니다. 그런 다음 그 증권화[안전화] 회로로부터 빠져나가기 위해 우리가 어떠한 대응-존재력을 실천할 수 있는지를 질문합니다. 우리가 어떻게 하면 증권화[안전화]의 그러한 전제들에 고장을 일으키거나 그것을 무력화하면서, 그러한 몰입으로 불거진 영향력을 행사할 수 있겠습니까? 어떻게 하면 우리가 새로운 전제들을 이식할 수 있고, 보다 살아있는 생생한 경향성들을 원조직화 protoorganize할 수 있겠습니까? 어떻게 하면 우리가 새로운 경향성들을 그러한 과잉-복잡 생태학적 삶의 장으로 이식할 수 있겠습니까? 제 생각엔 바이오그램이라는 개념이 아주 좋은 출발점이라고 생각합니다. 바이오그램은 질 들뢰즈의 '다이어그램' 개념과 같은 것입니다.[12] 그러나 그것은[바이오그램] 개체적 삶에 적용됩니다.

---

12. [옮긴이] 다이어그램은 추상적 관계나 기능을 생산하고 재생산하는 시각적 그래픽이나 표현을 말한다. 다이어그램은 그림, 도식, 코드처럼 구체적으로 결정된 대상(형태)을 재현하기보다는 추상적 대상을 표현한다. 들뢰즈와 가따리는 다이어그램을 '추상기계'(abstract machine)의 본질적인 특징으로 규정한다. 예컨대 추상기계로서의 '팬옵티콘'은 측정 가능하고 통제 가능한 인간적 다수성을 재료로 하여 몸체들이 그 안에 배치되는 순간 "보이지 않으면서도 볼 수 있는" 순수한 기능을 생산한다. 팬옵티콘의 존재는 그 자체가 추상적 관계 및 기능을 작동시키는 기계인 것이다. 퍼스가 분류했던 '도상'(Icons)이 기표와 기의의 자연적 혹은 감각적 유사성에 근거한 기호라면, 다이어그램은 다수의 요소들이 맺으며 자아내는 '추정된 관계의 도상(자취)'이라 할 수 있다. 이런 점에서 수학 공식도 일종의 다이어그램이라 할 수 있다. 방정식이나 함수는 잠재화된 수들의 추상적 관계로 인해 특정한 기능과 그 자취들이 산출된다. 음악의 음표 역시 소리 물질의 높낮이, 속도, 강도 등의 추상적 관계와 기능의 잠재화라는 점에서 다이어그램이다. 마수미가 말하는 바이오그램은 여기서 구체적으로 설명하고 있지는 않지만, 몸체의 정동적 수준에서 일어나는 추상적 관계와 기능의 다이어그램으로 요약할 수 있다. 요컨대 다이어그램이나 바이오그램은

복잡성의 조건들 속에서 그 자신의 과정을 조정하는 것이죠. 다이어그램, 또는 바이오그램은 미리-규정이 아닙니다. 그것은 잠재에 관한 지도를 제작하는 것입니다. 그것은 삶의 복잡성이라는 몰입의 장 속으로, 정향되거나 재정향되는 방식으로, 그러나 미리-분절된 방향이 아닌 방식으로, 들어가거나 나오는 테크닉의 문제입니다 — 즉 발명입니다. 그래서 문제는 우리 자신의 개인적 궤도로 들어가기 위해 미분적 조율로부터 우리가 어떻게 나올 것인가가 아니라 어떻게 그것을 지연시킬 것인가입니다. 여전히 관계를

대상들의 관계와 기능의 새로운 인식을 가능케 하는 추상적 로드맵 같은 것이다. 한편 마수미는 바이오그램을 정동적 지각의 근원적 형태로 설명하기도 한다. 그는 『가상계』에서 공감각(synesthesia) 경험자들이 '소리를 색으로 감지'하듯이 융합되어 느끼는 정동적 이미지-형상들을 지칭하기 위해 바이오그램이라는 용어를 도입한다. 사물이나 사태의 관계에 대한 추상화된 시각적 형상을 '다이어그램'이라고 한다면, 바이오그램은 시각에 국한되지 않고 개인의 실제적 경험에 기반을 둔 모든 감각적 이미지로 살아있는 다이어그램이라는 의미에서 '바이오그램'(bio+diagram)으로 변형시킨 용어로 보인다. 그에 따르면 바이오그램은 특정 지각으로 정위되기 이전의 근원적 감각, 즉 맨 활성 상태의 원-지각이다. 유아의 지각에서 일반적으로 나타나는 바이오그램은 성장하면서 생기는 '정상적인' 과정 속에서 지각으로부터 떨어져 나와 습관적이 된다. 따라서 특정하게 정위된 정상적인 지각이란 이러한 바이오그램이 시각적 배후로 밀려난 상태에서 떠오르는 것이라 할 수 있다. 달리 말해 우리가 현실에서 보는 대상이나 장면들은 존재의 바이오그램이라는 '직물'로부터 습관적으로 뽑아낸 '가닥들' 같은 것이다. 이런 의미에서 바이오그램은 그에 잇따르는 현실적 지각의 비의식적 토대로서 지속하는 '지각 일반' — 마치 베르그송이 말했던 시간의 근원적 토대로서의 "과거 일반"처럼 — 을 지칭하는 것처럼 보인다. 마수미는 바이오그램의 특징들을 다양한 술어들로 묘사하는데, 가령, "현재 속에서 감지되는 과거나 미래의 이미지", "불길한 데자뷰, 즉 현재의 지각 속에서 미래성을 잉태한 이미 지나간-과거의 느낌", "공간들 속에서 보이는 시간 같은 중첩된 이미지", "단순한 시각적 이미지를 넘어 감각, 긴장, 다차원적인 이미지를 단일한 표면 위에서 결합시키는 사건-지각" 등이 그것이다. 이에 대해서는 『가상계』의 8장을 참고하라. 마수미에 따르면 바이오그램은 항상 작동한다. 단지 그들의 작동이 언급되는가 안 되는가의 문제일 뿐이다.

유지하고, 조정하고, 함께 합심해서, 결정적으로 조율된 차이들은 지우지 않고, 강렬하게 움직이기 위한 내-태세의 강렬도를 어떻게 포착할까요?

에린 매닝(이하 매닝) 또한 이 공명의 장들이 스스로 바이오그램을 창조한다는 사실은 말하지 않을 건가요? 따라서 이것은 바이오그램을 사건으로 가져오는 문제가 아니라 그 사건 자체가 바이오그램의 장 속에서 확산되는 문제입니다. 제가 보기에 문제는 스텐거스가 규정했듯이 이중적인 포착의 문제가 될 것 같습니다. 따라서 바이오그램 경향성들 중 어떤 것들은 더 많은 공명을 위해 스스로 안내자가 될 것이고, 어떤 것들은 도중에 실패하거나 전면에 덜 나서는 방식으로 작용할 것입니다.

마수미 바로 그렇습니다. 바이오그램은 발견되면서 동시에 구성됩니다. 그 둘을 같이 놓는 건 모순이 아닙니다 — 그것은 과정입니다. 바이오그램은 상황에 의해 주어집니다. 그 잠재적 변형을 위해서죠. 그것은 이행 중에 있는 과정의 살아있는 지도화mapping 입니다 — 일종의 과정 변속-기어 메커니즘입니다.

톰슨 『가상과 사건』에서 선생님께서는 들뢰즈의 시간-이미지의 예를 드셨습니다. 우리는 시간-이미지를 볼 수 없습니다. 분명히 거기에 있다고 할 수 없습니다. 그러나 실재합니다. 아울러 다이어그램이나 바이오그램에 맞추어 생각할 수도 있습니다. 시간-이미지를 경험하려면, 미래 — 그리고 그 미래로 나아가게 될 과거 — 를 열어 주어야 합니다. 이것이 가능하려면 과거와 미래 사이에 있는 틈[간극] 안으로 가상적[잠재적] 이미지들을 넣어 주어야 합니다.

마수미 아울러 경우에 따라 우리는 그 가상태들을 지각하기도 하죠. 그것들이 실제적으로 우리의 감각체계에 현시되지 않고도 말이죠.13

매닝 그것은 정말로 시간의 문제입니다. 빠름과 느림이라는 서로 다른 질의 문제입니다. 하지만 또 선형적인 것의 실패 문제이기도 합니다. 브라이언, 정동정치에 대한 당신의 설명은 그 자체로 고리처럼 순환하는 하나의 동사 시제에서 일어납니다. 먼저 전미래, "~였을-것-이다"will-have-been가 나옵니다 — 그러나 전미래조차 그 확산 능력을 정확히 말해 주지 못합니다.

마수미 그렇습니다. 거기에는 비선형적 시간성이 있습니다.『가상과 사건』에서 저는 들뢰즈의 시간-이미지를 언급했습니다. 그렇지만 그것은 제가 그 책에서 밝히려던 관심사와 딱 일치하는 것은

---

13. [옮긴이] 들뢰즈가 말하는 시간-이미지란 우리의 의식적, 감각적 체계에 포섭되지 않고도 현시되는(느껴지는) 정동적 변화의 이미지를 말한다. 즉 가상계 또는 잠재태의 이미지이다. 시간을 정동으로 환원할 수는 없지만, 정동은 그 자체로서 시간의 자취라 할 수 있다. 예컨대, 얼굴-이미지에서 느껴지는 정동은 시간 외에 그 어떤 것으로도 설명하기 어려운 것이다.

아닙니다. 제가 '유사'semblance라는 용어를 쓴 이유는 어떤 사건의 구성에서 실제로는 현존하지 않는데도 필연적인 요소들이 되는 사건의 차원들이 존재한다는 생각을 발전시키기 위한 것입니다.

운동의 선처럼 단순한 예를 생각해 봅시다. 그것을 점들의 연속으로 간주하는 것은 말도 안 됩니다. 베르그송이 말했듯이, 우리가 보는 것은 점들의 집합이 전부이고, 점들은 고정되어 있습니다. 운동은 점들의 연속이 아닙니다. 그것은 즉자적 과거가 현재로 접히는 과정입니다. 질적으로 상황을 변하게 하면서, 현재가 미래로 뒤집히듯이요. 과거와 미래는 운동의 궤도를 구성하는 데 있어 필수적인 요소입니다. 그러나 그들은 실제적이지 않습니다. 그들은 이미 왔으며 동시에 아직 오지 않았습니다. 따라서 무엇인가가 운동 중이라면, 그것은 그 자신을 역동적으로 초과하는 것이며, 자신의 실제성을 넘쳐흐르는 것입니다. 그것은 각각의 연속하는 점에 위치한 현재-보다-더한 것입니다. 우리는 그것을 직관적으로 압니다. 우리는 그것을 직접 지각합니다. 굳이 그것에 대해 생각하지 않고요. 정치적 상황과 제가 말했던 집단적·미분적 조율 같은 것을 생각해 보면 ─ 가령, 재난이 닥쳤는데 아직 그 성질이나 규모를 정확히 알 수 있는 방법이 없을 경우 ─ 상당수의 잠재적 궤도들이 작용합니다. 사건의 시작은 잠재적 운동의 장을 결정화합니다. 그것은 강렬하게 체화되어, 직접적으로 느껴지는, 직관적으로 이해되는, 모두가 주목하도록 호출하고 우리를 행동으로 활성화하는 ─ 그러나 아직은 실제적이지 않은, 그 잠재 속에서 현재-보다-더한, 공-존하는 벡터들 또는 잠재적 궤도들로 구성된 실행적 장이라 생각할 수 있습니다. 그 느껴진 잠재는 도약의 지점입니다. 그것은 도래하는 것의 가장 최초의 불거짐 속에 있습니다. 그래서 그것은 사건이 펼쳐지는 전제로 간주될 수 있습니다. 잠재태는 실행적으로 전제됩니다.

따라서 이것에 대해 정치적으로 사고하는 방식은, 생각으로 떠올리지 않고 지각으로 느껴지는, 그러나 마치 판단이나 연역이나 추론의 결과였던 것처럼, 회상적으로 분리해낼 수 있는, 실행적 전제들의 문제입니다. 그러나 이렇게 미리 전제된 잠재태의 활성화는 너무 빨리 일어나기 때문에 그러한 판단은 내려질 수 없었을 것입니다. 그것은 완전히 직접적인 지각의 수준에 있습니다. 비-실제적이긴 합니다만. 우리는 그것을 비-감각적으로 느낍니다. 그것은 일어날 수도 있는 것을 포함해서, 지금 일어나고 있는 일에 대한 일종의 생각하기-느끼기입니다. 문제는, 일어날지 모를 일에 대한 우리의 생각하기-느끼기가, 상관적이긴 하지만 서로 다른 반응으로, 각각 그 특별한 경향성들을 따르면서, 다른 사람들이 할 수도 있는 것을 포함하는 것입니다. 재난 상황에서, 안전을 향한 집단적 돌진은 어떤 궤도를 막을 수도 있습니다. 그렇지 않으면 타인들에게 일종의 계획되지 않은 행위의 선전처럼 작용하는 본보기가 되어, 누군가가 이미 자발적으로 도움의 손길을 내밀고 있는지도 모릅니다. 사건이 처음에 일어날 때, 이러한 경향들과 조건-설정 행동들이 함께 등장하는 경우는 얼마든지 있습니다. 직접적으로 집단적인 – 초개체적인 – 복잡한 벡터장을 펼치고 조정하기 위해서죠.

이것이 바로 오늘날 우리가 경험하는 것입니다. 이것이 바로 우리가 사는 것입니다. 이것이 바로 이 위기의 분위기와 임박한 파국 속에서 우리가 순간순간 생각하고-느끼는 것입니다. 따라서 바이오그램의 문제들 중 하나는, 잠재태의 실행주의적 장이 어떻게 사람들 각각을 위해 결정화되는가, 우리가 함께 살아가는 여러 사건들을 고려해 볼 때, 어떻게 서로 다른 조율들이 개체적 차이를 넘어 발생할 것인가입니다. 그리고 다음 문제는 : 이렇게 많은 실행주의적 전제들을 비틀고, 특정한 대안적 경향성들의 가능성을 더 크게 증대시키는 하나의 장을 결정화할 수 있는 방법들이 있는가입니다. 그것은 바이오그램의 조정이 될 것입니다. 이것이 집단의 조건들을 지속적으로 변경할 수 있을까요? 그 조정들이 함께 모아지고, 저장되고, 재활성화될 수 있을까요? 그것들을 더 창조적으로 만들 수 있는 테크닉들을 발견할 수 있을까요? 우리가 〈감각실험실〉 이벤트들을 통해 작업하고 있는 것이 바로 이러한 문제들입니다. 아울러 우리는 관계적 장들의 조정을 위한 창조적 테크닉들이 존재한다는 개념, 그리고 그것들을 다이어그램의 관점에서, 또는 바이오그램의 관점에서 생각하는 것이 도움이 될 수 있다는 개념을 강조합니다.

요나스 프리치(이하 프리치) 관계들로 이루어진 이 특별한 장의 역동에 대해 논의해 보도록 하죠. 어떤 점에서 이 장은 과잉-구조화된 — 우리가 관계의 망 속에 사로잡혀 있는 — 것처럼 느껴지기도 하지만, 또한 동시에 과잉-개방된 것 같기도 합니다. 출구가 항상 다르다는 점에서요. 이와 같은 역동은, 제가 보기엔, 조율과 개념들 간의, 가령 선생님께서 말씀하셨던 전송transmission의 개념들 간의 구별을 통해 가장 잘 포착되는 것 같습니다. 정동의 전송이라는 그 아이디어는 최근 정동에 관한 담론 전체에 퍼지고 있습니다. 정동의 전송이나 전염의 개념과 조율의 개념이 어떻게 다른 것이죠?

매닝 특히 정치적인 영역을 말씀하시는 건가요?

프리치 관계 장의 역동에 대해 그리고 정동적 수준에서 작업하는 것이 무엇을 수반하는지에 대해 말하는 것입니다. 왜냐하면 거기에는 어느 정도 결정이 존재하지만 또한 잠재의 개방성도 존재하지 않습니까?

매닝 작업을 하면서 저는 인간과 관련해서 다른 무엇보다도 정동적인 것을 생기게 하는 경향성에 대해 많이 생각했습니다. 우리는 이것을 소위 '정동적 전환'affective turn이라는 작업에서 많이 보아왔습니다. 거기서 인간은 정동의 운반자이자 수송관으로 남아 있습니다. 따라서 제 작업뿐만 아니라 브라이언의 작업에서, 그리고 우리가 함께 조직한 여러 이벤트에서, 제가 관심을 두고 탐구했던 것은 정동의 생태학이 생산하는 소위 다양한 '종분화'speciations 입니다.[14] 이들 생태학은 경험의 공동-발생적 장 내에서의 유착을

---

14. [옮긴이] speciation은 하나의 조상을 가지는 생물 종이 지리적 격리나 생식적 격리

위한 발생적 경향성들의 비틀기라는 점에서 바이오그램으로 또는 다이어그램으로 구성됩니다. 그것들은 인간적인 것도 비인간적인 것도 아닙니다 ― 오히려 유기적인 것과 비유기적인 것 사이에서 활성화된 공명기계 같은 것입니다. 저는 종분화를 ― 예컨대, 이 대화의 격식 없음 ― 주목할 만한 지점 또는 보다 넓은 경험 장의 굴절 지점 ― 그 여름, 그 집, 우리가 하고 있는 탈-〈감각실험실〉-이벤트 대화 ― 으로 연계되는 일종의 넘쳐나는 개별화의 발생-으로-가기라고 생각합니다. 현재 흐르는 이 시간–표시time-signature의 특이한 '종분화'는 어떠한 경향성들을 향한 보다 넓은 관계의 장을 활성화합니다.

이와 관련하여 제가 생각해온 문제들 중 하나는 어떻게 종분화가 정체성이라는 매트릭스(동물'계', 인간'계')를 통해서가 아니라, 넘쳐나는 공통–구성적 생태학의 빠름과 느림을 통해 수렴하는가입니다. 이런 식의 사고로 우리는 공명의 장, 또는 시몽동이 명명했던 '연계된 고원들'이 어떻게 정체성 구조(인간, 자아)를 통해서가 아니라, '존재자들'만큼이나 많은 리듬들 ― 서로 다른 척도들과 시간의 강렬도들 ― 로 이루어진 생태를 통해 발생하는지를 고려하게 됩니다. 이것은 결국 우리로 하여금 정체성 정치를 넘어서게 할 수도(그것은 정동정치 내에서도 계속 존재하므로) 있고 상

같은 조건에 의해 유전자 교류가 중단되어 다양한 여러 종으로 나누어지는 과정을 말한다. 또한 분화는 새로운 종으로의 결정이나 형성의 과정이기도 하다. 따라서 이 용어는 맥락에 따라 '종형성' 또는 '종분화'로 옮길 것이다. 그러나 여기서 사용하고 있는 이 개념은 종의 분화에 국한되지 않고 실재의 질적 차이화를 의미하고 있음을 알게 된다.

관적 제3자^{relational third}의 내재적 공존을 탐험하게 할 수도 있습니다 — 저는 이것을 다른 곳에서 간극이라고 불렀습니다. 그 간극이 사건-무리가 할 수 있는 것 중에서 주도적인 요소가 되면, 〈감각실험실〉 이벤트들을 통해 그리고 새로운 협업 형식의 탐색을 통해 우리가 시도하려는 것에 대한 미리 주어진 의미 없이, 우리는 '급진적인 경험주의' 안에서 우리 자신을 찾습니다. 우리는 질문합니다: 이 제3자가 하는 일은 무엇인가? 그것은 어떻게 새로운 종을 형성하는가? 그것은 무엇을 공통-창조하는가? 그것은 어떤 유형의 생태학인가?

모든 종분화들이 어느 정도는 종이나 범주 들로 귀결된다는 것을 물론 알고 있습니다. 요점은 정체성이 — 인간도, 동물도, 식물도 — 없다는 것이 아니라, 종은 과정의 시작이나 끝이 아니라는 것입니다. 우리의 제안은 종이나 정체성을 부정하려는 것이 아닙니다. 종분화의 힘, 집단적 개별화의 힘은 생태가 여전히 능동적 변형을 일으키는 간극 속에서 생긴다는 것입니다. 제 식으로 말하자면, 이러한 접근법으로 가능해지는 것은 일종의 안무적 사고 choreographic thinking의 기회라는 것입니다. 저는 안무적 사고를 안무 음악의 도입이 아니라, 종분화들의 유동적 다이어그램이 전면에 나오도록 하는 도구들의 창조로 정의합니다 — 일종의 초기 다이어그램 실습입니다.

마수미 그렇습니다. 우리가 정동 안에 있는 것이지, 정동이 우리 안에 있는 것이 아닙니다. 그것은 인간적 삶의 주관적 내용이 아닙니다. 그것은 관계의 장에서 느껴지는 질입니다. 그것은 언제나 '그-이상'입니다. 에린도 자신의 책에서 강조했습니다 — 그녀의 책 제목 하나를 인용하자면, 언제나 하나 이상이며, 언제나 인간 그-이상입니다.[15] 테크닉의 문제로 다시 돌아가서 보면, 테크닉들은 내재성의 테크닉이어야 합니다 — 우리 자신의 그-이상 내에서부터 넘쳐나는 것입니다. 그렇지 않을 수는 없습니다. 왜냐하면 우리는 불확실성의 상황 속에 있고, 전체를 볼 수가 없으며, 모든 것을 장악할 수 있는 위치는 존재하지 않으며, 완전히 파악할 수 없는 장 안에는 복잡성과 다양성이 있으며, 그와 아울러 우리는 끊임없이 변하기 때문이죠. 이 때문에, 접근법은 체험적이고 실험적이어야 합니다. 비틀기가 그 장을 통해 잠재적으로 증폭하거나 공명할 가능성이 있는 부분적인 진입 지점들로부터 도약하는 것이죠. 따라서 우리는 조율을 유지해야 합니다. 그 장이 우리에게 영향을 미치는 바에 따라, 심지어 우리가 그에 영향 미칠 때조차, 우리는 계속 조율되어야 합니다. 따라서 그것은 일종의 이중 생성입니다. 여기서 우리는 개체로서 그 집단적 장에 의해 조정됩니다. 그 장 역시 우리의 제스처들에 의해 조정됩니다. 우리는 외부에서 그것을 지시하거나 판결하거나 비판하거나 언급하거나 묘사하는 것이 아닙니다. 모험을 하는 것이지요. 우리는 위험을 감수합니다. 타자를 위험에 빠트린다는 의미가 아니라 — 물론 그럴 수도 있고,

---

15. Erin Manning, *Always More Than One: Individuation's Dance* (Durham, NC: Duke University Press, 2013).

그로 인해 모든 것이 바로 윤리학의 문제가 됩니다 – 더 근본적으로 우리가 생각하고, 느끼고, 될 수 있는 것을 위험을 무릅쓰고 해 보는 겁니다.

매닝 한 가지 예가 생각납니다. 저는 자폐증 환자들과 작업을 많이 했습니다. 그들 중 많은 이들은 대놓고 자기를 하나의 생태학적 장, 또는 앞서 제가 묘사했던 종분화의 장으로 생각합니다. 티토 무코파드야이Tito Mukhopadhyay는 이것이 자아의 느낌을 환경으로 확장하는 체감a sense of bodying과 관련이 있다고 설명합니다. 많은 자폐 환자들과 마찬가지로, 그는 자신의 몸이 어디에서 시작하고 끝나는지에 대한 실질적인 감각이 없다고 합니다.(그는 자기의 물리적 몸체가 공간의 어디에 존재하는지 감각을 더 잘 느껴보려고 자기의 팔을 흔들어 봅니다). 이 생태학적 '체감'의 경향을 아이들에게서도 볼 수 있습니다. 아이들에게는 몸과 세계의 경계가 불분명합니다. 브라이언은 아들 제시가 어렸을 때의 일화를 저에게 말해 준 적이 있습니다.: 아이가 다쳤을 때 브라이언이 말했습니다. "어디 다쳤어?" 그러면 제시는 자기 몸을 가리키지 않고 자기가 넘어진 땅을 가리켰다는 것입니다. 우리가 어른이 되어 가면서 세계와 몸을 구별할 줄 알게 되면서 다친 곳을 몸에서 격리하는데, 이것은 실제로 사건의 생태를 단순화합니다.[16] 왜냐하면 틀림

---

16. [옮긴이] 하나의 사건은 살아있는 실재의 모든 양태들이 교차하는 지점의 형성이다. 따라서 복잡성을 가지며 과잉되어 있다. 이를 '사건의 생태'라고 부르는 것이다. 예컨대, 몸과 땅의 부딪침에는 단순한 몸체들의 충돌을 넘어 그들을 둘러싼 실재(근육,

없이 그 상처 – 무릎과 땅의 만남 – 는 그 사건 밖에서는 무의미하고 그 사건과 실제로 구별할 수 없기 때문입니다 : 이것이 바로 종분화이며, 그 시간-표시[박자]에 맞춰 통증을 느끼지만, 몸과 세계 사이 어딘가에서 살고 있는 공명하는 생태입니다. 이같이 정체성에 대한 생태의 우위를 내세우는 것은 무코파드야이가 『마음 나무』라는 훌륭한 책에서 말했던 것입니다.17 그 책에서 가장 마음에 드는 부분은 자폐아와 의사 간에 일어나는 전형적인 이야기를 제시한 부분입니다. 물론 자신의 용어들로 말했죠. 그 이야기는 이렇습니다 : 부모가 '소통-없는' 아이를 의사에게 데려옵니다. 그러고는 두 살 때쯤 뭔가 잘못되었다고 설명합니다. 부모는 또, 그전에는 아이가 꽤 '정상적으로' 컸는데, 그때 이후로 말을 '잃어버리기' 시작했다고 설명합니다. 그다음에 아주 많은 행동들이 나타나기 시작했다고 합니다 : 짜증을 낸다든가, 부모가 이해할 수 없거나, 대하기 어렵거나 기복이 심한 아이처럼 극단적인 육체 불안을 보인다든가, 시선을 자주 피한다든가, 더 이상 아이와 소통이 안 되는 부모들이 자주 경험하는 일반적인 느낌들이 그것이죠. 그래서 부모는 아이를 치료사나 의사에게 데려오고, 의사는 아이를 검사하기 시작합니다. 자폐아가 눈을 마주치지 않으려 하거나, 놀려고 하지도 않거나, 자기를 의사와 관계된 것으로 인식하지 않으

심경, 대기 등)의 변화, 운동, 상호침투가 일어난다. 이러한 과잉 실재로서의 사건에서 몸과 세계가 분리되고 구별되면, 그 생태는 단순한 결정으로 현실화할 것이다.

17. Tito Rajarshi Mukhopadhyay, *The Mind Tree* (New York : Arcade, 2011). [티토 라자쉬 무코파드야이, 『마음 나무』, 이혜선 옮김, 한얼미디어, 2005.]

면, 의사는 "이 아이는 공감 능력이 없고, 관계를 맺지 못합니다. 그야말로 암담하군요. 죄송합니다만, 아이와는 소통-없는 생을 사셔야겠습니다."라는 말을 합니다. 티토는 이 사건을 겪었던 경험을 말합니다. 그러면서 그 안에 깊이 뿌리박힌 정체성 정치에 문제를 제기하고, 다른 마주침을 강조합니다. 완전히 생태학적이고 비인간-중심적인 것이죠 — 그는 의사 진료실에 들어간 경험을 말하고, 거기서 마술처럼 빛이 거울에 반사되고, 거울은 다시 벽으로 반사된 모습을 회상합니다. 그는 커튼이 빛과 상호작용하는 모습과 문이 그것을 반사하는 모습, 그리고 이 모든 것이 방 전체와 그의 관계 그리고 그와 방 전체의 관계에 정동을 촉발했던 모습에 대해 말합니다. 그리고 의사가 그에게 책상에 있는 장난감들을 가지고 놀겠냐고 물어보았다고 그는 말합니다 — 하지만 장난감들은 빛의 움직임만큼 재미있지 않아서, 장난감을 가지고 놀지 않겠다고 결정합니다. 아니 어쩌면 그는 의사의 요청이나 방 안에 있는 다른 것들에 대꾸도 하지 않았을 겁니다. 왜 그랬을까요? 빛의 움직임이 훨씬 더 흥미로웠던 거죠. 면담이 끝나고 의사는 그의 어머니에게 티토가 자폐증이라고 말합니다. 티토는 자신이 불구라고 생각하지 않았습니다 — 그가 벌여 왔던 이 놀라운 지각 게임을 불구로 만드는 것이 무엇일까요? — 오히려 말-없이 움직이는 모든 것들 — 커튼, 환풍기 — 이 자신과 마찬가지로 자폐증이라고 생각했습니다. 이 얼마나 굉장한 동무들입니까!

티토가 이 이야기를 통해 말하고자 하는 것은 여기서는 소통이 결여되어 있지 않다는 것입니다. 공감 역시 결여되어 있지 않습니다 — 오히려 과잉-관계성 같은 것이 있습니다. 인간적인 초점에 안주하지 않는 겁니다. 그는 강조합니다. 진료실 안에서 그는 북받쳐 오르는 종분화의 방-빛-운동의 아주 중요한 일부였다는 것입니다. 그리고 이 종분화는 우발적 관계의 장과 상당 부분 꼬여 있었다는 것입니다. 그 안에서 그의 능동성은 강렬해지는 것입니다. 여기서 시사하는바 : 우리들, '신경전형인들'neurotypicals은 인간-인간의 소통 양태들에 집착하느라고 종종 이런 우발적인 생태를 간과한다는 것입니다.[18] 여기에 더해서, 우리는 정체성 정치와 공감을 같은 수준에 놓고 소통이 인간-인간의 상호작용에 국한되는 것으로 가정합니다. 그런 식으로 우리는 전적으로 경험적인 것의 힘을 부정하고 우리 가운데 존재하는 무궁무진한 종분화를 일축해 버립니다.

마수미 여러 가지 면에서 이것은 제가 해오는 작업과 연관이 있습니다. 에린이 방금 말했던 것은, 두 가지 유형의 경험을 분리해서, 하나는 정상이고 나머지는 아니라는 식으로 단정하는 것이기보다는, 다양성뿐만 아니라 중첩이 존재하는 경험의 생태학에 가깝습니다. 그녀가 지금 설명했던 자폐증 경험이나 자폐적 지각 양태는 제가 앞서 논의했던 즉접성의 우발적 수준과 많은 부분 상통합니다. 무릎과 땅의 경우 상당히 좋은 예라 하겠습니다. 제

---

18. [옮긴이] 신경전형인은 자폐증에 대립하는 용어로, 감각, 언어, 사회소통 등이 정상적 기능을 수행하는 것으로 간주된 범주를 지칭한다.

가 제시에게 어디가 아프냐고 물었을 때 제시는 땅을 지적했습니다. 어떤 장소를 지적한 것이 아니라 사건을 지적한 것이죠. 그 나이 때에 아이들은 아직은 고통을 관례적으로 정위할 줄 모릅니다. 느낌이 사건으로부터 분리되듯이 말이죠. 사건에는 요인들이 있습니다. 나중에 가서 우리는 그것들에 대해 '저 밖에'라든가 '이 안에'와 같이 위치를 지정하게 됩니다. 따라서 우발적 수준의 즉접성에서, 그 통증은 그 차이 전체에 걸쳐 가로지릅니다. 그 수준에서는 그 의미 또한 완전히 규정되지 않습니다. 어떤 아이도 그 차이를 무시할 수 없습니다. 그래서 그것은 즉시 중요한 의미로 다가옵니다. 하지만 얼마나 많이? 어떤 종류로? 울어야 할 정도의 상처인가? 그 통증을 울음으로 터트리기 전에 아이는 종종 부모를 보며 신호를 기다립니다. 우리에게 통증은 그 사건을 수용 가능한 방식으로 해부하는 방법에 대한 학습의 산물입니다. 그렇다고 해서 그것이 상관적이거나 초개체적인 지속을 완전히 상실하는 것은 아닙니다. 각각의 통증 사건은 어린이 말했던 간극 속으로 되돌아갑니다 — x는 y와 마주칩니다. 아직은 결정되지 않은 부글거림 안에 있습니다. 다음에 x와 y는 그 만남으로부터 나와서, 언제나 어느 정도는 잡을 수 있는 상태로 되어갑니다. 이것은 제가 앞서 설명했던 관계의 장 속으로의 대비태세에 대한 또 다른 사례가 될 것입니다.

사고accidents는 또 다른 예입니다. 사고가 일어나면 시간이 느리게 가고 놀랍게도 우리는 함께 일어났던 모든 것들에 대한 생생한 감각을 즉시 가집니다 — 공기 중에 부유하는 빛의 반사, 떠다니는 유리 파편들, 마치 신시사이저 음악처럼 끼익 소리를 내며 내지르는 타이어 소리, 세부들은 무한합니다. 자폐아들이 명명하는 '덩어리'로 분리된 객체들, 요소들, 사건 국면들의 발생은 나중에 가서야 일어납니다. 그리고 그 모두는 알게[학습으로] 됩니다. 거기에는 테크닉들이 존재합니다. 예상치 못했던 사건은 모든 것을 공중으로 날려버리고, 삶의 모든 면들이 의구심으로 되돌아옵니다. 이것이 바로 충격입니다. 그러나 발터 벤야민이 말했듯이, 이러한 일들은 미세하게 항상 일어나고 있습니다. 주의를 딴 데로 돌린다든가, 심지어 눈을 깜빡이는 등의 단순한 것들이 일종의 미세충격으로, 이로 인해 우리는 초점을 재–설정해야 하고, 잠재적 행위들을 재편해야 하고, 우리의 관계의 장을 갱신하지 않으면 안 됩니다 ― 덩어리를 다시 만드는 겁니다. 우리는 이러한 크고 작은 중단들 속에서 경험을 끊임없이 재–생성합니다. 우리는 간극들의 상관적 거주자입니다. 에린이 자신의 책 『언제나 하나 이상』에서 말했듯이, 우리의 모든 경험은 그녀가 경험의 자폐증적 장 the autistic field이라고 불렀던, 또는 제가 『가상과 사건』에서 관계 장 the relational field이라고 불렀던 것으로부터 새롭게 시작합니다. 그녀가 말하고자 하는 요점은 우리 모두가 연속체 위에 있다는 것, 우리 모두가 스펙트럼 위에 있다는 것, 그러나 자폐증자들이 신경전형인이라고 부르는, 우리들 중 누군가는 너무 습관적으로 덩어리를 만들기 때문에 경험의 상관적 발생을 망각한다는 것입니다.

톰슨 그 점에 대해 말하자면, 아마도 스크린에 나오는 뉴스에서, 그리고 일반적으로 겪는 새로운 미디어 경험에서, 그것이 일상적으로 발생할 때 즉각성이라는 미디어-창출된 정동적 수준으로 되돌아갈 수 있을 겁니다. 정동이 우리 안에 있는 것이 아니라 우리가 정동 안에 있다고 말씀하셨을 때, 들뢰즈의 말이 생각납니다. 그는 우리가 시간 안에 있는 것이지 시간이 우리 안에 있는 것이 아니라고 하지 않았습니까? 우리는 이들 모두를 경험합니다. 둘 다 그 안에 있고, 둘 모두의 각도에서 동시에 경험합니다. 뉴 미디어 경험이 흥미로운 것은 그것이 어떻게든 이 경험으로 되돌아가고, 경험에 프레임을 부여하고, 지속으로서 ─ 또는 비-지속으로서 ─ 그것에 주목하지 않을 수 없게 한다는 것입니다.

마수미 제가 보기에는 미디어 환경에 시간의 생태학 같은 것이 또한 존재한다는 것입니다. 『가디언』지에 썼던 제 기사는 저에게는 하나의 훈련이었습니다. 그런 식으로 시사적인 것을 쓴 적이 없었거든요. 온라인에 올라가자마자 바로 반응이 왔습니다. 학계에서 한 발표는 대체로 일 년 정도가 걸려야 인쇄가 되고, 또 일 년이나 이 년이 지나야 반응이 옵니다. 온라인 저널리즘 글은 대단히 흥미로운 경험이었습니다. 서로 다른 정동적인 색조를 띠고 그와 연관된 관계의 장들을 가지는 기사의 게시를 둘러싸고 서로 교차했던 여러 미디어 타임라인들이 존재합니다. 기사가 나간 후에 순식간에 댓글들의 반응이 있었습니다. 댓글들의 99%가 부정적일 뿐만 아니라 완전히 악의적인 것이었다고 말할 수 있습니다. 몇 번의 언쟁 끝에, 그들은 기사에 대한 반응이 아니라 서로의 화를 돋우는 것이었습니다. 이렇게 조롱과 공격이 눈덩이처럼 불어났습니다. 조롱 조의 분위기가 가라앉기 전까지 이런 상황은 며칠 동안 계속되었습니다. 사려 깊은 토론을 위해 명목상으로 마련된 공개 포럼은 조급하게 쏟아내는 분노 표출의 장이 되었습니다. 타인들의 지각과 견해는 중요하지 않다는 전제에 근거한 정동적 표출 때문입니다 — 진지한 고민, 반성 그리고 근심 어린 생각의 공유를 위한 왕국으로서의 공적 영역이 가지는 장밋빛 이미지와는 상상할 수 없을 만큼 동떨어진 것이죠. 그건 마치 관계의 장 같은 것은 존재하지 않는다거나, 모든 것은 결국 개인의 느낌으로 끝난다거나, 표현이라는 것이 단지 개인의 느낌을 생각 없이 분출하는 것에 지나지 않는다는 전제가 관계의 장에 이식된 것 같은 겁니다. 제 생각엔 공적인 영역은 — 그런 것이 이제껏 존재하는 한, 저는 그랬다는 확신은 들지 않지만 — 모든 지역에서 점점 그렇게 되어가고 있습니다. 2008년 대선 기간 열렸던 '공청회'the town halls가 이와 유사한 풍조였습니다. 그러나 당시에, 『가디언』지 기사와 아울러 장시간-지속하는 타임라인들이 존재했습니다. 다른 방식으로요. 이들은 페이스북 링크나 트윗의 형태를 취했습니다. 그것은 공유에 입각한 관계 장이라는 전제를 가지고, 그리고 잠재적 이해관계라는 정동적인 색채를 띠고 운영되었습니다. 트윗들은 2주일이라는 미리 정해진 유통기간이 지나자 사라져버렸습니다. 페이스북 링크들은 검색 엔진에 자리를 잡기 때문에, 이벤트의 침전물처럼, 영원히 머무를 수가 있습니다. 당시엔 뉴스 수집기들이 있었습니다. 이것들은 기사들을 자동으로 사방으로 내보내고, 다른 사이트 내에 그 기사들을 삽입합니다. 기본적으로 무작위입니다. 어디까지 갈지 또는 자신이 착륙한 곳에서 얼마나 머물지에 대한 특별한 제한 없이, 인터넷 콘텐츠 공급자들의 경제에 체질화된 방식으로 쌍끌이로 훑고 포획하고 도용하는 풍조들이 일어났습니다. 그렇다면 [제가 쓴] 이 작은 기사가 행한 미디어 이벤트는 무엇이었을까요? 그 관계 장은 무엇이었을까요? 바로 그 모든 타임라인들이었습니다. 그들은 서로 다른 확산 양태와 미분적 조율을 가지고, 참여의 서로 다른 풍조들을 구현했습니다. 인터넷에서의 그러한 사소한 기여조차도, 그 추이들을 관찰하고, 그것이 무슨 작용을 하고 있는지를 파악하려는 저의 개인적인 능력을 훨씬 능가합니다. 왜냐하면 그것이 지금 너무도 벌어져 있고 퍼져 있기 때문입니다. 그것은 개인적인 시간을 투자해서 만든 산물에 대한 그리고 그것이 투여된 만큼, 그리고 같은 수준의 인간적 차원에서, 거머쥘 수 있는 결과를 산출하리라는 욕망의 산물에 대한 통제력을 순간 잃는 것 같은 기묘한 느낌이었습니다. 저는 그 작은 사건 속에 있었고, 그 벌어진 상황 안에 있었고, 사방으로 당겨지고 있었습니다. 저는 정말로 그것을 제가 겪고 있는 경험으로 느끼지 않았습니다. 저는 그 자체의 생명과 그 자체로 하나의 시간 – 또는 다수의 시간 – 을 가진 경험에 의해 끌려다니며 사등분된 것 같았습니다. 저는 단지 그것을 위한 시동 판에 불과했던 거죠.

매닝 저 역시 주목하고 싶은 것은 그 기사에서 당신도 세계의 미디어 반응과 관련해서 시간에 대해 말을 했다는 사실입니다. 후쿠시마는 회전시간[미디어가 특정 이슈에 주목하는 기간]이 있었습니다. 대략 2주라는 기대수명[노출]이죠. 그런 다음 리비아로 갔죠. 저는 미디어 그 자체의 시간과 관련해서 매우 흥미롭다고 생각했습니다. 그리고 어떤 사건에 대해 시선 집중이 얼마나 오랫동안 머무는지를 보면 실제로는 아주 제한적입니다. 말씀하셨듯이, 거기에는 기사들을 끊임없이 확산하는 바이러스 수준의 뭔가가 있습니다. 가끔씩 페이스북에서 발견하게 되는데요, 옛날 기사들을 공유하면서 그것들이 얼마나 오래된 것인지 모르고 있다는 것입니다 ― 이런 일은 최근에 캐나다 선거에서도 종종 일어났습니다. 사람들은 스티븐 하퍼Stephen Harper 수상에 대한 비디오를 포스팅하면서 이것들이 이미 수년 전에 나왔던 것을 모르고 있었습니다.

마수미 저는 이 새로운 미디어 생태계를 '흡사-공공' 영역이라고 부릅니다. 제 말은 사적인 메시지와 공적인 메시지 간에 릴레이와 중복이 있어서 그 둘 간의 경계들을 흐린다는 것입니다. 페이스북의 예를 들어보면, 나는 내 친구들의 친구들과 친구가 됩니다. 그들도 나의 친구들과 친구가 됩니다. 그런 다음 초면의 사람들과 '개인적인' 소식들을 공유합니다. 표현 양식은 여전히 '개인적'입니다. 그러나 그 전제는 일정 정도 공공성을 띱니다. 방송에 비해 제한적이지만 딱히 친밀하다거나 개인적인 것은 아닙니다. 어찌 되었든 이전 세대들이었다면 그 말을 이해했을 겁니다. 저는 이것이 놀랍습니다. 왜냐하면 공적인 것과 사적인 것의 경계를 이렇게 흐리는 것이 단지 그것들에 대한 부정은 아니기 때문입니다. 이것은 완전히 새로운 관계 장입니다. 거기서 표현 행위는 이미 그 흡사-공공성에 의해 알려지고 정형화됩니다. 그래서 타인들의 존재가 안에 표시됩니다. 이것은 들뢰즈와 가따리가 '언술의 집단적 아쌍블라주'collective assemblage of enunciation라고 불렀던 것으로 구체화되어 가는 표현의 한 예입니다. 우리가 스스로를 소셜 미디어를 통해 생산하는 한에서 — 영화 제작자들이 하는 것을 우리가 언급할 때와 상당히 같은 의미로 — 우리는 '개인적인' 것이라는 조잡하고 엉성한 외피에 싸여 상당히 구체적으로 집단적인 개별화에 참여하고 있는 겁니다.

톰슨 그것은 새로운 정동정치를 요청하는 상황입니다. 아마도 마르셀 모스Marcel Mauss가 선물의 구조에 대해 말했던 것과 관련해서 생각할 수 있을 것 같습니다. 선물은 다른 사람이나 공동체와의 조율의 방식이지만, 다른 한편 이러한 반복의 가능성을 수반합니다 — 어떤 점에서 항상 선물을 다시 주어야 하거든요. 말하기 쉽진 않지만, 미디어가 실제로 이것을 강화하고 있지 않나 싶습니다. 어떻게 보면 선물은 점점 커집니다. 그렇지만 또 어떤 측면에서 보면 해로워지기도 합니다. 따라서 생태-생물학적 다이어그램화라는 아이디어로 되돌아보면, 정동과 관련해서, 뭔가 여기서 해야 할 것이 있는 것 같습니다. 뭔가 가치 생산과 관련이 있는 것 말이죠. 모두가 아주 잘 알고 있듯이, 보통 선물 경제에서 선물은 하나의 나눔입니다. 그런데 어쩐 일인지 지금은 그것을 잃어가고 있거나 불분명해졌습니다. 그 나눔이 언제 중단되는지 또는 언제 시작하는지 알 길이 없습니다.

닝 그렇습니다. 선물은 점점 중요해졌습니다. 그래서 가장 최근에 우리 〈감각실험실〉에서 구성한 '불가능의 생성'(2011)은 포트래치의 원래 개념을 가지고 있습니다.[19] 제가 보기에 원주민들은 포트래치를 실행하면서 뭔가 흥미로운 것을 알지 않았나 싶습니다. 말하자면 선물이 시간을 창조하는 방식에 대해서 말이죠. 선물은 시간의 선물입니다. 이 말은 데리다[Jacques Derrida]의 선물에 관한 글을 어느 정도 참고한 것입니다 — .

톰슨 파르마콘, 말하자면 독이면서 동시에 치료제를 말씀하시는 거죠?

매닝 연관이 있습니다. 하지만 제가 염두에 둔 것은 데리다의 책 『주어진 시간』과 마르셀 모스에 관한 그의 작업이었습니다.[20] 원래 문맥에서, 포트래치는, 선물의 이벤트라 할 수 있는데요, 전쟁을 하지 않기 위해 조율하는 과정에서 발생한 것입니다. 부족들이 함께하는 겁니다. 포트래치는 전쟁-기계의 동요를 다른 쪽으로 전환시키는 의식 행위입니다. 여기서 그 다른 쪽이란 대상물 자체를 말하는 것이 아닙니다. 물질적 조건만을 말하는 것도 아

---

19. 이벤트 'Generating the Impossible'과 그 일부로 기획되었던 〈감각실험실〉 이벤트 시리즈 'Technologies of Lived abstraction'에 대한 자세한 논의는 Erin Manning and Brian Massumi, *Thought in the Act: Passages in the Ecology of Experience* (Minneapolis: University of Minnesota Press, 2014), part 2, pp. 83~151을 참고하라.

20. Jacques Derrida, *Given Time*, trans. Peggy Kamuf (Chicago University of Chicago Press, 1994).

납니다. 그것은 장의 전환입니다. 그리고 포트래치의 경우 장의 전환은 주는 행위를 통해서 뿐만 아니라, 그 선물의 파괴를 통해서도 일어납니다. 그것은 그 자체로 실제적인 것에 관한 문제입니다. 〈감각실험실〉 차원에서, 시간의 선물 – 주어진 것, 파괴된 것, 그 파괴로부터 남은 것 – 이라는 생각은 집단적 실천을 위한 전략의 관점에서 우리의 생각에 중심을 차지합니다. 우리는 그 이벤트가 시간 유예 – 탐색을 위한 시간 유예, 실패를 위한 시간 유예 – 를 위해 벌이는 자신의 힘으로의 이러한 개방을 전면에 내세울 수 있도록 하는 테크닉들을 끊임없이 찾고 있습니다. 실패는 – 포트래치에서 선물의 파괴와 마찬가지로 – 매우 중요합니다. 왜냐하면 실패는 사건을 알 수 없는 것 쪽으로 해방시켜서, 사건을 통해 목전에 있는 조건들의 재조율을 초래하기 때문입니다.

'불가능의 생성' 이벤트의 경우, 우리가 생각했던 포트래치 테크닉의 한 유형이 '자유기'free radical였습니다. 우리가 처음에 간극들의 발생자로 정의했던 – 호주 예술가 폴 가졸라Paul Gazzola의 도움으로 – 것입니다.[21] 어떤 의미에서 자유기는 사건 어디에서나 활성화되고 있을 겁니다. 그러나 이 경우, 그것은 또한 폴 가졸라라는 특이한 개체의 형태로 나타날 것이고, 우리는 이 테크닉이 생산할

---

21. [옮긴이] 자유기란 활성 산소를 지칭한다. 이것은 원자가의 수만큼 화학 결합(2개의 전자쌍)을 이루지 못한 활성 전자를 가지기 때문에 전반적으로 불안정하고 수명이 대단히 짧다. 또한 반응성이 매우 커서 파괴적이며, 산소를 호흡하는 생명체의 수명 단축의 요인이 되기도 한다. '활성화'와 '파괴'라는 이 양가적 특징을 고려하여 저자는 앞서 언급했던 유보 없는 증여 또는 포기로서의 일반경제(general economy)를 실천하는 포트래치(포기) 테크닉의 한 유형이라고 지적하고 있는 것이다.

지도 모르는 것으로 실험을 할 겁니다. 우리에게 이 테크닉은 선물 그 자체가 하나의 자유기 — 장 안으로 들어가는 것들에 의해 장이 유지되면서도 불안정한, 완결되면서 동시에 비완결된 조율의 양상을 활성화하는 것 — 라는 생각에서 유래합니다. 생물학에서 자유기는 물질대사 작용에 필요한, 그러나 조직을 파괴할 수도 있는 분자를 말합니다 — 그래서 일종의 파르마콘류^類입니다.[22] 자유기의 임무는 정동적 조율의 발생적 집단성들의 결정화를 돕는 것이었습니다. 하지만 그것들이 지나치게 조화롭게 되거나 내-그룹들로 안착되기 시작하면 그것들을 또한 파열시키기도 합니다. 일종의 요물 같은 존재입니다. 결국, 제 생각에 그것은 사건에 개입하고 따르는 아주 흥미로운 방식이 되었다는 것입니다. 자유기의 힘은 변화하는 사건-장 어디에서나 그것을 활성화할 수 있는 우리의 집단적 능력에 기반을 두었다는 사실을 우리는 집단적으로 결국 알게 되었습니다. 하지만 우리는 그것이 먼저 구현되도록 하는 것이 필요했습니다. 그래야 그것을 잊어버리지 않을 테니까요. 이것은 집단적 개별화의 잠재태에 대한 생각으로 하여금 경험의 생태들을 생산하여 그것을 즉시 유지하고 그것을 잠재로 재개방하도록 하는 테크닉이 되었습니다. 강조해야 할 것이 있는데요, 우리의 이벤트들은 '다 된다'식의 감성에서 나온 것은 결코 아니라는 것입니다. 그것들은 구조화된 즉흥성으로 된 실험을 통해 다듬어진 것입니

---

22. [옮긴이] 결국 자유기는 격자 안에 있지만 격자를 빠져나가는 힘에 관한 문제이다. 자유기가 내포하고 있는 불안정화는 정동적 조율의 화학적 증거 같은 것이라 할 수 있다.

다. 거기서 우리는 집단적 탐구를 위한 가능한 길들을 활성화할 수 있길 희망했던 것이죠. 따라서 무엇을 하려는 것이냐고 묻는다면, 사건-이벤트로부터 아직 사유되지 않은 또는 형성되지 않은 것으로 향하는 그 힘을 발굴하기라고 말하겠습니다. 실패할 수도 있다는 점은 틀림없습니다 – 그러면 그 실패는 재시작의, 참여의, 가능하다면, 새로운 종류의 이벤트-시간 안에서, 또 다른 길이 됩니다.

제가 보기에 문제는 항상 이것입니다. '여기서 어디로 갈 것인가?' 그리고 어떻게 하면 바로 그 '여기'를 모든 것이 우리로부터, 인간으로부터, 개인적인 것으로부터 시작한다고 생각하지 않고 비틀 수 있을 것인가? 어떻게 하면 발생하는 생태가 다른 정동을 생산할 수 있도록 조율할 것인가? 어떻게 하면 사건-시간이 자신을 표현하는 하나의 방식이 되도록 하는 그러한 조율을 위한 권능화 제약들을 생각할 수 있는가? 우리는 결과들의 조정에 대해 많은 생각을 합니다 – 어떻게 하면 사건이 자기-의식이라는 보상적 마디들로 진입하지 않고 불확실성의 힘을 전달할 것인가? 어떻게 하면 집단적인 것이 이질적인 것들의 질서를 잡기 위한 이미-확립된 체계의 부담 없이 재배열될 수 있을까? 물론 우리는 실패하고 또 실패합니다. 그러나 그럼에도 불구하고 발생하는 것은 강한 집단적 감각이라고 생각합니다. 그리고 그것은 인간 중심에서 종분화의 그것으로, 또는 실천의 생태계로 이슈를 전환하는 데 핵심이 됩니다. 개인에서 사건 반응-능력의 감각으로 전환하는 것. 이러한 접근법에서 책임과 반응 능력의 문제는 결코 사건에 앞서지 않습니다. 이런 관점에서 집단적으로 작업하는 것은 비록 그 사건의 외부가 있긴 했지만, 선의와 너그러움 또는 적응이라는 미리-계획된 위치에 자리 잡지 않도록 요구합니다. 오히려, 그것은 사건-관용을 생각하는 방법들을 개발하도록 강요합니다 ― 거기서는 사건이 바로 그 자체의 잠재적 개방의 조건을 창조합니다. 물론 이런 방식의 운용은 지극히 위험한 것으로 해석될 수 있습니다: 우리는 사건이 무엇을 할 수 있는지 알 수 없습니다. 그것이 그것을 하기 전까지는. 그것이 우리에게 하기 전까지는 말이죠. 사건 자체는 더 큰 생태계 안에서는 하나의 자유기입니다. 그러나 우리는 이것이 받아들일 만한 위험이라고 믿습니다. 받아들이지 않으면 위험할 수 없기 때문이죠. 선물은 증여됩니다. 선물-증여자로서의 사건과 아울러. 그리고 거기서 해결하는 것은 항상 결정되는 것입니다.

마수미 그렇습니다. 그리고 우리가 처음에 그 선물에 대해 그리고 포트래치라는 선물 경제에 대해 생각했을 때 ― 작년에 덴마크에 있을 때 우리가 이야기했었죠. '불가능의 생성' 이벤트 일 년 전이었습니다 ― 우리는 『천 개의 고원』에 있는 구절들에 사로잡혀 있었습니다. 경제가 어떻게 작동하는지, 경제가 어떠한 가치들을 생산하는지에 대한 대안적 개념을 논의하는 대목들이었죠.[23] 들뢰즈와 가타리에 따르면 경제에서 가장 중요한 문제는 관계 장이

23. Gilles Deleuze and Félix Guattari, *A Thousand Plateaus* (Minneapolis : University of Minnesota Press, 1987), pp. 437~40. [질 들뢰즈·펠릭스 가타리, 『천 개의 고원 ― 자본주의와 분열증 2』, 김재인 옮김, 새물결, 2001.]

라는 것입니다. 경제를 지속시키는 것은 그 구조 – 개체들에게 부여된 신분이나 사회 역할과 같은 미리-확립된 질서 – 가 아닙니다. 그들에 따르면 가장 중요한 것은 그 장의 한계와 문턱이 펼쳐지는 방식에 있습니다. 들뢰즈와 가따리는 한계의 개념을 관계 장을 조직화하는 것으로 발전시켰습니다. 이것은 한계효용주의 경제학 marginalist economics에서 그 개념을 빌려 와서 자기들 식으로 변용한 것입니다. 관계의 장은 경제적이고도 정동적인 가치 창조를 위한, 그리고 사건들과 새로움의 생성을 위한 비실제화된 가능태로 가득 차 있다는 점에서 무제한입니다.[24] 그러나 동시에 관계의 장은 한계가 있습니다. 넘어갈 수 없는 특정 지점이 있기 때문이죠.[25] 기존 관계의 장을 넘어 질적으로 다른 관계의 장으로 뒤집히는 문턱들이 존재한다는 것입니다. 들뢰즈와 가따리는 부족 사회와 땅을 가는 도끼 생산의 예를 제시합니다. 도끼 생산이 일정한 양을 넘어가면, 그 잉여는 다른 활동 – 가령, 싸움 – 으로 흡수되기 쉽습니다. 이것은 제한적이던 의례적인 전투에서 새로운 형태의 전쟁 조직화로 변하게 할 수도 있습니다. 이것은 다시 새로운 형태의 무산계급을 중심으로 사회계급의 변화를 초래하게 됩니다. 이런 식으

---

24. [옮긴이] 한계효용주의에서 말하는 '효용'(utility)은 경제적 이익뿐만 아니라 만족감도 포함한다는 점에서 경제적이면서 동시에 정동적이라 할 수 있다. 예컨대, 빵과 다이아몬드 중에 어떤 것을 선택할 것인가에서, 효용성의 추구 자체가 경제적인 것뿐만 아니라 정동적인 조율을 필요로 한다.
25. [옮긴이] 가령 빵의 가격이 1천 원이고 빵을 먹을 때 얻는 만족감이 1천5백 원이라면 효용성은 크지만, 두 번째 빵을 먹을 때 만족감이 구백 원이면 한계효용에 이르게 된다. 이럴 경우 우리는 빵을 선택하지 않게 된다.

로 사회 전체의 성격이 변할 것입니다. 따라서 질적인 임계점과 일치하는 양적인 문턱이 존재합니다. 질적인 측면은 정말로 중요합니다. 통상적인 범위 내에서의 양적인 축적은 거의 같습니다. 그들의 요지는 이렇습니다. 경제의 양적인 측면은, 경제학의 전부라고 우리가 생각하는 경향이 있지만, 질적인 질서에 의해 이중화된다는 것입니다. 그리고 그곳이 바로 실질적인, 과정상의 차이들이 존재하는 곳입니다. 하나의 문턱을 넘어 새로운 장으로 가로지르면, 모든 것이 재정비되고, 삶에서의 가치가 변하고, 삶은 재평가됩니다.

근본적으로 경제란 삶-가치의 질적 경제이며, 양적 측면은 그 지표에 불과합니다. 들뢰즈와 가따리는 주어진 장의 한계가 어디까지인지에 대해 직관에 근거한 집단적 이해가 존재한다고 말합니다. 한계를 초과하지 않고, 새로운 장으로 넘어지지 않는 것은, 사람들이 그 자체로 얼마나 많이 가졌기 때문이 아니라, 그 관계의 장이 제공해 줄 수 있는 삶-가치, 삶의 질 때문에, 지금 있는 관계의 장 안에 머무르고자 하는 사람들의 집단적, 정동적 투자, 차별적 조율을 보여 주는 하나의 징표입니다. 물론 이것은 합의가 아닙니다. 이것은 대립하는 세력을 포함하는 고도로 복잡한 역동이 될 수 있습니다. 사실, 관계의 장이 복잡할수록 그 한계와 문턱은 더 치열합니다. 새로운 장으로 움직이지도 않고, 뒤엎기를 가능하게 하거나 초래하지도 않는 것[사람들의 행태]를 언급하는 들뢰즈와 가따리의 근본적인 요지는 순전히 질적인, 전적으로 관계적인 가치와 관련이 있어야 하는 정동적 가치 평가를 수반하는 집단적 결정입니다. 그 가치평가가 온전히 의식적이거나, 반드시 반성적 판단을 가능케 하는 것은 아닙니다. 실제로, 반드시 그럴 필요가 없는 것은 분명합니다. 관계 장 안에서의 운동이 본질적으로 개체와 그 개체의 실제성을 어떻게 초과하는지에 대해 우리가 인터뷰하면서 내내 유지해 왔던 관점 때문입니다. 이런 이유 때문에 정동정치는 반드시 필요하고, 직접적으로 집단적이어야 합니다. 문제는 비의식적인 역동에 호소할 능력이 있는, 즉접성의 정동적 수준에서 일어나는 정동정치를 어떻게 실천하는가, 그리고 강압적이되지 않고 어떻게 그것을 할 것인가입니다. 이러한 문제에 대한 대답이 바로 〈감각실험실〉에서 우리가 탐구했던 관계, 선물, 비틀기와 조정, 연회, 절차 제안processual proposition, 유혹lure의 테크닉 같은 개념들입니다. 그리고 우리는 이것을 반-자본주의 투쟁이라는 보다 넓은 관점에서 했습니다. 한계에 관한 한계효용론의 논리는, 들뢰즈와 가따리가 재개념화했던 것처럼, 부족사회 경제뿐만 아니라 자본주의 경제에도 상당 부분 적용할 수 있습니다. 예를 들어, 불완전 고용과 착취에 대한 효과적인 대처, 또는 끊임없는 성장이라는 생태학적 재난에 가까운 자본주의적 명령에 대한 대처, 또는 불평등을 증가시키고, 더 다루기 힘들어지는 자본주의 경제 내부의 선천적 경향성에 대한 진정한 대처는 어쩌면 임계 상태 쪽으로 갈지도 모릅니다. 세계의 관계 장을 다른 방향으로 가도록 하는 반-자본주의적 정동정치는 어떤 모습일까요? 제가 말할 수 있는 것은 그러한 정치를 즉흥적으로 구사하기 위해서는 우리가 속해 있는 장의 질적-관계의 작동을 진지하게 받아들여야 하고, 그 안으로의 우리의 침잠을 수용해야 하고, 우리 스스로가 그 장에 내재적으로 작동하고 있다고 생각해야 하고, 그것을 안으로부터 그 구성적 한계들 중의 하나 쪽으로 그리고 임계점을 넘어 움직이게 해야 합니다.

프리치 '불가능의 생성' 이벤트를 위해 우리가 했던 예비적 읽기에서, 그리고 이번 여름 이벤트의 전체 기조에서는, 생명의 개념과 존재로의 이동에 대한, 그리고 가따리가 말했던 새로운 존재양태에 대한 중점적인 관심이 있었습니다. 들뢰즈의 경우, 그의 스피노자에 대한 책에서 볼 수 있듯이, 그것은 그 자체 목적으로서의 삶의 다른 양태들의 생성에 관한 문제입니다. 에린, 당신은 '살아있는-삶'에 대해 말했었죠 ···.

매닝 네, 인간적인 삶을 넘어서 유기적-비유기적 생태 또는 종분화의 생명으로 뻗어가는 삶의 힘이었습니다 ─ 삶을 다른 방식으로 상상하는 것이죠. 저는 이따금 들뢰즈의 마지막 논문 「내재성 : 삶」Immanence : A Life을 통해 이 문제에 접근합니다.[26] 제가 보기에 이 논문은 '지금 이 삶'의 차원이 아니라 전혀 다르게 상상되는 어떤a life [27] '삶'을 위한 하나의 과제로서, 비유기적인 것과 유기적인

---

26. Gilles Deleuze, 'Immanence : A Life', in *Two Regimes of Madness : Texts and Interviews 1975-1995*, ed. David Lapoujade, trans. Ames Hodges and Mike Taormina (New York : Semiotext(e), 2007), pp. 388~93 [질 들뢰즈, 「내재성 : 하나의 삶」, 조정환 옮김, 『자율평론』 16호, 자율평론편집위원회, http://waam.net/xe/autonomous_review/91281.]
27. [옮긴이] 마수미가 부정관사 'a'를 강조한 것은 개체로 특정할 수 없는 잠재성 또는

것, 인간적인 것과 비인간적인 것을 끊임없이 중첩시키고, 그러는 가운데 경험을 형성하는 실천의 생태학으로서의 삶을 위한 하나의 과제로서 삶을–살기에 대해 생각할 수 있는 심오한 수단을 제공해 줍니다.

마수미 가치와 삶, 그리고 경험의 관계적 강렬도의 긍정에 대해 우리가 이야기하면, 그것이 좋은 느낌, 좋은 분위기를 축복하는 것으로 종종 잘못 이해되곤 했습니다. 그러나 그런 것에 관한 것이 아닙니다. 현재에 넘쳐흐르는 관계의 잠재태들을 재조정하고 싶다면, 그 순간을 어느 정도는 팽창시켜야 합니다. '뭉뚱그리기'를 중지해야 하고, 실행적 전제들에 대한 결정화를 중지해야 하고, 가장 준비된 것으로 그리고 접근 가능한 행위 노선으로 급하게 발진하는 것을 중지해야 합니다. 이것은 어느 정도의 방향감 상실을 수반합니다. 그리고 고통스러울 수 있습니다. 그렇긴 하지만, 그것은 여전히 기쁨의 일종입니다. 강렬하고, 활력적이기 때문

특이성(singularity)을 염두에 둔 표기로 보인다. 여기에서 'a'는 현실태와 잠재태가 하나의 면에서 공존하는 내재성의 차원을 의미하기 때문에, 'a life'를 '하나의 삶'으로 번역할 경우 '하나'가 수를 지칭하는 듯한 인상이 들어 조심스럽다. 이 책에서는 말의 뉘앙스에 따라 '어떤 삶', '하나의 삶' 등의 용어들을 사용하긴 했지만, 수를 나타내는 '하나'가 아님을 밝힌다.

그리고 'life' 역시 '생명', '삶', '생' 등의 용어들로 번역이 가능하다. 사실 '생명'이나 '삶'은 다소 제한적인 느낌이 드는 단어들이다. '생명'은 죽음과 연관되어 목숨의 뉘앙스가 있고, '삶' 역시 개인의 삶이라는 뉘앙스가 있어 조심스럽다. 더욱이 '삶'은 '살다'의 명사형이기 때문에, 이 책의 베르그송주의적 취지와는 다소 맞지 않을 수 있다. 저 용어들을 모두 포함하는 비교적 적절한 단어는 '생'이라 할 수 있는데, 어떤 문맥에서는 이 단어 또한 어색한 경우가 있다. 그래서 흔히 사용되는 '삶'으로 옮겼다. 그러나 그 뜻은 우리가 흔히 말하는 '개체가 살아간다'는 의미가 아니라는 점을 밝힌다.

이죠.『언제나 하나 이상』에서 에린은 진행되고 있는 이러한 상관적 조정의 긴장의 강렬도를 '열의'enthusiasm라고 불렀습니다. 그것은 관계 장에 속하는 활력의 느낌입니다. 그것은 개체들이, 그 자체 내에서 잠재적으로 느껴지도록 운동을 고무하는 — 에린이 말하는 '사전가속화'preacceleration — 미분적 조율 안에서, 그 장에 대비 태세를 갖춘 한에서만 개인들에 속합니다. 이것은 우리가 긍정적인 정서로 생각하는 것으로만 국한된 것이 아닙니다. 그것은 운동의 강렬도에의, 그리고 과정에의 주의에 더 가깝습니다. 레이몽드 뤼에Raymond Ruyer는 이것을 '몸체의 열의'라고 부르고 유희와 연관 지었습니다. 우리의 존재 전체는 그 안에, 몸체와 사유 안에, 함께 운동을 향해 있습니다.『가상과 사건』에서 저는 이것을 '활력 정동'vitality affect이라는 용어로 썼습니다. 이 용어는 다니엘 스턴으로부터 가져온 것입니다.(이것은 또 '정동적 조율'이라는 용어의 출처이기도 합니다). 그리고 저는 이것을 관계적 내-태세라고 부르는데, 이것은 '맨 활성'bare activity과 일치합니다. 에린이 말하듯이 이들 모두 '어떤' 삶이라는 개념을 통해 진행되는 작업 방식들입니다.

매닝 자유기는 '어떤' 삶 또는 시몽동이 말한 '전개체'preindividual라는 개념과 연계해서 생각해 볼 수 있을지도 모르겠습니다. 전개체는 개별화의 과정에 앞서 존재하는 어떤 것을 내포하지 않습니다. 그것은 오히려 그 과정에서 동반되는 하나의 지분으로, 이렇게 말할 수 있을지 모르겠지만, 경험 이상의 것을 건드릴 수 있는 가상적 기여입니다. 우리가 궁금했던 것은 과연 자유기가 경험

이상의 그 지분, 즉 캡슐로 봉합하기는 매우 어렵지만 새로운 사유와 협력 형식들의 발전에 있어 중심적이라 할 수 있는 그 지분을 마찬가지로 느끼게 해 줄 수 있는가였습니다. 삶을-살기는 '지금 이' 삶과 일치하는 이 지분을 분명히 표현하는, 그러나 그 또한 사전가속화로 삶의 과정을 포함하기 때문에, 그것으로 환원하지는 않는 하나의 방식입니다. 삶을-살기란 우리를 창조하는 과정의 잠재적 힘입니다.

톰슨 그러나 선생님께서는 이벤트에서 실제로 그것을 경험할 수 있었지요.

매닝 네, 그렇게 생각합니다. 혹시 아리 폴만Ari Folman의 영화 〈바시르와 왈츠를〉Waltz with Bashir(2008)을 보셨나요? 제가 『언제나 하나 이상』에서 언급했던 영화입니다. 제가 여기서 생각하는 것은 느껴질 수는 있지만 그 자체로 현실화되지 않는 경험의 이 잠재적 지분의 관점에서입니다. 〈바시르와 왈츠를〉에 대해 쓸 때, 저는 그 영화가 이스라엘과 그 밖의 다른 지역의 좌파 학계에서 안 좋게 받아들여지고 있었다는 것을 알았습니다. 그들은 그 영화가 이스라엘 경험을 또다시 중심에 놓고 있다고 비판했습니다. 이스라엘인의 고통이 전부라는 듯이 말이죠. 저는 다르게 읽었는데요, 제가 생각했던 대로 삶이 그려진 방식에 초점을 두었습니다. 특히 전개체의 양상에 대해서요. 문제는 어떻게 삶이 지속할 수 있는가, 또는 사브라Sabra와 샤틸라Shatila 학살과 같은 공포 이후의 삶이란 어떤 형태인가입니다.[28] 이에 대한 한 가지 대답은 모든 것을 휴머니즘의 관점에 놓는 것입니다. 이것은 레비나스가 했던 방식이라고 생각합니다. 학살이 있은 후 그는 바로 이스라엘로 가서 선언합니다. 이웃을 마주 볼 수 없을 때가 있다고요. 이따금씩 그야말로 적들이 존재한다고요. 휴머니즘의 윤리는 결정적인 순간이 되면 자아와 타자, 친구와 적 ─ 정체성 정치 ─ 이라는 가장 단순한 구별로 후퇴하는 경향이 있다고 생각합니다. 심지어 그 목표가 아주 복잡할 때도 그렇습니다. 분명히 레비나스가 이에 속합니다. 제 생각엔, 〈바시르와 왈츠를〉은 우리를 다른 곳으로, 휴머니즘의 정체성 정치에서 떠나 다른 종류의 정치로, 완전히 다른 ─ 직접 마주침이라는 바로 그 구심점 개념을 괴롭히는 것[정치] ─ 으로 데려가, 타인의 얼굴에 나타난 공포가 재인지의 정치a politics of recognition에 의해 전제된 '정위'positioning라는 바로 그 개념을 불안정하게 하는 정동적 전환으로 우리를 어떻게 내던지는가를 우리에게 묻습니다. 〈바시르와 왈츠를〉이 이룬 ─ 내러티브만큼이나 혹은 그 이상으로 이미지의 운동을 통해, 색과 소리의 강렬도를 통해 이룬 ─ 강력한 힘은 아직-생각할 수-없는 (또는 아직-직면할 수-없는) 것에 대한 새로운 방식의 참여를 일깨웠다는 것입니다. 그중 하나는 인간의 얼굴로부터 정동을 계속해서 떼어내는 것입니다 ─ 인간의 얼굴이

---

28. [옮긴이] 〈바시르와 왈츠를〉은 감독(주인공)이 이스라엘군으로 활동하면서 얻은 경험과 기억을 토대로 만든 다큐멘터리 애니메이션 영화인데, 1982년에 이스라엘 정부와 레바논 기독교 당이 레바논의 수도 베이루트의 팔레스타인 난민촌 사람들 3천여 명을 학살한 사건을 다루고 있다.

무표정으로 동일하게 쇼트에서 쇼트로 이동합니다.[29] 이 영화에서는 또 다른 종류의 정동정치, 브라이언이 말하는, 맨 활성 같은 것이 살아있습니다. 여기서 제가 중요하다고 보는 것은, 인간주의를 넘어서, 항상 미리 결정된 것이라고 느껴 왔던 범주들에 문제를 제기하는 생명의 개념으로 이행하는 복잡한 정치를 생각하는 방법들을 우리가 찾는다는 것입니다. 아마도 이것은 공존이라는 보다 복잡한 개념으로 나아갑니다.

제가 〈바시르와 왈츠를〉을 통해 제시하는 바는 레니 리펜슈탈의 영화에 대해 제 책 『관계경』에서 접근했던 방식과 유사합니다.[30] 제 생각에 우리는 서사구조를 넘어서 작동하고 있는 복잡한 양식들을 통해 알 수가 있습니다. 이것은 심지어 리펜슈탈의 경우에도 해당합니다. 그녀가 명시적으로 표방했던 정치는 끔찍한 것이었지만 말이죠.[31] 폴만과 마찬가지로, 리펜슈탈의 영화에서는 '바이오그램들' – 형성되는 몸체들의 힘 – 을 볼 수 있습니다. 저는

---

29. [옮긴이] 저자가 어떤 장면들을 지칭하면서 이런 말을 하는지는 알 수 없지만, 이 영화에서는 팔레스타인 사람들의 학살과 전쟁이라는 참을 수 없는 끔찍한 광경들과 관련된 다양한 얼굴들이 등장한다. 눈앞의 광경에 어쩔 줄 모르는 주인공 청년의 무표정한 얼굴, 학살당한 팔레스타인 사람들의 다양한 얼굴 클로즈업, 마지막에 파괴된 마을로 쏟아져 나오는 팔레스타인 여인들의 울부짖는 얼굴들 등이 그것이다. 이러한 얼굴들로부터 발생하는 정동은 정치적 이데올로기나 정체성에 기반을 둔 감정을 넘어서, 벌어지고 있는 사건에 대한 근원적이고도 직접적인 실상의 느낌을 준다.

30. Erin Manning, *Relationscapes : Movement, Art, Philosophy* (Cambridge, MA : MIT Press, 2009).

31. [옮긴이] 레니 리펜슈탈은 〈의지의 승리〉(Triumph Des Willens), 〈올림피아〉(Olympia) 등으로 유명한 독일의 다큐멘터리 감독이다. 그녀는 탁월한 재능에도 불구하고 히틀러에 동조하여 나치를 선전하는 영화를 제작하여 많은 비난을 받았으며 논란의 대상이었다.

그것을 '몸체화'bodyings라고 부릅니다. 바이오그램들 자체는 외재적으로 할당된 가치로 변형되지 않습니다. 그들의 가치는 그 작동에 내재적입니다. 몸체화가 어떻게 전파되는지 느껴지게 하는 것은 그들의 힘입니다. 이 두 영화감독의 경우, 몸체화는 항상 종분화입니다. 우리가 앞서 이야기했던 의미 — 정체성의 구조보다는 생성을 추진하는 표현의 생태학 — 에서 말입니다. 리펜슈탈의 예에서, 제가 주장했던 것은 그녀의 영화에서의 바이오그램은 히틀러주의와 관련된 모든 작품들에 비해 더욱더 창조적인 방식으로 파시즘을 생성하는 경향 — 어떤 점에서 더 위험한 — 이 있다는 것입니다. 그들은 더 위험합니다. 왜냐하면 푸코식으로 말해, 규율이 훨씬 덜하기 때문입니다. 폴만의 예에서는 전혀 다른 종류의 몸체화가 작동합니다. 그 또한 일정 정도 파시즘의 경향(모든 미시정치가 그렇듯이)이 있긴 합니다. 그러나 동시에 그것은 존재하는 인간의 몫의 문제를 전혀 다르게 '직면'하는 방식을 제안합니다. 제가 이 두 예로부터 끄집어내려는 것은 정치는 일반화할 수 없다는 것 — 사건은 (영화에서든 집단적 행동에서든) 그 자신의 위험성을, 자신의 한계와 잠재적 분기점을 창조한다는 것입니다. 우리는 끊임없이 이들 위험에 대비하고 그 한계에 맞서야 합니다. 아리 폴만은 친구와 적을 미리-규정하지 않고 그러한 복잡한 관점들로 마주침을 연출하면서 중요한 위험을 감수한다고 저는 느낍니다. 그렇게 함으로써 그는 우리에게 생각할 수 없는 것을 강요합니다. 그리고 항상 그 자신의 한계들을 발명해야 하고, 그것들을 괴롭힐 앞으로의 정치를 빚어내는 과정 속으로 우리를 끌어들입니다.

제 생각에 우리가 저지른 가장 큰 실수는 사건들을 미리-확립된 기준들에 따라 범주로 나누고 분류할 수 있는 것처럼 굴었다는 것입니다. 이것은 단지 지나치게 깔끔할 뿐입니다. 제가 보기에 예술은 형성 중인 사유로의 열린 장을 창조함으로써 경험을 복잡하게 하는 작업을 할 수 있습니다. 모든 열린 장들은 실제로 온갖 방식으로 포획됩니다. 그러나 이 포획은 살아가는-생명의 과정의 흔적을 부정하지는 않습니다.

5장 즉접

에린 매닝과 함께
크리스토프 브루너와의 인터뷰

크리스토프 브루너(이하 브루너)[1] 유럽에서 그리고 특히 독일어권 학계에서, 정동과 관련하여 최근에 많이 쏟아져 나오고 있는 이슈는 정동정치란 무엇인가와 연관이 있습니다. 즉각성immediacy과 관련하여 정동에 대해 생각한다면 특히 그렇습니다. 제가 종종 듣는 비판은 정동-지향적인 접근법이 직접적인 것에 초점을 두면서 역사적 배경에 대해, 그리고 매개하는 지시 체계의 프레임이 어떻게 구성되는지에 대해 고려하지 않는다는 것입니다. 정동 및 직접성과 관련하여 다룰 필요가 있는 경험의 개념을 전후 맥락 속에서 파악하는 것이 중요하다고 저는 생각합니다.

브라이언 마수미(이하 마수미) 즉접immediation은 과거로부터의 결정들이나 미래로의 경향들을 배제하지 않습니다. '즉접'이란 용어는 사건을 실재의 가장 근본적인 단위로 보고 이에 주목하는 하나의 방식입니다.[2] 이것은 실재적인 것은 어떻게든 그 자체로 느껴진다는 것, 그리고 그 자체 느껴지는 것은 무엇이든 하나의 사건으로서 그러하다는 생각에 기반을 둡니다. 그것은 지금 일어나고 있는 사건의 한 요소로서 순간의 직접성으로 어떻게든 진입합니다. 이것이 역설적으로 의미하는바, 과거의 어떤 것이든 이 사건 안에서 문제가 되는 것은 그 자신을 현재화해야 한다는 것입니다.

---

1. 크리스토프 브루너(Christoph Brunner)와의 인터뷰(2013)
2. [옮긴이] 여기서 말하는 즉접은 사건에 직접 대면하여 그 내부로 들어가기의 하나인 방법으로서의 '직관' 혹은 '정동적 접촉'을 그 양태의 관점에서 응용한 개념으로 보인다.

화이트헤드에 따르면, 경험적 사건의 첫 번째 단계는 재-시행re-enaction의 그것입니다. 저는 종종 '재활성화'reactivation라고 부릅니다. 화이트헤드는 분명히 밝힙니다. 현재화의 이 개시 국면은 정동적이라는 것입니다. 그것은 직접적이고, 매개되지 않은 느낌으로도래할 사건이 자신의 잠재태로서 이어받기 위해 과거의 사건들이 세계 속에 남겨 놓은 것입니다. 이것은 아직은 의식적으로 구별할 수 없습니다. 그 사건이 막 시작하고 있고, 무엇이 될지 아직 분류되지 않았기 때문입니다. 단지 느껴질 뿐입니다. 그러나 그 느낌이 잠재적이기 때문에, 이미 일종의 지향적 사고로 해석될 수 있습니다. 이런 식으로 생각해 보면 직접성은 항상 과거와 연관이 있습니다. 그러나 과거가 아직은 그 자체 완전히 실행이 끝나지 않은어떤 주어진 상황의 특이성 속에서 삶으로 되돌아옴에 따라, 그것은 과거와 직접적인, 매개 안 된 관계입니다. 과거를 나타내는 일반적 참조는 존재하지 않습니다. 다가오는 활동 안으로의 과거의특이한 포함이 존재합니다. 실제로 즉접은 반성적이거나 비판적인생각보다 과거를 더 강렬하게 포함합니다. 왜냐하면 그것은 과거의 힘force을 포함하기 때문입니다 — 새로운 부상의 특이성을 대면하는 자신의 추진력의 한 기능으로서, 그것은 잠재적으로 자신을넘어섭니다.[3] 즉접이란 현재 속에서 미래와 꽝 하고 부딪치는 과거

---

3. [옮긴이] 반성이나 비판적 생각은 과거를 현재화하는 방식으로 재현하기 때문에 시간의 직접적 느낌을 상실한다. 반면에 직관으로서의 즉접은 시간을 정동적으로 수용하고, 잠재태로서의 과거 일반을 그 자체로서 느끼기 때문에 그 힘을 포함한다는 것이다.

입니다.

에린 매닝(이하 매닝) 정동은 형성 중인 경험을 설명하는 한 방식입니다. 우리의 글에서 그리고 〈감각실험실〉 작업에서, 브라이언과 저는 자주 정동에 집중합니다. 우발적 경험이 어떻게 원-정치적proto-political으로 구성되는지에 대한 관심 때문입니다. 최근 우리가 즉접을 강조하는 것은 이런 고려 때문입니다. 아시다시피, 〈감각실험실〉에서 우리가 '즉접'이라고 명명한 새로운 프로젝트 단계에 선생님께서도 참여했는데요, 우리가 관심을 두고 있는 것은 생성 중coming to be에 있는 직접적인 간극들 속에서 경험치들the stakes of experience이 어떻게 발생하는가에 주목하는 것입니다. 브라이언이 강조하듯이, 이 생성 중(되어 가기)은 어떤 경우에도 과거일반past-ness의 힘을 배제하지 않습니다. 실제로, 개념으로서의 즉접이 하는 것들 중 하나는 사건에서의 시간, 또는 제가 간혹 사건-시간이라고 부르는 것의 비선형성을 강조하는 것입니다. 사건-시간은 시간의 정동적 힘을 강조합니다. 사건 안에서요. 이 정동적 힘은 과거일반과 미래성 모두에 적재되어 있습니다. 그러나 지금 경험 안에서 특이하게 활동하는 방식으로요.

브루너 최근의 한 인터뷰[이 책의 4장]에서 선생님께서는 하나의 사건 안에서 그리고 미분적 조율 안에서 다수의 몸체들이 가지는 직접적 내-태세를 발생시키는 정동적 장에 대해 말씀하셨습니다. 그 인터뷰에서 선생님께서는 개념이 어떤 것이든 우리가 그것을 사용해서 새로운 우주를 발생시키려 한다면 문젯거리가 된다는 점을 지적하셨습니다.

매닝 특히 흥미로운 것은 관계 장들이 집단성이라고 할 만한 것으로 출현하도록 자극하고 활성화하는 방법입니다. 제가 말하는 것은 인간 집단이 아니라 비인간적인 것과 공동-구성하는 인간을 포함하는 생태 환경입니다. 이것이 제가 말하는 '인간-보다-더한' 것입니다. 그러한 우발적 장들을 설명하려면, 앞서 브라이언이 '다가오는 것의 직접성을 생각하기-느끼기'로서의 즉접 안에 있는 과거일반을 언급하면서 말했던 것에 접근하는 어휘를 필요로 합니다.[4] 화이트헤드는 이것을 비-감각적 지각이라고 불렀습니다. 그러면서 그는 강조하기를 사건이 현행하는 가운데 과거일반들과 어떻게 내재적으로 공동-구성하는지를 말해 주는 감각적 경험 이전의 경험의 한 국면이 존재한다는 사실을 우리가 이해하는 것이 필수적이라고 합니다. 화이트헤드에 따르면, 이 국면의 경험은 비-감각적입니다. 스스로 현존하는 과거의 힘은 감각-지각 안에서는 스스로 현존할 수 없습니다. 과거에 속해 있는 감각-지각들은 과거 안에 있으며 거기에 머물러 있다는 분명한 이유 때문입니다. 이것이 저에게 중요한 이유는 감각-지각의 특권화는 바로 인간의 주관성 – 인간의 주관성에 근거가 되는 기억이라는 주관적 개념 – 으로

---

4. [옮긴이] 여기서 말하는 과거일반이란 의식적으로 현실화되기 이전의 존재론적 과거, 즉자적 과거, 정동적 실체로서의 과거를 의미한다.

기울어지기 때문입니다. 만일에 거기서, 주관에서, 감각적 지각에서, 주관적 기억에서 시작한다면, [주관성에 의해 매개되어 직접성으로부터 멀어져] 훨씬 늦게 시작하는 겁니다. 우리는 내재적 사건이 어떻게 발생적 생태계를 창조하는지를 알고 나서, 다음에 이 발생적 생태계가 무엇을 할 수 있는지(어떻게 자신을 표현하는지, 어떻게 원-정치적인지 등)에 관심을 가지기보다는, 인간적인 것을 주어진 것으로 간주하고, 그것이 사건에서 무엇을 하고 있는지를 궁금해합니다. 이것은 사건을 인간에 의해 좌지우지되는 것으로 간주합니다. 인간을 사건 생태계의 일부로 간주하기보다는 말이죠. 후자를 취한다면, 우리는 경험의 복잡한 배열 속에 있는 것입니다. 거기서 인간은 다수 중 하나일 뿐입니다. 또는, 더 정확히 말하면, '인간'과 같은, 출발의 발판이 되는 '쉬운' 범주는 존재하지 않습니다. 우리가 여기서 즉접과 연결시킨 이 두 번째 접근은 전혀 다른 종류의 작업을 요구합니다. 그것이 아직은 발생적 집단성의 이해관계들을 배치하지 않기 때문입니다. 저는 '그것이 어떻게 형성할 것인가'의 문제가 진짜 정치적 문제라고 봅니다. 이것은 이미 출현한 정치적 형성체에 대한 역사적 해석 같은 다른 관점의 해석을 폄하하려는 것이 아닙니다. 변화 가능성 속에서 정치적인 것이 가지는 힘은 그 수준에서 일어난다고 생각하지 않을 뿐입니다.

마수미 제 관점에서 볼 때 정동에 관한 최근의 논의에서는 종종 중요한 사안들에 대한 오해가 있습니다. '정동적 전환'에서 정동을 캡슐화하는 제스처는, 그에 앞서는 '언어적 전환'이나 그 밖의 다른 전환과는 반대로, 정동은 사물이라는, 다른 사물들과 분리될 수 있는 어떤 것이라는 가정을 합니다. 마치 이쪽엔 포크를 놓고 저쪽엔 숟가락을 놓고, 음식을 뜰 건지 아니면 찌를 건지 여부에 따라 양극단의 한쪽으로 가듯이 말이죠. 이건 다소 극단적인 생각입니다. 달걀의 어느 쪽을 뚫어야 할지를 놓고 논쟁을 벌이는 식이죠. 정동을 스피노자처럼 정의하면, 즉 정동적 영향을 주거나 정동적 영향을 받는 능력으로 정의하면, 그것이 모든 활동성의 차원이라는 점은 분명합니다. 그 활동성을 주관적으로 분류하든 객관적으로 분류하든 말이지요. 언어에 정동적 차원이 존재한다는 점은 명백합니다. 정동은 이미 접시 위에 있습니다. 우리가 선호하는 지성적인 식단이 어떠하든 말이죠. 그리고 그것은 다양한 종류의 식기들에 순응합니다.[5] 정동을 고려하지 않으면 안 된다는 주장은 언어 대신에 정동을 생각해야 한다는 말이 아닙니다. 또는 사건이라고 하는 하부-주관적이고 하부-객관적인 발생 단초 — 에린이 주관이나 객관에 대해서 방금 말했으면서도 잊고 있는 — 에만 관심을 기울여야 한다는 말도 아닙니다. 그것은 딱히 이거냐-저거냐가 아닙니다. 그것은 사건들의 요인이 되는 서로 다른 활동 양태들의 문제입니다. 즉접의 철학에서 따르고 있듯이, 정동의 개념은 사건들이 막 시작할 때 그 요인이 되는, 그리고 그들이 아직은 어디로 갈지 결정되지 않은 발생적 활동 양태들에 집중하

---

5. [옮긴이] 하나의 흐름으로서의 음악이 상징으로서의 음계에 의해 다양하게 나누어지듯이, 잠재태로서의 정동은 의식과 지성의 매개에 의해 다양하게 현실화될 수 있다.

는 한 방식입니다. 그것은 직접적으로 관계적인 개념입니다. 왜냐하면 '정동적 영향을 주다'와 '정동적 영향을 받는다'는 것은 사건이라고 하는 동일한 동전의 두 측면이기 때문입니다. 정동은 이미 활발한, 그리고 여전히 열려 있는, 다사다난한, 복잡한 관계 장으로 진입하는 한 지점입니다. 정동을 통한 사고의 요점은 우리가 관계 장 속에 연관되어 있다는 것을, 그리고 거기서 발견할 수도 있는 가능태를 충분히 생각하는 것입니다. 정동의 일반적 모델은 존재하지 않습니다. 과거가 새로운 사건으로 이어지는 방식, 경향성들이 재활성화되는 방식, 어떻게 배합되는지 그리고 어떻게 상호작용이 구성되는지, 이런 모든 것들은 전적으로 상황에 고유한 특이성을 가집니다. 따라서 정동 이론은 사건-형성의 모든 장에, 그리고 심지어 모든 사건에 [때에 따라 다른] 맞춤형이 되어야 합니다. 끊임없이 재발명되어야 하는 겁니다.

브루너 브라이언, 이것은 앞서 설명하신 맨 활동과 에린의 내-작용 개념과 관련이 있는 것 같습니다. 활동성이나 작용의 문제를 생각해 보면, 발생과 연관이 있을 뿐이라고 가정하는 경향이 있습니다. 그러나 화이트헤드의 '사멸'perishing의 개념도 있습니다. 두 분 모두의 작업에서도 따르고 있죠.[6] 제가 궁금했던 것은 우리가 어떻게 세 가지 종류로 된 활동성의 색조들로 ― 즉 맨 활성, 세

---

6. [옮긴이] 화이트헤드의 유기체 철학에서 말하는 '사멸'이란 현실적 존재자의 잠재성의 고갈 또는 현실화의 동력인 자기 창조의 직접성을 상실하여 고집스러운 사실(stubborn fact)로 대상화된 상태(objectivity)를 지칭한다.

계형성과 생명의 힘, 연속과 재생 ; 다음으로 주관성 형성 행위 그리고 우리가 찾아내려고 시도하는 여러 종류의 굴절작용들, 삽입과 굴절 ; 그리고 마지막으로 지속적이고 지지받을 필요가 있는 몸체의 활력론이 가지는 일종의 물질적 토대가 어떻게 존재하는지에 주목하면서 주디스 버틀러Judith Butler가 명명했던 '지지받은 행동'supported action — 생각할 수 있느냐입니다. 이 마지막 생각은 새로운 사건들의 토대는 '사멸해'버린 과거의 사건들이 부활을 위해 세계에 남겨 놓은 것이라는 사실입니다. 어떤 사람들은 발생의 정치학, 윤리학, 미학이 연속체의 한쪽 끝을 지나치게 강조해 왔다고 생각할지도 모릅니다. 반면에 우리는 또한 사멸의 윤리학과 미학을 포함할 필요가 있습니다.

매닝 중요한 지적입니다. 브라이언의 맨 활성 개념이나 제가 주목하는 내-작용은 자본주의에 의해 활동성이 동원되는 방식과는 분리되어야 한다고 생각합니다. 맨 활성은 자본주의에서의 분주함의 의미로 '무언가를 하기'와는 관계가 없습니다. 브라이언이 종종 말하는데, 맨 활성은 무엇인가를 하는 것이 아니라, '하고 있는 무엇'입니다. 저도 앞서 강조했듯이, 그는 여기서 사건 안에 있는 인간적 주관의 활성뿐만 아니라, 스스로 작용하는 사건이 어떻게 성패 여부가 되는지를 강조합니다. 하고 있는 무엇은 결코 인간의 활동에 국한되지 않습니다. 그 대신 문제는 그 활동이 어떻게 사건 내에서 작용하는 관계들의 장에 효과를 미치는가입니다. 물론 그 효과들 몇몇은 틀림없이 인간적인 효과들입니다. 그러나 이들은 언제나 인간보다—더한 어떤 성운 속에 있습니다. 따라서 활동성은 인간이 하는 것으로 축소될 수 없습니다. 행동은 하나의 개념일 뿐이라고 비판하는 주장(예를 들어, 행동주의에 대한 비포〔프랑코 베라르디〕의 설명)의 경우가 그렇습니다. 오히려 그것〔활동성〕은 하나의 사건이 되는 가운데 생태계의 발생적 가능성과 관련이 있습니다.

화이트헤드의 『이성의 기능』은 활동성과 생명에 관한 아주 흥미로운 책입니다.[7] 화이트헤드가 거기서 제기한 문제는 생명의 질의 문제입니다. 그는 묻습니다. 우리가 그냥 살아가는 것이 아니라 더 잘 살기 위해 노력한다는 사실을 설명해 줄 수 있는 것이 무엇인가? 이 문제는 전적으로 인간에게만 해당되는 것이 아니라 실천의 생태계 전체에서 욕구가 작용하는 방식에 해당됩니다. 인간은 단지 그 안에서 하나의 양상에 지나지 않습니다.[8] 창조성은 화이트헤드의 분석에서 핵심을 차지합니다. 화이트헤드에 따르면, 생태계가 복잡성으로 진화하는 여러 방식들 중 하나는 경험의 보다—더에 대한 욕구를 통해서입니다. 즉 생태계에서는 행하기가 어떻게 일어나는가가 중요합니다. 완전히 새로운 존재 양태를 발생시키기 위해 '행하는-무언가'가 다른 '행하는-무언가'와 어떻게 연

---

7. Alfred North Whitehead, *The Function of Reason* (Boston : Beacon Press, 1958). [알프레드 노스 화이트헤드, 『이성의 기능』, 김용옥 옮김, 통나무, 2000.]
8. [옮긴이] 여기서 '욕구'(appetition)는 라이프니츠의 개념에 대한 화이트헤드의 변용을 가져온 것으로 보인다. 라이프니츠에 따르면 단자는 자신 안에 변화의 내적 원리를 가지는데, 이 내적 원리에 의해 지각이 다양하게 변한다. 라이프니츠는 이 내적 원리를 욕구라고 하였다.

결되는지가 중요한 겁니다. 화이트헤드가 말하는 이 새로운 것의 개념은 '가장 최신의 것'이 중요하다고 강조하는 식의 자본주의적인 개념이 아닙니다. 여기서 창조성은 가치의 새로운 형식의 발생을 말합니다. 새로운 삶의 형태를 낳는 것이죠. 이것이 바로 니체적 관점에서의 가치부여valuation의 의미입니다 : 이 개념은 어떠한 사건이 어떻게 스스로를 드러내는가의 문제를 가지고 그 가치를 부여하는 양태라는 점에서 외적인 평가기준에 따르는 가치판단evaluation의 개념과는 대립합니다.9 화이트헤드에게는 실제적인 어떠한 경우도 가치부여의 양태에 해당합니다 : 문제는 '사건이 어떻게 그 자신의 존재양태를 가치 있게 하는가? 어떻게 그 자신의 존재를 향유하는가?'입니다.

마수미 활동성의 개념으로 되돌아가 보면, 우리가 말하는 활동성은 도구적 활동성이 아닙니다. 우리는 자본주의 체계에 의해 포획되고 조직화된 활동성으로서의 노동을 말하는 것이 아닙니다. 우리가 말하는 활성화와 재활성화는 전혀 다른 수준에서 일어납니다. 간단히 말해, 무엇인가가 가시적이 되거나 감지 가능해지는 것은, 어딘지도 모르는 데서 불쑥 또는 결정이 완료된 과거

---

9. [옮긴이] valuation이 가치를 부여하고 긍정하는 과정이라면, evaluation은 어떤 대상의 중요성이나 의미를 평가하고 사정하는 부정적 과정이다. 예술가나 예술작품에 대한 비평가의 상반된 두 태도가 그 좋은 예이다. 예술작품을 기성의 범주들로 나누어 평가하면서 그 작품의 가치 여부를 판단하는 판결적 행위가 후자라면, 전자는 그 작품의 본성적 차이나 특이성을 구별하고 나눔으로써, 그것이 스스로 자신의 가치를 드러내는 과정을 긍정하는 것이다.

의 구조에서 출현하는 것이 아닙니다. 그것은 과거로부터 이어받으면서 동시에 그 과거를 대체하기 위해 다음에 나오게 될 것의 조건을 창조하고 아마도 그로부터 나오는 것의 본성을 변화시키는 배경 활동에서 출현합니다. 활동성은 본체substance나 본질essence에 근거를 두지 않습니다. 그것은 선 활동성prior activity에 근거를 두고, 새롭게 비틀어 갑니다. 이것이 바로 제가 말하는 '활동철학'의 기본 교리입니다. 저는 그것이 즉접을 보충하는 접근이라고 봅니다. 사유가 있을 때마다, 이미 몸체 안에는 활동성이 존재합니다. 몸체 안에 활동성이 있을 때마다, 환경 안에 활동성이 있습니다. 다소 분명하게 표현되는 특정 지점들로 경로화된 서로 다른 여러 활동성 수준들의 상호 연결들이 존재합니다. 그것은 다소 분명한 표현의 지점들에서입니다. 그것은 무엇보다도 자본주의의 장치들과 같은 장치들에 의해 활동성이 포획될 수 있고, 노동으로 전환될 수 있는 다소 분명한 표현의 지점들에서입니다. 그것은 또한 발생이 그 포물선의 끝으로 가고 있는 분명한 표현의 지점들에서입니다. 표현의 운동은 정점에 이릅니다. 사건은 '사멸'합니다. 이제 표현의 운동에 의해 수반되는 잠재태는 재활성화를 위해 준비를 합니다. 새로운 발생의 조건으로서, 또는 사건들의 사멸을 넘어 스스로 재활성화되는 길을 모색해 왔던 자기-영속적 구조에 먹이를 주는 포획된 잠재태로서 말이죠. 발생과 사멸은 반대가 아닙니다. 그들은 하나의 과정 속에 있는 파동들 또는 국면들입니다. 발생은 자기 자신의 생성으로 살아갑니다. 발생은 자신의 잠재태를 그 생성으로 확장하자마자, 사멸합니다. 연속성이 뚜렷이 존재한다면 ― 바위의 수준에서도, 즉 바위의 지속하려는 힘으로서 ― 그 이유는 사멸을 넘어 같은 형태를 재생할 수 있는 역량이 생겼기 때문입니다. 그래서 다음에 나올 발생은 마지막에 나온 것과 차이보다는 유사성이 더 큽니다.[10] 화이트헤드는 이 점을 분명히 말합니다 : 바위는 하나의 완성이다. 과거의 무엇인가는 다음에 나올 발생에 대한 순응의 조건들을 창조합니다. 그리고 이것은 존재성의 계열들을 이루는 연속성의 근거인 새로운 사태에 의한 그 조건들의 재흡수입니다. 화이트헤드는 사건들의 '물리적 축'에 못지않게 과거에 준하는 것으로 재-시행을 규정합니다. 사건들의 '정신적 축'은 새로움을 그 재-시행에 도입하고, 거기서부터 앞서가는 것으로 규정됩니다. 에린이 방금 논의했듯이, 그것은 근본적으로 욕구를 의미합니다 ― 미래futurity의 특이화하는 힘입니다. 화이트헤드가 규정한 정신적 축은 무엇보다도 인간의 사유나 주관성과는 관계가 없다는 것을 아는 것이 중요합니다. 발생과 사멸하기, 공형지속성conformal persistence과 재부상, 새로운 것의 절단과 연속성, 물리적인 것과 정신적인 것, 이 모두는 비늘처럼 상호중첩된 과정의 양태라고 보아야 합니다. 이들은 과정을 이루는 국면들로 언제나 상호연결되어 있으며, 존재의 어떠한 수준에서든 일어나는 모든 이벤트 안에서 대부분 발견됩니다.

---

10. [옮긴이] 지속에 관해서 말하고 있다. 앞서 지나간 것과 다음에 나올 것이 차이보다는 유사성이 더 크기 때문에 그 계기는 중첩의 형식으로 연속성이 존재한다는 것이다. 그리고 이것은 지나가는 것이 사멸하기 이전에 새로운 것을 발생시킬 수 있는 역량의 증대에 기인한다.

유효성effectiveness의 문제를 생각해 보겠습니다. 유효성에 대해 이야기 할 때, 우리는 흔히 철학자들이 말하는 작용인efficient causality에 대해 생각합니다. 이것은 하나의 결과가 그 원인에 직접 비례한다는, 배경 활동으로부터 원인이 떼어내질 수 있으며, 그 결과에 단선적으로 연결된다는 생각입니다. 이것은 기본적으로 당구공 모델입니다. 어떤 지엽적인 충격으로 부분-대-부분이 연결되어 과거에서 전송된 측정 가능한 힘에 의해 미래가 완벽하게 결정되는 것이죠. 이것은 다시 노동work의 모델입니다. 그러나 그 용어의 물리학적 의미에서입니다. 이런 유형의 인과성은 정확히 화이트헤드의 물리축에 해당됩니다.(그러나 그것으로 정확히 환원할 수는 없습니다). 정신축 역시 - 새로움의 도입에 있어 - 유효합니다. 이것은 사물들을 복잡하게 합니다. 왜냐하면 새로움이 생길 때, 사건은 단선적으로 펼쳐지지 않기 때문입니다. 그것은 굴절됩니다. 이 비선형성은 어디서 오는 걸까요? 그것은 관계들의 장 안에서 완전히 결정되지 않은 것에서 옵니다. 그것은 그 사건의 발생을 조건 짓는 배경 활동으로부터 옵니다. 그것은 관계들의 복잡성으로부터, 활동으로 진입하는 형성 인자들 간의 간섭과 공명 효과로부터 옵니다. 복잡성으로 인해 사건 안에는 항상 활동의 여지가 있습니다. 이것은 부분-대-부분이 아니라, 관계의 수준에서 직접 일어납니다. 그것은 인과성이라고 부를 정도로 폐쇄적이거나 단선적이지 않습니다. '조건형성'conditioning은 그 자체 유효성의 한 양태로, 인과성과는 다른 것으로 구별될 필요가 있습니다. 물론, 유효성의 이 두 양태는 모든 사건 안에서 능동적이며, 사건의 특이성에 기여하는 대부분은 그들이 어떻게 서로 관계를 맺으며 자리를 잡는가에 있습니다.

매닝 이 논의를 몇 가지 예들로 옮기면 어떨까 싶습니다. 브라이언 당신이 말하는 것은 모든 일상적인 상황에서 일어나고 있거든요. 조직화, 또는 결과, 또는 주어진 어떤 상황의 유효성을 우리가 의지할 수 있다고 습관적으로 믿고 있는 여러 가지 방식들에 대한 목록을 도전 삼아 작성해 볼 수 있을 것 같아요. 그러는 가운데 우리가 통제하는 것은 그 결과가 아니라, 우리가 그것을 통제할 수 있다고 믿는 습관이라는 것을 깨닫게 될 거예요. 어떠한 과정으로 진입하는 습관은 거기에 약속을 가져다줍니다. 동일한 조건들과 맞물려 있는 과정은 처음에 발생시켰던 사건과 유사해 보이는 사건을 재차 발생시킬 수 있다는 약속입니다. 브라이언이 말하는 것은, 우리가 이 과정을 진지하게 받아들인다면, 그리고 그것이 각 국면들을 통해 어떻게 전개되는지 주의 깊게 본다면, 어떠한 사건도 미리 앞서 지도화할 수 없다는 것을 알게 된다는 겁니다. 사건은 우리를 데리고 갑니다. 그 결과는 항상 회고적으로 경험하게 됩니다 : 아, 이게 그거였구나! 하지만 우리는 '이게 그거였구나!'라고 말하지 않고, 습관적으로 과거를 가져와 미래에 그것을 얹으며 조용히 외칩니다. '이렇게 될 거야!'라고요. 즉접은 그러한 습관에 문제를 제기하려는 노력입니다.

집단적으로 수행했던 〈감각실험실〉 네트워크에서 철학, 예술, 활동주의 간의 관계를 통해 작업하면서 우리가 발견했던 것은 테크닉은 사건 속에서, 매번 새롭게 발생되어야 한다는 것이었습니다. 그렇지 않으면 그야말로 작동을 하지 않거든요. 그것이 실행주의적인 면입니다. 또는 우리는 그것을 사변적인 실행적 측면the speculative pragmatic side이라고 부릅니다. 사건은 자신만의 사변 형식들과 실행주의 형식들을 발생시킵니다. 그것들을 구성하려면 사건 안에 있어야 합니다. 이것은 장 그 자체의 수준에 있는 관계적 임무입니다. 내가 사건의 주체라고 생각한다면, 바로 실패할 것입니다. 왜냐하면 그 자체의 잠재태를 발생시키는 사건의 복잡한 관계의 경향성들로부터 자신을 빼내야 하기 때문입니다. 여기서 중요한 것은 주체의 작용the agency을 아는 것이 아니라, 그 사변적인 실행적 전개 안에서 사건의 배치the agencement를 아는 것입니다.[11] 이 말은 번역이 불가능합니다. 가장 적당한 말은 혹자들이 쓰는 '아쌍블라주'assemblage입니다. 그러나 그것도 오해의 소지가 있습니다.[12]

---

11. [옮긴이] 여기서 불어인 agencement는 영어로는 arrangement 또는 assemblage에 해당된다. 우리말로는 '배열'이나 '배치' 정도로 이해하면 될 것이다.

12. [옮긴이] 들뢰즈는 agencement이라는 용어를 주로 썼고, 불어의 assemblage라는 용어는 잘 쓰지 않았다. 불어의 agencement을 영어로 번역하는 과정에서 이에 해당하는 마땅한 단어가 영어에는 없기 때문에, 여러 한계와 위험에도 불구하고 영미권에서는 영어의 assemblage를 사용해 왔다. 이 용어가 처음에 발견된 것은 Paul Foss와 Paul Patton이 1981년에 번역한 *Rhizome*에서였을 것으로 추정된다. agencement은 사건, 생성, 의미의 개념을 설명할 때 필수적인 용어라 할 수 있다. 들뢰즈는 스피노자에 관한 주석서에서 "공통개념"(notions communes, common notions)을 설명하는 가운데 이 개념을 소개한다. 공통개념이란 둘 이상의 몸체가 공통적으로 소유한 개념이나 상황을 지칭한다. 가령, 모든 몸체는 연장, 운동, 정지와 같은 상태를 공통적으로 소유한다. 나아가 공통개념은 둘 이상의 몸체가 관계를 맺으면서 발생하는 사건에도 적용된다. 독이 몸속에 퍼지면, 독이나 몸으로 환원할 수 없는, 또는 독과 몸에는 없는 새로운 사건으로서의 중독이 발생한다. 서로 다른 개별체로서의 독과 몸은 동질화되지 않은 채 사건 속에 참여하면서 공통개념을 소유

배치는 스스로 하기를 하기입니다. 우리는 사건 자체를 작용-하기 agency-ing로 이해해야 합니다.

마수미 권력 관계가 존재하는 상황 속에 우리가 있는 예를 생각해 볼 수 있습니다. 아주 분명합니다. 교수가 교실을 걸어갈 때, 그는 즉시 학생들에 대해 권력 상황에 위치합니다. 우선 그는 학생들에게 자신이 원하는 바를 하도록 할 수 있습니다. 언제까지 15쪽 분량의 논문을 제출하라고 하면 학생들은 그것을 하거나 어떤 결과를 내야 합니다. 그가 이렇게 그들에게 권력을 가지는 이유는 그들이 하나의 상황 속에 공동-연루되어 있기 때문입니다. 이 경우엔 일정한 제도적 구조들이 그 상황을 잡아주고 있죠. 그리고 그들은 거기에 적응하는 습관과 숙련을 익히고 생산합니다. 나는 권력을 가졌다고 내가 말한다면, 그것은 실제로 자기-과장한 것입니다. 왜냐하면 내가 가진 것은 단지 그 관계의 장 속에 부착되어 있는 특정한 제약들과 강요들을 작동시키는 권력일 뿐이거든요. 내가 행위를 할 때, 나는 직접적인 명령자나 자율적 의지자보다는, 그 강요들을 재활성화하는 촉매자입니다. 대체로 항상 그렇습니다. 우리의 자유를 구성하는 것은 우리 자신의 주체

하는 것이다. 들뢰즈는 이 사건을 생성 혹은 구성적 통일로서의 agencement이라고 불렀다. 반면에 영어의 assemblage는 불어의 assemblage와 여러모로 같은 뜻을 함의하고 있는데, 이 용어는 서로 다른 부분들을 하나의 개념으로 통일하기 위해 섞고, 결합하고, 조화롭게 단일화하거나 동질화한다는 의미가 있다. 따라서 이 용어는 꼴라주(collage)와 같은 현대 아방가르드 예술이나 팝아트에서 사용하는 기법에 적용된다. assemblage는 어떤 점에서 초월적 주체를 상정하고 있기 때문에, 사건의 내재성을 강조하는 들뢰즈의 agencement과는 의미가 다를 수도 있다.

성 – 다르게 말하면, 아무 데도 아닌 곳 – 을 통해서만 나오는 선택이나 결정이 아닙니다. 우리의 자유는, 우리가 어떻게 장 안에서 우리의 함의를 실연하는가, 상황 속에 잠복해 있는 특이성을 불러일으키는 어떤 사건들을 우리가 그 안에서 성공적으로 촉매할 것인가, 새로운 발생을 위해 우리가 어떻게 굴절할 것인가에 있습니다. 그것은 관계의 문제입니다. 당구-공을 치듯이 부분-대-부분으로 일어나지 않기 때문입니다. 사건을 어떻게 굴절시킬 것인가가 참석한 모두에게 공명하지 않거나 개입하지 않는다면, 그리고 모든 형성적 요인들에 전적으로 영향을 주지 않는다면, 준비되어 상황을 기다리고 있는 그 등각의 힘들이 주도하게 될 것입니다.

브루너 흥미로운 지적입니다. 최근에 저는 시몽동의 책을 다시 읽고 있습니다. 뮈리엘 꽁브Muriel Combes의 책도 포함해서요.[13] 두 사람은 불안의 문제를 제기합니다. 제가 보기엔 불안의 문제는 그 핵심에서 서로 다른 공명 양태들을 통해, 그리고 어떤 상황의 개방성을 통해 우리가 무엇을 창조할 수 있는가에 관한 문제 같습니다. 한편으로 이것은 촉매제가 되기 위해, 그리고 들뢰즈가 말했겠지만, 그 파도타기로부터 이익을 얻기 위해 어떤 수단과 테크닉들이 있는가에 대해 생각을 요구합니다. 다른 한편 이것은 교착 상태의 순간을 생각하게 합니다. 모든 것이 닫히고 격자에 갇히는

---

13. Muriel Combes, *Gilbert Simondon and the Philosophy of the Transindividual*, trans. Thomas Lamarre (Cambridge, MA : MIT Press, 2013).

것이죠. 시몽동이 말하길, 그것은 불안과 죽음의 순간이라고 합니다. 저는 여기서 생명-실천의 분화 과정 — 양육에 이용할 수 있는 테크닉은 어떤 종류들일지, 그리고 거기서부터 어디로 갈 것인지 — 에 대해 생각을 해 봅니다. 〈감각실험실〉에서 한동안 작업해 왔던 연구 조사-창조와 같은 실천에 대해 생각해 봅니다 — 여기서 우리는 어떻게 일하고, 어떻게 행동하고, 어떻게 생각하고, 어떻게 쓰고, 사건의 직접성 안에서 어떻게 움직일 것인가에 대해, 그리고 그 사건을 재개하기 위해, 특이화하고 함께-공명하면서, 자신을 드러내는 그곳에서 어떻게 창조할 것인가에 대해 연구를 한 것이죠. 그 연구의 일환으로, 어떤 종류의 준안정 장들metastable fields이 구성될 수 있는지 우리는 고민했습니다. 자신들의 힘으로 조절되는 밀집된 장들을 어떻게 창조할 수 있을까요? 그러나, 그 장들과 조정들 중 몇몇은 다른 문맥들 속에서 계속 이어지기 위해, 다른 것들보다 더 많은 유혹들을 생성하고, 더 많은 잠재태를 엽니다.

마수미 시몽동의 불안 개념이 실존주의나 실존적 현상학의 생각과 소통하고 있는 것은 분명합니다. 그것은 하이데거의 죽음을-향한 존재being-towards-death에 부속된 불안에 대한 대응이며, 불안에 직면하여 주체가 내려야 하는 결정의 절대적·주관적 자유를 위한 사르트르의 처방에 대한 대응입니다. 그는 그들이 말하는 각각의 운명으로부터 오는 우리의 불안을 구원하고자 합니다. 시몽동이 볼 때 불안은 개체적인 것의 핵심에 있는 '단일함보다 더 한'more than oneness 것과 관련이 있습니다. 기본적으로 바로 이것이 우리가 말하는 잠재태의 능동적인, 관계 장입니다 — 에린이 더-한 것이라고 불러왔던 것이죠. 시몽동은 그것을 '전개체적 장'이라고 불렀습니다. 개체화된 주체가 출현하고, 재-출현하는 곳이기 때문입니다. 시몽동에 따르면, 이 개방된, 형성의 장이 개인individual 주체가 출현하는 전개체적 장으로 인식되지 않고, 주체의 내면으로 오인 받을 때, 불안이 만들어집니다. 전개체가 내면성으로 오인되면, 그 결과 주체는 자신이 장 자체 내의 모든 잠재태를 쥘 수 있을 것이라고 느낍니다. 이것은 불가능합니다. 우리가 말했듯이 잠재태는 단순화할 수 없는 관계 속에 있으며, 전적으로 상황들 속에서만 취해질 수 있을 뿐이기 때문입니다. 그것은 결코 개체적인 선택이나 결정으로 접근할 수 없습니다. 사건들에 의해서만 접근할 수 있을 뿐입니다. 거기엔 타자들도 연루되어 있습니다. 개체는 종종 세계의 잠재태를 자신-안의-존재a being-in-itself로 오인하면서, 자신의 잠재태에 부응하는 것으로 느낍니다. 이러한 명령은 살 수 없는 긴장을 초래합니다. 실제로 이것은 잠재태를 봉쇄합니다. 이런 논의에서 보면, 타자들에 의해 제한된 우리의 선택과 결정에 있어 타자는 지옥이 아닙니다. 실존주의에서는 지옥이었죠. 타자는 배출구입니다. 전개체적 장의 잠재태는 관계적입니다. 그리고 타자들을 통해서, 타자들과 함께 관계적으로만 표현 가능합니다. 사실 시몽동이 타자를 규정하는 것은 그런 관점에서입니다. 그는 타자의 지각은 세계에 대한 관점의 지각이라고 말합니다. 이 말은 주관적 관점을 뜻하는 것이 아닙니다. 활동적 관점 — 세계 속에서 움직이는 방식, 사건들을 촉매하는 방식, 표현 방식,

사건들의 굴절과 함께 그리고 그것을 통한 변화의 방식 — 을 말합니다. 만약에 타자가 잠재태의 이미지라면, 타자들의 다중성은 그 잠재태를, 한 개체가 그 자신 안에서 쥘 수 있는 것을 넘어서는 방식을 증식시킵니다. 그 모든 잠재태는 관계적으로 활성화되는 경우에만 도달됩니다. 이런 식의 사고를 통해 전개체는 초개체와 연결됩니다. 상황적 잠재태를 실행주의적으로 활성화하는 실험, 탐색적인 관계 행위의 실험은 전개체를 초개체와 재연결함으로써 불안을 소멸시킵니다. 다시 말하지만, 자유는 주체가 자기 자신과 맺는 관계의 문제가 아닙니다. 자유는 항상 복잡한 관계 장 속에 그 내-행동the in-acting을 위한 활동적 뿌리내림으로부터 나옵니다. 누구도 자유롭게 행동하지 않습니다. 자유를 연출할 뿐이죠.

매닝 선생님과 브라이언이 언급했던 그 아름다운 구절에서, 시몽동은 고독에 대해서도 말합니다. 이것은 불안과 심지어 고독 같은 경향성들에 대해 재개체화하듯이 말하지 말라는 긴급한 요청의 일부로 그가 한 것이었습니다. 그것들은 개별화의 맥락 안에서, 또는 개체의 관계적 생성이라는 문맥 안에서 생각할 필요가 있습니다. 재개체화하기는 오늘날 우리가 많이 보아왔던 하나의 유혹입니다. 불안, 절망, 패닉을 개체의 수준으로 가져오는 것이죠. 저는 비포의 작업이 이런 방식의 전형이라고 생각합니다. 저는 최근에 비포의 글을 읽으면서 그가 불안의 문제를 지나치게 자주 재개체화하면서 경험을 재인격화해서 설명한다고 제가 생각했던 것을 창출하는 가운데 그가 느꼈을 것 같은 불가피함과 절박함을 이해하고자 노력했습니다. 이 재개체화는, 비포가 가따리의 소위 '절망의 시절'winter years에 대해 해설하면서 자신의 행위 이론과 우울증을 결합했다는 점에서 저에게 가장 영향을 미친 것으로, 저를 아주 불편하게 할 만큼 그의 교우 관계를 토대로 합니다.[14] 가따리에 대한 그의 해설을 보면서, 제가 매우 환원주의적일지 모르겠지만, 제가 이르게 된 결론은 다음과 같은 겁니다 : '나는 가따리가 우울증에 빠졌다는 것을 안다. 따라서 우리는 가따리의 작업을 행동가로서, 치료사로서, 철학자로서, 그의 우울증의 관점에서 읽어야 한다.' 이것은 가따리의 분열증분석 실천 ─ 그의 글쓰기를 포함해서 ─ 의 내-행위the in-act와는 근본적으로 반대됩니다. 제가 보기에는요. 제 견해에 따르면 가따리의 모든 것은 브라이언이 방금 말한 계열들을 따릅니다. 전개체, 초개체, 그리고 그룹-주체 간의 관계를 이해하는 데 역점을 두면서요. 가따리의 문제의식은 주체-위치로 환원될 수 없습니다 : 그것은 언제나 사건으로부터 출현하는 새로운 주관성의 형태들을 창조하고 파악하는 문제입니다. 가따리가 우울증에 빠진 것은 의심할 여지가 없습니다 ─ 그러나 절망을 내-행위의 대응으로 해석하는 것은 전혀 말이 안 되는 것 같습니다.

우리는 지금 집단적 행동이 절박하게 느껴지는 시점에 있습니다. 우리가 덜 불안한 건지 아니면 더 불안한 시점에 있는지는 모

---

14. Franco Berardi (Bifo), *Felix Guattari : Thought, Friendship and Visionary Cartography*, trans. and ed. Giuseppina Mecchia and Charles J. Stivale (London : Palgrave Macmillan, 2008).

르겠습니다. 제가 아는 것은 불안이나 절망에 대한 진술이 내-행위를 구성할 수 있어야 한다는 것입니다. 우리가 여기서 그것을 이론화함으로써 가따리의 사유방식과 조정할 수 있도록 한다는 점에서요. 그렇게 되면, 병리학과 치료법의 문제는 불안이나 고독에 관한 시몽동식의 설명으로 할당되어야 합니다. 그것의 재개체화 경향들을 넘어서 우리가 그것을 열기를 원한다면 말이죠. 이럴 경우, 행위가 어떻게 새로운 존재 양식을 생산하는가의 문제가 제기될 것이고, 이것은 신경다양성neurodiversity의 탐구를 열게 됩니다. 초개체나 그룹-주체와 관련해서, 가따리가 장 오리Jean Oury를 따라 '정상증'normopathy이라고 불렀던 것과는 반대되는 것입니다.

마수미 시몽동의 작업에서 불안과 관련하여 선생님께서 제기하신 고독의 개념을 계속 논의해 보고 싶군요. 이것도 대단히 중요하다고 생각합니다. 시몽동이 그룹-주체성이나 집단적 개별화에 대해 말할 때, 그리고 타자들을 포함하여 관계 장 안에서 사건-기반 행동들로의 진입이 중요하다고 말할 때, 사람들은 그것을 함께함togetherness의 요청으로, 사회적 투명성에 대한, 그리고 그 상호작용의 총체적 가능성에 대한 요청으로 종종 생각합니다. 제 생각에 시몽동이 고독의 개념을 통해 하려는 말은, 그런 종류의 요청이 존재한다면, 그것은 전개체를 주관적 내면성으로 오인하는 불안만큼이나 제한적이고 고통스러울 수 있다는 것입니다. 그가 소외에 대해 논할 때 그는 초개체의 잠재태의 경험에 대해, 그러나 그것에 대한 특정한 외-행동 없이 말하는 것입니다. 그것은 내-행동 중입니다. 즉, 활동적으로, 그러나 강렬하게, 느껴지는 겁니다. 들뢰즈도 매우 유사한 것을 말했는데요, 아마도 시몽동을 생각했을 겁니다. 그는 이렇게 말했죠. 글을 쓰기 위해 책상에 홀로 앉아 있는 사람도 집단적일 수 있다.[15] 그들은 관계적 가능의 장을 내-행동화할 수 있습니다. 실질적인 의미에서 그들은 '도래하는 민중'[a] people to come입니다. 들뢰즈는 이것이 바로 자신의 본연의 집단성이 있는 곳이라고 말하기까지 합니다. 항상 소통할 것을 조장하고, 참여를 독촉하고, 상호작용할 것을 끊임없이 유도하는 것은 일종의 노예화일 수 있습니다. 이러한 노예화는 점점 자본주의의 불가결한 작업의 일환이 되고 있습니다.[16] 결국, 거기에는 실제적으로 관계적인 것이 거의 없죠. 우리가 말하는 발생의 차원에서 보자면 말이죠. 사실 고독은 그에 대한 관계적 해독제일 수 있습니다.

매닝 〈감각실험실〉에서 이해한 대로라면, 집단적 행동의 문제와 관련해서, 우리가 깊은 영향을 받았던 것은, 가따리가 평생을 일해 왔던 실험 진료소인 〈라 보르드〉La Borde에 대한 가따리의 설명이었고, 서로 다른 다양한 고독과 불안을 가로질러 구성 가능한 방식들 ─ 두 개체들이 서로 대면적으로 구성되는 것이 아니라, 발

---

15. [옮긴이] 여기서 마수미가 언급하고 있는 집단성이란 몸체나 사물들의 '실제적인 연결'(the actual connection)이 아니라 '잠재적인 연접'(the virtual conjunction)을 의미하는 것으로 유추할 수 있다.

16. [옮긴이] 소셜 미디어를 위시한 기업의 마케팅이 단적인 예라 하겠다. 이러한 관계의 노예화를 통해 조장된 공허한 소통은 고독을 더욱더 강화하고 증폭시킨다고 할 수 있다.

생되고 있는 사건에 의해 서로 다른 구성들로, 초개체적 구성들로, 하부 infra개체적이고 전개체적인 구성들로 이루어진 방식들 – 이었습니다. 우리의 행동주의 차원에서 우리가 가장 주목해 오는 것들 중 하나는 그룹-주체 내에서 생겨나는 발생적 테크닉들의 창조입니다. 피로와 절망과 불안이 생기면 그에 대처하기 위해서죠. 개체를 목적으로 해서가 아니라 환경과 관계를 맺기 위해서 어떻게 건강을 관리할까요? 이것이 우리가 〈사회적 개입을 위한 보스턴-기반 디자인 스튜디오〉Boston-based Design Studio for Social Intervention와 함께 나누었던 토의 주제입니다. 어떤 점에서 이 주제는 그들에겐 더 절박한 것이기도 합니다. 그들은 인종주의와 갱 폭력과 같은 현장에서 일어나는 어려운 문제들을 다루고 있거든요. 스튜디오 내의 많은 협력자들과 활동가들이 갱 폭력으로 가족을 잃었습니다. 그리고 매일 인종주의에 대처해야 하죠. 모두가 그들과 직접 관련이 있는 것은 아니지만, 그들은 미국에 있는 도시-내 아프리카-미국인들에게 어떤 종류의 존재 양태가 필요한지에 대해 고민합니다. 그들은 도시 폭력에 맞서기 위해 자신들이 '지평적' 실천이라고 불렀던 것을 설계하는 데 정말로 헌신적입니다. 그러나 또한 그들은 자신들의 과제로 인해 엄청난 부담에 입도되곤 합니다. 불안과 절망이 피로와 아울러 생기기도 합니다. 그러한 역경 앞에서는 활동가의 이벤트 실천에 의해 발생하는 관계의 장을 유지하기가 어렵습니다. 그러한 내파를 피하고 최소화하기 위한 테크닉들은 물론 개체와 관련이 있습니다. 그러나 특정한 그 남자나 그 여자에 국한되는 것은 아닙니다.

우리의 실험 중 하나는 집단성과의 정동적인 재연결을 다른 방식으로 하는 문제입니다. '무엇인가를 한다'는 의미에서 '능동적 되기'에 대한 생각에서 벗어나, '하고 있는 무언가'라는 내-행동에 주안점을 두는 겁니다. 이것은 이전의 정동의 문제로 되돌아가게 합니다 : 공동-구성한다는 것은 무슨 의미인가? 공동-구성한다는 것은 우리 프로젝트의 집단적 가치가 어디에 있는지 우리가 미리 알 수 없는 가능성을 허용한다는 것입니다. 이 말은 가치가 실제로 어떻게 이해될 수 있는지에 대한 우리의 집단적 이해가 유연해진 다는 것을 뜻합니다. 제가 이해하는 바에 따르면 집단성은 항상 이러한 추론적 실행의 문제들과 관련이 있습니다 ― 그 문제들이 발명의 여지가 있다는 점에서는 추론적이고, 내-행동의 지속적인 탐사로부터 유래한다는 점에서는 실행적이라는 말입니다. 〈감각실험실〉에서 이러한 집단적 가치의 문제로 파고들었던 방식들 중 하나가 바로 사건-기반 돌봄event-based care의 개념을 통해서입니다. 여기서 제가 말하는 건 인간-대-인간 돌봄의 주체성을 말하는 것이 아니라, 오히려 절망과 연관이 있을 수 있는 느림이나, 불안과 연관이 있는 빠름을 포함해서, 서로 다른 정동적 속도들을 포함하는 서로 다른 종류의 참여를 유지할 수 있는 하나의 환경을 사건이 어떻게 생산하는가입니다. 사건-돌봄에는 일종의 집단적 간호가 존재합니다. 이것은 가따리가 '치료'therapeutic라는 단어에 부여했던 의미에서 멀지 않습니다. 개체적인 요법으로서의 치료가 아니라, 아직은 우리가 상상할 수 없는 방식의 지속 가능한, 그리고 새로운 삶의 형태를 생산하는 상호 간에 중첩된 존재 양태 또는 삶의 양태를 어떻게 하나의 이벤트가 생산할 수 있는지를 보살핀다는 의미에서의 치료입니다. 치료라는 말이 여기에 맞는 것인지 저로서는 확실치가 않아서 이렇게 말하기는 상당히 머뭇거리게 됩니다.

브루너 이것은 방법과 관련해서, 그리고 〈감각실험실〉이 그 방법에 대해 안고 있었던 문제들과 관련해서 매우 중요합니다. 일어나고 있는 사건의 직접성 안에서 우리가 끊임없이 재평가를 통해 움직인다면, 만일 우리가 일어나는 것에 대해 뭔가를 하는 것이 아니라 오히려 그 사건 안에서 하는 방법을 찾으려 한다면, 사용하는 언어의 방식을 완전히 다시 생각해 봐야 합니다. 그것은 또 학계라는 제도화된 장에 우리가 거주하는 방식에도 영향을 줍니다. 거기엔 특정 유형의 실천들을 유지해야 하고, 바꾸어야 하고, 다른 실천들과 조정해야 하는 반면, 학자로서 우리가 해야 할 작업에서 갖추고 거쳐야 할 제약들과 폐쇄된 체계가 있는 것이죠. '테크닉들'과 '실천의 생태학'에 대한 이야기는 방법들에 대한 그리고 적절한 도구들에 대한 주장을 무효화하는 한 가지 방식을 제공합니다. 우리가 작업하는 언어로 되돌아가게 하는, 결코 확립된 사용 규칙들로 환원 가능하지 않은. 우리가 사용하는 언어를 어떻게 우리 삶의 실천들의 일부로 – 서로의 면전에서 그리고 우리를 통해 움직이고 있는 많은 독신자들의 면전에서 생각하고, 살아가고, 쓴다는 의미에서 – 생각할 수 있을까요? 매번 다시 불안을 창조하는 비좁은 체계들을 원래 상태로 되돌린다는 것은 실제로 무슨 의미일까요? 한 가지 예로, 작년에 밀워키에서 우리가 모두 참석했던 '비인간적 전환'Nonhuman Turn 회의에 대해 생각해 볼 수 있습니다. 저는 지금까지 그토록 불안으로 가득 차 있는 학계 이벤트를 본 적이 없었습니다. 특히 박사과정 학생들 중에는, 창의적인 작업이 기대되는 사람들이지만, 대담하게 소리 높여 말하거나 반대를 하거나 자신들의 관심을 표명하는 사람이 없었습니다. 미래에 자신의 갑이 될지도 모르는 사람들의 감정을 상하게 하지 않을까 하는 두려움 때문입니다.

매닝 지난 수년간 브라이언과 저는 이 문제에 매우 관심이 있었습니다. 가따리가 실존적 영토라고 부르는 것을 언어는 어떻게 생산할까요? 그것이 바로 선생님께서 말씀하시는 것이라고 저는 생각합니다. 제 말은 그들이 화이트헤드의 공동–구성의 관점에서 새로운 것을 창출하지 않는다는 것입니다. 최근에 저는 이 이슈를 올가을에 열릴 '바이오스클리브로 들어가라'Enter Biosceave라는 이 벤트17와 관련해서 생각했습니다. 이 이벤트는 아라카와와 진스 Arakawa and Gins가 롱아일랜드에 지은 실험공간인 〈바이오스클리브 하우스〉에서 열릴 예정이었습니다.18 지난주에 브라이언과 저

---

17. 이 이벤트는 결국 매들린 진스(Madeline Gins)의 병으로 열리지 않았다.
18. [옮긴이] Biosceave는 아라카와 진스가 자신들의 책 『건축적 몸체』(Architectural Body)라는 책에서 만들어낸 신조어이다. 보통 건축물에 거주하게 되면 생물은 삶의 공간을 일구어 가며 하나의 생물권(biosphere)을 창출하게 된다. 생물권은 거주자들의 삶과 습관을 진부하게 하는 생활공간이 된다. 아라카와 진스는 자신들이 지은 건축물에서의 삶이 자아내는 공간의 역동성을 강조하기 위해 biosphere라

는 매들린 진스와 이야기를 하려고 뉴욕에 있었습니다. 우리 셋 모두 언어의 과정에 깊이 관여합니다 — 언어가 무엇을 할 수 있는지에 대해 관심이 높고, 특히 언어가 존재 양태를 창출하기 위해 개념-세우기 실천으로서 제 역할을 할 수 있을지에 관심이 많습니다. 그러나 때로 우리는 협력에 주저합니다. 우리의 주안점이 비슷하긴 하지만, 언어는 상당히 다르거든요. 아라카와와 진스는 절차상의 접근에 기반을 두고 활동합니다. 삼사십 년이 넘는 기간 동안 그들은 자신들의 실천 속에 견고하게 안착되어 있으면서 동시에 매우 유동적이고, 재고할 여지가 있는 일련의 절차들을 규정해 왔습니다. 이 절차들은 핵심은 생태학적이지만, 그들이 '사람하는 유기체'the organism that persons라고 부르는 것의 관점에서 작동합니다. 그로 인해 (여러 다른 형태들의 직감을 통한 개방된 사고에도 불구하고) 탐구의 중심에 인간을 두고 여러 방식으로 원근법적 접근을 생산합니다.[19] 〈감각실험실〉에서 우리는 일련의 테크닉

는 용어 대신 bioscleave로 바꾸었다. 이러한 취지를 잘 보여 준 건축물이 바로 Bioscleave House이다. 이곳은 일반적인 주거 공간과 달리 공간과 벽을 비틀고, 바닥을 울퉁불퉁하게 하고, 방과 거실과 복도 등의 구획을 예측하기 어렵게 구성하여, 일상적 삶에서 일어나는 상호 작용을 연구하는 실험실처럼 꾸며 놓았다. 이 공간의 예측 불가능한 배치로 인해 거주자는 매 순간 감각적으로 긴장하고, 몸을 고도화된 각성 상태로 유지해야 한다. 몸이 자기 갱신을 통해 면역체계가 강화된다는 것이 아라카와와 진스의 설명이다. 이들에 따르면 "실행력의 건축"(an architecture of viability)이라고 부르는 이 공간에 평생 주거하면서 인간은 수명을 무한하게 확장할 수 있다고도 공언한다. 이런 이유에서 이 가옥의 부제목은 Lifespan Extending Villa(수명 연장 빌라)이기도 하다.

19. Madeline Gins and Arakawa, *The Architectural Body* (Tuscaloosa : University of Alabama Press, 2002). [여기서 person(사람, 개인, 인칭)을 동사로 사용하고 있다는 점이 특색이다. 그들이 쓴 『건축학적 몸체』에서는 person을 동사로 사용하는데, 그

들을 만들었습니다. 그것들은 아마도 그 굴절에서는 서로 다를 겁니다. 이벤트의 생태에 초점을 두고 있기 때문입니다. 이러한 접근들에는 동지애와 공통의 이해가 있고, 우리는 서로의 작업을 아주 잘 압니다. 그럼에도 불구하고 우리는 서로의 언어를 이해하기 위해 네다섯 시간을 허비했습니다. 언어학적인 의미의 이해뿐만 아니라 그것의 정동적인 힘을 동원할 수 있는 것도요. 이 대화에서 진짜로 생산적이었던 것은, 매들린은 우리의 테크닉들을 어떻게 절차화하는지 파악하고 싶어 했고, 우리는 그녀가 구사했던 절차들이 이벤트에 대한 생각을 열 수 있는 방법을 알고 싶어 했던 겁니다. 우리가 정말로 관심이 있었던 것은 어떻게 언어의 힘을 하나의 테크닉으로 이용해서 서로 다른 우리의 어휘들을 넘어 생각하고 만들 수 있을 것인가였습니다. 그래서 우리는 논쟁이 아니라 연구 양식들을 가로질러 구성하는 극도로 생산적인 대화를 하고 있음을 알게 되었습니다. 제가 생각하기에 이것은 실존적인 영토의 출현을 창조했습니다. 학계에서는 도달하기 어려운 것이죠. 학계에서는 발언의 테크닉과 양식들을 공동-구성할 수 있는 절

들에 따르면 body, person, environment가 서로 분리되어 따로 존재하는 객체들이 상호 작용하거나, 몸이 환경 안에서 구조화되는 것이 아니라, 이 모두가 becoming 의 과정 속의 한 국면으로서 작용한다. 그래서 사람이나 개인을 의미하는 person은 분리된 개체가 아니라 과정의 하나이기 때문에, 그 활동 양태를 나타내는 동사로 쓰고 있는 것이다. 이들이 쓴 다음 구절을 참고하라. " ··· born into a new territory, and that territory is myself as organism. There is no place to go but here. Each organism that persons finds the new territory that is itself, and, having found it, adjusts it ··· . An organism-person-environment has given birth to an organism-person-environment. The organism we are speaking of persons the world ··· "(Gins and Arakawa, 같은 책, p. 1, 강조는 역자가 함). ─옮긴이]

차적 개입보다는 여론이 지배하는 경우가 많습니다. 그러한 공동 구성의 접근은 시간이 걸립니다. 그것은 자신의 아이디어를 과감히 낼 수 있는 의지, 솔직함을 필요로 합니다. 또한 이벤트나 프로젝트를 필요로 합니다. 추상적으로는 이것을 할 수 없습니다. 매들린 진스와 함께하는 경우엔, '바이오스클리브로 들어가라'를 통해, 우리의 두 세계를 함께 모은다는 맥락에서 이루어졌습니다.[20] 그 이벤트가 중요한 이유는 그것을 통해 테크닉이 실험된다는 것입니다. 그리고 그 안에서 우리의 접근법이 수렴해서 어떻게 공명하는지 알게 될 것이라는 점입니다. 그 절차 수순은 어떻게 전개될 것인가, 관계를 위해 어떤 테크닉들이 실행될 것인가, 바로 이러한 것들이 발생적 집단성의 산출 여부, 또는 미래의 실험을 위해 비틀어질 필요가 있는지의 여부를 파악하는 데 있어 핵심적일 것입니다. 그리고 그것들이 어떻게 비틀어질 것인가는 우리가 그 이벤트의 지분들을 어떻게 결정할 것인가에 영향을 줍니다. 물론 우리 각각에게는 서로 다르겠지요. 아라카와와 진스에게 그 지분들은 '가역적 운명'입니다. 그리고 그것은 변용하는 가운데 사멸을

---

20. [옮긴이] 앞서 언급했듯이 '바이오스클리브로 들어가라'는 2013년에 〈감각실험실〉에서 계획한 이벤트 제목이다. 이 이벤트에서는 구성원들이 그룹으로 나뉘어 다양하게 몸의 제약들과 조건들을 설정해 놓고 운동 양태들의 차이를 관찰한다. 예컨대, enabling constraints(권능화 제약) 그리고 framework(틀)나 structure(구조)의 차이, conditioning(조건짓기)과 organizing(조작화)의 차이, activating(활성화)과 initializing(초기화)의 차이, relational movement(관계 운동)와 participation(참여) 또는 interaction(상호작용)의 차이, proposition(제안)과 instruction(지도)의 차이 등이 있다. 이 운동 양태들의 차이를 관류하는 대립 구도는 '열린 전체'와 '폐쇄된 전체', '내재적 관계들의 창조'와 '초월적 관계의 생산'으로 요약할 수 있다.

넘어서 계속 살아가는 발생적 집단들에 투자되는 한에서만 우리가 좇는 불멸성을 설명해 줍니다. 그 지분들은 다시금 연결됩니다. 그러나 같은 것은 아닙니다. 그들은 공통성으로 연결되지 않습니다 ─ 그들은 절차적 접근의 절박함으로, 프로젝트의 절박성에 의해 연결됩니다.

마수미 그 교류에서 제가 정말로 흥미로웠던 점은, 그리고 아라카와와 진스의 작업에 대해, 그리고 그 작업이 〈감각실험실〉의 작업과 어떻게 연결될지에 대해 4시간 반 동안 토론한 다음 저를 놀라게 했던 것은 매들린이 '이 절차들을 뭐라고 부르죠?'라고 말했을 때였습니다. 그녀 입장에서는 우리가 우리 자신에 대해 그리고 과거 활동들에 대해 딱히 생각을 공유하거나 소통하지 않고 있었던 겁니다. 그녀에게 토론은 그냥 토론이 아닙니다. 토론은 항상 무엇인가를 행합니다 ─ 아니면 사후 국면에 실행적 전개로 움직이며 행하는 어떤 것입니다. 그녀의 관심을 끌었던 것은 토론에서 실행적 작업 지점을 증류하고 있었던 겁니다. 그런 다음 그것들을 특정한 상황들 속에 자리 잡을 수 있는 절차들로 연마하고 있었던 거죠. 이름 부여는 그 절차들을 정하기 위한 테크닉입니다. 하나의 복합체를 고정한다는 점에서요. 그것은 잠재의 어떤 영역을 우리가 집단적으로 임시 표현할지에 대해 실천적인 수단을 주고, 우리가 그것으로 일할 수 있도록 묶어줍니다. 이것은 학계가 흔히 소통하는 방식과는 아주 다른 언어 사용입니다. 내가 회의에 가면, 이름표를 다는 순간부터, 어쩔 수 없이 주관적으로 위치설정 되지 않을 수 없습니다. 나는 단지 참석을 등록하는 것이 아닙니다. 나 자신을 재현하는 것이죠. 그리고 그에 따라 말을 합니다. 상황 속으로 진입하는 나의 각도는 이런 식으로 개인화됩니다.

이것은 나의 정체성이 나의 잠재력과 일치한다는 사실을, 그리고 우리는 이러한 잠재력의 개체화된 양식을 통해 우리 자신을 표현한다는 사실을 가정합니다. 이것은 정확히 시몽동이 경고한 것을 [가정]하고 있습니다 : 즉 개별화가 출현하는 잠재적 장을 주체의 내면성과 혼동하기. 당연히 이것은 불안을 야기합니다. 이것은 상황을 사건으로 만들고 더 열린 결과를 가져올 수 있는 다른 많은 활동 양태들과 관계의 촉매 작용들을 차단합니다. 〈감각실험실〉에서 처음에 가졌던 질문은 '우리가 어떻게 우리 자신을 사건으로 만들 것인가?'였습니다. 늘 그랬던 '소통'의 장르들을 재생산하지 않고, 예술가로서, 학자로서, 활동가로서, 어떻게 하면 우리가 활동적으로 모일 수 있을까요? 우리는 어떤 관계 절차들 또는 관계의 테크닉들을 집단적으로 발명하고, 이름 짓고, 진짜로 사건이라고 부를 가치가 있는 사건을 만들기 위해 상황에 따른 실천을 감행할 수 있을까요?

우리가 추구하는 테크닉들의 종류는 비개인적impersonal이어야 한다는 것을 우리는 재빨리 알았습니다. 그것은 초개체적 생성 안에 있는 시몽동의 전개체적 장처럼 바로 집단적인 것을 의미합니다. 그것은 다소 고상하게 들립니다. 하지만 그것은 실제로는 기초적인 요소이고, 가장 좋은 의미로 절차적입니다. 언제나 문제는 '어떻게?'입니다. 예를 들어, 나 자신의 표상을 등록조차 않고 내가 어떻게 어떤 상황 속으로 들어갈까요? 그 입구가 또 다른 입장을 하도록 하려면 어떤 조건들이 놓일 수 있을까요? 참가자들이 이번엔 집단적으로 실험하고 발명하도록 초대하는 이벤트로 문턱을 넘어갈 때 어떻게 그들에게 손짓을 할까요? 말로 하지 않고, 어떻게 말할까요? 이벤트의 조건에 맞게, 생산물을 가져오지 말고 — 과정을 가져오세요. 이미 가지고 있었던 자신의 생각을 가져오지 말고, 자신을 위치 설정하는 일환으로 우리에게 리허설을 하세요 — 다른 모든 것을 가져오세요, 당신의 정념, 당신의 욕구, 당신의 수단들과 능력들, 당신의 가장 강렬한 절차들을 가져오세요. 그리고 그 각도에서 상황으로 연결하세요. 자기 자신을 연기하지 마세요 — 우리와 함께 집단적 사건을 공동-촉진하세요. 그 말은 이로써 당신은 자신을 재현하고 그에 따라 판결받아야 할 명령으로부터 해방되는 것입니다. 당신은 가령 회의에서 정상적으로 활성화할 수 있는 것보다 당신이 상황으로 끌어들이는 더 많은 차원들을 이용하여 구성할 수 있습니다. 당신이 기여하는 바가 성공했는지 여부는 그것이 옳다거나, 완결되었다거나, 진정으로 당신이냐가 아니라, 오히려 그것이 사건에 불러오는 정동적 힘입니다. 그것은 어떤 기여도 소유될 수 없다는 것을 의미합니다. 왜냐하면 그것 자체로는 효과가 없고, 다만 당신 자신을 위한 그리고 타자들을 위한 조건들의 창조로서만 — 과정적 잠재라는 선물로서 또는 그것이 타자들과 공명하는 방식으로 효과적일 수 있을 뿐인 촉매로서만 효과적일 뿐입니다. 타자들이 당신의 잠재라는 선물을 받을 때, 그들은 그 선물을 당신이 스스로는 취할 수 없었던 자리에 놓습니다 — 그런 다음 당신이 혼자서는 갈 수 없었던 곳으로 갈 수 있게 합니다. 이런 종류의 사건이 작동할 때, 무용수는 철학 텍스트로 이동할 수도 있습니다. 자신들이 준비했다고는 결코 생각해 본 적도 없는 방식으로요. 그리고 철학자는 개념을 운동으로 번역하고 있는 자신을 발견할 수도 있습니다. 그런 일들이 일어날 때, 그것은 사건이라고 부를 만합니다. 사건들은 항상 초개체적이고, 잠재들을 불러옵니다. 그것은 개체적으로는 결코 도달해 볼 수 없었던 것이죠.

이런 종류의 상황에서 언어 사용은 매우 다릅니다. 한편으로 아라카와와 진스의 관점에서 그것은 절차적입니다. 그것은 표현에 집단적으로 끌어들일 수만 있는 개방된 방식으로 상황 속에 일정한 잠재들을 부착시키는 데 사용됩니다. 다른 한편, 언어 사용은 반드시 무엇인가를 불러일으키는데, 그 이유는 생겨날 것이 미리 정해지지는 않았지만, 결국 생겨야 하고, 어떻게 생기는가는 관계에 따른 선취 나름이며, 사건이 펼쳐지는 바에 따라 분명해질 것이기 때문입니다. 아직은 완전히 형성되지 않은 이러한 잠재의 환기는 절차 언어the procedural language에 시적인 날카로움을 줍니다. 우리는 아라카와와 진스의 글에서 이러한 시적-절차의 언어 사용을 볼 수 있습니다. 우리는 그것을 시로 읽을 수 있습니다, 그리고 그것을 경험적 사건-만들기를 위한 지도 매뉴얼로 사용할 수 있습니다.

매닝 아마도 우리가 가장 반대하는 언어 형식은 토론일 겁니다. 그리고 개념들을 제정하거나 그것들을 활성화하지 않은 일반적 정위일 겁니다. 이런 이유 때문에 우리는 철학 텍스트를 이벤트-기획 과정에서 아주 꼼꼼히 작업합니다. 우리가 바라는 것은 '물론, 모두가 알고 있듯이…'와 같은 식의 일반적 진술에서 벗어나는 것입니다. 대신에 우리가 참여하고 있는 작업에 특이하게 연결된 방식으로 말하는 것입니다. 매들린과 그날 다섯 시간을 함께 했을 때, 모든 시간은 우리가 해야 할 작업 차원의 언어 문제에 할애되었습니다. 우리 자신을 정위하는 수준 또는 논쟁의 수준이 아니었습니다.

마수미 토론 문제에서 저를 괴롭힌 것은 토론은 [이해관계의] 지분들이 주어지고, 그것들과 함께 위치들에 대립한다는 사실을 전제한다는 것입니다. 따라서 유일한 문제는 누가 어떤 위치들을 얼마나 설득력 있게 재현할 것인가입니다. 우리가 하는 말들은 그 지분들을 재발명합니다.[21]

브루너 이런 종류의 미리-규정된 지분들을 피하고 계속해서 집단적 생각에 활기를 주고, 실천하고 글을 쓰는 것은 필연에 대

---

21. [옮긴이] 언어 문제와 토론에 관한 이 긴 해설을 통해 이들이 비판하는 토론 형식은 토론에 참여하는 사람들이 자신의 주장, 의견, 믿음이라는 지정된 위치에서 상대에 반대하고, 각자의 주장을 보존하는 방식으로 진행된다는 점이다. 이에 반해 이들이 추구하는 집단적 구성은 자신의 정위를 보존하는 것이 아니라, 하나의 프로젝트를 두고 다수가 집단적으로 참여함으로써, 집단적인 정위가 형성되어 가는 과정, 절차들의 현실화로 나아간다.

한 전혀 다른 의미에 이릅니다.[22] 그래서 필연의 문제는 언어 사용의 일반화를 어떻게 피할 것인가, 그리고 우리가 언어에 대해 어떻게 생각하고 말할 것인가와 관련이 있습니다. 따라서 그것은 학문적인 이름 짓기의 방식으로 부여될 수 있는 어떤 것이 아닙니다. 저는 여기서 들뢰즈의 작업을 생각하고 있습니다. 그리고 관행적으로 이루어진 방식의 이름 짓기를 그가 어떻게 반대하는지에 대해서도 생각합니다. 왜냐하면 그러한 이름 짓기는 우리가 관계 속에서 조율하고 있는 것의 직접성 안에 있는 필연에 의해 도출되지 않는 미리 설정된 구조를 부여하기 때문이죠. 우리가 지금 말하고 있는 식의 필연의 정치학은 무엇이 될까요?

매닝 들뢰즈는 필연의 개념을 니체로부터 이어받았습니다. 니체는 필연의 문제를 사건의 요청에 가져다 놓았습니다 ― 이것은 그의 『차라투스트라는 이렇게 말했다』[23]에서 '순간'이라고 부르는 구절 속에 뚜렷이 관류하고 있습니다 ― '이 특정한 결정의 필연 안에서 창조된 존재 양태는 무엇인가?' 이 텍스트에서 결정의 뜻은 화이트헤

---

22. [옮긴이] 여기서 necessity는 '필요'로 옮길 수도 있고, '필연'으로 옮길 수도 있다. 다소 뉘앙스는 다르지만 이들의 논의에는 둘 모두 함의되어 있다. 다만, 삶의 실용성 혹은 실행성(pragmatic)의 관점에서 본다면 '필요'이고, 사건 속에서 요청되는 어떠한 불가피함이 존재한다는 점에서는 '필연'이라고 해석할 수 있다. 어떤 경우든 이들이 강조하는 것은 외부로부터 우연히 주어진 삶의 외재성에 대립하는 내적인 요구, 즉 사건으로부터 불가피하게 발생하는 것으로서의 삶의 내재성이라는 점에 주목해야 할 것이다.

23. [한국어판] 프리드리히 니체, 『차라투스트라는 이렇게 말했다』, 정동호 옮김, 니체편집위원회 감수, 책세상, 2000.

드의 결정 개념과 같습니다. 계속 흐르는 과정의 운행을 중단하는 것이죠. 이것은 시몽동의 변환transduction 개념과 유사합니다. 그것은 개체의 의지가 아닙니다. 그것은 나에게 불가피하다[혹은 필요하다]고 내가 판단했기 때문에 나는 이런 식으로 살아간다의 문제가 아니라, 오히려, 선생님께서 말씀하셨듯이, 사건이 자기의 필연[혹은 필요]의 형식들을 어떻게 구성하는가의 문제입니다. 이것이 의미하는바, 우리가 해온 실천과 과정의 여러 단계에서 우리는 필연과 어떻게 조우할 것인가를 다시-생각해야 하는 것입니다. 때로는 그 필연이 정말로 절망적입니다. 그것은 우리가 원하거나 나타나리라고 상상하는 대로 나오지 않습니다. 필연에 대한 이러한 접근은 투입된 테크닉들과 권능화 제약들 그리고 그들이 생산하는 효과들에서 믿기 어려울 정도의 유연함과 철저함을 요구합니다. 그것은 이해관계의 지분들이 무엇인지의 문제로 귀환하도록 요구합니다. 그들이 어떻게 발생될까요? 어떤 종류의 기술이 가능할까요? 이 특정 행위는 형성 과정에서 다른 행위들과 어떻게 공동-구성할까요? 이 모든 문제들은 자신들만의 필연의 과정을 산출합니다. 우리의 작업은 절차적으로 그리고 기술적으로 우리가 살아갈 수 있는 존재 양태들을 생산하는 방식으로 이러한 필연들을 구성한다고 볼 수 있습니다.

마수미 우리는 미학정치의 형태로 우리가 하는 일에 대해 많은 것을 이야기합니다. 말뜻을 좀 넓혀서 우리는 그것이 미학aesthetic이라고, '경험 과정'에 대한 조회라고 생각합니다. 〈감각실험실〉이 하는 일은 사건의 실천으로서 경험의 과정을 집단적으로 실험하는 것입니다. 우리가 '미학'이라는 말을 하고, 그것을 정치와 결합하면, 많은 사람들이 발끈합니다. 미학이라는 것이 제약 없는 표현이라는 자유로운 유희의 왕국쯤으로 생각하기 때문이죠. 반대로 우리에게 미학은 삶의 필요에 즉각적으로 연결되어 있습니다. 어떤 활동이든 흡인력이 있으려면 걸린 지분들[이해관계들]이 있어야 합니다. 〈감각실험실〉에서 조직하는 여러 이벤트들이 많은 사람들을 끄는 이유는 그들이 가정이나 제도권 안에서 겪는 일상적인 상황들 속에서 무너지고 있다고 느끼기 때문입니다. 제도권 차원에서 자유가 없지는 않습니다. 그러나 그 상황을 지배하게 되는 순응 양태들에 의해 저항의 선택지들이 사전-지정됩니다. 거기서 발명이란 불가능하죠. 사람들은 필요의 차원에서 우리 이벤트에 옵니다. 생존의 문제로요. 많은 사람들이 망설이고 좌절합니다. 어떻게 계속해야 할지 모릅니다. 그들은 만성적으로 지쳐 있는지도 모릅니다. 아니면 그들의 창조적 역량이 고갈되고 있는지도 모릅니다. 그들의 저항력은 많은 부담을 느껴 왔습니다. 그래서 그들은 뭔가 재충전할 방법을 찾고 있습니다. 그것은 자유로운 선택과 무제한의 표현이라는 미학적 장으로의 도피가 아닙니다. 그것은 삶의 필연입니다. 이들의 열망에 부응해서 우리가 제공하는 것은 무제한의 환경이 아닙니다. 우리는 종종 강조합니다 : 다 되면, 아무것도 없다. 우리가 하는 것은 시적-절차적으로, 권능화 제약으로 설정됩니다. 이들은 특정한 조건들을 설정하기 위해 설계된 기제들로 구조화된 즉흥연주 같은 무엇인가가 발생하는 발명적 상호

작용을 허용합니다. 상황은 긍정적으로 제약을 받습니다 : 우리가 희망하는바 집단적 표현 과정이, 예기치 않은 무엇인가가 출현할지도 모르는 과정 속에서, 전개되도록 하는 조건들을 창조하는 방식으로 조절되는 것입니다. 그 희망은 그렇게 출현하는 것이, 이 이벤트의 소멸을 넘어서, 집단적 역량의 일종의 전염을 통해, 추가 실험으로 피드포워드될지도 모른다는 것입니다. 우리에게 미학적인 것은 삶으로부터의 도피가 아닙니다. 정반대입니다 : 그것은 삶의 필연에 참여하는 다른 방식입니다. 표현적인 잠재적 정치를 이런 식으로 실험하게 하는 것은 필연이라는 요소입니다. 그리고 시초부터 사멸을 넘어서까지 일어나는 그 과정의 집단성입니다. 그것은 앞서 우리가 이야기했던 들뢰즈의 용어를 변형해서 '도래할 정치'politics to come의 실천입니다.[24]

---

24. [옮긴이] 들뢰즈는 여러 곳에서 집단적 정치성을 '도래할 민중'(people to come)이라는 용어로 써 왔다. 이를 변형한 용어로 보인다.

6장 몸은 무엇을 할 수 있는가?

아르노 뵐러와의 인터뷰

아르노 뵐러(이하 뵐러)[1] 어제 텐즈쿼티어 비엔나Tanzquartier Vienna 에서 있었던 에린 매닝과의 워크숍에서 주요 연구 주제는 스피노자의 물음 '몸이 무엇을 할 수 있는지 우리는 아는가?'였습니다. 이 물음이 선생님의 철학적 작업 그리고 〈감각실험실〉에서 하는 작업과 어떤 특별한 연관성이 있습니까?

브라이언 마수미(이하 마수미) 이 물음은 제게는 대단히 흥미롭습니다. 저는 이 물음을 과정철학의 관점에서 접근합니다. 과정철학은 창조성을 관심의 중심에 놓고 있죠. 그것이 이 세상 어디에서 발견되는가, 또 그것이 자신을 어떻게 표현하는가와 같은 관심입니다. 스피노자의 그 물음 '우리는 몸이 무엇을 할 수 있는지 아는가?'에 대한 대답은, 간단히 말해 '아니오!'입니다. 몸 안에는 즉흥성의 힘들, 발명의 힘들이 존재합니다. 우리는 이제 막 파헤치기 시작했을 뿐입니다. 두뇌가 필요하지 않은, 또는 두뇌를 가진 동물들에도, 의식적인 계산과 무관하게 기능하는 육체적인 능력들이 존재합니다. 여기에는 생각하는 능력들로 분류해야 할 그러한 능력들도 포함됩니다. 최근에 저는 『동물들이 가르치는 정치』라는 책에서 동물성과 본능에 대해 글을 썼습니다.[2] 특히 저는 뇌 없는 생물체에 즉흥성과 심지어 문제해결 능력이 존재한다고 주장하는 과학자들이나 이론가들에 흥미를 느낍니다.

---

1. 아르노 뵐러(Arno Boehler)와의 인터뷰 (2013).

2. Brian Massumi, *What Animals Teach Us about Politics* (Durham, NC : Duke University Press, 2014).

다윈이 그 유명한 사례 중 하나입니다. 그는 수년 동안 뒷마당에 있는 지렁이를 관찰했습니다. 그는 지렁이들의 즉흥적인 역량에 대해 언급합니다. 침입자나 물이 들어오지 못하게 굴의 구멍을 막는 등의 기본적인 기능 수행에 관한 것이죠. 그는 지렁이들의 행동에 일반적인 도식이 존재한다고 말합니다. 그러나 지렁이는 뇌가 없는데도 개별 상황이 주는 우연성을 고려해서 문제를 새롭게 해결하는 즉흥적인 수행 능력이 있다고 합니다. 다시 말해, 지렁이들은 주제에 대한 변주를 발명하는 겁니다. 그는 이것이 벌레들의 '정신적 힘' 또는 정신상태의 정도를 증명한다고 분명히 말합니다.

이 사실은 몸이 무엇을 할 수 있는가에 대한 물음에 있어 흥미로운 부분입니다 : 즉 '몸은 생각할 수 있는가?' 화이트헤드처럼 정신성을 정의한다면 ─ 주어진 것을 넘어서는 능력 또는 새로움을 산출하는 능력 ─ 본능적인 활동에서 발휘되는, 심지어 뇌가 없는 생물체에서 발휘되는 즉흥적 변주는 어느 정도 또는 일정한 양태의 정신성을 보여 준다고 할 수 있습니다.[3] 정신성에 대한 이런 식의 개념은 정신과 육체에 대한 데카르트적 구분을 무너뜨립니다. 그러나 단순히 서로에게 무너지게 하거나 하나를 괄호로 묶어내지도 않습니다. 그것은 육체적인 것과 정신적인 것을 어떻게 규정할

---

3. [옮긴이] 베르그송의 생명론으로부터 일정 부분 영향을 받았던 화이트헤드는 물질과 정신의 본성적 차이에 대한 베르그송의 논의와 같은 맥락에서 정신성을 파악한다. 이에 따르면 외부의 자극을 흡수하거나 거부 ─ 가령, 통각의 기능 ─ 하려는 노력 ('신경판 위에서의 운동 경향')은 유기체가 자신을 보존하려는 노력임과 동시에 자신에게 주어진 물적 조건을 넘어서고자 하는 의지 같은 것이기 때문에, 물질과 본성적으로 다른 정신성의 특이점이라 할 수 있다. 베르그송의 경우 이 특이점을 지배하는 것을 감정으로 제시하기도 한다.

지, 그들을 어떻게 함께 분석할지 재고할 것을 강요합니다.

화이트헤드에게 몸의 육체적 차원은 과거에 순응하면서 수행되는 행위와 일치합니다. 과거와 동일한 계열들을 따라 계속 가면서, 동일한 도식을 따르면서요. 따라서 육체적인 것은 이미-출현한 형태에의 순응의 원리입니다. 정신성을 특징짓는 것은 새로운 형태들을 변통하기 위해 이 소여를 넘어서는 능력입니다. 제가 '마음'the mind이라고 하지 않고 '정신성'mentality이라고 한 것에 주목해 주세요. 여기서 정신성이란 일종의 활동양태입니다. 그리고 그 기능은 육체적인 것과 대립하지 않고 함께 그리고 그것을 통해 작동합니다. 육체적인 것을 연장시키고 갱신하면서 말이죠.

동물들이 수행하는 모든 본능적인 행동은 – 본능의 근거를 가지지 않은 행동이 어디에 있겠습니까? – 정신적인 것과 육체적인 것, 이 두 요소를 모두 가져야 합니다. 그들은 함께 작동해야 합니다. 그렇지 않으면 동물의 행동은 완전히 부조리해질 겁니다. 본능이 자신의 변주를 창출하지 못하고, 새롭게 번성하지 못하고, 자기 자신을 운용할 새로운 형태들을 발명할 능력이 없었다면, 본능은 판에 박힌 진부한 방식으로 환경에 반응하는 것에 지나지 않았을 겁니다. 환경이 변하지 않았다면 이것도 나쁘지 않았겠죠. 그러나 환경은 언제나 변합니다. 따라서 동물의 본능적 활동은 환경의 변화에 감겨야 합니다. 변화에 맞추어 빨리 변해야 하는 겁니다. 그것은 자기-반성적 의식에 선행하는 그리고 그에 의존하지 않는, 전-반성적 작용으로 몸체의 수준에서 일어나는, 창조적 정신성의 첫 번째 단계라고 정의할 수 있습니다.

뵐러 니체는 『차라투스트라는 이렇게 말했다』에서 많은 동물들을 제시합니다. 아마도 우리의 인간적인, 너무도 인간적인 정신성에도 전-반성적 형태의 생명이 존재한다는 사실을 보여 주려고 했던 것이 아닐까요? 인간 존재에 외적인 어떤 것으로서가 아니라, 거의 초-인over-human의 능력들을 이따금씩 보여 주는 인간 존재 안의 전-인간적 형태의 삶으로서 말이죠.

마수미 니체는 '초-인'을 인간에 의한 인간의 동물성의 재발견이라고 보았습니다. 따라서 니체는 선생님께서 제안하시는 방식을 아주 많이 생각했던 것이죠.

제가 말한 본능은 '초정상적 자극'supernormal stimulus이라 불리는 어떤 것입니다. 저는 '초정상적 경향성'supernormal tendency이라고 부릅니다. 이 말은 니코 틴버겐Niko Tinbergen이 연구한 동물행동학ethology에서 본능에 관한 초기 연구에서 왔습니다.[4] 그에 따르면 본능은 일종의 자동적, 기계 같은 기폭제로 특정한 자극에 의해 판에 박힌 진부한 일련의 행동들을 자아냅니다. 틴버겐이 알고 싶어 했던 것은 정확히 어떤 자극이 특정한 본능적 행위들을 자아내는가였습니다. 그는 그 기폭제로 작용하는 지각의 요소들을 분리하려고 했습니다. 그는 자극으로 따로 분리될 수 있는 고정된 형식 또는 게슈탈트 구성이 존재할 것이라고 가정했습니다.

---

4. [옮긴이] 네덜란드 출신의 영국 동물행동학자이다. 주로 어류나 조류 등 동물의 행동을 야외 관찰과 실험실 연구를 결합한, 특히 모형을 사용한 실험 등으로 본능의 기본적인 메커니즘을 해명하였다.

놀랍게도 그는 그러한 역할을 하는 영속적인 형식을 따로 분리하기가 불가능하다는 사실을 발견했습니다. 그가 발견한 것은 반응이 관계들에 대한 것이라는 점입니다 – 분리될 수 없었던, 그리고 선험적으로 어떠한 특정 지각의 특질들로 제한되지 않았던 일련의 연계된 요소들에 대한 반응인 것이죠. 그의 결론에 따르면 [반응을 일으킨] 그 자극은 단순화할 수 없을 정도로 관계적이었습니다. 그리고 이 관계적 자극들은 유사성의 원리에 따라 작동하지 않았습니다. 그는 자연 안에서 동물들이 흔히 접하는 모양을 닮은 유인 미끼들을 만들어서 실험했습니다. 그리고 반응을 유도하려면 어떤 요소들이 필요한지 알기 위해 그 미끼들의 특성을 다양하게 했습니다. 그렇게 해서 결론에 도달한 것입니다.[5] 그는 요소들이 변하지 않을 수 없었다는 사실을 발견했습니다. 실제로 그는 대부분의 "자연적" 형태들에 대해서는 동물들의 반응이 덜 '열정적'passionate이었다는 점을 알게 되었습니다. 틴버겐 자신도 반응들의 열정이라는 용어로 말합니다. 하나 이상의 지각 요소에 동시에 영향을 미치는 변형들deformations에 대한 반응들이 가장 열정적이었습니다. 모든 관계-장의 변형이 똑같이 열정적이었던 것은 아닙니다. 동물들이 가장 강하게 반응했던 것들은 그 장 내 지각의 특

---

5. [옮긴이] 틴버겐의 행동이론은 자극에 대한 반응(행동)이 집단화되어 나타나는 다층적 복잡성을 특징으로 한다. 예컨대 꿀벌 실험에서 꿀벌은 특정한 색의 종이꽃을 보면 호기심은 나타냈지만, 그 꽃에 앉지는 않았으며 적절한 향기가 날 때만 앉았다고 한다. 향기가 내는 화학적 자극이 벌의 시각적 반응에 연쇄된 충동을 허용하여 종이꽃에 앉아 입을 대고 빨도록 하는 방출된 용기를 촉발한 것이다. 이것은 에너지의 충동적 방출에 따른 행동의 감행이 특정한 감각적 자극에 대해 단선적이지 않고 집단적이고 관계적이며 다층적이라는 사실을 말해 준다.

질들을 강렬하게 했던 것들이었습니다 ─ 가령 대비를 강화하는 식으로. 그 점을 파악하고 난 다음에도 틴버겐은 여전히 반응들을 예측할 수 없었습니다. 즉흥적 반응들이었던 겁니다. 어떤 경우엔 자발적이었습니다. 틴버겐은 어떻게 해야 할지 정말로 몰랐습니다. 자신의 이론적 틀과 맞지 않았거든요. 결국 그는 손을 놓으며 영원한 미스터리라고 말하기에 이릅니다. 그러나 우리는 여기서 증폭된 경험적 강렬도의 방향으로 가는 변형들을 향한 경향성이 존재한다는 결론을 도출할 수 있습니다. 이러한 경향성은 본능 자체 내에 고유한 것입니다. 따라서 경험의 자발성으로부터, 스스로 변이들을 창조하는 것은 본능에 속하는 것입니다. 본능은 원래가 창조적인 것이죠.

틴버겐은 인정하고 싶지 않았지만, 본능의 핵심에는 발명의 힘이 존재한다는 사실을 그는 발견했습니다. 이것이 의미하는바, 창조성은 선천적이라는 것입니다. 창조성은 우리의 본성입니다. 이렇게 말할 수도 있습니다. 주어진 것을 창조적으로 뛰어넘으려 할 때, 우리는 우리 자신의 동물성과, 동물적 삶에서 가장 특이한 것과 가장 밀접해 있습니다. 이것은 신-다윈주의자들처럼 동물의 삶을 적응이라는 견지에서 규정하려는 이론가들의 경향에 근본적인 문제를 제기합니다. 실제로 이것은 모든 규범적인 생각에 문제를 제기합니다. 초정상적인 것the supernormal에 대해 ─ 전형적인 것을 창조적으로 초월하고, 과거 형태들과의 유사성에 의해 제한되기를 거부하는 것에 대해 ─ 더 많이 생각할 필요가 있다는 것입니다.

앞서 제가 언급했듯이, 화이트헤드는 과거의 사건과 현재의 사건 간의 순응이나 적합을 자연의 물리적 축으로 규정합니다. 우리는 두 가지 경향성의 공동-기능, 또는 협동의 관점에서 생각해야 합니다. 한편에는 현재의 경향이 있습니다. 이것은 과거에 일어났던 것에 순응하면서 미래로 뻗어갑니다. 이것은 항상성homeostasis 쪽으로, 강렬도의 유출 또는 평형상태로의 회귀 쪽으로 가려는 경향입니다. 반대편엔 이와 마찬가지로 강한 경향성이 있습니다. 초정상적인 쪽으로, 본능적인 도식들 그리고 환경에 대한 그들의 적응이라는 소여를 초월하려는 강렬한 변형 쪽으로 가는 경향입니다. 이것이 바로 화이트헤드가 정신으로 규정한 활동 양상입니다.

여기서 중요한 것은 이 두 경향을 분리해서 생각할 수 없다는 점입니다. 그것은 양자택일의 문제가 아닙니다. 정신적인 것과 물리적인 것은 서로 반대가 아닙니다. 그들은 협동자들입니다. 그들은 동일한 작용의 두 차원입니다. **활동성의 두 축.** 그들의 협동은 다사다난합니다. 에피소드들로 되어 있습니다.

정신성mentality과 육체the physical를 사건 밖에 있는 것으로 규정하는 것은 말이 안 됩니다. 그 둘은 모든 사건 내에서 공동 발생하는 활동의 대조적 차원들 또는 양태들이라고 생각해야 합니다. 그런 식으로 본다면, 문제는 더 이상 그 마음the mind 또는 그 주체the subject의 문제가 아닙니다.[6] 정신 활동은 명사로 포획할 수 없습니다. 또한 몸을 본체적 사물a substantial thing이라고 말할 수도 없습

---

6. [옮긴이] 마수미가 말하는 mentality는 사고 활동, 생각하고, 느끼고, 기억하는 등의 정신적 '활동'을 뜻하고, mind는 육체와 대립하는 '상태'로서의 주관성을 지칭한다.

니다. 몸을 본체substance로 환원할 수 없습니다. 우리는 지금 사고의 축과 육체의 축에 대해 말하고 있습니다 ; 사고의 차원과 육체의 차원 ; 주어진 것으로부터 추상abstraction 또는 추출extraction 쪽으로 가는 경향, 그리고 주어진 형태들을 연장함으로써 소유할 수 있는 안정성 쪽으로 가는 경향이 있습니다. [명사와 같은 내용을 가지는] 실사들the substantives을 제거하면, 남는 것은 부사들입니다 — 사건의 특질들이죠.

몸은 무엇을 할 수 있는가라는 질문에 대해 '생명이 그 대답이 아닌가?'라고 말한다면, '그렇다'라고 대답할 수 있습니다. 그러나 생명을 부사로 만들어야 합니다 : 생생히lively.7 그것은 생생함liveliness 또는 살아감liveness에 관한 겁니다. 생명의 본체는 없습니다. 생명[삶]은 사물이 아닙니다. 생명은 사건의 정신축과 육체축이 함께 나오는 — 매번 다르게, 언제나 특이한 상황들하에서, 차이, 즉흥으로 된 새로움의 세계에서 축적이라는 일반적 방향으로 움직이는 — 방식입니다. 생명은 사물들 사이의 간극들 안에 있다고 화이트헤드는 말합니다 — 사물들이 관계하는 방식으로, 사물들이 새로운 형태들의 발생, 또는 개체발생을 향한 지배적인 경향성의 사건들 안에서 함께 나오는 방식으로.

---

7. [옮긴이] 마수미는 삶을 명사가 아닌 부사로 만들어 그 활동성을 강조하고 있다. 그러나 그가 사용한 lively는 형용사이며, 부사는 livelily이다. 그가 부사로 오기했거나 습관적으로 쓴 것으로 보인다. 간혹 lively를 in a lively manner의 뜻으로, 그리고 발음상의 편의로 구어에서 부사처럼 사용하는 경우가 있지만, -ly로 끝나는 형용사를 부사어로 사용하는 것은 비문법적이라 할 수 있다. 여기서는 맥락을 감안하여 부사로 옮겼다.

개체발생 경향은 그와 대조적인 계통발생 경향 없이는 작동할 수 없습니다. 생명이 항상 한계 지점에서 살 수는 없습니다. 생명이 항상 강렬도의 한계로 밀어붙이고, 새로운 형태들을 창조한다면, 계속 생존할 수 없습니다. 생명은 안정성의 정도가 필요합니다. 휴식의 오아시스죠. 언제나 무질서하게 평형-에서-멀리 있을 수는 없습니다. 생명은 스스로 새로워지기에 대비하기 위해 자신의 발판을 찾아야 합니다. 이것은 생명이 정신축과 육체축 간의, 적합과 초정상적 초과 간의, 하나의 사건과 다른 사건 간의, 그 밖에 활동 중인 모든 다양한 요인들 간의 운동이라는 사실을 의미합니다. 생명은 그 간극들 안에서 삽니다. 물론, 제가 방금 정신축에 상응하는 것으로 초정상적 경향이라고 말했던 것이 지배적인 경향입니다. 생명은 자신의 방향으로 편향되어 있습니다 ─ 그렇지 않다면 생명이 그토록 변화 가능하지 않을 것입니다. 우리가 자연 안에서 그리고 문화 안에서 보는 형태들의 풍성한 확산은 존재하지 않을 것입니다.

뵐러 선생님께서는 워크숍에서 현대 철학자들은 관계 형식의 논리를 구성해야 한다고 주장했습니다. 이 '생생함'을 생각하고, 그럼으로써 고전적인 이원적 형식의 논리를 해체하기 위해서요.

마수미 생명의 문제를 좀 더 생각해 보죠. 저는 생명체가 자기-안에 있는 존재가 아니라고 생각합니다. 그것은 자기-능가하는 존재입니다. 다르게 말해, 그것은 새로운 역능의 현실화 속에서 이미-실현된 역능을 초과하는 경향을 따릅니다. 선생님께서 말했듯이, 그 과정은 관계적입니다. 관계를 우선적으로 생각하려면, 전혀 다른 논리가 필요합니다. 전통적인 논리는 분리의 논리거든요. 전통적으로 볼 때 기본적인 논리적 제스처는 X를 X-아님과 분리하는 것입니다. 그런 다음 주어진 어떤 사례가 X의 집합에 포함되는지를 정당화하는 일반적인 특성들을 규정합니다. 배제로 시작해서 같음으로 끝내는 것이죠. 그것은 자기-능가의 과정으로 우리를 이끌지 않습니다. 그것은 우리를 더 이상은 할 수 없는 안정적인 사유 구조로 이끕니다. 그 논리를 무효화하려면, 우리가 중간을 배제하는 — X, 아니면 X-아님 — 배중률의 원리로는 운용할 수 없다는 점을 인정해야 합니다.[8] 그러나 우리는 또한 그 배제적 논리의 해체까지도 넘어서야 합니다. 우리는 보다 포괄적인encompassing 논리를 긍정하는 쪽으로 나아가야 합니다. 그 논리는 제가 '상호 포함'mutual inclusion이라고 부르는 것을 다룰 수 있는 논리입니다. 그 영역에 도달하면, 거기에는 피할 수 없는 역설들이 묻혀 있다는 사실을 알게 됩니다.[9] 우리는 그 역설들을 어떻게 생산적으로 만들지를 파악해야 합니다. 그러한 논리에서는 X와 X-아님보

---

8. [옮긴이] 흑백 논리의 문제가 아니라는 뜻이다. 정동(정치)의 윤리는 조율이고, 조율이란 선별하고 판별하는 것이 아니라, 질적 다양성을 고려하고, 그에 따라 동일한 사물이나 관계를 전혀 다른 맥락 속에서 되돌아오게 할 수도 있는 방식이기 때문이다. 마수미가 말하는 정동정치에서는 배제가 없다. 거기에는 끊임없는 조율의 반복, 강렬한 긴장의 지속적 변용들만이 있으며, 이것이 바로 과정적 관계의 논리이다.

9. [옮긴이] 역설은 서로 대립하고 모순되는 항들의 공존에 대한 통찰이라 할 수 있다. 시간성 안에서만 드러나는 역설은 질적 과정에 천착하는 정동정치에서 매우 중요한 개념이라 할 수 있다.

다 더 많은 항들이 존재합니다. 중간을 포함하기 때문입니다.

여기 텐즈쿼티어 비엔나에서 밤에 했던 말 중에서, 저는 일종의 발생으로서의 가상태the virtual에 대해 말했습니다. 그때 저는 카니자 삼각형Kanizsa triangle이라고 부르는 아주 간단한 시각적 환영에 대해 말했습니다. 세 개의 검은색 원이 삼각형을 이루어 놓여 있습니다. 각각의 원은 중간이 잘려 나가 각이 있고, 이 각들이 서로 마주 보며 삼각형의 꼭짓점을 연상시킵니다. 그걸 보면 삼각형이 보입니다. 실제로 삼각형의 선분은 그려져 있지 않은데도요. 제가 말했듯이 서로 간에 실제적인 연결 없이 각자가 분리된 별개의 요소들이 형성하는 이접적 복수성the disjunctive plurality은 돌-출 효과a pop-out effect라고 부르는 현상의 조건들을 창조합니다. 이것은 일종의 발생 효과입니다. 그것은 부지불식간에 나와 자신을 시야에 들이밉니다. 그것은 실제로는 거기에 없는, 그러나 그 상황이 우리의 지각에 대해서만 존재하는 것에 국한된 어떤 것의 직접적인, 거부할 수 없는 비전입니다. 그 상황은 실제로 거기에 없는 것 ― 실재하는real, 가상적 삼각형, 또는 제가 『가상과 사건』에서 '유사'semblance라고 말했던 것 ― 을 어떻게 우리가 보지 않을 수 없는지의 문제입니다.[10] 그 삼각형은 실제로 꼭짓점 모서리들을 연결해 주는 선이 없다는 점에서 가상적입니다. 그것은 가상적입니다. 그런데도 나타납니다. 그 삼각형은 가상적이지만 실재합니다. 여

---

10. [옮긴이] actual은 감각이나 행동 또는 물질성에 의해 드러난 것으로 '실제적'으로 옮기고, real은 드러나지 않은 잠재태나 가상태까지도 포함한 것으로 '실재적'이라고 옮겼다. 요컨대, 카니자 삼각형은 실제적이지는 않지만 실재한다.

기서 말하는 실재가 자신의 현존을 고집할 수 있는, 그리고 우리가 볼 수는 없어도 받아들여야 하는, 힘을 가진다면 말이죠.[11] 이 가상 삼각형의 실재성은 그 상황을 보이지 않는 것, 또는 더 일반적으로는 지각할 수 없

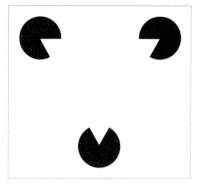

카니자 삼각형

는 것이 어떻게 사건의 특징이 되는가의 문제로 만듭니다. 비록 이 효과가, 주어진 조건하에서, 예측 가능하고 반복적이긴 하지만, 거기에는 여전히 어떤 새로움이 있습니다. 왜냐하면 우리가 보지도 않고 바라보는 그 아른거리는 삼각형의 발생은 어떤 점에서는 매번 새롭기 때문입니다. 그것이 자신의 출현을 고집하는 것에는 놀라운 점이 있습니다.

어제 이야기의 요점은 다수의 논리와 단일의 논리를 분리할 수 없다는 것이었습니다. 왜냐하면 단일은 다수로부터 나오기 때문입니다. 단일은 다양한 요소들의 소여the givenness 사이의 분리를 가로질러 출현하는 관계의 사건으로서 초래됩니다.[12] 잘려 나간 각

---

11. [옮긴이] 마수미의 이 해석은 다른 의견에 의해 비판받을 수도 있다. 현상학자들이 주장하는 게슈탈트와 유사한 이 삼각형 효과는 지각의 습관적 경향이라는 해석도 가능하기 때문이다. 즉 그것은 미리 주어진 지각 체계의 산물일 수도 있다는 말이다. 색에 대한 실질적 감각과 구분되는 색 지정과 마찬가지로, 그것은 주어진 체계에 따른 분류로 인한 사건의 경로화인 것이다.
12. [옮긴이] 예를 들어 마차를 타고 가며 좌우 창문을 통해 바라보는 창밖은 파편화된

들이 자아내는 순환 사이에서 무엇인가가 일어납니다. 그 사이에 벌어진 거리를 채우기 위해 그 삼각형이 발생하는 것이죠. 그것은 우리가 실제로 보지 않고도 보는 형상과 마찬가지로 그 자신의 가상적 실재성의 표현으로 ― 그 자신의 통일된, 비-분해 가능한, 직접적이고 거부할 수 없는 돌-출 효과 ― 뿐만 아니라, 그들 간의 분리의 표현으로도 출현합니다.[13]

제가 말하려고 했던 것은 동시에 일어나는 두 가지 논리가 있다는 것이었습니다. 그 둘은 항상 공동-출현합니다. 그러나 우리는 하나를 버리고 다른 하나에만 주의하기도 합니다. 예를 들어, 우리는 그 가상 삼각형의 세 변을 셀 수 있습니다. 그러나 그러는 가운데 그 돌-출 효과 자체의 직접성을 경험하지는 않습니다. 거기에 실제로 없는데도 우리가 보지 않을 수 없는 삼각형 발생의 놀라움은 신경 쓰지 않고 있는 것이죠. 거기에는 동일한 사건의 여러 양상들로서 다양한 것과 단일한 것의 상호 영향 ― 공동-영향 ― 이 있습니다. 그 사건을 설명하려면 서로 다른 양상들이 어떻게 공동-구성하는지에 대한 일종의 논리를 사용해야 합니다. 단일한 것과 다양한 것, 발생적인 것과 주어진 것을 서로 대립하는 것으로 간주하면 사건을 놓치게 됩니다. 그 돌-출 삼각형은 그 다

개별적 풍경들이지만 이 요소들의 관계를 통해 풍경 전체를 환기하는 횡단적 전체성이 형성된다. 마찬가지로 카니자 삼각형의 꼭짓점들은 파편화된 요소들이지만 이들의 횡단적 관계가 전체로서의 삼각형을 가상적으로 현시하는 것이다.

13. 이 예를 가치의 이론으로 확장시켜 확대 분석한 논의에 대해서는 Brian Massumi, 'Envisioning the Virtual', in *The Oxford Handbook of Virtuality*, ed. Mark Grimshaw (Oxford : Oxford University Press, 2014), pp. 55~70을 보라.

양성의 현행적 단일성입니다. 그 다양성이 없이 그것은 거기에 있지 않을 겁니다. 그 다양성은 삼각형 출현의 조건이죠. 그러나 그 발생 자체를 다양성으로 환원할 수는 없습니다.[14]

이것은 어떤 점에서 매우 제한적인, 단순한 예입니다. 아직도 육체적인 것과 정신적인 것 간의 대립의 차원에서 생각하고 싶은 유혹이 있을 수도 있습니다. 예를 들어, 우리는 물질적인 조건들 ─ 페이지 위의 잉크나 화면 위의 픽셀 ─ 과 주관적인 효과로 갈라치기 할 수 있습니다. 그러나 이렇게 간단한 예에서조차, 그[갈라치기]보다는 더 복잡합니다. 왜냐하면 그 삼각형 발생의 조건들은 세 모서리에 있는 감각적인 형상들에 싸여 있는 다른 요소들로 확장되기 때문입니다:간극들을 채우려는 우리 몸의 경향성, 그리고 특히 삼각형 같은 플라톤적인 형상들을 떠올리려는 틀림없이 내적인 정향이 그것입니다.[15] 모서리에 있는 것들의 물질성은, 경향성이라는 이 비감각적인 기여 ─ 비감각적 삼각형이라는 형태로 표현되는 ─ 가 없으면, 그 삼각형 사건이 만들어지는 데 있어 아무것도 아닐 겁니다. 그 삼각형은 또한 변들이 감각적으로 입력된 어떤 것과도 그 자체로 일치하지 않는다는 점에서 비-감각적입니다. 우

---

14. [옮긴이] 부분들이 결합함으로써 자아내는 횡단 효과로서의 전체의 발생에 관한 언급이다. 즉 부분과 전체 사이에서 발생하는 다양과 단일의 통일이다. 이에 따르면 부분들의 관계에 의해 전체가 발생하지만, 그 전체는 부분들로 환원되지 않는다. 마찬가지로 가상의 삼각형은 세 꼭짓점이라는 부분들의 결합과 관계의 결과이지만, 가상태로서의 삼각형 전체를 그 부분들로 환원할 수는 없다.

15. [옮긴이] 플라톤적인 형상이란 기하학적 형상들을 지칭하는 것이기도 하고, 우리 안에 미리 존재하는 이데아적인 형상 또는 게슈탈트를 지칭하기도 한다.

리가 종종 정신이나 주관과 대립하는 육체로서 분리하고자 하는 것들은 항상 십자형[횡단선]으로 교차합니다. 그들은 항상 서로를 감쌉니다 ─ 그들은 항상 복잡하게 상호 포함합니다.

배중률의 논리에서 상호 포함의 논리로 넘어선다는 것은 이러한 뒤엉킴을 지칭합니다 : 포함된 중간the included middle, 즉 살아있는 효과들의 개체발생에서 필수적인 요소들이라 할 사고와 육체 간의 십자교차[횡단].

이 상호 포함의 논리는 이접적 다수성의 논리가 아니며, 그 가상적 표현인 역동적 통일[서로 분리된 개별자들의 기능적 접합]의 논리도 아닙니다. 그것은 상호-연관의 논리입니다. 그것은 다수성plurality과는 다른 차원에서, 또는 셀 수 있는 요소들의 집합이라는 의미에서의 다양성과는 다른 차원에서, 순수 다양성pure multiplicities이라고 베르그송이 불렀던 것과 연관이 있습니다. 베르그송에 따르면 자연 안에는 능동적으로 상호침투하고, 과정 속에서 서로를 포함하는 질적 변화가 계속적인 뒤집힘을 통해 이루어지는 현상들이 존재합니다. 그것들은 분리할 수 없습니다. 셀 수도 없습니다. 겹쳐지는 지대들, 서로가 흡수되어 있어서 구별할 수 없는 지대들이 있거든요. 그 뒤집힘이 너무 빨라서, 카니자 삼각형이 하나의 통일된 형상으로 도드라지듯이, 하나의 단일체로서 분리된 형상을 지정할 수 있는 어떤 순간이나 계기라는 것은 존재하지 않습니다.

그[베르그송]은 변화라고 하는 이러한 질적 다양성들은 경향성들이다, 라고 말합니다. 저는 이것이 굉장히 유용다고 생각합니다. 경향성들은 객체들이 관계를 맺는 방식으로 서로 관계를 맺지 않는다고 그는 말합니다. 객체들은 대결합니다. 그들은 같은 자리에 있을 수가 없습니다. 서로를 배제하는 겁니다. 반면에, 경향성들은 충돌할 수는 있지만, 충돌할 때조차 그들은 서로에게 참여할 수가 있습니다 ― 사랑과 증오를 애증이라고 우리가 말할 때처럼 말이죠. 경향성들은 자신의 특성을 잃지 않고도 서로 침투할 수 있습니다. 경향성 각각은 그것이 펼쳐지는 특정한 양태 또는 리듬에 의해 특징지을 수 있습니다. 베르그송은 그것을 음악에서 말하는 '테마'라고 불렀습니다. 그의 생각은 이렇습니다. 경험 초기에는 전-반성적 수준에서 생각이 이제 막 나오기 시작하는, 몸과 분리될 수 없는 수준에서 상호 침투하는 상태 속에 있는 다양한 경향성들이 활동합니다. 상호 포함이란 아직 펼쳐지지 않고 활동 중인 경향성들 같은 겁니다. 그러나 그들은 모두 함께 활동 중입니다. 서로 공명하고 간섭하고, 서로 동요해서 표현이 되도록 하는 것이죠. 이것이 바로 제가 말하는 맨 활성입니다. 결국 생기는 것은 이 맨-활성 긴장의 해소입니다. 지배적인 하나의 경향이 결국 자신을 표현하게 될 겁니다. 아니면 새로운 경향이 그 동요로 인해 발생하는 것도 가능하겠죠. 어떤 지배적인 경향이 표현할 때조차, 어떤 식으로든 그 산통에 의해 굴절되었을 겁니다. 그 긴장이 해소될 때만이 다수성들과 단일성들이 나타납니다. 경향적 다중성은 셀 수 있는 요소들의 공동-출현과 돌-출 통일성 효과들 속에서 스스로를 표현합니다. 따라서 세 가지 수준, 또는 세 가지 차원의 논리가 있습니다 : 경향적 다양성(시간적으로나 공간적으로 분리할 수 없는 질적으로 다른 활성 양태) ; 다수성(공간화할 수 있는 구체적인, 셀 수 있는 요소들의 다양성) ; 그리고 이 요소들의 통일성 (공간에 나타나지만 공간을 점유하지는 않는, 그리고 무시간적 형체, 가령 좀 전에 예를 들었던, 플라톤적인 형상으로 그 순간을 채우는 가상적 돌-출 효과).

이 모든 차원들은 모든 사건으로 진입합니다. 이것은 결국 사건을 특징짓는, 그 모든 것이 무엇이었을지를 표현하는, 마지막 양상, 즉 가상적 실재입니다. 같은 예를 다시 사용하자면, 이것이 바로 '이것은 삼각형 사건이다'라고 하는 돌-출 효과입니다. 좀 더 복잡한 사건들로 옮긴다면, 우리는 사건들을 특징짓는 가상적 실재들의 시기상조에 대해 말할 수 있는 복잡한 방식들을 그에 상응해서 찾아야 합니다. 플라톤적 형상들은 단지 가장 단순하고, 가장 제한된 경우일 뿐입니다. 지금 세부적으로 가지는 않겠지만, 지난번 제가 한 이야기에서 저는 이 주제를 이야기하는 '가치'에 대한 새로운 개념을 소개한 바 있습니다.

제가 지금 말하고 있는 상호 포함의 논리는 질적 차이의 논리에 관한 것이며, 활동 양태들(경향성들)을 그 대상으로 취합니다. 실체론적 의미에서의 개체들, 또는 사건 출현과 분리될 수 있는 작인이라는 의미에서의 주체들이 아닙니다. 니체가 말했듯이, 행위와 분리된 행위자는 존재하지 않습니다. 이 논리가 겨냥하는 것들 중 하나는 양적인 것, 셀 수 있는 요소들의 다수성을 감안하는 것입니다. 그러나 질적 생성의 철학의 일부로 국한해서입니다.

뷜러 그것은 사건의 종류들을 가늠하는 데 있어 큰 문제를 산출합니다. 왜냐하면 그것들을 계량체계로 환원할 수 없기 때문입니다. 그것은 단순히 수의 문제가 아닙니다.

마수미 그것은 기본적으로 측정할 수 없습니다. 물론 측정 가능한 요인들이 연관되어 있고, 그것은 사건의 불가피한 차원이긴 합니다. 회고해 보면, 사건에 기여하는 많은 요인들이 측정될 수 있습니다. 그러나 그 요인들이 비활성이 되는, 또는 비활성으로 다루어질 수 있는, 사건이 지난 후의 흔적으로 다루어질 수 있는 한에서만, 그것들은 측정 가능합니다. 삼각형의 세 변의 측정이 그 사건의 살아있음을 죽이는 것이라고 제가 말했을 때처럼 말이죠. 셈을 하는 동안에는 우리는 더 이상 살아있음을, 돌-출 효과의 놀라움을 경험하지 못합니다.

뵐러 그래서 우리는 그것을 사후에만 볼 수 있을 뿐이죠….

마수미 그렇습니다. 사건 안에는, 셀 수 있는 다양성이 이미 있습니다. 그러나 잠재적으로 있습니다. 삼각형을 보는 것은 변들이 셋임the threeness을 내포하거든요. 그러나 우리는 그것을 잠복해 있는 셋으로 보지 않습니다 ― 우리는 그것을 삼각형이라는 하나로 봅니다. 그것이 자신의 통일을 위해 세 개의 변을 차지하고 있는 것으로요. 다양성은 발생적 효과라고 하는 단일성 안에 감싸여 있습니다. 그 효과를 그 자체로서는 셀 수 없습니다. 그것은 사건의 질적 특성이라는 특이성입니다. 단지 삼각형 하나임 이상입니다. 무슨 뜻이냐면, 그 삼각형의 '단일성'은 수를 셀 때의 '하나'와 는 다르다는 겁니다. 그것은 수로서의 둘이 그다음에 따라오는 [배제되어 텅 빈] 하나가 아닙니다. 그것은 사건으로 진입했던 모든 것을 최종 완결하는 [상호 포함되어 꽉 찬] 하나입니다. 그 삼각형의 단일성인 하나임은 눈에 보이는 모서리들의 다수성을 감쌌습니다. 맨 활성의 수준에서, 스스로 돌출하여, 진입하는 비-감각적 요인들의 다중성과 아울러.

따라서, 결국 그 삼각형의 단일성은 초량적supernumerary입니다. 그것은 사건의 논리적 수치를 넘어서 있습니다. 그 삼각형은 실제로 거기에 있지 않을 것이고 — 실제로 있지 않거든요. 그것은 가외, 잉여입니다. 그것은 잉여-가치입니다. 사건의 질적 특성은 그 단일성에 산 가치를 주는 것입니다. 그러나 그 가치는 결국 잉여-가치입니다. 맨 활성의 측면에서 보면, 경향성들로 상호 포함되어 있는 그 잠재들 또한 초량적입니다. 그들을 각각으로 나눌 수 없으며 셈을 할 수 없다는 점에서, 각각의 경향성에 더하여 서로서로 상호-포함에 상응하는 무차별의 지배들이 경향성들 사이에는 존재하기 때문에, 그리고 또한 그 모든 복잡성 속에서 달여지게 될 새로운 경향성들은 말할 것도 없고, 동요하는 가운데 뒤집히는 경향성들 사이에는 이행들이 존재하기 때문입니다. 원하는 만큼 세어 보세요. 그러나 항상 그 이상 — 잉여 또는 여분 — 이 나올 겁니다. 양 끝에, 사건의 초기에 그리고 그 마지막 특성화 단계에는, 보다-더가 존재합니다 — 들뢰즈는 이것을 '외-존재'라고 불렀습니다.[16] 이것은 세계를 살아있게 유지하는 명백한 불균형을 세계에 제공합니다. 그것은 세계가 균형을 잃게 합니다. 생성의 대차 대조표는 항상 기울어져 있습니다. 마지막 계정은 항상 열린 문제입니다. 이 때문에, 세계는 언제나 놀라울 수가 있는 겁니다.

뵐러 만일 우리가 어떤 상황에서 방 안으로 들어간다면, 우리가 자기-반성적self-reflexive으로 생각하기 훨씬 전부터 생명의 전-반성적pre-reflexive인 힘이 우리로 하여금 미리 그 방의 모양을 특정한 방식으로 파악하게 합니다. 이 힘에 대해 한 말씀 해 주시겠습니까?

마수미 강의실 안으로 걸어 들어가는 예에 대해 베르그송이 했던 말을 제가 지난번에 재차 말했습니다. 물론 그것[강의실로 들어가기]는 그에게는 아주 친숙한 활동 유형입니다. 굳이 생각으로 떠올리지 않아도, 그는 거기서 일어날 변수들을 암묵적으로 알고 있었습니다. 그에게 그 변수들은 전-반성적으로 작용할 만큼 깊이 뿌리박혀 있습니다. 그런데, 그가 강의를 하기 위해 들어가려고 문을 열 때마다, 그는 놀랐습니다. 상황이 뭔가 달랐던 겁니다. 매번 그 상황에 대한 특이한 느낌이 있었습니다. 뒤섞여 있는 사람들이나, 그들이 자기-표현하는 방식이나, 그 안에서 자아내는 분위들이나, 어쩌면 시간대나 날씨 같은 것 때문이었겠죠. 매번 그는 특유한 양상, 특유한 정동적 색조를 띠는 관계의 환경 속으로 걸

---

16. [옮긴이] 들뢰즈는 『의미의 논리』(한길사, 1999)에서 스토아철학을 거론하면서 존재 (being)를 빠져나가는 '순수효과'(pure effects)로서의 정동을 '비-존재'(non-being) 또는 '외-존재'(extra-being)라고 불렀다.

어갔습니다. 거기서 일어나게 될 사건의 종류를 그가 잘 알긴 했지만 말이죠. 어떤 사건이든 그 문턱을 넘을 때 우리는 관계의 장속으로 이동합니다. 거기서는 모종의 새로움이 존재합니다. 어떻게 진부해지는가의 여부는 상관없습니다. 거의 모든 사건은 하나의 부류에 속합니다. 계열화되어 나타나는 것이 사건의 본질이라할 수 있습니다. 사건이 하나의 계열에 속하는 한에서, 그것은 즉각적으로 작용하는 어떠한 일반적인 전제들을 수반합니다. 그 전제들은 우리가 문턱을 넘어갈 때 활성화되는 기본값 설정 같은겁니다. 그러나 사건은 결코 이들 기본값 설정에의 순응으로 환원될 수 없습니다. 또 다른 관점에서 놓고 보면, 작용하고 있는 전제들은 일어나는 것의 차이를 위해 반드시 필요한 권한부여입니다 — 음악 장르의 구조가 즉흥연주를 위한 하나의 권한부여인 것과 마찬가지입니다. 일어나는 일의 변주는 그 장르 자체가 문턱을 넘어설 때까지 나아갈 수 있습니다. 받아들인 장르의 지각할 수있는 한계 내에 머무를 때, 그 변주는 여전히 생기를 띱니다. 아무리 반복을 해도 변주는 그 장르에 여전히 강렬한 힘을 줍니다. 그리고 그 계열화가 계속되는 동안 끊임없이 스스로 변주들을 생산하는 힘을 줍니다.

가장 미리-형성된 사건들에서도 새로움과 변주에 대한 부분은 중요합니다. 왜냐하면 그것은 전제의 개념을 — 문턱에서 활성된 우리의 활동을 사건에 알려주는 전-반성적 기본값 설정이 존재한다는 생각 — 경향성의 차원에서 제가 말했던 잠재의 다양성에 관련짓기 때문입니다. 가장 유용하다고 생각되는 이 전제 이론은 프랑스의 화행주의 언어학자 오스발 듀크로Oswald Ducrot에서 온 것입니다. 그는 발화 행위에서 비언어적 힘들의 능동적 관여로 간주되는 언어의 전제 장the presuppositional fields에 대해 말합니다. 그는 장 안으로 들어가는 아주 단순한 예를 듭니다. 누가 안에 있는지 모르고 내가 방 안으로 들어갑니다. 갑자기, 나는 황소 한 마리가 마주하고 있는 것을 알게 됩니다. 황소는 저쪽에서 나를 주시하고 있습니다. 상황의 문턱을 넘어서는 깨달음은 잠재의 장을 촉진한다고 듀크로는 말합니다. 생각할 시간도 없이 나는 이미 그 황소의 분위기를 가늠합니다. 수치를 측정하는 단계들을 실제로 거치지 않고 나는 이미 출구가 얼마나 멀리 있는지 잽니다. 딱히 의식적이지 않고도 나는 거기에 진흙이 있는지, 땅이 미끄럽지 않은지를 알아챕니다. 나는 그 황소가 어느 쪽으로 다가올지, 그러면 어디로 도망갈지 가설을 세웁니다. 잠재적 행위의 계열들, 그리고 그들로 인해 능력을 부여하거나 무력하게 하는 조건들로 구성된 잠재의 전체 장은 나의 삶 속으로 파고듭니다. 그 모든 것은 순간적으로, 의식적 반성의 가장 작은 간격보다도 더 작은 간격 안에서 일어납니다. 회고적으로 보면 그 사건을 설명할 수도 있습니다. 그 상황의 특성들을 귀납적인 관찰로 알게 되었다거나, 어떤 행위 경로가 가장 좋을지를 연역했다거나 하는 식으로 말이죠. 그러나 우리는 실제로 그러한 논리적인 운용을 각각 분리해서 단계들을 밟아가며 수행하지 않습니다. 그 모든 것은 너무 빨리 일어나기 때문에 논리적으로 운용하기에는 시간이 없습니다. 모든 것은 단숨에 일어납니다. 연역으로도 아니고, 귀납으로도 아닙니다. 퍼스C. S. Peirce

가 말했듯이 '귀추'abduction, 즉 동터 오르는 지각과 아울러 밝어지는 깨달음realization으로 일어납니다. 이것은 논리적 운용이 아니라 생명의 운용입니다. 이것은 살아있는 사건의 차원으로 살아진 것입니다. 뒤로 물러서서 사건에 대해 생각하는 것은 내가 아닙니다. 나를 통해 사건이 자기를 생각하는 것이죠.

따라서 인생의 길을 가면서 내가 문턱을 넘을 때마다, 나는 하나의 전제 장에서 또 다른 하나의 전제 장으로 움직이는 겁니다.[17]

---

17. [옮긴이] 프랑스의 언어학자 듀크로는 논리학에 근거를 둔 논리주의 언어학을 비판하면서, 언어의 의미구조가 가지는 다양성을 화용론(pragmatics)의 관점에서 논증했다. 이러한 언어관은 그의 통합 화용론의 근거가 된다. 즉 그는 언어와 대상의 필연적 유착 대신 그들의 자의적 '관계'를 강조했던 구조주의, 언어의 의미는 행위의 완성이며 발화 행위의 현실적 맥락 — 발화자들의 관계, 상황 등 — 을 고려해야 한다고 주장했던 옥스퍼드 언어철학, 그리고 발화자의 단일성을 거부하고 다성적 분열을 강조했던 바흐친이나 바이이 등의 다성주의 언어론 등의 통합을 추구했다. 여기서 마수미는 듀크로가 『말하기와 말하지 않기』(*Dire et ne pas dire*)에서 논의한 전제론을 응용한 것처럼 보인다. 듀크로에 따르면 발화 행위는 다양한 수준들로 나눌 수 있는데, 예컨대, 발화의 의미가 명시적으로 드러난 '명제내용'(posé), 명제에 드러나지 않지만 명제로부터 추론이 가능한 '전제'(présupposé), 구체적인 맥락 속에서 화자의 의도를 함축하고 있는 '함의'(sous-entendu)가 그것이다. 예컨대, "삐에르는 건강 때문에 담배를 끊었다."라는 하나의 언술(énoncé)에는 "삐에르는 현재 담배를 피우지 않는다."는 명시적 내용뿐만 아니라, "삐에르는 전에 흡연자였다.", "삐에르는 건강해질 수 있다.", "담배는 건강에 안 좋다."와 같이 명제 내용으로부터 추론이 가능한 전제들이 다층적 수준에서 내포되어 있다. 이런 의미에서 전제는 명시적인 의미 이면에 잠재하는, 대화자들 간에 이루어지는 "담화의 틀"(cadre du discours)이며, 이 전제는 청자들이 거부하지 않고 동의하는 한에서만 화자의 후속 논의가 보장된다는 점에서 청자에 의해 담화의 범위가 한정되는 경계이다. 한편 언술에는 명제와 전제뿐 아니라, 발화 상황 맥락의 관여로 인해 언술의 의미가 달라질 수 있는 함의의 수준도 있는데, 예컨대 "삐에르는 건강 때문에 담배를 끊었다."는 언술 안에는 "삐에르가 너보다 건강이 낫다.", "금연만큼 쉬운 일도 없다.", "건강에는 장사가 없다."와 같이 대화자들의 언어 외적인 화행적 상황(대화자들의 관계나 특성 등)에 따라 언술의 의미가 달라지기도 한다. 마수미의 취지는 언어적 결정에 내재하고 관여하는 이러한 다양한 잠재적 장(fields)에 관한 것이라 할 수 있다.

각 장은 실제로 일련의 잠재적·질적 변화들 – 삶의 지형을 바꾸는 잠재적 움직임들 – 의 상호-연루 또는 상호-함축입니다. 내가 하나의 상황에서 다른 상황으로 이행할 때, 내가 가는 곳은 완전하게 모습을 드러내는 선택적 잠재들의 상호 포함입니다. 이것은 내가 알기도 전에 – 또는 귀추법적으로 알게 될 때 – 일어납니다. 능동적 참여는 의식적 지각에 앞섭니다. 거의 군사적인 의미에서, 내가 상황에 대해 반성적으로 어떠한 귀납법을 수행하기 전에, 그 상황으로 귀납되는 것은 바로 나입니다. 나는 상황으로 징집됩니다. 그리고 나 자신을 발견하게 되는 그 참여의 형세에 의해 이미 어느 정도 제한됩니다. 관계 환경에 감싸인 능동적 잠재들이 그 상황에 의해 조건 지어진다는 의미에서 바로 나는 제한되는 것입니다. 그러나 언제나 자유의 정도는 존재합니다 – 바로 그 이유는 모습을 드러내는 것은 기정사실이 아니라 선택적 잠재들의 풍경이기 때문입니다. 끝날 때까지는 끝난 것이 아닙니다. 일어날 수 있는 많은 것들이 존재합니다. 우리 자신의 행위에 의해, 또는 황소의 행위에 의해, 또는 우연히, 그 장 내 잠재의 양상을 조절할 수도 있는, 그때그때 그 추측들을 바꾸면서요. 작은 몸짓조차, 내 입장에서는 지극히 미묘한 운동조차, 나에게 돌진하는 황소의 자세를 변화시킬 수 있습니다. 우리는 많은 것들을 할 수 있습니다. 그러나 한발 물러서서 그 상황을 고려할 시간은 없습니다. 우리는 결정을 **행합니다.** 우리의 시행enacting이 하나의 결정 역할을 합니다.

우리의 운동이 그 잠재적 장을 조절할 때조차, 그것은 여전히 나를 통해 생각하고 있는 사건입니다. 나는 그 생각 안에서 그리고 그 위에서 행동하고 있는 것입니다. 저는 이 점에 대해 『경제 말 권력』에서 언급한 적이 있습니다. 결정은 언제나 나 자신과 상황적 요인들 간의 공동작업 업무입니다 — 거기에는 황소들이나 진흙 같은 비인간적인 것들도 포함됩니다. 그 결정은 우리가 앞서 언급하면서 정의했던 정신적인 것the mental과 육체적인 것the physical, 두 축 모두와 연관됩니다. 그리고 그러한 정의들에 의해, 서로 연관된 정신성과 육체성은 [예컨대 심신평행론 같은] 전통적인 계열에 따라 나누어지지 않습니다. 모든 정신성이 내 안에 있는 것은 아닙니다. 만약에 정신성이 활동 양태라면, 그리고 그에 따라 생기는 것이 주어진 것을 능가한다면, 그 장과 나의 마주침 속에 있는 잠재성은 '정신적'입니다.[18] 황소와 진흙과 소 우리의 입구는 우리의 주관적 상태들이 그러한 것 못지않게 그 상황의 정신성 안에 참여합니다. 윌리엄 제임스는 정신성이 가지는 이러한 배분적 distributive 본성을 간결하게 표현합니다. 그는 '하나의 펜에 대해of a pen 의식을 한다는 것이 나에게 무슨 의미인가?'라고 질문하지 않고 오히려 '펜 안에서in a pen 의식한다는 것이 무엇인가?'라고 질문하면서 의식에 대해 질문을 던졌거든요. 그는 자신의 필기도구로서의 펜을 지칭했습니다만, 이 예의 경우 펜pen의 다른 정의(동물

---

18. [옮긴이] 이미 앞서 언급했듯이 화이트헤드의 유기체론이나 베르그송의 생명론에서 정신성은 주어진 물질적 소여를 뛰어넘는 역량으로 요약할 수 있다. 정신이 물질과 본성적으로 다른 지점은 내외적으로 가해지는 자극을 단순히 자연적 조건하에서 반영하지 않고 그것을 피하거나 흡수하거나 거부하여 자신을 유지하려는 '노력'이다. 이것은 '순간'으로 환원되는 물질적 지각과 달리 '지속' 안에서의 고통의 지각이라 할 수 있다.

우리)에도 잘 부합합니다.

뵐러 어제 선생님께서는 미덕으로서의 돌봄에 높은 가치를 부여하시면서 가상적인 것에 대한 이야기를 마무리하셨습니다. 미덕이라는 외-존재조차 외부의 구체적 상황에서 오지 않습니다. 오히려 내재적으로, 자기 자신의 가상적 잠재virtual potential 내부로부터 옵니다.

마수미 어제 논의에서 저는 화이트헤드의 생각을 발전시키고 싶었습니다. 돌봄care 또는 관여concern 자체가 사건의 질이라는 것입니다. 그리고 이것은 어떤 주체의 내면성으로 환원할 수 없다는 것입니다. 만일 그런 것이라면, 우리는 사건마다 관여의 양상이나 정도를 – 실제로는 존재하지 않는 삼각형 모양이라는 사건도 – 발견할 수 있어야 합니다. 구체적인 요소들은 삼각형의 모서리를 이루며 꼭짓점 각을 형성하는 세 개의 원뿐입니다. 그 자체로 보면, 그 원들은 그냥 서로 다르게 분리된 사물의 다수성일 뿐입니다. 그들은 서로 상관이 없습니다. 그들은 서로 관여하지 않습니다. 닮았다는 것만 빼고요 – 그 닮음은 지각 주체로서의 우리가 그들의 평면 밖에서 나오는 판단이라는 조작을 통해 그들의 분리된 상태에 덧붙인 어떤 것입니다. 그러나, 그 사건에서, 우리와 그것들은 동일한 평면 위에 있습니다 – 사건이라는 평면입니다. 우리는 다양성으로부터 하나로 통일되어 돌출된 삼각형의 모양에 집중합니다. 삼각형이 즉각 출현할 때, 그것은 관계를 표현합니다. 단순한 다양성 안에서, 지금은 그 모서리들로 된 것들이 자체로는 맺지 않는 관계를 표현합니다. 그들[모서리들]은 자신들로부터 빠져나와 가상적 삼각형의 외관으로[모서리들의 배치와 그 배치로 인해 발생하는 가상적 효과로] 출현할 때만 비로소 관계를 맺습니다. 이것은 서로 닮음의 기능이 아니라, 서로 간 거리의 기능입니다 ─ 그들 사이의 차이입니다. 그 삼각형은 차이를 붙잡고 있습니다. 또는 화이트헤드의 용어를 쓰자면, 차이를 '포착'prehension합니다.[19] 이 발생적 포착으로 인해 그들은 서로 관여합니다. 그들은 삼각형의 외관이라는 사건 안에서 서로 관여합니다. 가상적 삼각형은 그 요소들이 서로에게 실제로 관여해서 나타나는 형태입니다. 이것을 특정한 돌봄의 양태 또는 돌봄의 정도라고 말할 수 있습니다. 그리고 그것을 일반화할 수도 있습니다. 단순한 다수성을 초과하는 어떤 효과를 생산하는 데 있어 그들이 떠맡고 있는 요소들의 규합이 일어나는 어디든, 분리된 요소들이 직접적으로 서로 관여하도록 하는 발생적 관계가 존재합니다. 이것은 어떠한 사건에도, 세상 어디에도, 물질이나 사유의 어떠한 수준에도 적용됩니다. 돌봄이나 관여는 언제나 사건 발생의 요인입니다. 심지어 인간적 지각의 문제 외에서조차 ─ 인간적 지각 주체가 부재한 가운데 일어나는 물질적 사건들에서조차. 하나의 원자는 그것을 구성하는 아원자 입자들을 '포착'합니다. 그 포착의 통일적 형식이 바로 그들 간의 다사다난한 관여의 표현 형식입니다. 화이트헤드는 관여가 세계의

---

19. [옮긴이] 화이트헤드의 prehension을 흔히 '파악'으로 번역하기도 한다.

'궁극적 요인'이라고까지 말하기에 이릅니다. 인간적 주관성의 내용이 궁극적 요인이 아닙니다.

뷜러 상당히 하이데거적이군요!

마수미 어쩌면요 … 바라진 않지만. 하이데거가 화이트헤드만큼 그렇게 멀리까지 비인간적인 세계로 가서 언어에서 멀어졌는지는 확신할 수 없습니다. 어떤 경우든, 인지 가능할 정도의 인간적 수준으로 되돌아오면, 돌봄은 기여하는 요소들의 다양성이 스스로는 가질 수 없는 서로 간의 관여를 그들에게 재귀적으로 제공해 주는 관계의 통일이 파란만장하게 발생하는 방식입니다 ─ 그 사건에 관여하라고 우리를 강요하기도 합니다. 그 의무는 기여하는 요소들이 서로에게 가지고 있는 관여를 통해 우리에게 다가옵니다. 만일에 관여가 미리-존재한다면, 우리는 전혀 다른 윤리와 정치의 영역에 있는 것입니다. 우리는 정해진 필요와 선호 취향을 가진 이미 구성된 존재의 영역 ─ 관심과 의식적인 계산이라는 도구적 영역 ─ 에 있는 것입니다. 또한 우리는 선험적·도덕적 명령의 왕국 안에 있는 것입니다. 어떤 경우든 관여는 우리가 사건에 주관적으로 투사하는 어떤 것입니다. 관여는 우리에게 일어나는 어떤 것이 아닙니다 ─ 우리를 사건에 흡수한다는 의미에서든, 발생적 실현이라는 의미에서든 말이죠. 화이트헤드의 관여 개념은 주관적인 것이 아닙니다. 그것은 개체발생의 영역에, 주체-객체 분할을 가로지르는 사건의 우연적 축으로서, 정신성과 육체성의 공동-작용에서 나오는 생성의 영역에 있습니다. 정신성의 분산된 본성에 대해 논의했을 때 제가 말했던 것처럼요.

자 이제, 삼각형의 모서리 말고 방 안에서 정치 토론을 하는 사람들 집단을 예를 들어 보겠습니다. 우리가 각각의 사람을 개체적으로 생각하면, 우리는 이해관계interest의 영역에 있는 겁니다. 사람들은 제각각 자신이 이미-도달한-입장들과 중점들을 토론에 가져옵니다. 토론에서 그들은 그런 이해관계들을 재현합니다. 그러나 그들이 가져온 것은 그게 전부가 아닙니다. 그들은 자신들의 경향성과 욕망도 가져옵니다 — 말하자면, [무엇인가가] 되려는 잠재를 가져옵니다. 개체들의 되려는 잠재는 이미-정해진 개체들로서의 그들의 이익과 반드시 일치하지는 않습니다. 그것은 그들의 개인적 이해관계와 반드시 일치하지 않습니다. 개인적 이익은 합리성이나 유용성 같은 이미 지배적인 기준에 따라 편협하게 규정된 것입니다. 집단과의 마주침을 통해 뭔가 다른 것이 그들에게 일어날 수도 있습니다. 개체들로서 그들이 누구인지는 발생적 장의 잠재 — 그들이 개체적으로는 생각지도 못했을 문제접근 각도, 전에는 드러나지 않았던 행위 경로들 — 에 의해 조정될지도 모릅니다. 이러한 새로움들이 집단적 역동의 기능으로 나타날 때까지, 서로 연루된 개체들은 그들 자신으로부터 빠져나옵니다. 그들은 개체들로서 자신들의 단순한 다양성에서 빠져나와, 그들 모두를 함께 들어 올리는 발생 안에서, 서로에 대한 관여로 들어갑니다. 모서리들의 다양성 간의 차이로부터 삼각형이 발생했듯이, 분리된 개체들의 이러한 정치적 관여-로-들어가기는 그들 각각의 경향성과 욕망들 간의 차이로부터 발생합니다.

따라서, 정치와 윤리의 인간적 수준에서, 돌봄은 연관된 개인들의 외-존재의 발생을 향한 잠재의 공동-구성 — 개체들에게 집단적으로 속한 관계의 환경을 형성하기 위해 함께-모이는 개체-보다-더한 표현 — 과 관계가 있어야 합니다. 그 '개체-보다-더'는 시몽동에게서 따온 용어입니다. 우리가 논의하고 있는 잠재의 장을 그는 '초개체적'이라고 불렀습니다. 이런 관점에서 보면 정치는 주관적 관점이나 개인적 이익 — 심지어 집단의 이익 — 의 재현이 아니라 관계의 장에 대한 초개체적 조정의 문제입니다. 이익은 나쁜 개념입니다. 그것은 분리된 것에서 시작합니다. 그리고 그 구분을 넘어서 취할 수 있는 수단들을 주지 않습니다. 그것은 본질적으로 분열적 개념입니다. 우리는 그 개념이 가져오는 정치적 결과들을 매일 봅니다.

이익이라는 관념concept은 그것을 도구적인 목적으로 환원하는 특정한 가치의 개념notion에서 예견됩니다.[20] 이제 가치의 문제로

---

20. [옮긴이] concept와 notion은 생각 즉 정신 활동의 다양한 양상들로, 우리말에서는 '관념', '개념' 등의 용어로 엄격히 구별하지 않고 쓰지만 서로 다른 용어이다. concept 는 경험으로부터 추출한 추상적이거나 일반화된 관념을 말한다. 가령, 다양한 나무 개체들로부터 일반적 대상 혹은 종으로서의 '나무'를 추상하거나, 다양한 인간 개체들로부터 '인간', '인간성' 또는 '인류'라는 하나의 일반관념이 추상되는 경우가 그것이다. 이것은 서로 구별되는 개체들이 공통적으로 소유하고 있다고 일반적으로 받아들여지는 상상된 관념이며, 도식, 범주, 유형, 종류 등을 구별하고 묶기 위해 구체적인 세부의 측정 없이 그 개체들에게 투사된 허구적 형성물이다. 반면에 notion이란 구체적인 사물들이나 현상들에 대해 관찰이나 실험을 통해 그 본질적인 특성이나 변이 관계가 다른 사물이나 관념에 매개되지 않고 직접적으로 지각되는 이미지를 의미한다. 예컨대, 신체에 공통하는 본질적 성질로서의 '연장'(extension)이나 정신의 본질적 속성으로서의 '사유'(thought)가 그 예이다. 또한 특정 사물들에 공통하는 모양이나 운동성 같은 속성들에 대한 지각 등도 이에 해당한다. 가령, 맑스가 자

가 보겠습니다. 제가 설명하고 있는 접근법은 가치의 또 다른 관념을 제안합니다. 어떤 상황을 특징짓는 것 – 그 상황을 구성하는 차이들, 긴장들, 그리고 경향성이 고조에 이르는 사건의 특이한 성격을 요약하는 것 – 우리는 그것을 '가치'라고 부를 수 있습니다. 실제로는 보이지 않는데 보이는 가상의 삼각형은 그 시각적 에피소드를 요약해 주는 어떤 지각의 가치입니다. 정치적 맥락에서 사람들 간의 상호작용처럼 좀 더 복잡한 상황에서 보면, 가치는 살아있음 aliveness의 특이한 질이며, 그 활력 정동으로서의 그러한 [상호작용의] 마주침 안에서 스스로를 표현하는 활력의 양태입니다. 그 활력 양태는 가치를 가집니다. 또는 하나의 가치입니다. 왜냐하면 그것은 어떠한 발생적 모습으로 경향성들의 함께-모임을 요약하기 때문입니다. 그 발생을 향한 함께-모임의 과정은 또 다른 유효 경향성으로서 세계에 더해질 것입니다. 잠재 안에서, 한 번 가치는, 항상 가치입니다. 가치는 단지 사건의 특성에 대한 반영이 아닙니다. 그것은 잠재를 표현하는, 그리고 그것을 후속 사건으로 향하

본주의의 본질적 속성을 '상품 생산'(commodity production)으로 일반화했다면, 그는 자본주의라는 concept가 아니라 자본주의의 notion을 창조한 것이라고 말할 수 있다. 과거에는 notion이 직관이나 내적 성찰을 통해 획득되는 것이라고 믿었지만, 무엇보다도 중요한 것은 notion은 추상관념(abstract concepts)과는 달리 '이행'과 '과정'에 대한 이해를 수반한다는 점이다. 이런 점에서 notion은 경험적으로 느껴지는 '정동적 공통성'에 대한 정신적 파악이라 할 수 있다. concept가 외적인 기호나 가변적인 감각에 대한 초월적 관념이라면, notion은 정동적 관계 양태들의 내재적 발생에 관한 관념이라 할 수 있다. 이런 맥락에서 들뢰즈는 스피노자의 철학을 논의하면서 "추상관념"(abstract concepts)과 "공통개념"(common notions)의 차이를 구분하면서, 전자를 초월성에, 후자를 내재성에 배분하기도 했다. 여기서 마수미는 이 둘의 차이를 직접 논의하지는 않지만, 구별해서 쓰고 있다는 점을 고려하여, concept를 '관념'으로, notion은 '개념'으로 옮겼다.

게 하는 사건들의 생성에 주요인이 됩니다. 하나의 가치는, 일단 발생되면, 다른 사건들이 나오도록 하는 유도자로서 존재합니다. 그것은 실존적 가치를 규정하는 함께-모인-표현 양태의 되풀이 쪽을 향해 그렇게 앞으로-당기는 인력입니다.

실존적 가치는 외-존재의, 생성의 힘을 수반한다는 점에서 삶의 잉여-가치입니다. 삶의 잉여-가치는 언제나 집단적입니다. 그러나 그것은 집합체의 셀 수 있는 요소들처럼 개체들의 단순한 모임이라는 의미에서가 아닙니다. 사물들이 서로 간에 활성화하는 잠재들을 통해 초량적 관계로 들어가는, 그리고 차이의 역동적 단위를 구성하는 합동 운동 속에서 자신들을 능가하는, 진정한 초개체라는 의미에서 그것은 집단적입니다. 집단적인 것은 단순히 개체들의 합이 아닙니다. 그것은 공동-개별화co-individuation입니다.[21] 그런 이유 때문에, 시몽동은 항상 집단적 개별화collective individua-tion라는 용어를 씁니다.

뷜러 선생님께서는 사건들 안에서 현실화된, 다양한 갈래의 장들이 가지는 잠재의 공유를 강조한다는 관점에서 정치적인 것을 고려하시는 것 같습니다. 그것은 우리가 자기-중심의 지점들이라는 개념을 포기하고 그것들을 관계라는 초개체적 장의 개념으

---

21. [옮긴이] 앞에서도 여러 차례 나온 말인데, 시몽동이 이 말을 쓴 것은 '개체성'을 가진다는 것이 아니라, 공동으로 함께 공존하는 가운데 그 '변별성'이 생긴다는 의미라 할 수 있다. 따라서 individuation을 개체성(individuality)과 구별하기 위해 '개별화'로 옮겼다.

로 대체해야 한다는 뜻인가요?

마수미 그렇습니다. 우리는 삶에 공동 참여합니다. 자기 돌봄을 포기할 필요는 없습니다. 그러나 ─ 자기-중심성만은 포기해야 합니다. 우리는 관계적 생성 안에 자기 돌봄을 끼워 넣어야 합니다 ─ 자기와 타자의 실존적 권력분산을 위해서죠. 집단적 개별화는 상호 연관된 생성입니다. 그것을 통해 개체들은 개체성을 능가하는 사건에 참여함으로써 외-존재의 부양을 받습니다. 그래서 정동의 개념은 이해관계interest 개념보다 훨씬 더 근본적입니다. 차이, 긴장, 경향성, 이들은 하나의 집단적 개별화로 진입하면서 정동을 촉발하고 촉발되는 능력들입니다. 이들은 상호 수정능획득capacitation의 복잡한 장을 형성하기 위해 공동-구성합니다. 정동적으로 생각한다는 것은 잠재의 생태학의 차원에서 그리고 그것을 표현하고 다양화하는 사건의 차원에서 생각한다는 것입니다.

이것은 '돌봄'이라는 단어의 의미를 바꿉니다. 우리가 진짜로 돌보고 있는 것은 우리의 분리된 자아가 아닙니다. 다른 개체들도 아닙니다. 우리는 사건을 돌봄으로써 그 둘 모두를 돌봅니다. 에린 매닝이 책에서 말했던 방식으로 사건의 돌봄은 그렇게 관계 장의 돌봄입니다 ─ 연관된 모두를 위해 삶의 질적 잉여-가치의 창조로 귀결되는 초정상적 강화라고 제가 앞서 말했던 것의 차원에서, 그 장에서 우러나는 사건으로부터 나올 수 있는 것에 대한 돌봄입니다. 삶의 잉여-가치는 주어지지 않으며, 발견되지도 않습니다. 그것은 창조됩니다. 이러한 창조적 측면은 사건 돌봄에 대한 정치적 생각에 미적인 차원을 제공합니다. 그것은 또한 관계 장의 조정을 위한 테크닉들 ― 개체적 표현의 테크닉들, 또는 토론이나 협상 같은 정치적인 것을 생각할 때 우리가 흔히 말하는 단체 테크닉 같은 것들과는 다르게 생각하고 실천해야 할 관계의 테크닉들 ― 이 존재한다는 것을 함의합니다. 정치적 표현과 관심사의 협상을 위한 지배적인 테크닉은 상호작용의 테크닉입니다. 제가 『가상과 사건』에서 주장했듯이, 상호작용은 관계와는 전혀 다릅니다. 그것은 초개체적인 것과는 반대로 상호-개체적입니다. 개체발생적인 것과 반대로 의사소통적입니다. 우리는 관계의 테크닉을 갈고닦을 필요가 있습니다. 그리고 그 테크닉들을 양성할 정치와 미학의 교차점에서 문화를 창조할 필요가 있습니다.

이것은 우리의 자유에 대한 생각에 영향을 줍니다. 자유는 더 큰 잠재를 끄집어내고, 우리의 존재력을 강화하는 관계를 통해 도달됩니다. 자유는 단연코 개체적이지 않습니다. 자유는 본질적으로 관계적입니다.

뷜러 그래서 우리는 스피노자와 몸의 창조, 즉 정동을 촉발하고 촉발되는, 어떤-몸[누군가]some-body의 창조로 되돌아가는 것이겠지요.

마수미 바로 그렇습니다. 몸체화하기|a bodying입니다.

결론을 대신하여

서두에서 언급했듯이, 이 책의 목적은 해법들을 처방하는 것이 아니라 더 좋은 문제들을 제기하는 것이었다. '더 좋은' 문제는 다른 것들이 스스로, 자신들의 탐색 경로들을 따라, 계속할 수 있도록 하는, 경험의 강렬도들이 오도록 하는, 도약의 지점을 제공하는 문제이다. '좋은' 문제는 결론없음inconclusiveness을 마치 훈장처럼, 즉 초대하고 고무하는 자신의 문제제기 복무의 징표처럼 달고 있는 문제이다. 그것은 자신의 느슨한 끄트머리들을 맴돌며 스스로 매혹적인 매듭으로 꼬인다. 과정이라는 선물에 매인 리본처럼. 많은 저자들과 대화 상대들 — 그들의 생각은 앞서 나눈 인터뷰들에 스며들어 있다 — 로부터 내가 받은 과정이라는 선물은 유혹 이상이었다. 그것들은 삶의 도구들, 그리고 생존의 원천들이었다. 아무리 작게라도, 이 책이 그러한 호의에 보답이 되었기를 바란다.

정동과 그 정치적 함의에 대해 자주 반복되는 많은 오해들이 있다. 그 오해들은, 유념하지 않거나 접근을 막지 않으면, 계획한 선물을 상자에서 꺼내기도 전에 그것을 평가 절하한다. 이 인터뷰를 세심하게 읽은 독자라면 이 개념들이 얼마나 요점을 벗어났는지 이미 알 것이다. 결론을 대신해서, 그 아쉬운 개념들 중에서 가장 눈에 띄는 것들을 간략히 설명해 보겠다.

정동은 개체적이다. 정동은 초개인적[초개체적]이다. 그것은 분리된 단위로 이해되는 개체와 분리된 단위들의 몰적 총체a molar aggregate로 간주되는 집단 간의 구별에 개체발생적으로 선행한다.[1] 집단적 개별화를 통해 자신을 표현한다는 점에서 그것은

'집단적'이다.(거리를 두고, 차이를 가로질러, 그 형성이 과정적으로 상관적인 개체들의 발생적 군집).

정동은 비사회적이다. 추론 : 정동은 중재의 메커니즘을 통해 사회화되어야 한다. 정동은 정동되기에 열려 있기 때문에 직접적으로 관계적이다. 그것은 그 단초의 열림 속에서 사회적이라는 의미에서, 모든 양식의 사회적 형식들과 내용들이 될 준비가 되어 있다는 의미에서 순수 사회성이다. 그 준비성은 단순히 수동적 가용성이 아니다. 그것은 형태-잡기를 향한 능동적 압력이다. 그것은 자신의 귀결을 원하고 최종적인 특성화를 욕구한다. 그것은 결정되기를 앞둔 아직-까지 비결정된 결정이다. 그것은 경향성이다. 자기를 표현하려는 욕구뿐만 아니라 반복적으로 표현하려는 욕구로, 매번 다르게 일어나는 어떤 것으로, 적어도 조금이라도, 결정되려는 결정이다. 정동은 비사회적이기는커녕 점점 진화하는 형태의 사회적 선취의 진행 중인 힘이다. 정동은 실제로 일어나는 마주침들을 통해 표현을 결정하게 된다. 진화하는 정동의 사회적 표현은 사건들의 직접성에 매달려 있다. 사건들은, 사건 계열들을 형성하면서, 되풀이되는 계보들을 추적하면서, 서로 계주를 한다. 경향성들은 사건 안에서 그리고 사건을 통해 연쇄적인 표현으로 드러난다. 그 계보 내의 각 사건에서 반복되는 것은 이렇게 전개되는 형태-짓기의

---

1. [옮긴이] 정동의 이행 양상을 유사성에 따라 분류한다면 그것은 개체들을 넘어서 있다. 잘 알려진 예로, 말과 인간의 정동적 친화성은 인간과 인간의 개체적 관계보다 더 가까울 수도 있다.

직접성이다. 정동이란 진행 중에 있는 사회적인 것의 즉접이다. 정동의 사회적 표현은 군중 심리학의 문제이다. 군중 심리학이 이해하는 집단은 무차별적인 용암으로 녹아버린 개체들의 몰적 총체일 뿐이다. 이것은 사회화 메커니즘의 중재가 실패했을 때 나타나는 것으로 이해된다. 이 생각은 개체의 몸체라는 개념을 본질적으로 비이성적인, 그리고 문화에 의해 휘어지거나 승화되어야 하는 생물학적 충동들이 있는 자리로 가정한다. 정동은 이 모든 복잡한 생각들에 문제를 제기한다. 순수 사회성으로서, 정동은 본성상 초개체적이다. 그러나, '초개체적'은 군중 심리학에서 말하는 '집단적'과 동의어가 아니다. 반대로 그것은 서로 관계하는 차이화의 운동으로 스스로를 표현한다. 그 자체로 그것은 초과-차별화hyper-differentiated된다 : 차이화의 모든 양태를 잠재적으로 상호 포함하는 것이다. 결국, 정동은 심리학적이지 않다. 정동은 초개체적이고, 직접적인 관계를 맺으며 다사다난하기 때문에, 심리학적 주체의 내면성의 모든 측면에서 넘쳐흐른다. 심리학은 정동을 개체화하는, 정동의 특별한 표현 양태일 뿐이다. 군중 심리학은 이러한 개체화의 논리적 귀결이다. 일단 개체의 내면성이 구성되고 나면, 그 내면성의 할당된 경계들에 흘러넘치는 정동적 과잉은 탈-차별적인 혼합으로 이해될 수 있을 뿐이다. 정동에 즉접하는, 그리고 그것을 사회적 형태 잡기의 힘으로 만드는 잠재의 초과는 마그마 같은 형태 결여로 오인받았던 것이다.

'정동의 자율'은 개체와 사회의 분리를 말한다. 정동의 자율은 표현을 강요하는 잠재의 초과가 모든 결정적인 형태-잡기가 끝난 이후에 재고 처리되고, 다음 표현을 내-형성으로 되돌리는 과정을 지칭한다. 자율은 이런 과정에 있는 것이다. 정동의 자율은 잠재의 이중 전복이며, 사회적으로 형성되는 힘의 표현에 있어 계속 진행 중인 변형의 확산을 지향한다.

정동은 '날' 경험에 속한다. 날 경험은 없다. 모든 경험은 선행적인 형태-잡기에 의해 내-형성된다. 선행적인 형태-잡기들이 후속 표현들을 내-형성하는 방식은 언제나 잠재가 어떻게, 얼마나 점진적으로 하나의 상황 안으로 진입하는가에 의해 굴절된다. 잠재가 상황 안으로 그리고 상황을 통해 진입하는 궤적은 언제나 즉석에서, 바로 거기에 맞는 특정한 메커니즘으로 조정된다. 이 메커니즘들 중에서 가장 중요한 것은 '귀추법'이다. 그것은 다가오는 사건이 자신의 길을 통과해 가는 잠재의 풍경을 직조한다. 그 초기 발생의 최초의 불거짐 속에서. 귀추법은 '산 가설들'lived hypotheses이다. 그것들은 그 시행의 직접성 속에서 생각된다. 이 말은 그것들이 생각되는 것만큼이나 직접적으로 느껴진다는 뜻이다. 그들은 가까이에 있는 상황의 의미에 대한 생각하기-느끼기로, 경쟁하는 경향성들과 선택적 경로들로 채워진다. 그들의 시행적 본성은 그들에게 제스처로서의 자격을 준다. 생각하기-느끼기는 사변적 제스처이다. 그것은 잠재를 불러오고 대안들을 운반한다. 이 제스처들에는 스타일이 있고, 테크닉이 있다. 테크닉 없이 정동의 표현은 존재하지 않는다. 테크닉에 의해 이미 배양된 것이 바로 정동의 본성이다.

정동은 자연적[본성적]이며 문화와 대립한다. 정동은 문화적 본성이 있다. 문화는 자연과 동연적^{coextensive}이다. 인간 영역 외부 세계의 형성 활동이라는 좁은 의미로 보면, 자연은 언제나 이미 '기술적'이다. 자연은 자신의 사변적 제스처들로 채워진 과정의 자동-운영 자율이다. 예컨대, 몸체의 궤도라는 것이 미래의 입장들에 대한 시행적 사변이 아니라면 무엇이겠는가?

정동은 무엇이든 허용된다. 정동에는 언제나 조건이 있다. 정동의 표현은, 그것이 행해질 때, 언제나 선택적이다. 마주침의 모든 상황은 사건이 될 잠재의 선택에 제약을 부과한다. 무엇이든 다 되기는커녕, 정동의 표현은 필연의 표현이다. 딱히 말해 그것은 또한 언제나 발명의 필연의 표현이다 : 세계는 본질적으로 쉼 없으며 절대로 정지하지 않는다는 : 변주 규칙의 계속 진행 중인 비준. 발명의 변주는 제약을 권한부여^{enabling}로 수용한다. 중력의 제약이 없다면 춤의 창조성은 존재하지 않을 것이다. 정동은 필연을 상정한다. 필연을 받아들인다는 의미에서. 정동은 필연으로부터 창조성의 잉여-가치를 추출하는 방식으로 그것을 수용한다.

정동은 좋은-느낌이다. 이 생각은 정동 이론에서 종종 활용하는 스피노자의 '기쁨' 개념에서 온 오해이다. 스피노자에게 기쁨은 정동적 마주침의 강렬도를 지칭한다. 다음으로 마주침의 강렬도는 그 마주침을 통해 일어나는 존재력 – 느끼고, 행하고, 지각하는 능력 – 의 증강을 지칭한다. 이런 식으로 이해한다면, 기쁨은 긍정적 감정과 동의어가 아니다. 그것은 '행복'이 아니다.

또한 만족의 달성을 내포하지도 않는다. 이러한 '쾌락의'hedonic 차이들을 단순히 정동에 적용할 수는 없다. 그러한 것들은 감정emotions, 즉 개인으로 추정된 주체의 내면성을 설명하기 위한 정동의 심리적 포획에 적용된다. 추정된 내면성이라는 개체의 도피처 안에서, 주체들은 감정적으로든 아니든 자신에 대해 좋은 느낌을 가진다. 정동은 세상 밖을 느낀다. 그것은 본질적으로 모험에 열려 있으며, 모험들은 항상 고난을 수반한다. 모험할 때의 기쁨은 그 고난을 긍정하지 않고는 얻어질 수 없다. 그 고난을 창조적으로 떠맡는다는 강한 의미에서.

정동은 선이다. 윤리에 대한 일반적인 이해에서 보자면, 정동은 윤리적으로 중립이다. 그렇기 때문에 정동은 자신만의 윤리를 가진다. 널리 퍼져 있는 윤리적 기준에 따라서는 그 자체로서 정동은 좋지도 나쁘지도 않다. 정동의 윤리는 규범적 가치를 가지지 않는다. 정동은 가치의 재평가와 관련이 있다. 정동은 생성(규범 체계의 생성을 포함하여) 안에서 규범들을 초과하는 한에서만 규범들을 인정한다. 이 재평가는 바람직한 것이다. 또는 그렇지 않기도 하다. 정동은 규정적prescriptive이지 않다. 그것은 약정적promissory이다. 그것이 약정하는 것은 강렬도이다. 그것은 또한 판단의 정치적 기준과 관련하여 중립적이다. 정동은 파시즘적일 수도 있고 진보적일 수도 있다. 또 반동적일 수도 있고 혁명적일 수도 있다. 그 모든 것은 사변적으로 움직임의 제스처를 초하는 초개체적 욕망의 정향에 달려 있다. 정동의 가치 평가는 이러한 경향적 정향을 낳는다. 그 가치 평가에는 규정의 힘이 없다. 그것은 정향을 정당화할 수 있는 판단이 아니다. 그것은 마주침의 약속을 작도map하는 일종의 진단이다. 그 진단은 사변적 제스처의 다사다난한 차원이다. 그것은 시행 안에 포함된다. 정동의 윤리는 따라서 실험적이다. 그것은 시행적 테크닉의 수준에서 작동한다. 그리고 모든 테크닉과 마찬가지로 시행착오를 통해 연마된다. 정동의 초개체적 본성을 고려해 보면, 그 테크닉들은 틀림없이 효율적으로, 사변적일지라도, 집단적이다.

정동은 심적인 것 또는 정신적인 것과 대립하는 몸체에 속한 것이다. 이것은 정동과 감정을 구분할 때 종종 제기되는 오해이다. 만일에 감정이 한 주체가 가지는 내면성 안에서의 정동의 포착이라면, 정동은 감정의 주관성과는 반대로 객관적이라는 추론이 가능하다. 정동 이론은 당연히 신경생리학 현상들에, 특히 그들이 증명하는 경험의 무의식적 차원에 주목한다. 그런데 이 관심은 정동이 두뇌라고 하는 몸체 기관의 물리적 기능에 속한다는 것을 보여줌으로써 그러한 잘못된 대립을 강화해 왔다. 정동은 물론 몸체에 속한다. 그러나 여기서 몸체는 연장의 의미에서만 중요하다. 정동의 몸체는 두뇌에 국한되지 않는다는 점에서 무엇보다도 연장된다. 정동은 살의 신경 감응을 통해 몸 전체로 연장한다. 그것은 무의식적 '몸체 지식'을 포괄한다. 습관, 반사, 자기수용 체계, 자율신경 체계의 많은 기능들, 장 내 신경체계나 '장 뇌'gut brain, 경험의 무수한 하부–문턱sub-thresh-old, 또는 몸의 모든 움직임에 분포해 있는 미세지각 등이 여기에 해당한다. 이들은 의식으로 떠오르지 않은 채 전체 경험을 계속해서 굴절시키는 피드백 회로를 형성한다. 이들은 생각하기-느끼기를 내-형성한다. 정동의 몸체는 또한 더 급진적인 차원에서 연장된다 : 그것은 마음에 속한 것으로 보통 지정된 활성 양태들을 포함한다. 예를 들어, 습관의 힘은 일반화이다.(어떤 식으로든 항상 특이한, 서로 다른 사건들 간의 실효적 유사성의 생산). 경험의 비의식적 차원과 의식적 차원 간 피드백의 복잡성에서 새로운 경향성들이 일어난다. 이 경향성들은 활동성의 잠재적 미래에 대해 시행적 추론[혹은 추측]을 구성한다. 정동 이론은 마음을 편협하게, 육체적인 의미에서의 몸체로 환원하지 않는다. 정동 이론의 주장은, 몸체들은 자신들의 움직임에 따라 느끼면서 생각한다는 것이다. 이것은 심리적 주체의 내면성을 벗어나서 생각하고 그것을 세계 속에, 즉 관계의 마주침이라는 공동-움직임 속에 직접 가져다 놓는다. 정신적인 것에 대한 흄David Hume의 정의 — 소여를 넘어서는 것 — 를 수용한다면, 몸체의 모든 사건은 정신으로 넘쳐날 것이다. 모든 행위는 마주침의 역량에 적합한 정신성의 정도를 가진다. 그 역량은 자연-문화 연속체를 가로질러 다양하지만, 완전히 무의 상태가 되지는 않는다. '무언의' 물질이 기계적이라고 짐작되는 작용을 할 때조차. 정동은 몸체가 할 수 있는 것에 대하여 광범위한 재평가를 요구한다. 흔히 '마음'the mind 2이라고 부

---

2. [옮긴이] mind는 육체로서의 두뇌의 물질적 활동과 구분되는 주관적 활동(생각, 기

르는 것은 반성적인 의식의 영역으로 몸체의 역량을 환원한 것이다.(신경심리학이 잘 보여 주었듯이, 그것은 생각되고 있는 것을 '반영'하는 초기 상태의, 하부-역 행위들을 항상 동반한다. 그리고 거울 뉴런mirror neurons 3이 발견되기 오래전부터 이미 과정철학과 정동 이론에서는 이것을 '재-시행're-enaction, '시초 행동'incipient action, '재활성화'reactivation 같은 이름으로 부르고 있었다.) '생각하기-느끼기', '비-감각적 지각', '비의식적 경험', 그리고 '맨 활성' 같은 개념들은 이렇게 과정적으로 연장된 차원에서 몸체가 가지는 복잡성에 대처하기 위해 고안된 것이다. 그 개념들은 몸체가 항상 스스로 자기-연장적인 정의 안에서 추상(소여를 초과하는 것)을 포함하는 표현 방식이다. 물리적 환원주의를 떠나, 정동[이론]은 모든 육체적 사건에는 연장된 사고의 측면이, 또는 화이트헤드가 '사고 축'이라고 말했던 것이 존재한다고 주장한다.

정동은 전-언어적이다. 모든 언어 행위는 정동의 표현을 내포한다. 정동은 언어를 포함해서, 모든 결정적 활동의 하부-조절이다. 정동에 어울리는 접두사는 '하부-'infra-이다. '전-'pre-이라는 접두사는 시간 순서를 내포한다. 그러나 정동은 언제나 잠재태

억, 감정 등)의 일반적 명칭이다. 따라서 이것은 육체와 대립하는 개념에서 mind-body 이원론을 함의한다. 여기서는 '마음'이라고 옮겼다. 반면에 mental은 정신 안에서 수반되어 일어나는 구체적인 활동 과정을 지칭하여 '사고' 또는 '정신'으로 옮겼다.

3. [옮긴이] '거울 뉴런'이란 직접 행동을 하지 않고 단지 타인의 행위를 보거나 듣는 것만으로도 행동을 했을 때와 동일한 반응을 하는 뉴런을 지칭한다. 이탈리아의 신경심리학자 리촐랏띠(Giacomo Rizzolatti)에 의해 발견되었다.

의 평행하는 추적을 받으며 동행한다. 접두사 '내부-'intra- 또한 애매모호하고, 공간과 봉쇄containment와 같이 내포한다.(안에서interus, 즉 내부로부터). 반면에 '하부-'는 열린 스펙트럼 위에 있는 외관의 특정한 문턱 아래에 능동적으로 자리를 잡고 있는 것을 내포한다.('적외선'infrared에서처럼, 또는 아래inferus, 즉 밑으로부터). 외관의 문턱은 스펙트럼의 성질이 질적으로 변하는 전환점을 표시한다. 반면에 그 구성적 바림constitutive gradations의 연속성은 유지한다.(스펙트럼의 가시적인 영역으로 적외선 그늘이 질 때와 마찬가지로. 그 또한 열이 빛이 되는 질적 전환점이다.) 정동과 언어 사이에는 이율배반이 없다. 거기엔 동반과 생성이 있다. 경험의 점진적인 연속체의 전 영역을 항상 수반하면서. 경험의 연속체[범위, 영역]에서의 비언어적 단계들은 언어적 등록에 대립하지 않는다. 적외선과 붉음이 반대가 아니듯이 그들은 그들을 동반한다.(모든 적외선 카메라가 보여 주듯이). 경험의 하부-언어적 등록은 언어적 표현을 동반한다. 동시에(그리고 이것은 적외선 유추[유비]the infrared analogy가 부서지는 곳이다), 그들은 지나간 언어적 표현에 의해 내-형성된다. 이미 설명된 비의식과 의식 수준 간의 복잡한 피드백 회로를 통해. 그리고 이번엔 반대로 그들이 언어적 표현을 내-형성한다. 발화 행위들이 추론적으로 제스처를 취하며 지향하는 잠재태의 귀추법적 생각하기-느끼기와 아울러, 그들의 강력한 추상의 방식으로. 경험의 하부-언어적 등록은 사건들의 정신적 축을 조정할 수 있도록 언어의 역량을 내-형성한다. 그것은 주어진 것을 초과하는 언어의 특이한 능력(이야기를 짓는 능력)을 마련하고 불을 지핀다. 잘못된 정동 개념에 대한 이 목록에서 중요한 부분인 모든 이원론과 마찬가지로, 언어와 비언어의 관계는 활성 양태가 스스로 본성상 질적으로 변하는 과거 문턱들에 의해 간간이 중단되는 잠재들의 점진적인 연속체의 관점에서 이해되어야 한다. 정동은 대립이 아니라 질적 차이로 작용한다 : 동일한 스펙트럼 위에서의 표현을 위해 질적으로 다른 잠재들의 통합적 상호 포함. 그것은 언제나 정도의 문제이다. 전-언어적 인간은 이미 하부-언어적이다. 인간이 아닌 동물도 마찬가지이다. 언어에 의해 최고조의 힘으로 운반되는 활동성의 정신축을 그것이 표현하려는 경향이 있는 한.[4]

정동은 자유를 부정한다. 이것은 그 유명한 '사라진 0.5초'라는 정동 이론의 논의들로부터 몇몇 해설가들이 도출한 정당하지 않은 결론이다. 이것은 신경생리학자 벤자민 리벳Benjamin Libet의 발견과 관련이 있다. 생리적 자극들로부터 출발해서 행동이 의식화하는 데에는 0.5초까지의 지체가 있다는 것이다. 지체하는 동안 일어날 행위는 자신의 '잠재적 준비단계'[준비전위]readiness potential에서 실제적인 표현으로 이동한다 : 잠재로서의 내-행동에서 몸짓으로의 실-행acting-out. 많은 사람들을 괴롭히는 문제

---

4. 나는 이미 『동물들이 가르치는 정치』(*What Animals Teach Us about Politics*)에서 동물의 모든 활동에는, 심지어 가장 '저차원'의 본능적인 행동들에서조차 증명된, 정신성이 존재한다는 점을 주장했다.

는 그 이행이 항상 이미 비의식적인 방식이라는 점이다. 그래서 그것은 결정의 자유[자유의지]의 부정을 의미하는 것으로 간주된다. 행위의 이러한 비의식적 태동이 자유와 모순된다는 생각은 앞서 말했던 논의, 즉 모든 행위의 발생에 있어 사고와 육체 운동은 서로를 포함한다는 견지에서 수정되어야 한다. 정동이 자유를 부정한다는 잘못된 생각은 몸/마음body/mind의 이원론에 대한 재고를 기본적으로 거부하기 때문이다 : 그 생각은 몸의 비의식적 활동성을 '정신'mental과의 대립과 마찬가지로 순수하게 '육체적인' 또는 '생리적인' 현상으로 이해한다. 그래서 육체적인 것을 '생각하지 않는' 메커니즘과 동일시한다. 정동 이론은 정반대로 육체 축(직접적 과거에서 전해지는 질서에 순응하는 사건의 경향성)과 정신 축(주어진 것을 넘어서려는, 새로운 것을 생산하려는, 놀라움을 발생하려는 경향성)에서 일어나는 모든 사건에서의 상호 포함을 전제한다. 정동은 절대로 자유를 배제하지 않는다. 그러나 그것은 그것의 재정의를 요구한다. 재정의는 반드시 필요하다. 왜냐하면 자유가 어떤 식으로든 몸/마음, 육체/정신의 이원론을 내포하는 한, 정동의 작업들은 자유와 모순적이기 때문이다. 이러한 이원론은 자유의 개념들 속에 견고하게 들어차 있어서 그것을 뒤로하고 그들의 생각하기-느끼기를 당기기는 어렵다. 기존의 자유에 대한 생각들은 자유를 개체적인 심리적 주체의 정신적 행위로, 또는 개체적 의지의 조건 없는 결정 행위로 간주한다. 이것은 자유를 몸에서 분리시킨다. 그러나 조건 없는 결정이란 존재하지 않는다. 또한 정동을 통해(반성 속에서가 아니라) 효과를 내는 초개체적 생성의 외부에 있는 개체란 존재하지 않는다. 개체의 의지라는 개념은 살균된 것이다 : 그것은 주관적 반성이라는 진공상태를 전제한다. 거기서 자유의지는 무제약적이고 무조건적인, 영광스러운 고립의 기능을 한다. 이것은 자유가 아니다. 허구일 뿐이다. 자연-문화 연속체는 진공을 혐오한다. 자유는 어떤 주체의 소유물이 아니다. 필연의 낙인이 찍히지 않은 순수한 결정 역량이라는 것은 존재하지 않는다. 자유는 필연에서 얻어지는 일종의 성취이다. 그것은 행사되는 것이 아니다. 그것은 발명된다. 제약의 권한부여 조정을 통해. 그 발명은 상황에 의존한다. 상황들은 다사다난하다. 그리고 사건들은 관계적이다. 주체는 진공상태에서 결정하지 않는다. 사건들이 결정한다. 관계 속에서. 자유는 개체에 속하지 않는다. 과정에 속한다. 자유는 놀라움을 발생시키는 정동적 과정의 초개체적 자율이다. 그것은 육체성이 없진 않다 — 그러나 그것은 정신성의 승리를 구성한다.(주어진 것을 넘어서고 새로운 것을 발생시키는 역량으로서 정동적-과정적인 것으로 다시 한번 규정됨으로써). 당신의 [개체적] 자유를 주장하지 마라. 놀라움을 시행하라. 그것에 투기speculate 5하라.

---

5. [옮긴이] 여기서 speculate를 두 가지로 해석할 수 있을 것 같다. 관계와 과정의 불확실성 속으로, 그러나 희망을 가지고, 뛰어든다(참여한다)는 의미에서 "투기하다"로 해석할 수도 있고, 뛰어든 후 불확실성이 어떻게 되어갈지 지켜본다는 의미에서 "지켜보다"로 읽을 수도 있을 것이다.

정동과 정치에 관한 마수미의 논의가 정교하거나 조직화된 이론은 아니지만, 몇 가지 주목할 만한 개념과 주제들이 있어 여기에 옮겨 보았다. 마수미의 『정동정치』는 대화록을 약간 다듬은 형식으로 되어 있기 때문에 산만하고 중언부언이 많다. 따라서 읽기에 애로가 많은 독자들을 위해 눈에 띄는 몇 가지 주제들을 따로 선별하여 가급적 중화하고 설명을 덧붙이면서 그의 책을 노트 형식으로 요약하였다. 이 노트들은 정교하고 일관된 조직화 원리에 따라 구성된 것이 아니라, 시멘트를 바르지 않고 돌담을 쌓아 올리듯이 그럭저럭 조율하며 다소 엉성한 관계로 배열되었다.

표현된 실체

정동은 사물의 내부와 표면에서 일어나는 비-의식적인 '진동' 또는 '이행'이며, 사물의 내-외적 관계들로부터 발생하는 비-물질적인 '효과'이자 비-재현적인 '자태'이다. 들뢰즈는 정동을 "힘-질"power-quality 또는 "힘-질의 효과"라고 규정했다. 힘은 운동하려는 경향성이고, 질은 그 운동이 일정하게 머물러 지속하려는 경향성이다. 정동은 바로 이들이 공존하거나 대립하면서 자아내는 효과이다. 예컨대, 얼굴 표정은 몸체의 내-외부에서 흐르는 미세한 운동(진동과 이행)이 그 몸체의 표면인 얼굴(부동 판) 위에서 일정하게 머무르며 발생하는 질적 변화의 표현이다. 정동이란 바로 그 얼굴 위에서 "표현된 것"the expressed으로서의 힘-질이다. "표현된 것"은 물질이나 사물이 아니며 정신도 아니다. 정동은 근육으로 된 얼굴의 이목구비의 움직임들이 자아내지만 얼굴 자체는 아니다. 칼끝의 '날카로움', 얼굴의 '성마른 표정', 몸집의 '우람함', 파도의 '맹렬함'은 각각 그것들을 담고 있는 사물들(칼, 얼굴, 몸, 파도)로부터 발생하지만, 그 사물들로 환원할 수 없으며, 그것을 느끼는 주체의 주관적 지각으로도 환원할 수 없다. 사실 얼굴뿐만 아니라 모든 사물에는 각각이 자아내고 있는 특유한 표정이 있다는 점에서 정동이란 모든 존재의 표정 또는 '얼굴화'라고 말할 수 있다. 물질이나 정신으로 환원할 수 없는 정동은 사물과 주체 그리고 그 각각에 내재하는 다양체들 사이에서 일어나는 가상적 이행이며, 그 이행(즉 생명)이 자아내는 흔적이자 자태이다.

정동과 물질성

정동은 육체적이며 물질적인 원인을 갖는다. 몸 안에서 몸에 동반하는 운동이 없으면 정동도 없다. 정동은 육체와 혼동되어서는 안 되지만, 또한 육체가 없이는 존재할 수 없다. 육체는 정동의 현실적 원인이라 할 수 있다. 칼끝의 '날카로움'은 칼이 없으면 존재할 수 없으며, '놀라움'의 표정 또한 근육 덩어리로서의 얼굴이 없으면 존재하지 않는다. 어떤 점에서 제임스-랑게의 행동 심리학이 제시하는 물질과 육체의 우선성은 정동에 대해서도 그렇다고 말할 수 있다. 종전의 심리학과 달리 그들의 이론은 감정보다 생리적 자극을 우선시한다. 즉 감정적 경험 이후에 육체적·생리적 반응이 뒤따르는 것이 아니라, 반대로 생리적 변화가 먼저 나오고 다음에 감정적 경험이 일어난다는 식이다. 육체적 소요, 물질적 진동, 이러한 것들이 정동의 물질적 지점이라고 특정할 수 있으며, 제임스-랑게는 육체적 소요가 바로 감정 자체라고까지 말한다. 그러나 무엇보다도 정동은 물리적 차원도, 심리적 차원도, 생리적 차원도, 형이상학적 차원도 아닌, 들뢰즈의 표현을 빌자면 "외-존재"extra-being에 속한 것이며, 내적 관계들을 통해 표현의 차원에서 일어나는 "표현된 것"이다. 따라서 기존의 철학이나 과학적 존재성(정신과 육체)의 이원론적 존재론을 벗어나는 정동은 새로운 대상이며, 일단은 무엇보다도 예술의 견지에서 논의되어야 할 대상이다.

느껴지는 것

정동은 '느껴지는 것'the felt이다. 기호학자 퍼스가 분류한 기호들 중에서 가장 근원적인 것에 속하는 정동은 지각(2자성)이나 사유(3자성) 이전에, 정신적인 매개 없이 직접적으로 느껴지는 것이다. 가령 붉은색에서 느껴지는 순수 정동으로서의 '붉음'redness 그 자체는 색에 대한 어떠한 명제나 개념보다도 근원적인 실재성을 가진다. 그것은 '붉지 않다'라고 말할 때조차 느껴지는 일차적 힘과 질로서의 '붉음'이다. "표현되는 것"이자 "느껴지는 것"으로서의 정동은 사물과 그 사물이 자아내는 표정의 "실체"entity이다. 왜냐하면 붉음이나 표정은 그것을 떠올리거나 현시하기 위해 행위나 언어 같은 다른 수단이 필요하지 않고, 그 자체로서 표현된 실체를 드러내기 때문이다. 표정에서 느껴지는 '야비함'은 그 사람의 실체를 직접 드러내고, 거친 손에서 느껴지는 힘은 그 손의 실체를 즉각적으로 현시한다.

시간의 현시

정동이 실체라는 것은 '시간의 현시'라는 뜻이다. 정동은 시간 속에서, 시간을 머금은 몸체 안에 축적된 힘-질의 표현이다. 시간을 육화한 시계를 생각해 보자. 시계는 기호들로 나타낸 부동판 위에서 돌아가는 바늘들의 움직임으로 시간을 표시하지만, 그 표현의 실체는 내부의 보이지 않는 태엽의 미세하고 강렬한 진동들이다. 인간의 몸체도 태엽의 진동처럼 지속하는 시간 속에서 축적된 미세한 떨림과 이행들의 집단적 요동을 함축하고, 그 요동은 표면, 피부, 얼굴 위에 특유의 자태나 표정으로 나타난다. 분노, 우울, 심지어 피부에 퍼지는 알레르기 반응은 정동적 변화의 표현이며, 그 표현의 지속은 몸체에 전반적인 분위기를 남긴다. 정동은 심리적인 것이 아니라 실체로서 존재한다. 표정뿐 아니라 생리 상태, 막연한 기분, 심지어 삶 전체의 느낌도 일차적 힘-질로서의 정동으로 간주된다. 맨 드 비랑Maine de Biran은 "삶의 일반적 감정"le senti-ment général de la vie이나 "직접적인 정감"les affections immédiates이라고 부르는 특정할 수 없는 막연한 감정 상태에 대해 언급했다. 이것들은 의식의 의지적인 지향성(응축, 대상지향, 초점 등)이 결정되기 이전의 몸 안의 불특정한 정동을 뜻한다. 예컨대, 일시적인 반신불수 환자의 마비된 신체 부분에 자극을 가할 때 그가 느끼는 특정할 수 없는 막연한 통증이나, 감각과 자아의식이 일시적으로 중단된 상태인 수면 중에 나타나는 꿈이나 몽유병처럼 내적인 정념으로 현시되는 생리 현상이나, 정신분열증 환자들이 간혹 보는 광기의 비전들(황금색 벌판이나 사자머리 형상 등)은 시-공간적 좌표로 정향된 의식(심리)의 지향성 이전에 그들의 삶의 바탕을 이루는 순수하고도 일반적인 정동이 있음을 예시한다. 이들 정동은 위치나 장소를 지정할 수 없는, 시각적으로 결정되기 전의 몽롱한 그림자나 어렴풋한 빛의 덩어리로, 그냥 막연히 "~있다"라고밖에는 말할 수 없는 일차적 감정이며, 의식의 지향적 삶의 배후에서 수동적인 잠재태로 고여 있는 삶의 무의식적 느낌이다. 정동의 불특정성은 특정된 이미지의 형태로 의식에 떠오르는 의식적이고 자발적인 기억이 아니라, 구체적 경험들이 잠재화되어 몸체에 내재하는 "과거일반"pastness, 즉 시간 전체의 기운(힘-질)에 대한 무의식적 기억이라고 부를 수 있을 것이다. 지각하고 기억하고 상상하는 모든 주관적인 능력들은 자신들의 재료를 바로 이 과거일반으로 뛰어들어가 길어 올린다. 즉 과거일반을 구성하는 '정동적 잠재태'는 시간 속에서 육체에 의해 말해지거나 행해지는 모든 것이 잠재태로 쌓여 끊임없이 지속하는 몸의 찌꺼기이다. 이 찌꺼기는 모호하지만 직접적으로 경험된, 올 것이 더 많은 일종의 초과이고 과잉이며 새로움이나 창조성의 비축이다. 뒤프렌느Mikel Dufrenne는 이러한 경험의 질료적 '토대'fondement를 주관과 객관에 잠재하는 "정동적 아프리오리"라고 불렀으며, 느껴진다는 의미에서 메를로-퐁티Maurice Merleau-Ponty는 "살결" la chair이라고 불렀다. 어쨌든 정동을 실체라고 할 때, 그것은 '시간의 표현'이라는 의미이다.

스피노자의 정의

　마수미가 정동론의 기본적인 출발점으로 삼은 것은 스피노자의 정동 개념이다. 스피노자는 정동에 대해 "정동하고 정동되는" 또는 "정동적 영향을 주고 정동적 영향을 받는" 몸체의 역량이라고 정의한다. 정동하는 능력과 정동되는 능력은 동일한 사건의 두 가지 얼굴이라고 마수미는 생각했다. 한편에는 객체와 사물 쪽으로 향하는 정동적 경향성이 있으며, 다른 한편에는 주관 쪽으로 향하는 정동적 경향성이 있다. 문제는 정동하고 정동되는 힘이 이행을 지배한다는 것이다. 정동은 '이행'으로 정의될 수 있다. 이행을 통해 몸체는 역량 – 마수미는 이를 수정능획득capacitation이라고 불렀다 – 의 증대 또는 감소를 겪는다. 여기서 다시 정동의 시간성이 가지는 중요성이 있다. 정동은 시간 속에서 몸체 내에 축적된 과거의 흔적들을 동력으로 하여 새로운 현재, 새로운 삶의 역동성을 이끌어내는 원천이 된다. 몸체가 겪는 역량의 감소나 증대로의 이행은 몸이 살아간 과거와 연관성이 있다. 습관, 획득된 기술, 기억, 욕망, 충동, 의지 등의 주관적 요소들을 포함하는 과거는 반복된 패턴으로 되돌아온다. 이 요소들은 몸 안에 뿌리를 두고 있으며, 몸체 역량의 증감 요인들로 작용한다. 몸체에 축적된 과거는 유전이나 계통발생 같은 물리적이거나 생물학적인 수준들을 포함한다. 따라서 정동의 미래 쪽으로의 이행에는 과거의 재활성화 – 과거와 미래 사이에 놓인 시간의 차원들을 횡단적으로 가로지른다는 의미에서 – 가 존재하며 존재해야 한다. 다른 한편 스피노자의 정의에 따른 정동 – 정동하고 정동되는 역량 – 은 관계적인 결합체에 가깝다 할 것이다. 즉 정동은 현상학적 환원^epochē 같은 진공 상태가 아니라 관계의 장 안에 있다. 관계는 사건을 만든다. 따라서 관계는 발생적이고, 관계적 사건은 매번 다르게 발생하고, 과거는 되풀이되는 사운데 매번 다른 정태^affection를 가지고 현재와 이어지게 된다. 과거가 매번 다르게 이어지는 가운데 사건은 미래를 위한 새로운 가능성을 창조하는 계기가 되는 것이다. 따라서 발생적 사건이 일어나는 지대는 잠재력의 재구성이 일어나는 지대이며, 여기서 사물들은 자신의 정동적 경향성 안에 잠재해 있던 것에 의해 새롭게 다시 시작한다. 정동하고 정동되는 관계는 다른 관점에서 보면 몸이 관계의 복합체, 또는 화이트헤드의 용어를 따라 "결합체"^nexus라는 뜻이다.

정동과 사건

　정동의 작용들 안에는 관계가 내포되어 있다는 점에서, 정동적인 영향을 주고 정동적인 영향을 받는 것은 정치성의 원형적 형태라고 마수미는 말한다. 정동은 "원–정치적"^proto-political이다. 그에 따르면 정동적 영향 관계를 맺는 것은 세계 안에서 적극적이 되는 것이다. 이미 확립되어 있었던 관념의 범주들과 유기적 기능의 경계 안에 닫혀 있던 존재는 정동적 관계에 참여함으로써, 또는 관계를 정동화함으로써, 그로 인해 활성화되어 귀환한 세계로 열린다. 정동적인 영향의 선봉으로 인해 이끌어진 변화의 개방성 속에서 존재는 서로 마주치고 변형한다. 정동적 변화는 관계를 맺는 것이고, 관계는 바로 사건에 다름 아니다. 관계로서의 정동은 말하자면 충격이며 사건이다. 마수미의 말을 빌자면, 삶의 매 순간을 채우고 있는 "미시충격"이다. 가령, 눈의 초점을 바꿀 때나, 시야 주변이 하늘거려 시선을 그쪽으로 향할 때, 의식적으로 떠올려지지 않은 채 언뜻언뜻 지나쳐버리는 인상들이 그런 경우이다. 이때 중단이 일어난다. 앞으로 전개되는 삶의 양태에 난입하는 순간적인 절단들. 이 절단들은 눈에 띄지 않고, 지각할 수 없을 만큼 미세한 충격을 주면서 지나가 버린다. 지나간 자리에 그 자취와 효과들만이 펼쳐지는 가운데 우리는 그것들을 의식적으로 알게 될 뿐이다. 활성화가 시작되는 것이다. 화이트헤드는 감각적 수용기에 의해 추상적으로 변형되어 단순화된 감각적 경험 이전에, 또는 의식이라는 주체적 형식이 활동하기 이전에 존재하는 충격을 '느낌', '순응적 느낌'이라고 불렀다. 사물-대상이 원인이고 그것을 느끼는 주체는 결과가 되기 때문에 '인과적 느낌'이라고도 불렀다. 말하자면 느낌이란 정동적 복합성이다. 화이트헤드는 경험론자인 흄을 비판하는 가운데 감각은 최초가 아니며 대상을 변형시키지 않은 채 느껴지는, 감각보다 더 근원적인 지각의 존재를 언급한다. 그에 따르면 이것은 인과적 유효성의 지각이며, 감각에 포착되기 이전의, 의식 이전의, 타자와의 관련성 속에서 직접적으로 느껴지는, 경험론자들이 말했던 판명하고 생생하고 구체적인 지각이 아닌, 맹목적인 정서에 사로잡힌 몸체의 모호한 느낌이다. 바로 충격과 사건으로서의 정동이다.

시지각과 정동정치

미세한 충격으로서의 정동의 '이행'은 미시지각과 연관이 있다. 마수미가 말하는 미시지각은 작은 것에 대한 미세한 지각이 아니다. 미시지각이란 의식에 등록되지 않고 느껴지는 질적으로 다른 어떤 것에 대한 지각을 말한다. 미시지각은 효과로서만 의식에 등록될 뿐이다. 다르게 말해, 윌리엄 제임스가 제시했던 '과잉 실재'hyper reality, 즉 의식을 넘어 항상 무엇인가가 절단하고 있고, 중단하고 있고, 연속과 불연속이 매 순간 일어나고 있는 실재성에 대한 지각을 말한다. 이에 따르면 실재로서의 삶은 특이한 것들의 '스냅 샷'(정지된 포즈)의 집합이 아니라 미세한 충격과 사건들의 과잉으로 채워진다. 그 안에서 몸은 매 순간 자신을 새롭게 갱신하는 가운데 이 잠재태로 되돌아가 다가올 것에 내적으로 대비태세를 한다. 정동적 충격의 순간에는 내용물은 없고 정동적인 특질들뿐이라고 마수미는 말한다. 이행으로서의 정동적 특질은 측정할 수 없는 순간 동안의 삶의 느낌이라 할 수 있다. 미시지각이란 이처럼 순수하게 정동적인 세계의 (재)시작이다. 특이한 것은 미시지각이 재시작하는 지각이라는 점이다. 전통적인 입장에서 지각은 습관화된 것을 지칭했지만, 미시지각은 새로움이 나오기 위한 한 과정으로서의 (습관성의) 중단, 움찔하기, 막연함, 망설임에 가깝다. 달리 말해 미시지각은 잠재적 차이를 동반한 지각이다. 마수미의 정치적 낙관주의에 따르면, 바로 이것이 새로움의 가능성을 여는 지점이다. 그에 따르면 가장 밀도 있게 통제된 정치적 상황에서도 집합적으로 느껴지는 실행되지 않은 잠재의 잉여가 존재한다. 이 잉여가 촉발되면 — 마수미는 "큐싸인"이라고 불렀다 — 상황을 재조정할 수 있는 여지가 생긴다. 그의 주장에 따르면 이 지대는 이데올로기의 외부이다. 따라서 어떠한 상황도 이데올로기적 구조나 약호들로 완벽하게 미리 결정되지 않는다. 사건은 어디에나 항상 존재한다. 그리고 사건은 항상 역동적이고 재형성 중에 있으며, 완전히 현실화되지 않는 수준들을 항상 포함하고 있다. 따라서 변화를 도출하기 위해서는 이데올로기적으로 미리 결정된 소여들이 사건으로 진입해야 한다. 현실화되지 않은 잠재적 힘을 끄집어내기 위해 그 소여들은 재천명되어야 하고, 사건의 유효한 구성요소로서 갱신되어야 한다. 사건으로 재활성화된 몸체는 과거를 부활시키며 미래 쪽으로 매진하려는 경향을 실어 나른다. 그러한 소요 속에서 존재에 내재하는 역량들의 집단적 힘이 증대하거나 감소하면서 다가올 것에 대한 대비 테세에 돌입한다는 것이다. 이런 의미에서 미시정치 또는 정동정치는 어떠한 상황에서든 잠재를 재발견하고 해방시키는 방식으로 열림의 정도들을 찾아내며, 전에는 느껴지지 않았던 잠재를 다각도에서 유출시키기 위해 지각 가능한 지점까지 증폭시켜 상황을 변조한다. 정동정치는 밀물과 썰물의 반복처럼 현실태와 잠재태의 영원회귀라는 파도를 탄다.

본성적 차이

정동은 본성적 차이의 근거이다. 정동은 운동의 질 또는 경향성이기 때문에, 공간이나 사물을 동질화하는 부적절한 관념을 비판하고, 그들의 본성적인 차이를 구분하는 적합한 관념의 근거가 된다. 예컨대 고대철학의 운동 개념(직선 위에 있는 동질적인 공간인 점들의 통과)에는 정동이 배제되어 있으며, 이것은 '경향성으로서의 운동'을 '운동체'와 혼동한 결과라고 베르그송은 지적한 바 있다. 이런 이유에서 베르그송의 유명한 논증이 보여 주었듯이 아킬레스와 거북의 동질적인 운동으로부터 질적으로 다른 경향성 또는 순수 운동성이 추출될 필요가 있었던 것이다. 마수미는 정동이 "집단적"collective이라고 말한다. '집단적'이란 정동이 단일한 단위나 개체로서가 아니라 중층결정의 차원에서 일어나는 운동-이행이라는 뜻이다. 예를 들어 사자가 먹이를 찾아 한 장소에서 다른 장소로 이동할 때, 그 움직임을 동질화된 직선 위의 점을 통과하는 것으로 환원할 수 없다. 사자의 운동에는 대기의 변화, 근육의 수축과 이완, 허기 상태의 변화, 심리적 변화 등을 동반한다. 이렇게 집단적이고 중층결정적인 변화와 이행 속에서 사자의 운동은 다른 운동체와 본성적으로 다르다. 마찬가지로 아킬레스의 운동과 거북의 운동은 본성적으로 다르다. 서로 다른 운동체들 간의 차이뿐만 아니라, 하나의 운동체 역시 시간의 변화 속에서 정동적인 뉘앙스로 구분되는 질적인 차이, 뉘앙스의 차이에 의해 그 자신과 본성적으로 다르다. 이런 의미에서 정동은 본성적 차이의 근거이고, 나아가 존재를 시간 속에서 긍정하는 단초이다. 정동적인 차이를 구분하고 나누는 것을 예술비평의 핵심적인 작업이라고 생각했던 들뢰즈가 베르그송을 내세워 인식 방법으로서의 변증법이나 실증적 과학을 비판하고 '직관'의 방법을 주장했던 이유는 시간을 통해 드러나는 실질적인 것, 실체적인 것, 바로 정동의 긍정성을 파악하기 위한 것이었다.

정동과 횡단성

본성적인 차이의 근거가 되는 정동은 통계적으로 표준화된 일반 관념을 넘어선다. 그것은 일반적인 범주들, 통념들, 전통적인 지식에 의한 기존의 구분들, 예컨대 주관/객관, 정신/육체, 남/여, 인종의 개념들을 넘어서 그 경계들을 가로지르며 새로운 구분의 가능성을 연다. 즉 정동과 그 개념은 '횡단적'transversal이다.

정동과 희망

마수미는 정동이 희망을 위해 필요하다고 주장한다. 정동은 거대한 유토피아라는 목표를 상정하지 않고 지금 바로 여기서 더 강렬하게 삶에 집중하는 것이기 때문이다. 그에 따르면 정동에 대한 흔한 오해 중 하나는 그것이 개인화된 일상적 감정emotion이며 사소한 것에 대한 취향이나 만족이라는 견해이다. 그러나 정동은 개인화된 취향이 아니라 집단적이고 중층적인 조건들 속에서 발생하기 때문에, 그 미시적인 특성에도 불구하고 관계적이며 보편적이다. 스피노자의 관계 윤리학에 따르면 정동은 정동적인 영향을 주고받는 몸체의 능력이다. 정동적인 영향을 누군가에게 또는 무엇인가에 주면, 동시에 나는 그로부터 정동적인 영향을 받을 수 있도록 나 자신을 여는 것이다. 정동적 영향 관계하에서 몸체들은 아무리 미세하더라도 이행과 변화를 겪는다. 그럼으로써 닫혀 있었던 경계의 문턱을 넘어선다. 능력의 변화라는 관점에서 볼 때 정동은 문턱의 이행이라고 말할 수 있다. 중요한 것은 스피노자의 논의가 몸체와 관련이 있다는 것이다. 그에 따르면 몸체는 지속하는 가운데 무엇인가를 할 수 있는 능력으로 정의될 수 있으며, 이 능력들은 증감을 통해 끊임없이 변한다. 요컨대 정동은 사물을 새롭게 하는 효과이자 힘이다. 물질이 동일한 것의 반복이라면, 그 반복을 새로움의 반복으로 여기는 것은 다름 아닌 정동이다. 이런 의미에서 정동은 니힐리즘과 대립하고, 니힐리즘을 넘어서는 차원이다.

정동과 열림

정동은 고립된 개인의 감정이나 의식으로 포섭하거나 환원할 수 없으며, 개체를 초과해 있다. 생명은 열려 있기 때문에 외부의 난입을 피할 수 없으며 외부와의 관계로부터 형성된다. 스피노자가 정의하는 정동은 근본적으로 타자들과 또는 다른 상황들과 연결되는 방식을 함축한다. 정동은 우리가 어떤 각도에서 외부에 참여하는지를 말해 준다. 정동이 영향 관계라면 그것이 강렬해질수록 우리는 더 크고 넓은 생명의 장 속에 접속해 있다는 감각을 가질 것이며, 그에 따라 귀속감은 고조될 것이다. 이런 점에서 정동은 비개인적이다. 정동이 우리 안에 있는 것이 아니라 반대로 우리가 정동 안에 있는 것이다. 시몽동의 용어를 빌자면 그것은 '초개체적'이다. 마수미는 정동에 있어서만큼은 우리는 혼자가 아니라고 단언한다.

비유기적 관계의 효과로서의 정동

정동은 몸체들 사이에서 일어나는 효과, 가상적 이행, 형태 없는 자태이기 때문에 관계적이며, 관계 속에서만 발생하는 것이다. 그러나 이때의 관계란 유기적인 것이 아니라 비유기적인 것, 즉 불일치의 관계를 말한다. 유기적 관계는 정동을 말살하려는 경향으로 기울어진다. 유기성 자체가 사건의 우발성이나 관계의 집단성을 기피한다는 점에서, 그것은 불일치 속에서 발생하는 우발적 사건의 산물인 정동적 관계의 강렬함을 부정한다.

정동과 생성

정동은 육체들 사이에서 일어나는 효과이자 상태들 간의 가상적 이행의 증거이기 때문에 사물의 상태state of thing를 넘어 생성becoming을 직접 접하게 해 준다는 점에서 직접적이다. 정동의 직접성은 그것이 '이행 중' 또는 '생성 중'이라는 의미이다. 이것은 현재의 순간에서 다른 순간으로, 특정 상태로부터 다른 상태로 지나가는, 몸체의 표면 위에서 일어나는 몸체의 이중화, 또는 특정 상태 안에서의 이행의 효과, 즉 잠재화이다. 육체는 그 자신과 동일하게 존재하지 않는다. 현재는 언제나 다음으로 넘어가는 중이고, 동시에 자기 자신 위에 이중으로 접히어, 자신의 과거·기억·습관·반성 등, 시간 전체가 다중화되어 현재로 갱신한다. 베르그송이 지속에 대해 말했듯이, 과거는 현재 안에 이미 지속으로서 잔존하며, 현재는 언제나 미래 속으로 침투한다. 이러한 시간의 중첩 속에서 육체는 그 자신의 정동적인 차원과 동시간적으로 일치하지 않는다. 현재적 지각으로서의 육체는 과거와 미래의 잠재적 중첩으로서의 정동으로부터 자신의 현실화의 재료를 선택한다. 동시에 그로부터 특정한 가능성들을 추출하고 현실화한다.

정동과 윤리

정동이 이행 그 자체라면 정동적인 지각이나 감각은 그 이행을 실질적으로 직접 포착하는 것으로 간주할 수 있다. 우리는 부적절한 지각을 통해 부적절한 관념을 가진다. 부적절한 관념이란 자기 원인을 가지지 않는 관념, 그 자신 안에서 설명될 수 없는 관념을 말한다. 정동이 몸체 내에 축적된 시간의 실체이자 경험의 직접적인 토대라면 몸체의 자기 원인의 근거라 할 수 있다. 따라서 정동에 근거한 지각과 관념은 몸체 안에서 자신의 변화를 설명할 수 있는 적절한 관념이 될 수 있다. 스피노자가 생각했던 도덕과 윤리학의 차이를 정동의 관점에서 볼 때, 명령적인 도덕이 정동을 배제하는 경향으로 간다면, 윤리학은 정동적인 관계 양태들의 위상학으로 규정할 수 있을 것이다. 정동이 윤리적으로 관건인 이유는 그것이 실질적 이행을 구체적으로 보고 느끼는 근거이기 때문이다. 그러나 무엇을 보고 느낄 것인가? 정동은 우리를 바꾸고 확장한다. 정동은 육체와 정신을 넘어 그들의 생성과 변화의 형태 없는 자취들, 즉 살아있는 것의 실체이다. 그것은 긍정이나 부정을 함축한 것이 아니며, 선한 것과 악한 것을 초과한다. 따라서 정동은 올바른 결론에 도달하거나 명확한 결과를 파악하는 것보다 윤리적 차원에서 더 중요한 문제이다. 마수미는 긍정이나 부정의 견지에서 정동을 이해하는 것은 그것을 외부에서 보거나 도덕적 설교조로 보기 때문이라고 지적한다. 스피노자의 관점에서 윤리학은 미리 주어진 판단체계에 의존하여 행위를 판결하고 분류하여 그것에 긍정이나 부정의 가치를 부여하는 것이 아니다. 윤리학은 행위들이 건드리고 표현하는 가능성이 어떤 유형인지 어떤 양태인지를 파악하는 것이다. 미리 주어진 확실성이 아니라 불확실한 상황의 우발성 속에서 발생하는 정동의 변화, 그리고 시간속에서 형성되는 정동의 적재, 그리고 적재된 정동이 특정한 상황에서 펼쳐지는 양태, 이러한 것들의 결과로서 하나의 윤리적 행위가 구성된다. 마수미는 불확실성과 우발성의 중요성을 강조한다. 불확실성은 우리로 하여금 상황에 대한 내적 긴장 속에서 정동에 집중하게 하고, 우리의 행위에 정동적인 영향을 미친다. 따라서 윤리는 도덕과 달리 상황 의존적이다 — 마수미는 이것이 제임스나 퍼스 등의 "실행주의"pragmatism의 문제 틀이라고 보았다. 이에 따르면 선한 것과 악한 것, 옳은 것과 그른 것은 근원적으로 주어진 것이 아니라 상황에 의존한다. 어떠한 행위의 윤리적 가치판단은 그것의 본질적 기원에 있는 것이 아니라, 상황 속에, 그 행위로인해 초래되는 변형에 의해, 무엇이 발생했는지, 또는 확립된 사회적 규준들을 그것이 어떻게 부수고 넘어서고 가로질렀는지에 따라 좌우되는 것이다. 불확실성 한가운데서 살아가면서 가능성을 최대화하고 그것을 상황에 연결시킨다는 의미에서 윤리는 절대적으로 정동적이며, 생성의 관점에서만 규정될 수 있는 문제이다.

통제된 추락

마수미는 로리 앤더슨의 개념을 빌려와 흥미로운 제안을 한다. 일명 "통제된 추락"이라고 부르는 것이다. 이에 따르면 일생을 살아가는(이행) 능력과 자유는 제약으로부터 벗어나는 문제가 아니다. 제약은 어디에나 항상 존재한다. 가령 우리는 중력의 제약으로부터 자유로울 수 없다. 우리가 걸어갈 때 중력은 앞으로 멀리 갈 수 없도록 방해하는 제약으로 작용한다. 중력의 제약뿐 아니라 균형이나 평형의 강요를 받는다. 그러나 걸어서 앞으로 나아가기 위해서는 그 평형을 내던져버려야 하고 자 자신을 그 일시적인 추락에 내맡겨야 한다. 그리고 추락을 중단하고 다시 균형감을 되찾아야 한다. 결국 걷기란 제약들과 유희를 하며 앞으로 나아가는 것이다. 마수미에 따르면 자유는 제약으로부터의 도피가 아니다. 이러한 생각에는 제약으로부터 완전히 벗어나는 것은 불가능하지만 운동의 열림의 정도는 존재한다는 낙관적 믿음이 있다.

항해 운동으로서의 정동정치

언어는 제약과 변용의 놀이이다. 전통적인 언어관에 따르면 기표the signifying와 기의the signified는 서로 일치한다. 말과 지각이 유착된 전통적 체계에서 언어는 미리 주어져 모두가 동의하는 것을 지시하는, 타인이 재인지하도록 사물을 지시하는 기능에 국한된다. 그러나 경험과 지각에는 결정된 형태들 외에 잉여의 독특한 느낌들이 있다. 그 경험의 초과된 잉여들을 언어 표현으로 포섭하거나 고갈시킬 수 없다. 그것은 잠재적 잉여로서 사용된 단어들 주변에

뿌연 성운들을 형성하면서, 그 단어들이 말해질 때 붙어 다니기도 하고, 떨어져 나가기도 한다. 동일한 언어를 사용하는 사람들조차 서로 다른 질적 차이의 심연 속에서 소통할 뿐이다. 그들 사이에는 지나치게 많은 것이 잉여로서 존재하기 때문에, 그들이 공유하는 것을 동일한 경험이라고 말할 수도 없다. 이것은 퍼스의 생각이었다. 그러나 특정한 상황의 '지나치게 많은 것'(과잉) 또는 흥분을 전달하기 위해, 새로운 경험이 실제로 융성해지도록, 언어와 경험의 불일치를 가시적으로 표면화하려는 언어적인 노력이 존재한다. 이것이 변용의 언어(유머, 시적언어)를 구성한다. 마수미는 언어의 두 차원을 언급한다. 경험을 포획하고, 코드화하고, 정상화하고, 중성적인 지시 틀을 제공해서 그것을 소통 가능하게 하는 차원이 있고, 다른 한편에는 경험의 직접성으로 파고들어 그 특이성들을 전달하는, 정동적 운동으로 상황에 특화된 열린 차원이 존재한다. 그에 따르면 다사다난한 상황의 독특함은 포섭하고 포착하고 대상으로 포괄하는 "지배[또는 점거] 운동"commanding movement이 아니라, 경험 속에 침잠하고 그 내부로 들어가 실재의 흐름을 따르면서, 운동 안에서 우발적 기회들에 몸을 맞추는 "항해 운동"navigating movement에 의해 도달된다. 항해 운동은 경험의 외부에서 안을 들여다보면서 유체 이탈된 주체처럼 상황을 지배하거나 기획하는 식으로 지배적 패러다임에 기대어 경험에 접근하는 것이 아니라, 상황에 실려 파도를 타거나 이로운 방향으로 그것을 비트는 것이라고 마수미는 주장한다. 그에 따르면 경험은 대상이 아니다. 경험 자체가 우리 자신이며 우리 자신의 형성이다. 우리가 처한 상황 자체가 우리 자신이며, 우리는 그 상황을 통과해 가는 움직임 자체이다. 우리는 외부에서 그 안을 들여다보는 어떤 추상적 본체가 아니라, 바로 자기 자신에의 참여이다. 이런 의미에서 마수미는 '비판적 실천'을 비판한다. 비판은 대상을 고정시킨다. 그것은 무엇인가를 떼어내고 특성을 고정시켜 객체화하고, 거기에 최종적 판결을 내리며 가학적인 도덕화를 시도한다는 것이다. 비판에는 도덕화의 저의가 있으며, 이로써 생생한 차원의 다른 경험과의 접촉을 상실한다. 반면에 정동정치는 지배나 판결과는 무관하게 정동적인 연결을 통한 참여와 실행에 주목한다.

정동정치의 장 : 비결정론적 체계

중력 체계의 영향에 묶여 있는 두 개의 물체가 운동할 때, 그들의 궤도나 위치를 방정식에 의해 예측할 수 있는지를 증명하는 문제를 '이체문제'라고 한다. 뉴턴Issac Newton은 이들이 타원궤도를 따라 돌 것이라고 예측을 했고, 그 '결정론적인 궤도'를 이론적으로 입증했다. 그러나 물체가 세 개인 '삼체문제'의 경우 특수한 조건하에서만 해를 구하는 것이 가능할 뿐, 보편적으로 적용할 수 있는 일반해는 없는 것으로 알려져 있다. 물체들이 특정 순간에 서로 관계를 맺는 지점을 안다면 그들의 경로를 추정할 수 있으며, 그들의 과거와 미래의 궤적을 파악할 수 있겠지만, 세 개의 물체를 놓고 보면 예측 불가능이라는 여지가 개입하는 것이다. 여기서는 한 지점이 나온 다음에 나올 경로들을 정확히 결정할 수가 없다. 예측 불가능한 쪽으로 틀어질 수도 있고, 예상과 전혀 다른 곳에서 끝날 수도 있다. 마수미에 따르면 이것은 물체들이 물리학의 법칙을 깬 것이 아니라 서로 간에 주고받는 '간섭' 또는 '공명' 때문이다. 말하자면 별개의 물체와 경로 들이 하나의 장 안에서 상호작용하는 것이 아니라 다수의 장들 ― 잠재적 구심운동과 원심운동의 장, 잠재적 유인, 충돌, 궤도의 장 ― 이 관계하는 것이다. 중력도 그중 하나의 장이다. 비결정성이 개입한 세 개의 장이 중첩될 때, 관계하는 모든 잠재성들이, 정밀한 예측을 불가능하게 하는 그러한 복잡한 간섭 패턴을 형성한다. 비결정성 자체가 객관적으로 존재하는 것이다. 따라서 엄격한 법칙 안에서조차, 운동들이 서로 상관하는 가운데 그 법칙이 가하는 제약들을 상관적 효과로서 또는 복잡성의 효과로서 자유의 조건들로 전환시키는 무엇인가가 있다. 마수미의 말을 빌자면, 결정론적인 체계에서조차 "객관적 자유도"an objective degree of freedom가 존재한다. 정동 역시 일종의 중력장 같은 것으로, 이 장 안에서 상관적 반전들이 일어날 자유도가 존재한다. 마수미가 말하는 정동정치란 정동적인 조율들 속에서 제약들이 자유도로 반전되는 문제라 할 수 있다. 물론 장 안에서 주어진 제약들을 벗어나거나 피할 수는 없다. 법칙과 제약들은 존재의 일부이며, 우리를 규정하는 정체성 안에 내재한다. 그럼에도 불구하고 그것들을 반전시킬 여지 또한 존재한다. 객관적 자유도를 언급함으로써 마수미가 말하고자 했던 것은 자유는 제약의 파괴나 회피가 아니라 뒤집기라는 것이었다 ― 반복을 통한 끊임없는 뒤집기가 니체Friedrich Wilhelm Nietzsche 사상의 요체라는 점에서 이것은 니체적이기까지 하다. 아울러 정동정치의 견지에서 강조되어야 할 것은 이러한 반전이 단독으로 또는 개인적으로가 아니라 관계의 차원에서만 가능하다는 점이다. 개체 간의 간섭과 공명 패턴을 비틀고 뒤집는 것은 전적으로 관계적이다. 이런 의미에서 정동정치는 정체성(계급, 인종, 성 등)의 정치를 넘어 관계의 정치로 나아간다. 그것은 예측가능한 방식으로 서로 연결되거나, 이해관계로 서로 충돌하는 분리된 영토들의 세력 관계 대신에, 상관적으로 발생하는 정동의 수준에서 작동하는 관계 양태들에 대한 이해와 고려가 필요한, 마수미의 용어에 따르자면, "실행주의적 사이-내 정치"인 것이다.

정동의 포섭

마수미는 권력이 단지 외부에서 우리를 강제하는 것이 아니라 우리 안에 경로를 설정한다고 보았다. 권력이 가하는 제약들을 따르는 법을 우리 스스로 배워가며 그 경로를 따른다는 것이다. 또는 우리는 정체성을 통해 권력의 효과를 실천한다. 권력이 외부에서 난입한 외적인 강제라면 거부하면 되기 때문에 오히려 문제는 간단할 수 있다. 그러나 권력은 잠재적 장 또는 정동적인 지대로부터 발생하여 우리를 내부로부터 형성한다는 점에서 훨씬 더 복잡한 문제이다. 권력은 정체성을 가진 개인으로서의 '나' 또는 '우리'의 발생의 일부이다. 권력이 현실화되는 것은 우리 자신 안에서인 것이다. 권력이 우리를 내적으로 형성하듯이, 우리는 권력을 외적으로 현실화한다. 마수미는 이 내부의 권력이 문제라고 말한다. 효율성을 통해 사람들을 규율화 하는 자본주의가 좋은 예이다.

마수미는 네그리 등을 거론하며 자본주의 권력이 '지배권력'이라는 의미에서 규정될 수 있는 '통제'의 기능을 상당 부분 포기했다는 사실을 지적한다. 그에 따르면 이런 상황은 푸코가 말했던 '규율권력'이 지배적일 때와 일치한다. 규율권력은 감옥, 병원, 학교 등 상명하달식 기관 안으로 육체들을 포섭하면서 '행위들'을 정례화하고, 그로부터 어떤 기능이나 정상성(선하고 건강한 시민)을 제조한다. 규율권력이 내면화되면 포섭의 과정이 없이도 전과 동일한 작용이 일어난다. 육체들을 사회로 복귀시키는 기능을 하는 감옥, 육체의 정상성이나 건강성을 유지하고 이념화하는 병원, 경력 같은 사회적 기능을 재도구화하는 산업으로서의 교육기관 등으로 현실화하는, 규율권력은 개별적인 기관을 넘어, 기관들 간의 변환과 같이 장 내부의 지점들 간의 연계를 통해 간섭과 공명효과를 창출한다. 권력은 육체의 움직임과 동력에 직접적인 영향을 가하고, 육체들의 추진력을 산출하며, 보다 더 다양하게 변칙적으로 발전해 왔다. 정상성의 규준은 느슨해지고, 이 느슨함은 자본주의의 역동성을 가능케 하는 하부 동력의 일부가 된다. 계급이나 서열을 가르는 전통적인 경계들은 개방성의 이름으로 유연해지지만, 마수미에 따르면 이것은 해방이 아니라 자본주의 특유의 권력 형식에 지나지 않는다. 규정적이고 규율적인 기관 권력이 이제는 다양성이라는 이름으로 정동적인 경향성을 생산하고 지배하는 시장권력이 되었으며, 이제 시장권력은 이데올로기나 규율을 넘어 느낌의 지대 속으로 파고든다. 그것은 정동적 일차성의 수준에서, 말하거나 생각하거나 행동하기 이전에, 내장 속이나 살

결에서 느껴지는 것의 수준에서 작용한다. 자본주의의 시장권력은 정동을 심화하고 다양화하면 할수록 이윤이 되는 방식으로, 오로지 잉여-가치를 뽑아내기 위한 것으로서 작동한다. 시장권력은 잠재적인 이익을 강화하고 최대화하기 위해, 마수미의 용어로 말해 "정동을 납치"한다. 이로써 정동에는 예컨대 상품의 형식으로 가격과 등급이 매겨진다. 나아가 '상품'은 단순한 물건이나 소비재가 아니라, 계급이고 상징이며 삶의 전반적인 느낌이 된다. 정동을 파고드는 잉여가치 생산의 논리는 자본주의와 대립하는 정치적 좌파조차 하나의 상관적 장으로서 포섭한다. 자본주의적 권력이 가지는 이러한 역동성과 그것에 대립하는 저항의 역동성 간에 일정한 공통성 같은 수렴의 지점이 형성됨으로써, 정체성에 기반을 둔 과거의 거대한 대립들은 그 모호해진 변경선에 당혹감을 느낀다.

정동의 상품화 또는 상품의 정동화

시장권력 안에서는 생산물이 점점 무형화되어 간다. 생산물은 정보나 서비스에 기반을 둔 상품으로 변하며, 이윤의 관점에서 보면 물질적 형태를 가지는 물건으로서의 상품은 이제 지엽적인 것이 되어간다(컴퓨터 가격의 하락 등). 마수미는 자본주의가 비물형을 물형적인 대상으로 객체화하는 과정을 소개한다. 그에 따르면 자본주의는 대량생산을 통해 이윤을 최대화하지만, 지금은 다른 유형의 생산으로 이윤을 최대화한다. 즉 물건의 대량생산이 아니라 서비스나 기능을 사용할 권리의 무한생산으로 이윤을 창출한다. 세계 시장에서의 저작권의 대두는 이같이 비물형화된 소유의 변화를 반영한다. 이제 소비자가 구매하는 것은 배타적으로 완전히 가져버리는 물건이 아니라 지적 재산권의 형태로 변한 일종의 권리이다(소프트웨어 패키지나 사용의 접근 허용 등). 이것은 사물을 잠재화하는, 또는 상품을 정동화하는 방식의 통제이다. 그뿐만 아니라 구매자는 더 이상 제품의 기능적 가치를 넘어 그 제품이 환기하는 정동적 가치들을 구매한다. 예컨대 자동차를 구매한다면 그것은 라이프스타일과 계급 정동 즉 계급의 느낌을 구매하는 것이다. 그것은 물건이 아니라 삶 자체로서 소비된다. 제품들은 점점 더 무형적이 되어 가고, 분위기를 가지며, 마케팅은 스타일과 브랜드화를 통해 점점 더 정동에 호소하고, 정동을 통제하며, 정동을 조작하는 쪽으로 기울어진다. 따라서 사물의 소유권은 덜 중요해진다. 마수미는 과시소비를 넘어 이제는 상품이 경험 그 자체의 권한을 부여하는 것으로 대체되고 있다고 경고한다. 물형에서 비물형으로의 전환은 생산과 소비 둘 모두의 측면에서 무형화되어, 마케팅의 방식, 수사법, 어필하는 정서가 이전과 다르게 작용하도록 생산·판매·소비의 새로운 작동 메커니즘을 도입하게 한다. 네트워킹을 통한 구매자들은 회사나 다른 구매자들과 연결되어, 제품의 경험 자체가 사회적 망을 창출한다. 마수미가 예로 들었던 '바이럴 마케팅'이 좋은 예인데, 여기서는 마케팅과 소비, 삶과 구매의 차이가 식별 불가능해지고, 모든 과정이 문화적이고 경험적이고 집단적인 수준에서 작동한다. 집단적 프로세스에 진입하는 개인 소비자들은 합리적 선택을 하는 자유 계약자로서가 아니라 관계 마케팅을 통해 집단화된다. 소비자들은 설득이 아니라 감염의 형식으로, 합리적 이성에 의한 선택이 아니라 정동적 수준으로 정향된 아비투스로 이윤 창출에 기여한다. 네그리는 '사회적 공장'이라는 개념을 통해 자본주의의 사회화 과정을 지적한다. 그에 따르면 자본주의는 물건을 파는 것이 아니라 무엇인가를 하고 무엇인가가 되려는 잠재적 경향을 정찰하고, 포획하고, 생산하고, 다중화한다. '비물질 노동'의 유형을 통해 우리는 스스로 그 노동의 생산물이 되고, 자본주의적 생산 권력에 의해 우리는 내-형성된다. 이런 식으로 삶 전체, 활력, 정동적인 역량들은 '자본주의적 도구'가 된다. 마수미는 이것을 자본주의하에서의 "삶의 포섭"the subsumption of life이라고 불렀다 — 문제는 물형에서 비물형으로, 사물에서 비사물로의 전환 자체가 아니라, 비물형조차 물형화하여 그것을 소유하거나, 제한하거나, 제약을 가한다는 점에 있다. 포섭을 통해 상품의 유형이 바뀐 것이 아니라 강화되고 확장된 것이다.

피드 체계

　개인들은 피드 체계에 의해 등록이나 채록의 형식으로 권력의 장 안으로 진입한다. 등록은 대량으로, 체계적으로, 종합적으로 처리된다. 푸코에 따르자면 규율권력이 이미 (학교나 병원 등) 기관을 통해 실행해 왔던 등록은 이제 감시나 범죄 수사뿐만 아니라 마케팅에 더 가치가 있는 것으로 간주된다. 개인들은 점점 유동적이 되고 현금화되어 간다. 무형적인 것에 기반을 두고 있는 "유동적 경제"fluid economy에서 무엇보다도 중요한 것은 사람들의 취향이나 행동 패턴들이다. 개인들이 길을 지나가거나, 구매 활동을 하거나, 인터넷을 서핑하거나, 무엇이든 활동을 하는 매 순간 게이트키퍼 역할을 하는 검문소 같은 곳을 통과한다(로그인, 출입, 바코드, CCTV 등). 이 과정에서 개인은 지속적으로 취향, 욕망, 활동 패턴 같은 피드 정보를 제공한다. 이렇게 잠재화된 정보들은 유사시에 취합되어 일정한 공정을 거쳐 광고와 같은 경로화 절차로, 일종의 피드백 회로를 통해 귀환하게 된다. 마우스를 클릭하는 매 순간 우리는 누군가의 시장조사를 대행해 주고 있으며, 빅데이터의 이름으로 거대화되어 가는 이윤-창출 능력에 기여한다. 일상생활 자체가 가치를 창출하는 노동의 과정이 되고, 꿈틀대고 움직이는 능력 자체가 자본화되어 그 자체로서 잉여가치를 생산하는 것이다. 들뢰즈와 가타리는 이를 "흐름의 잉여가치"라고 불렀다. 이들에 따르면 통제사회를 특징짓는 것은 권력이 기능하는 방식과 아울러 경제가 이 흐름의 잉여가치 주변에 언제나 함께 등장한다는 것이다. 어쨌든 삶과 자본과 권력은 검문-등록-입력-처리-피드백-구매-이윤 등의 하나의 연속적인 회로 안에서 유통하고 순환한다.

권력의 정동화와 미디어

정동정치의 관점에서 권력은 더 이상 거대한 단일체를 추구하는 훈육이나 규범에 의존하지 않는다. 권력은 정동적이 되었다. 권력의 정동화에 따라 자연스럽게 미디어의 역할이 중요해진다. 마수미에 따르면 지금은 군주 국가에서나 볼 수 있는 도덕적 틀로 정치를 정당화하는 시대가 아니다. 미디어는 더 이상 중재자가 아니다. 그는 미디어가 정동적 차원을 조절하는 능력으로 통제의 '직접적인' 메커니즘이 되었다고 주장한다 — 이 직접성을 강조하기 위해 그는 media 대신 immedia를, mediation 대신 immediation 이라는 용어를 사용한다. 미디어가 생산하는 것은 단순히 정보나 분석이 아니라, 정동의 조절, 정동의 채록, 그리고 방송과 배포를 통한 정동의 확산이다. 마수미는 미국의 9·11 사태를 거론하며 이 과정을 묘사한다. 9·11 사태 이후 미디어는 이미지와 언어를 통해 감동적이거나 공포스러운 스토리를 만들고, 공포나 불안 감정을 확산하거나 변조시켜 애국심 같은 공적인 감정을 부추긴다. 9·11 의 공포가 소비자 신뢰도의 하락으로 이어져 경제가 침체될 것이라는 우려를 낳으면, 미디어는 전 국민이 애국적인 소비와 지출에 동참할 것을 종용한다. 공포와 불안은 미디어를 통해 질적으로 다르게 공정되며 자부심과 애국심으로 증폭되어 피드백된다. 이미지들의 유통과 회전을 통해 공포와 불안은 즉각적으로 신뢰로 정동적 전환을 하고, 이로써 이윤의 파생 가능성은 커진다. 가령, 주기적인 테러의 경고와 그 발표의 철회는 불안과 해소의 fort/da 게임처럼 미디어가 대중에게 전송하는 반복적인 메시지를 통해 이윤으로의 회전을 도모한다. 이러한 일련의 과정들을 통해 미디어는 정동적인 수준을 조절하고, 통제하며, 조작하고, 제한하는 국가 자본주의 권력 실천의 주요 작인이 된다.

레이건

마수미는 미디어의 정동적 권력이 탄생하게 된 배경으로 대중들의 연예 우상이었던 레이건Ronald Reagan의 국가 원수 등극을 꼽는다. 그는 이 등극을 배경으로 정치가 연예계처럼 정동적인 조절에 들어간 것이라고 지적한다. 이후 텔레비전은 대중 정동을 만들어냈고, 그다음으로 텔레비전을 이어받아 인터넷이 확산되기에 이른다. 이후 대중 정동은 미시정치의 영역으로 진입하여 바이러스처럼 변종들이 쏟아진다. 이런 점에서 '이데올로기' 이전의 더 근본적인 '정동'에 대한 이해가 중요해진다. 이데올로기는 물론 시시각각 도처에 존재하지만, 이데올로기가 물질화되어 실행되는 과정을 이해하기 위해서는 그것이 정동화 되는 단계들을 알아야 하기 때문이다.

정동적 권력과 정동적 저항

마수미는 정동적 권력에 반대해서 싸우는 것은 역효과가 난다고 지적한다. 오히려 정동적 권력과 동일한 수준에서 스스로 기능하는 법을 배워야 한다고, 정동적 조작에는 정동적 조작으로 맞서야 한다고 그는 조언한다. 팔레스타인이나 이리안 자야 사람들 같은 소수자들은 미디어를 통해 효과적으로 어필할 수 없기 때문에 때때로 폭력적인 게릴라 전술이나 테러 등에 가담하게 된다. 주목을 끌어 충격적인 효과를 내기 위해 그들은 연극적이고 스펙터클한 행동들을 감행하지만 결국 스펙터클하게 역효과를 낸다. 마수미에 따르면 공포에 저항하는 그들 역시도 공포를 증폭시켜

가며 활동을 한다. 이런 식의 저항이나 활동은 지배국가 메커니즘을 반영하면서 저항의 동기를 제공했던 억압만큼이나 불화의 구실이 되기도 한다. 일부 서로 간에 반-테제로 묶여 있는 세력들의 이러한 정동적 공생관계를 마수미는 "흡혈귀적"이라고 규정하면서, 이 흡혈귀적 관계를 잘 보여 주는 예가 바로 빈 라덴이나 알-카에다(최근에는 이슬람국가IS) 그리고 부시 일가의 관계라고 단언한다. 그에 따르면 이들은 적대적이기보다는 정동적 파트너로서, 서로 공모하고 공생하면서 서로의 정동적 에너지를 빨아먹고 사는 쌍둥이 악마들이다. 이 악마들의 정치를 그는 흡혈귀 정치라고 불렀다. 이런 이유에서 마수미는 이데올로기나 정체성에 근거한 "정체성 정치"를 벗어나 윤리-미학적 정치 즉 정동정치의 중요성을 강조한다. 정동정치의 목표는 정동적 잠재성의 영역을 확장시키는 것이다. 정동정치의 관점에서 보면 급진 좌파도 비판의 대상이다. 마수미는 급진적인 사유가 다른 종류의 정동을 제대로 동원하지 못하거나, 실상에 대한 충분한 이해가 없다는 점을 지적한다. 예컨대, 좌파가 우파에 대해 그 이데올로기나 지성의 측면을 비판하는 동안, 우파는 희망이나 공포 같은 정동적인 방식들을 동원한다. 우파는 사람들의 '상상'을 포착해서 애국주의 감정과 경향성을 생산한다. 반면에 전통 좌파는 정의감, 강직함, 올바른 판단 등을 강조하지만, 이러한 가치들은 정동을 배제하거나 제한하고, 처벌하며, 훈육하는 식의 낡은 전통의 유물일 뿐이다. 전통 좌파는 자본의 문화화, 사회화에 따른 매스 미디어의 새로운 기능으로 인해 극단적인 고립과 아울러 뒤처지게 되었다는 것이다.

체성에서 정동으로

　자유 또는 자율은 정동적으로 완전히 분리된 상태가 아니다. 아무리 고립된 사람이라고 해도 어떤 식으로든 사회와 연결되어 있다. 어떤 사람이 직업을 잃으면 비생산적이라고 낙인이 찍혀 사회로부터 고립되지만, 여전히 많은 분야의 사회 서비스에 노출되어 사회와 접촉한다. 그는 사회 안에서 '불평등'이나 '궁지'라는 특수한 관계 속에서 살아간다. 모든 소통을 거부하는 자폐증 아이조차 그 어떤 관계보다도 강렬한 정동적 관계 속에 있다는 점을 이 책『정동정치』는 소개하고 있다. 따라서 하나의 독립된 실체로서 무엇이든 선택할 수 있는 '자유 계약자'와 같은 개인은 존재하지 않는다. 정동의 관점에서 볼 때 '나'는 사회적으로 또는 통계적으로 분류된 (고용자, 피고용자, 남, 여 등) 정체성을 소유한 개인이 아니다. 주체는 정체성의 문제로 환원할 수 없다. 정동은 오히려 이러한 분류를 가능케 하는 실질적 근거이며, 여기서 '나'는 항상 관계라는 열린 장 속에서 겪는 연결과 움직임들의 집합에 다름 아니다. 내가 무엇인가를 할 수 있는 '능력'이나 '잠재력'은 나 혼자서 독립적으로 결정할 수 있는 것이 아니라, 내가 그 장 속에서 접속되어 있는 양태에 의해 규정된다. 자유란 관계의 양태에 상응하는 능력과 역량의 정도이다. 물론 자유의 정도를 결정하는 요인은 어느 정도는 사회적 분류(남성, 여성, 아이, 어른, 부자, 실업자 등)에 의존한다. 그러나 이러한 조건이나 규정 들이 정동적 차원에서의 잠재적 역량을 담아내는 완벽한 컨테이너가 될 수는 없다. 이런 이유에서 마수미는 사회적 정체성의 범주 안에서의 도덕적 분노나 동정은 근본적인 것을 건드리지 못한다고 그 한계를 지적한다. 사회적으로 가치가 이미 결정된 범주들, 예컨대 계급, 젠더, 경제력, 자본가, 프롤레타리아에 속한 특정한 사람들에게 동정이나 도덕적 분노를 표현하는 것은 그 범주를 나누는 가치 체계 자체는 문제 삼지 않고 그대로 유지하면서, 단지 그 범주가 나타내는 가치의 기호들을 부정에서 긍정으로 또는 긍정에서 부정으로 바꾸는 데 만족하기 때문이다. 마수미에 따르면 이것은 일종의 신앙심, 즉 권선징악 성격의 접근일 뿐이다. 즉 신분 정체성에 기반을 둔 구분 자체는 보존하는 것이다. 그에 따르면 이것은 남/여, 고용/피고용처럼 사회적으로 인정되는 범주들을 점유하는 정체성 집단의 자기 이익 추구 차원에서만 작동하는, 정동적인 관점에서 보면 실행적pragmatic이지 않은 정치적 행동으로 흐르기에 십상이다. 정동에 기반을 둔 관계와 그 윤리는 가치 체계 자체의 비판에 중요한 요소이므로, 사회체계가 만든 질서 이전의 근원적인 지점으로서의 정동 차원의 분류가 필요하다. 니체나 스피노자의 '도덕비판' 또는 '가치비판'과 같은 궤도 위에서 정체성 정치를 비판하는 마수미의 주장은, 사회를 정동적인 열린 장 또는 이 열린 장에서의 상호작용이라고 생각한다면, 일관된 세력들의 일정한 대립과 충돌뿐만 아니라 그들의 중간-성이 존재한다는 것이다. 정동정치의 견지에서 볼 때, 특정 세력이나 정체성의 일관된 관계만을 고려한 방식은 설득력이 없으며, 정동적 중층결정 요인들로 인해 명확히 규정할 수 없는 우발적인 사회성을 포함해야 한다. 일관된 형식의 정체성 집단은 이제 추상적이고 허구적인 것이 되었다. 예컨대, 노동자는 동질화된 형식의 하나의 장으로 묶을 수 없을 만큼 서로 다른 입장과 서로 다른 성분들로 분할되며 일관되지 않은 장들 간의 관계 속에 존재한다. 설령 다변화된 장들이 자본주의라는 동일한 하나의 원천을 가진다 해도, 그 줄기들은 각자의 고유한 장들을 형성하고 있기 때문에, 일거에 포괄할 수 없는 관계나 소속에 따라 각각의 새로운 모색과 '정동적 조율'이 필요하다는 것이다. 사실 마수미는 대안적 실천들을 모호하고 막연하게 언급할 뿐이다. 그는 특정 지위나 정체성에 집착하기보다는 관계와 '어울림' 그 자체에 관심을 기울여야 한다고 충고한다. 사회적 범주에 들어가지는 않았지만 그 범주에 들어간 것과 동일한 의식으로, 그러나 우발성의 존재를 간과하지 않으며 그쪽으로 주의를 끌고 굴절시키기 위해 어느 정도 무규정성과 중간성이라는 모호한 상황에 자리를 잡아야 한다는 것이다. 그러면서 작은 행동이 큰 변화를 이끌 수 있다는 희망을 가진 비폭력적인 윤리의 필요성을 피력한다. 그에 따르면 작은 개입만으로도 섭동을 일으켜 접속 망을 넘는 증폭이 가능하며, 이러한 세계에 대한 믿음은, 신학적인 장이 아니라 윤리적이고 관계적인 장에서만 가능하다.

정동과 시간

경험으로서의 지속을 채우는 것은 정동적인 색조이다. 즉 경험은 정동적 색조에 의해 지속한다. 순간이 프랙털 분열로의 내파로 흩어지지 않고 연장적인 것, 질적인 것, 지속하는 것으로 느껴지는 이유는 정동적인 색조가 그 충격의 순간들을 무리 지어 감싸고, 그 순간들을 통과하거나 주변을 돌며 지속하기 때문이다. 이것이 순간에 연속성을 부여하고 지속을 만드는 경험의 질이다. 흔히 운동을 점(위치)들의 이행으로 그리고 시간을 순간적 계기들의 이행으로 생각하지만, 운동과 시간 모두가 연속하는 흐름이라는 점을 인정한다면, 그것을 이루는 불연속의 계기들을 연속하도록 해 주는 것이 필요하다. 마수미에 따르면 그 아교 같은 역할을 하는 것이 바로 "정동적 색조"라는 것이다. 이런 의미에서 정동은 산lived 시간 안에서의 경험적 질의 실체이다. 정동적으로 그려지는 자취들은 회상적 기억과는 다르다. 회상적 기억(자발적 기억, 의식적 기억)은 산 경험의 사건을 활성화하는 데 기여하는 직접적 과거의 기억이 아니다. 의식적 기억은 회상적일 뿐이다. 그것은 현재로부터 출발해서 과거를 재활성화한다. 회상된 기억은 현재로부터 의식적으로 떠올려지는 상상 가능한 과거로 가기 때문에, 현재 ─ 또는 현재의 임박한 필요를 채우려는 욕망 ─ 와 본성적으로 차이가 없는 기억이다. 이것은 영화의 플래시백처럼 현재가 과거를 불러오는 방식이다. 그러나 정동적 자취는 반대 방향으로, 즉 과거로부터 와서 현재에 활력을 준다. 이것은 의식을 넘어선 과거의 직접적 기억이 현재로 와서 현재를 채우고, 정동적 실체를 부여하며, 현재를 살아나게 하는 방식이다. 이로써 과거는 현재에 삽입되어 과거와는 본성적으로 다른 현재를 실현한다. 키르케고르는 이 둘을 '뒤로 향하는 상기想起'와 '진정한 반복'으로 대별해서 나누었는데, 전자를 더 이상 앞으로 가지 않는 가짜 반복이라고 비판했다면, 후자는 확신에 기반을 두고 미래로 가는 '진정한 반복'이라고 규정한 바가 있다. 이것은 수축된 잠재성이 미래로 열리는 미래성에 대한 통찰이라 할 수 있다.

정동정치와 파시즘

정동의 비의식성은 습관을 지배하는 무의식성과는 다르다. 비의식성의 두 수준이 존재한다 : 새로움이 발생할 때의 비의식성 그리고 습관적 반복으로서의 비의식성. 습관은 주의를 기울이지 않는 것이다. 습관은 자기 반복적이고, 자신의 캐리커처caricature — 정동의 자취와는 대별되는 – 로 귀결되어 되풀이되는 행위 양태이다. 그것은 자기 자신에게 길들여져서 습관을 촉발한 상황들 속에 내재하는 차이(새로움)에 주의를 두지 않으며, 다가올 사건을 과거의 사건들에 순응시키는 경향성만을 가지는 상태이다. 여기서 각색의 힘은 사라지고, 자신을 새롭게 갱신할 수 있는 힘도 사라지고, 남는 것은 단순한 반사운동뿐이다. 습관은 반사적이고 권태로운 것이다. 그것은 자신의 인과관계 안에 사로잡혀 가상적 이행으로서의 '흡사'quasi를 상실한 상태이며, 물질적 수준에서 물질의 인과성에 종속되어 있기 때문에 "흡사-원인"quasi-cause으로서의 정동을 배제한다. 따라서 그것은 자신의 힘을 상실하고, 세상에 대한 놀라움도, 조정 능력도, 변주할 능력도 없는, 한마디로 말해 정동의 역량을 잃어버린 몸체의 니힐리즘이다.

정동정치를 파시스트적이라고, 또 정동정치가 파시즘의 위협과 공포를 동반한다고 비판한다면, 그것은 정동의 비의식적 과정을 사유가 부재한 원시적 자극-반응 체계로 오해한 것이라고 마수미는 대변한다. 말하자면 의식의 부재와 사유의 부재를 동일시한 결과라는 것이다. 의식과 사유는 다른 것이며, 오히려 비의식적 정동의 과정이 사유가 탄생하는 정초가 된다. 정동은 사유의 배아로서, 다가오는 행위 안에서 존재의 역량을 표현하도록 하는 시간의 강요에 의해 사유를 여는 사유의 발생이라 할 수 있다. 정치에서 파시즘적 측면이란 사유의 부재가 아니라 사유를 활성화할 수 있는 경험적 토대로서의 정동의 부재이다. 즉 정동정치가 파시스트적인 것이 아니라 오히려 정동을 사유로부터 박탈한 결과가 파시즘이라는 것이다.

마수미는 정동을 자극-반응 체계의 선형적 인과구조 대신에 '기폭작용'priming과 연결 짓는다. 그에 따르면 기폭은 자극과 반응의 감각-운동적 체계가 아니라 일종의 조율이다. 조율은 간섭하고 공명하는 것이며, 비선형적인 주의 깊음 속에서 탄생한다. 마수미는 정동이 비의식적이지만 그 내부에는 이미 주의 깊음이 존재한다고 강조한다. 자극-반응 체계는 반사운동이 되어 조율의 능력과 미래의 힘을 상실한 습관에 속한다. 키르케고르가 말하는 과거로 가는 반복은 습관적 반복이기 때문에 과거로만 되돌아갈 뿐 미래성이 없다. 따라서 그것은 진정한 의미의 반복이 아니다. 그러나 정동적 반복은 미래성이 그 동력으로서 작용한다. 정동에는 어디로 갈 것인가에 대한 조율, 조정, 변주 가능성이 내재하기 때문이다.

대비|contrast

정치를 미학화한다는 혐의를 두고 미학정치를 파시즘과 동일시 해온 관행에 반하여 마수미는 정동정치를 미학정치와 같은 궤도에 놓고 오히려 옹호한다. 그는 정동정치와 미학정치의 연결을 화이트헤드의 '대비'contrast 개념을 통해 논의한다. 대비는 화이트헤드가 규정한 존재의 범주들 가운데 마지막에 속하는 개념으로, "동일한 상황 속에 함께 묶이는 경향적 펼침들", 즉 단숨에 일어나는 파악이나 느낌 속에서의 상이한 다수 존재자들의 종합의 양태로 정의된다. 달리 말해 한순간에 함께 나오는 선택적 한계 또는 경계 같은 것이다. 대비는 서로 관계하는 항들의 차이 또는 불연속성을 보존하면서, 동시에 그 관계항들의 통일적 종합을 보존한다. 그럴 수밖에 없는 것이 차이와 불연속이 아니라면 항들의 대비 자체가 불가능하고, 또한 종합이 아니면 그 항들 역시 대비의 여건이 될 수 없기 때문이다. 따라서 서로를 상호 배제해 왔던 경향이 오히려 차이를 하나의 가치로서 긍정하며, 동일한 장 안에서 동거하는 형식들이나 형성체를 만드는 것이다. 이것은 배타적이면서 공존 가능한 것을 가능케 하는 포괄적 장의 조건들을 창조하기 위한 관계의 테크닉을 포함한다. 서로 다른 존재자들은 대비의 종합에 의해 내적으로 관계하며, 대비되는 존재자들 사이에서 드러나는 그 관계를 통해 다자many는 일자one로서 공존한다. 이런 의미에서 대비란 차이로부터 관계가 추상되는 실재적 조건이라 할 수 있다. 잠재적 경향성이 현실적으로 펼쳐질 때 다자들은 상호배타적이지만, 서로 개입하고, 공명하며, 변조하는 한계 또는 경계들 간의 대비를 이룬다. 화이트헤드에 따르면 이 상호배타성은 일종의 창조적 긴장이다. 다시 말해 차이의 극복이나 화해나 타협이 아니라 차이가 나는 그대로 다사다난한 과정 내에서 가질 수 있는 모든 강렬함을 가지고 공존 가능성을 제시 또는 발명하는 것이다. 그렇기 때문에 대비는 양적이거나 기능적인 상대성이 아니라, 내적이고, 질적이며, 절대적인 상대성, 다시 말해 배타적인 것들이 동일한 장 안에서 상호 포함하게 되는 사유의 강렬화 intensification이다. 어떤 점에서 화이트헤드가 말하는 '과정' 자체가 이미 커지고 증식되어 가는 강렬도에의 도달이라 할 수 있다. 그에 따르면 양적인 상대성은 강렬한 사유가 될 수 없다. 예컨대 물리학적 상대성 이론에서의 상대성이 직선 위에 묶여 있는 두 항의 이원적 관계라면, 화이트헤드의 대비는 유연한 선으로 묶여 있는 두 항들의 내적 상대성이라 할 수 있다. 그것은 대립하는 상대성 (양과 음 같은)이 아니라, 영향을 주고받는다는 의미에서의 영향적 상대성 즉 정동적 상대성이다. 상대성이 아니라 관계성이라고 해야 할 것이다. 이 강렬한 대비를 잘 보여 주는 것이 바로 '미적인 것'이다. 화이트헤드는 미적인 것을 대비들의 강렬도의 차원에서 규정한다. 미적인 행위는 (유용성이나 기능성이 지배하는) 진부한 습관이나 삶의 필요에 의해 묵살되어 버린 질적 현존들의 강렬한 대비(차이의 지각)를 통해 세계를 그 자체로서 직접 경험하는 역량을 실천한다. 예컨대 본능적 습관에 따라 대상을 무차별적으로 지각하는 염소는 먹이가 되는 녹색의 풀밭 전체를 식별하는 것에 만족하겠지만, 습관을 거부하는 예술가는 개별적인 풀잎 하나에도 주의 깊은 관심을 기울인다. 여기서 현재의 지각과 상상적 기억은 식별 불가능해지고, 잠재태는 실제적인 지각 안에서 어떠한 관념적 매개도 없이 그 자체로서 경험된다. 미적인 행동은 행위의 유용성이나 기능적인 목적이 외면하는 그늘 아래로부터 차이의 지각이 환기하는 대비의 강렬도를 끄집어낸다. 즉 유기적 질서에 제동을 걸고, 거기서 부유하는 상태, 창조적 긴장으로서의 절단의 상태에서 발생하는 간섭과 공명의 소요를 연장하며, 그 지속 안에서 잠재를 의식의 수준으로 떠오르게 한다. 이것은 자극에 대한 감각-운동적 반사 반응같이 예측 가능한 극단적인 지점에 이르기까지 자동으로 피드포워드feedforward되는 행동에 제동을 건다. 정동정치는 잠재성의 부상을 창조하는 것이다. 마수미는 정동정치 또는 미학정치가 우유부단한 태도라고 말한다. 왜냐면 강렬한 대비나 창조적 긴장은 일정한 행위의 가상적 불완전성에 대해 생각하고 느끼는 상태이기 때문이다.

실천의 생태학

　질적인 차이의 강렬성 즉 '대비'에 기반을 둔 정동정치는 일치나 조화가 아니라 불일치를 수용한다. 정동정치는 서로 대비되는 여러 대안 중에서 하나의 대안이 나온 후에도 다른 대안들의 증발을 직접 요구하여 배제하지 않고 그들과의 공존을 지속한다는 점에서 부조화와 불일치의 긍정이라 할 수 있다. 정동정치는 느낌과 사유로 다져진 다양한 잠재적 역량들과 삶의 다양한 형태들을 생존의 필요를 위해 불가피하게 선택한 하나의 경로로 축소할 것을 강요하지 않는다. 마수미에 따르면 정치의 문제는 어떤 선택을 할 것인가, 어떻게 해결책이나 해법을 찾을 것인가가 아니라, 다음에 일어날 일 안에 어떻게 강렬도를 머물게 할 것인가이다. 다시 말해, 대비로서의 질적 차이의 강렬도를 해소하고, 그 긴장을 제거하여 평화를 가져오는 것이 아니라, 갈등과 차이 그대로 몸체의 다중성을 미분적으로 구별하고 조율해 가며 그 강렬도를 함께 유지하는 것이다. 화이트헤드의 대비 개념을 통해 마수미는 잠재적 역량의 정치적 현실화를 대립하거나 모순되는 항들의 부정적인 전개로 치부하지 않고 갈등 국면에 있는 실질적(정동적) 존재자들의 질적 차이에 주목하려는 것으로 보인다. 이에 따르면 정동정치란 질적 차이의 파악과 그것을 감안한 정동적 관계의 조율이라고 정의할 수 있을 것이다. 어떻게 하면 서로 다른 계열들이 충돌하지 않고 서로를 파괴하지 않을 수 있을 것인가? 마수미의 대답은 배중률 같은 선택을 통해 그 긴장을 해결하는 것이 아니라 공생하도록 조절하는 것이다. 공생은 차이의 공유이지 공통의 언어를 가지는 것이 아니다. 공통 언어는 지배 권력의 일종의 조건 형성이라고 그는 비판한다. 공통 언어는 결국 표준화된 소통으로 이루어진 진부한 정동, 마취되어 무감각한 반사운동과 습관화, 그리고 탈-강렬화된 합의로 귀결될 뿐이다.

마수미가 긴장의 강렬도 안에서의 조율을 강조하는 이유들 중 하나는 복잡화된 세계를 하나의 모델로 통일하기 어렵다는 데에 있다. 국가들은 하위-공동체들로 파편화되었다. 민족-국가들의 수적인 증가, 자본의 흐름에 의한 국가의 해체, 상품과 정보 들의 국경을 넘나드는 유동적인 흐름, 해방된 자본의 흐름에 동반하여 다양화되는 계급과 사회적 입장들, … 이 모든 것들은 하나의 총체성으로 환원할 수 없는 흐름과 변이의 과잉 복합적 상황을 창출해 왔다. 따라서 모든 것을 동시적 시각으로 단숨에 조망할 수 있는 최적의 지점은 존재하지 않는다. 보편언어, 합의, 합리성을 공유하고 수렴할 수 있는 공통의 소실점 역시 존재하지 않는다. 포스트모던 정치학이 표방하는 바처럼 세계적 상황은 구성적으로 불일치한다. 마수미는 보편적 언어, 목적, 합리성을 찾는 데 실패한 거대 프로젝트로 되돌아갈 것이 아니라, 그 불일치의 복잡성 자체가 정치의 출발점이 되어야 한다고 믿는다. 복잡성과 불일치성 내부로부터의 정치를 강조하기 위해 마수미는 이사벨 스텡거스가 제안했던 '실천의 생태학'을 예시한다. 그에 따르면 복잡성과 불일치성을 긍정하면서 공생을 추구하는 실천의 생태학에서 가장 중요한 요소는 삶의 잠재적 가능성을 다양화하는 미학이다. 마수미는 이 다양성 미학이 자본주의에 이미 던져진 삶의 형태들을 계속해서 질적으로 차이화하고 그 가능태를 긍정함으로써 자본주의 내부로부터 그것을 전복시킬 반-자본주의 정치학의 동력을 찾게 해 준다고 보았다. 이러한 맥락에서 정동정치는 국가, 진리, 도덕, 이데올로기 같은 전체성을 가정한 불변의 큰 틀을 통해서 사유하거나 문제를 일거에 해결하려는 시도를 비판한다. 그러한 "거시-정치적 위치설정"macro-political positioning은 오염되지 않은 순수한 진공 혹은 살균의 상태를 유지하면서 외부에서 조망하고 판단할 수 있도록 하는 중립적인 상위의 위치가 존재한다는 환상을 가지고 작동하기 때문이다. 그것은 결국 외부에서 가하는 초월적 판결의 시도에 지나지 않는다. 마수미가 주장하는바, 정동정치에서의 비판은 복잡성과 불일치성이라는 사물의 가장 치열한 내부로부터 나와야 한다. 하나의 상황을 동시적으로 포착하고 그것을 일거에 장악하는 외부의 상황이란 존재하지 않는다. 상황이란 복잡한 관계들의 망이며 그 망 내부에서 거시적 위치설정의 한계를 인식할 때에만 비로소 우리에게 가해지는 제약들을 구성적인 수준에서 조절할 수가 있다. 이런 의미에서 그가 말하는 내재적 비판은 발생의 조건들을 능동적으로 바꾸는 참여의 생성이지, 그것이 무엇인지를 규정하는 판결이 아니다. 과정 안에서 제약들과 공생하며 그 제약들을 이용해 오히려 그 제약들을 넘어서는 행위를 가능케 한다는 의미에서, 또는 그 제약들이 어떠한 창조적 역량을 발휘하는 데 조건이 된다는 의미에서, 마수미는 그 제약들을 "권능화 제약"enabling constraints이라고 불렀다. 그것은 불리한 상황을 그 구도의 차원에서 반전시키고 뒤집는 데 관심을 두는 정동정치가, 주어진 조건들을 수용하고 극복하는 한 전략이다. 여기서 제약은 부정이 아니라 권한과 자격의 조건으로 인식된다. 그에따르면 권능화 제약은 자유의 형식이기도 하다. 자유가 문제의 완결이나 도피가 아니라 주어진 제약을 이용해 그것을 넘어서는 과정인 한에서.

미시정치와 거시정치

　　마수미는 정동정치와 미학정치에 다소 다른 각도에서 접근하면서, 거시정치와 대조적인 경향을 강조하기 위해 미시정치를 언급한다. 그가 말하는 미시정치는 사건의 구성에서 내재적 변조를 일으킬 만한 소요를 생산하고, 삶의 배아 또는 상황의 발생적 조건으로서의 잠재태에 재접속하는 방법을 찾아 자기-갱신의 가능성을 제시하는 것이다. 잠재태를 재활성화하는 가장 첨예한 활동이라는 점에서 예술은 미시정치의 좋은 예시이다 — 그러나 어리둥절하게도 마수미는 예술에 대해서는 전혀 언급하지 않는다. 물론 마수미가 거시적인 하향식 자체를 거부하는 것은 아니다. 거시적 하향식이 필요할 때도 있다. 다만 미시정치 활동을 배제하면 억압적이 될 것이라는 점은 분명하다고 그는 단언한다. 마수미는 때로는 중앙에서 특정한 권한부여 제약을 주는 것이 필요할 때도 있다고 말한다. 가령, "재생 가능 에너지를 강제로 전환하거나, 부의 전 지구적 재분배, 자본주의에 대한 비성장 패러다임의 강제" 등이 그 예이다. 반면에 미시정치는 전 지구적인 일거의 해결책을 구성하거나 전면화를 강요하지 않는다. 그러한 해결책들은 단지 정치 공학적 방정식의 일부일 뿐이며, 정동정치가 추구하는 것과는 거리가 멀다. 물론 미시정치나 정동정치는 거시적인 해결책을 필요로 한다. 먹지 않고 자유를 말할 수 없듯이, 또 정동의 현실적 원인이 물질이나 사물에 있듯이, 미시정치의 개입에는 거시적 해결책들이 필요하다. 그러나 무엇보다 마수미가 말하고자 하는 것은 거시정치적 수준의 성공은 미시정치의 상호보완이 없이는 부분적일 뿐이라는 것이다. 후자가 없이는 전자는 표준화로 기울어지며, 그 자체로 일반화되기 때문에, 삶의 다양성과 풍성함을 축소한다. 그에 따르면 거시정치가 생존이라는 최소한의 조건을 목표로 한다면, 미시정치는 발생적 조건으로서의 잠재태의 과잉을 배양함으로써 그것을 보완한다. 그 둘은 과정상의 상호 관계로서, 서로를 부양하고, 서로를 교정하고, 서로 공생하면서 함께 간다는 것이다. 심지어 거시적인 해결책조차 삶의 새로운 방식을 발명하기 위해 미시정치의 창조적 변이를 필수적인 것으로 부양시키기도 한다. 들뢰즈와 가따리의 슬로건을 빌자면, "국가는 그것으로부터 빠져나가는 것 위에 세워진다." 마수미는 거시적인 것과 미시적인 것의 상호보완이 양자 모두 쪽에서 무너질 수도 있다는 점도 지적한다. 거시적인 것이 소형화되거나 유동적이 되어 거시적 전체성이 개인에게 침투하거나 유연한 버전으로 삶을 잠식하고 강탈할 때 바로 파시즘이 출현한다. 반대로 미시적인 것이 부글거리며 특이성을 생산하기 위해 확산될 때, 거시체계의 변곡점의 관점에서 보면 그것이 바로 혁명이다. 미시정치의 관점에서 보면 혁명은 지각 가능한 가장 작은 간극보다 더 작은 비의식적 절단과 부유를 통해 '발생'한다. 마수미가 정의하는바 미시정치란 전혀 기대하지 않은 곳에서부터, 질적 차이 또는 잠재적 차이로부터 실천 가능한 특이점을 생산하는 것이다.

정동과 이데올로기

이데올로기 개념에는 '사회가 하나의 구조이며 권력은 그 구조를 보호하고 재생산한다'는 전제가 있다. 구조란 어떠한 기능을 가진 부분들이 정해진 위치들을 점유하고, 부여된 역할에 따라 조직화되는 하나의 전체이다. 부분들은 구조가 부여하는 보편적인 이익에 봉사하고, 그들 간의 관계는 그들을 기능적으로 규정하는 전체 구조에 의해 일관성과 동질성을 띤다. 이 일관성은 부분들 상호 간에 응집되어 있는 일련의 명제들로 표현 가능하며 일정한 형태의 합리성을 구성한다. 그리고 이것은 관념의 구조 속에 반영된다. 이데올로기의 역할은 다양성을 일관된 하나의 보편의 이익, 이해, 관심으로 수렴시키고 설명하는 것이다. 문제는 그 보편의 이익이 구조에 종속되어 기능하는 다수의 특수한 이익과는 부합하지 않고, 핵심적인 위치를 점유한 소수집단에만 부합한다는 것이다. 마수미의 말처럼, "보편의 이익이란 언제나 지배(자)의 이익"(이 책 3장 참조)이다. 그렇다면 지배계급의 이익에만 부합하는 보편의 이익이라는 환상을 사람들은 어째서 간파하지 못하는 것일까? 또 이 환상을 합리성이라고 일관되게 받아들이면서 우리가 그것을 의심하지 않는 이유는 무엇일까? 이곳이 바로 이데올로기 비판에 정동이 개입되는 지점이라고 마수미는 지적한다. 예컨대 부르주아의 이데올로기에는 이익을 추구하는 것이 가장 중요한 원동력이며, 이익 추구에 따른 행동은 합리적인 행동이라는 억측이 있다. 이 억측을 보편적 관심과 이익으로 현실화하는 것은 집단의 과제라 할 수 있다. 그러나 개인들의 감정과 행태가 이 보편적 이익[관심]과 합리적 일관성을 가지려면, 개인의 관심과 집단의 관심 사이에 벌어진 거리를 암묵적으로 폐지하는 새로운 합리성으로 그것들을 개조해야 한다. 부르디외Pierre Bourdieu를 참고하여 마수미는 바로 정동이 이러한 새로운 사회적 일관성을 반영하는 관념의 구조에 비의식적으로 일치하도록 교정되고 구조화되어야 한다고 주장한다. 집단적 의식 구조가 매일매일 살아가는 개인의 신체와 일상의 실천을 통해 정동적으로 구현되는 것이다. 또한, 합리성이 받아들여지려면 관념의 내용이 명료하지 않은 상태로 주입되어야 한다. 지배적인 합리성이 전파되려면 주술적이 되고, 은폐되고, 왜곡되고, 즉 비합리적이 되어야 한다. 합리성은 다른 매개, 즉 정동적 차원의 다른 매개로 변형되어 사람들의 신체와 관념에 등록되어야 한다. 예컨대 보편의 이익이라는 환상이 자신들의 이익과 일치하는 것으로 오인하도록 유도되는 것이다. 이로써 그들은 정동적 관념에 사로잡히고, 자신들을 지배하는 체계의 자발적 도구가 된다. 마수미에 따르면 이것은 사회의 권력 구조와 사람들의 감정 또는 행태들이 일상 속에서 습관적으로 공명함으로써 효과적으로 실행된다. 즉 이데올로기는 보편의 이익이라는 불분명한 합리성으로 수용된 지배계급의 이익이 일상 속에서 정동적 차원으로 실행될 때 작동하는 것이다. 이데올로기는 부르디외의 아비투스 개념처럼, 사유되지 않고 일상에서 실행될 때 가장 잘 작동한다. 정동이란 의식적으로 특정할 수 없는 '단순한' 느낌의 영역이다. 그렇기 때문에 정동은 사회의 더 큰 세력에 대하여 개인의 취약성을 반영하는 지점이다. 권력은 느낌을 통해 개인을 사로잡는다. 즉 개인이 구조 안에서 할당받은 기능을 느낌과 습관의 차원에서 묵인하도록 견인하는 것은 다름 아닌 정동이다.

이데올로기 비판의 한계

이데올로기를 비판하려면 불가피하게 대응 이데올로기를 이식하지 않을 수 없다. 새로운 권력 메커니즘을 도입하지 않고 이데올로기에 대응하기란 쉽지 않다. 자신의 관심과 이해를 가지고 권력의 메커니즘과 그 산물인 계급을 비판하는 세력은 새로운 계급을 정립하지 않을 수 없다. 마수미가 예시했던바, 당 기관원이나 관료 계급으로 변질되는 전위 예술가들의 이데올로기 비판처럼, 보편의 이익 또는 관심이라는 이름으로 부활시킨 그 환상은 또다시 정동에 호소하지 않을 수 없게 된다. 결국 거의 동일한 구조를 되새기는 동일한 전제 위에서 기존의 것을 재결합하는 이데올로기를 부여하지 않고 지배 이데올로기를 변화시킬 수 없다. 언젠가 데리다가 이분법의 자기순환을 지적하면서 사용했던 비유처럼, 이데올로기에 있어서 둘로 접혔던 자리는 다른 방향으로 다시 접지 않을 수 없는 것이다. 들뢰즈와 가따리가 이데올로기를 '부정'(비판)하지 않고 '거부' ─ 이데올로기는 없다. 존재한 적도 없다 ─ 했던 것은 철학적 견지에서뿐만 아니라 실천적 견지에서라고 말할 수 있다. 즉 문제의 프레임 자체를 다시 짜려는 시도였던 것이다.

이데올로기 비판의 또 다른 한계는, 그것이 계급과 같은 개념들을 통해 사회를 부분들의 벽돌쌓기나 건물 블록의 구성으로, 즉 과정의 파생물로 본다는 것이다. 여기서 사회적 과정은 반복되는 규칙들로 응고되고, 그 역동적 관계를 부분들로 물화하는 경향으로 인식된다. 그러나 사회는 물화의 형식이 아니라 역동적 관계의 산물로 보아야 한다고 마수미는 지적한다. 즉 본질적으로 사회는 '직접적인 관계들'로 작동하고 형성되는 역동적 과정이지, 전체의 부분으로 가정된 관계 항들의 관계가 아니다. 마수미가 말하는 직접적 관계는 관계의 항들이 관계에 앞서 미리 존재하고, 이 항들이 일정한 형식의 관계로 들어가는 것이 아니라, 반대로 관계 항들이 관계에 의해 생산되고, 관계의 과정으로부터 파생되는 양태이다. 계급 또한 미리 주어진 것이 아니라 직접적인 관계들의 파생일 뿐이다. 마수미가 지적하는 것은 기존의 이데올로기 비판이 이 관계 항들을 바꾸는 데 만족한다는 것이다. 즉 결과들과 그 변화에만 주목하기 때문에 그 결과로서의 항에 맞먹는 다른 힘과 세력이 필요해진다. 관계를 과정으로 보지 않고 결과로 보는 이러한 추상적인 접근법은 문제의 근본적인 해결책이 될 수 없다. 반면에 정동정치에서는 미시적이고 정동적인 작동에 의한 직접적인 관계에 주목한다. 관계는 작동들 자체이기 때문이다.

　마수미는 이것이 자본주의에 대한 맑스의 생각과 일치한다고 보았다. 맑스가 생각하는 자본주의는 노동자와 자본가 또는 그들의 대립이 아니라 자본주의적 관계 자체이다. 그에 따르면 자본주의는 관계로 규정된다. 주어진 항으로서의 노동자와 자본가가 이 관계로 단순히 진입하는 것이 아니라, 반대로 그들이 자본주의적 관계에 의해 구성된다. 따라서 자본가나 노동자의 계급구성 자체는 일정한 규칙성을 가진 역사적 범위 내에서 작동하는, 즉 자본의 축적을 꾀하는 과정에서 파생하는 어떤 효과의 규칙적인 패턴 － 불균등 효과, 불균등 접근, 불균등 분배의 과정적 축적 － 일 뿐이다. 여기서는 자본가와 노동자라는 범주들의 위상이 달라진다. 마수미가 말하는 자본가는 생산력을 더 폭넓고 강력하게 전유하기 위해 자본주의적 관계의 힘을 인격화한 화신, 즉 일종의 숙주이다. 마찬가지로 노동자는 자본주의적 관계가 확산되고 강화함에 따라 생산력을 전유하는 잠재태를 인격화한, 또는 그 작동이 장애(피로, 사보타주, 저항)에 부딪히는 잠재태를 인격화한 숙주이다. 즉 자본가와 노동자는 자본의 숙주들이다. 그들은 자본을 구성하는 긴장과 경향성의 지표이며, 자본이 가동될 때의 관계의 역동을 그리는 그 과정의 산물들이다. 따라서 그들이 사라지거나 극복되었다고 해서 자본의 축적 과정이 극복된 것은 아니다. 현재의 경우 자본의 작동방식이 역동적으로 전환되었기 때문에, 이데올로기적 계급구성의 관점에서는 그것을 설명할 수 없게 되었다. 예컨대 '자본의 금융화'는 불평등 분배 효과를 표현하는 자본의 역동적 복잡성의 좋은 예라 할 것이다. 2008년 금융위기에서 우리가 보았듯이, 순수한 추상으로서의 금융자본은 파산을 전제로 하고, 파산을 의도하고, 파산의 형식을 통해 부와 자본을 폭파시켜서 그 폭발음의 아우성 속에서 모두가 어리둥절한 틈을 타 자본이 합법적으로 개인화되거나 불평등 분배 효과를 달성하는 파산자본주의를 실현한다 ― 파생상품, 신용부도스와프, 회생형 파산 등.

따라서 마수미는 구조가 아니라 관계가 우선한다는 점을 강조한다. 구조는 폐쇄적인 것이고, 기능을 할당하며, 불변하는 항들을 전제한다. 그러나 관계는 자기 확산적이고, 열린 전체를 구성한다. 정동정치가 표방하는바, 이데올로기를 넘어서야 한다는 것은 자본주의의 이러한 복잡성에 주목해야 한다는 것이다. 계급의 정체성이란 동질화된 집단, 즉 집단의 동질성을 전제로 하고, 공통의 이해나 공통의 이익을 전제로 한다. 그러나 자본주의는 매번 새롭게 자기 변조하고, 내부의 이해관계들도 다르게 복잡화되어 있다. 더 이상 하나의 노동자, 하나의 자본가가 존재하지 않는다. 자본주의 작동성이 지나치게 복잡해지고 그 도구들이 추상화되어 기존의 논리로는 설명할 수 없는데도 여전히 강력하게 효과를 발휘한다면, 그것을 여전히 '합리성'이라고 말해야 할까? 합리성이 아니라면 '이데올로기'라고 말할 수 있나? 정동정치는 자본주의의 이러한 최근의 복잡한 가동양태와 그것이 생산하는 새로운 유형의 파생 효과들을 개념화할 새로운 방법들을 모색해야 한다고 주장한다.

시멘트를 바르지 않은 돌담:미분적 조율

자본주의를 관계의 과정으로 파악하는 정동정치에서 '이데올로기 비판'에 대한 비판이 함축하고 있는 것은 정동이 합리성(나아가 이데올로기 비판)보다 더 근본적인 개념이라는 것이다. 관계가 우선한다면 정동에 대한 고려 또한 우선적이다. 정동은 개체로 분할된 상태가 아니라 이행하고, 건너고, 생성하는 가운데 느껴지기 때문에, 집단적이고, 직접적이고, 관계적 구성에 중요하기 때문이다. 정동적 느낌은 분할 불가능한 개인으로 환원할 수 없는, 서로 연관된 것들 사이를 통과한다는 점에서 집단적이고, 그 관계의 구성이 추상적 매개를 필요로 하지 않는 영향 관계라는 점에서 직접적이다. 이런 의미에서 정동은 '생각'과 대립하면서 개인화된 개념인 '감정'으로 환원할 수 없는 것이다. 마수미는 여러 차례에 걸쳐 정동이 "생각하기 안에 느끼기" 또는 "느끼기 안에 생각하기"를 포함하는 것으로 이해해야 한다고 지적했다. 이 생각하기-느끼기는 합리성의 수준에서 발생하지 않으며, 주어진 '기능의'functional 규칙적인 수행에서가 아니라 우발적 사건에 속하는 '작동성'operational 안에 함축되어 있다. 우발성은 임기응변식의 작동을 요구하고, 이것은 기능성에서는 발휘되기 어려운 질적 고려로서의 정동적인 역량을 발휘할 것을 촉구하기 때문이다. 즉 작동성은 생각에만 집중하거나 느낌에만 몰입하는 것이 아니라, 사유 속 느낌, 느낌 속 사유를 공동으로 실천하는 중첩을 필요로 한다. 이런 의미에서 정동정치는 개인성을 넘어 초개체적 수준에서 생성 중인 활성 안에서 몸체들 간에 일어나는 "미분적 조율"a differential attunement이다.

마수미에 따르면 우리는 장 안에서 개별자로서 각각 위치가 지정된 것이 아니라 타자들과 미분적 조율을 위해 긴장하고 있다. 그것이 계급적인 관계일 때조차 우리는 모두 함께 사건 안에 진입해 있다. 그러나 서로 다르게, 즉 서로 다른 경향성들, 습관들, 행동 가능태들을 동반한 채, 사건 속으로 서로 다른 각도로 진입하고, 자신에게 고유한 궤도를 따라 그러나 그로부터 빠져나와 독특한 방식으로 파도를 타는 것이다. 이것이 집단적·미분적 조율의 의미이다. 미분적 조율은 서로 다른 힘의 차이를 일치시키기 위해 차등적으로 조율한다는 뜻이다. 마수미는 여러 차례에 걸쳐

'각도', '기울기', '접점' 등의 술어들을 써서 그 긴장 관계를 묘사한다. 하나의 전체를 형성하면서 힘의 관계에 참여하고 있는 몸체들은 자신들을 잡아주는 외부의 기준이나 모델 혹은 중심 없이 서로 각자의 정동적 또는 미분적 조율을 통해 내적 긴장과 관계를 지속한다. 이것은 합의도, 조화도, 구조도 아니다. 몸체들은 일치된 기능을 수행하지도 않으며, 유기적이지도, 합목적적이지도 한다. 그들은 단지 서로 다른 관점에서 비대칭적으로 만나고, 횡단을 본질로 하는 정동의 영향을 주고받으며, 서로 다른 양상으로 각자 살아가면서, 그 대면을 통해 서로 다른 결과들로 이행하는 가운데, 서로 다른 역할들로 구조화된다. 정동정치는 생성 중에 있는 몸체들 간에 일어나는 차이의 차등적 조율이다. 따라서 그것은 일치된 전체가 아니라 불일치의 일치를 형성한다. 이것을 형상으로 구현한 모델이 있다면, 아마도 버스터 키튼Buster Keaton의 기계주의 영화에 나오는 거대한 기계장치들이나 루브 골드버그 Rube Goldberg의 "골드버그 머신"Goldberg Machine일 것이다. 이 예들 속에서 몸체들의 대면은 서로가 저항의 계기를 겪는다. 그리고 마치 무술 대련처럼 마주침 속에서 물력들을 정동적으로 조정하는 테크닉들이 이들 집단적 기계주의에 존재한다.

아울러 다소 단순하고 진부하긴 하지만, 마수미는 이를 즉흥음악 연주에 비유한다. 물론 즉흥성에도 반사행위, 습관, 훈련, 기술 터득과 같은 자동성이 있다. 그러나 이때의 자동성을 변용의 여지가 결여된 맹목적인 반복으로 치부할 수는 없다. 그것은 직접적으로 사건의 일부가 되어 역동적으로 작동하는 자동성이다. 오히려 자동성은 즉흥연주의 필수적인 토대가 된다. 즉흥연주는 자동성에 부합하는 앎의 정교한 형식들의 근거 위에서만 효율적일 수가 있다. 정동적 조율은 전개되는 사건을 직관적으로 조정하기 때문에 그 결과를 완전히 예측하거나 통제할 수는 없지만, 사건 속에서 그것을 다른 방향으로 굴절시키고 비틀어 버릴 수는 있다. 말하자면 정동적 조율은 우발적 마주침의 한복판에서 발생하는 비유기적 "변통"이다. 그것은 엔지니어의 미리 결정된 의도와 의도된 처방의 기술적 배치가 아니라, 흐름의 호를 비틀어 버리고, 이미 활성화된 경향성을 "편향"deflection시키고 "굴절"inflection시키는 땜질bricolage에 가깝다. 따라서 그것은 일거에 모든 것을 바꾸거나 지도하는 대신에 개입하고, 간섭하고, 공명을 일으키는 방식으로 세계에 참여한다. 마수미의 용어를 따르자면, 그것은 합리성이 아니라 "사유가 가미된 행동으로 붉어진 정동성"이다.

'정동하고 정동되는 역량'이라는 스피노자의 정동 개념에는 '저항'이라는 초기 능력이 함축되어 있다. 그리고 이것은 더 복잡한 다른 차원으로 도약하면서, 전개되는 사건들로부터 어떤 결과가 정확히 나올지 미리 설계하지 않고, 전혀 다른 결과들로 향하도록 경향성들을 재정향하는 잠재성을 가진 관계의 테크닉이 존재한다고 마수미는 생각했다. 그에 따르면 정동적 관계의 테크닉에서 우연성의 긍정은 저항을 위해 동일한 종류의 권력을 부활시키는 함정, 즉 지배 이데올로기에 저항하는 또 다른 이데올로기의 함정을 벗어날 수 있다는 것이다 - 그러나 기획되지 않은 저항이 이데올로기를 세우지 않을 수는 있지만, 그다음엔 어떻게 한다는 것인지에 대해서 마수미는 구체적으로 논의하지 않는다. 그에 따르면 경향성들은 특정한 방식으로 정향될 수 있고, 또 정향되어야 하지만, 상황 중에 임기응변식 조정을 통해 다중적인 몸체에 의해 복합적으로 상호-굴절이 가능하도록 열려 있다. 이런 의미에서 상황에 연루된 모든 것이 미분적 조율 속에서 동일한 사건으로 함축되는 차이들의 적분은 집단적으로 전개되는 사건의 도모이다. 마수미에 따르면 이것은 사리 추구를 넘어서고, 공리주의적 관점에서의 보편적 이익도 추구하지 않는 정치이다. 그는 다양한 용어를 구사하며 이것이 즉흥적인 사건 역학으로 실천된 "직접 민주주의", "산lived 민주주의", "참여 민주주의", "관계 민주주의"의 토대라고 단언했다. 그러나 이것은 집단성에서 자유로운 개인이 가정된 민주주의가 아니다. 반대로 이것은 "집단성의 자유, 집단성의 생성을 위한 자유," 들뢰즈의 용어로 말해, "민중의 도래"people to come이다. 따라서 마수미가 말하는 정동정치적 민주주의란 생각하기-느끼기를 통해 함께 모여 미분적으로 조율된 생성에 참여하는 몸체들이 구현하는(된) 자유이다.

이 책에서 구체적으로 소개되지는 않았지만, 마수미는 이러한 사건 역학이 자아내는 초개체적 집단성을 통해 동료들과 함께 즉흥적인 관계의 테크닉을 모색하는 여러 실험들을 시도해 왔다고 언급한다. 나아가 그는 이러한 집단성을 보여 주는 좋은 예로, "아랍의 봄", "뉴욕의 월스트리트 점령", "스페인의 인디그나도스 운동", 그리고 퀘벡에서의 "메이플의 봄" 등을 들고 있다 ─ 하나를 덧붙이자면, 더 강렬하고 더 성공적이었던 2016년 서울의 촛불운동을 마수미가 접했더라면 정동정치에 대한 보다 더 고무적인 논평이 나왔을 것이다. 그는 이 운동들이 특정한 이데올로기를 "재현"representation하지 않고 욕구들을 "현현"presentation하기를 선호했다고 지적한다. 그것은 일종의 정동적 주파수 조율 같은 것으로 간주할 수 있다. 예컨대, 이 운동들에서는 광장이나 거리에서의 모임이 정당의 모임보다 우선하고, 사람들의 직접적인 참여가 의도된 소통이나 결과의 처방보다 우선하며, 계급이나 특정 이데올로기에 지배되지 않고 어디에서든 함께 결정하고, 서로 다른 인간들의 다양성이 지도자 한 개인이나 그룹의 칙령을 대체하여 우발적이고 직접적인 민주주의가 즉흥연주되었다는 것이다. 이 시멘트를 바르지 않은 돌담들은 서로 간의 정동적 주파수 조율 속에서 기능적으로 부여된 역할이나 외재적인 규정을 넘어 관계의 내재적 양태들을 창발적으로 형성한다. 이러한 관계가 요구하는 것은 기능이 아니라 정동이다. 스피노자의 '공통개념'common notion을 참고하자면, 정동이란 존재의 내재적 관계를 근거 짓는 이행, 운동, 변화이며, 하나의 모델에 고착되거나 종속되어 하나가 다른 하나를 전적으로 닮은 재현적 관계(아버지와 아들처럼)가 아니라, 모델 없이 서로 함께 마주 잡은 손으로 변해 가고 서로 닮아 가는(친구나 부부처럼) 상동 관계를 통해 내뿜는 '증기' 자체이기 때문이다.

정동정치는 두 방향으로 진행하는 것처럼 보인다. 하나는 권력의 정동화 경향성에 대한 포착이고, 다른 하나는 이에 대응하기 위해 정동적 구성, 정동적 관계 양태를 구성하는 방향이다. 소위 권력 내부에서 권력을 전복시킨다는 것은 이런 의미일 것이다.

실행미학

　정동정치는 두 겹으로 이루어진다. 하나는 실행주의적pragmatic
이고, 다른 하나는 미학적이다. 실행주의 관점에서 정동정치는 사
건들에 대한 정동적 접근을 우선 고려하는 전략을 통해 존재 역
량을 증대하고 강화한다. 다르게 행동하고, 더 능동적이 되고, 더
사려 깊게 느낀다는 것이다. 마수미에 따르면 이러한 전략들은 존
재의 강화제이며, 그가 삶의 잉여-가치라고 부른, 또는 헨리 제임
스가 말했던 '과잉 실재'hyper-reality를 생산하거나, 그것을 느낌의
수준에서 고려한다. 그리고 삶의 또는 경험의 잉여-가치는 현재의
감각적 상태를 초과하여, 직접 산lived 질적 차이의 영역인 잠재적
실재로서 미학적 가치를 가진다. 따라서 정동정치는 생명이 살아
가는 실행미학을 구현한다. 마수미는 정동에의 천착을 미학적인
것으로 이해한다. 그에게 미학은 제약 없는 표현을 위한 자유로운
유희 왕국이 아니라, 삶의 필요에 즉각적으로 연결되어 있는 것이
다. 그에 따르면 미학은 삶의 필요에 부응한다. 미학적인 것은 삶으
로부터의 도피가 아니라 삶의 필요에 참여하는 또 다른 방식이다.

정동정치와 통제권력

　정동정치가 사회체계의 지배와 통제의 권력으로부터 우리를
보호할 수 있을까? 마수미에 따르면 국가와 같은 억압적 구조들
은 하향식으로 위에서 압도하는 것이지만, 처음에는 아래로부터
상향식으로 일어난 것이다. 억압적 구조는 억압을 재생산하는 구
조를 증폭시키고 그것에 안주하도록 하는 경향성을 결정화하고

구조화한다. 그가 정의하는바, 권력 구조는 결국 "정동적 경향성들의 구조화"이다. 그리고 구조화는 초월적으로 주어지는 것이 아니라 정동 내재적이며 정동 발생적이다. 모든 발생이 그렇듯이 그것은 언제나 정동의 자리에서 시작된다. 마수미는 이것을 "맨-활성"bare-activity이라고 불렀다. 즉 정동적인 조율 속에서 사건이나 다른 몸체에 열린 상태 속에서 활성화되는 몸. 억압의 구조들은 이 맨-활성의 자리 안에 자리를 잡고 있으며, 거기서 발생하고, 계속해서 그곳으로 되돌아가고, 그것을 빠져나오기 위해 그 안으로 접힌다. 권력 구조는 항상 정동적인 운동들을 찾아다니며, 자신이 만들어 놓은 경로에 따라 그들을 수렴하여 흐르도록 포획한다. 합리성이라는 것은 바로 이런 식의 '경로화 논리'의 하나일 뿐이다. 합리성 자체가 이미 정동적인 것 안에 자리를 잡고 있으며 정동의 산물로 배태되는 것이다. 이런 의미에서 사회의 구조화란 발생적이다. 구조가 발생하면 다시 그것은 '포획의 장치들'로 안착한다. 그러나 마수미에 따르면 권력 구조는 스스로를 영구 보존할 수 있는 자신의 동력을 가지지는 못한다. 권력 구조는 정동적 맨-활성의 장 안에서 발생하며, 마치 기생충이나 흡혈귀처럼, 자신이 구조화하는 정동적 질서의 운동에 의해 힘을 받을 뿐이다. 권력은 자신의 외부에서 자신을 발생시키는 정동적 경향성의 꼭대기(극단)에서 파도를 타며 그것을 포획할 수 있을 뿐이며, 자신을 재-구조화하거나 보존하기 위해서는 다시 그 정동적 맨-활성이라는 저류에서 요동치며 새롭게 흐르는 '발생의 장'에 뛰어들어 그곳에서 일렁이는 파도를 따라잡아야 한다. 권력 구조란 자신의 동력을 자신 안에 가지지 않고 언제나 뒤늦게 일어나는 재현의 형식으로만 존재한다. 권력 구조의 외재적 동력에 대한 생각, 즉 권력 구조는 자신의 질서 외부에서 나오는 에너지들로부터 힘을 얻는다는 생각은, 앞서도 잠깐 지적했듯이, 들뢰즈와 가따리가 말했던 "구조는 그것을 빠져나가는 것에 의해 규정된다"는 역설적 정치 공식으로 요약할 수 있다.

미시파시즘 : 예속하려는 욕망, 반동적 힘

권력의 구조들은 자신들의 동력과 영양을 발생의 장으로부터 섭취하고 발생의 장으로 되먹인다. 그럼으로써 발생의 장은 오염된다. 발생의 장에서 일어나는 정동적 운동들은 권력 구조의 목적에 따라 전환되고, 그중에는 정동적 경향성이 스스로 포획에 가담하는 쪽으로 흐르기도 한다. 이러한 미시파시즘의 경향은 니체가 말했던 "반동적 힘"reactive forces과 같은 것으로, 마수미는 들뢰즈를 참고하여 그것을 "다른 힘들을 자신이 할 수 있는 것으로부터 분리하는 힘"이라고 규정했다. 반동적 힘이 일정한 규모로 증폭하여 사회 전체에 걸쳐 발현될 때, 마시파시즘은 국가 권력의 구조가 된다. 미시파시즘 개념의 중요성은 본래 상태의 자유는 존재하지 않는다는 사실에 있다고 마수미는 말한다. 그에 따르면 억압의 배아들은 항상 파종되어 있으며, 언제 어디서나 작용하고 있다. 정동의 역동성은 그 이면에 억압적 구조를 가질 수밖에 없는 어떤 운명이 내재한다. 타자들에 대한 지배뿐 아니라 자신의 예속은 집단적인 욕망의 대상이다. 예컨대, 빌헬름 라이히Wilhelm Reich

의 연구를 참고하여 들뢰즈와 가따리가 분석했던 1930년대 군중들의 욕망처럼, 파시즘은 군중들이 이데올로기적으로 기만을 당한 굴복의 결과가 아니라, 그들이 적극적으로 그것을 욕망한 결과였다. 그들은 파시즘을 긍정하고, 그것을 증식하고, 강화하고, 조직화를 통해 반복하고, 악몽 같은 회로 속에서 살아갔던 것이다. 예속상태를 욕망한다는 것은 다름 아닌 '반동적인 힘에의 욕망'이다. 즉 반복을 욕망하고, 차이를 거부하고, 안정화를 추구하는 탈-강렬화 경향, 그리고 분리하고 포섭하고 정복하려는 경향을 욕망하는 것이다. 이런 의미에서 예속의 욕망은 지배에의 의지이며 지배의 욕망이다. 지배당하는 자만이 지배하고 싶어 하며, 지배를 원하는 자가 또한 예속을 원하는 것이다.

저항

되돌아갈 수 있는 자유의 원초적이고 순수한 상태는 없지만, 다른 발생들을 가능케 하는 변용의 여지와 자유의 정도는 언제나 존재한다. 권력의 구조가 그 자신을 빠져나가는 정동적 힘에 의해 규정되는 것이라면, 포획하고 지배하려는 경향 못지않게 그것을 비틀고 빠져나가려는 반-경향성 역시 존재한다. 권력화된 구조가 모든 것을 포괄하지는 않는다. 권력과 저항은 동전의 양면이며, 저항도 발생적 장의 일부라 할 수 있다. 마수미는 저항이 본질적으로 조직화 이전에 정동적인 수준에서 일어나는 것이라고 생각했다. 이미 언급했듯이 오히려 정동 자체가 저항의 경향성을 가진다. 저항 자체는 소통이나 대화의 형식으로 전달되는 것이 아니기 때문에 사회적으로 구조화된 문제를 해결하는 데 있어 현실적인 기제라 하기는 어렵다. 그것이 현실화하기 위해서는 일정한 형식의 조율이 필요한데, 저항이란 바로 그 '조율에 대한 요청'이다. 그에 따르면 저항은 일종의 제스처, 즉 "요청으로서의 제스처"이다. 이에 더하여 마수미에 따르면 저항은 내재적 비판이다. 그 내재성이 함축하는바, 저항은 도덕성이나 필연성과 같은 이미 확립된 기준에 의해 집단적 행동의 장을 형성하지 않는다. 저항은 정동적 수준에서 맨-활성에 의해 실행적으로 발현되는 것이기 때문에 초월적인 명령이나, 정치적 프로그램이나, 구조화된 도덕적 지침들에 의해 마련된 세트를 기반으로 해서 작동하지 않는다. 저항이란 자신의 원리를 내재적으로 스스로 시행(제정)한다. 따라서 저항에는 의무적인 것이 존재하지 않는다. 마수미에 따르면 의무는 추상적 원리에 준하는 상위의 명령적 질서에서 가정된 우리의 예속을 시행하는 것일 뿐이며, 그 원리를 외부에서 또는 위에서 타인에게 부여하는 반동적 힘에의 의지와 행위를 정당화하는 구실이기 때문이다. 물론 저항에는 조정과 조율을 위한 관계의 테크닉들이 존재한다. 이런 의미에서 마수미는 "월스트리트 점령 운동"이 어떠한 프로그램을 앞서 설정하기를 거부했던 것이 결핍 때문이 아니었다고 지적한다. 그에 따르면 프로그램의 부재는 오히려 '권능화'enablement였다. 다시 말해 직접적인 관계 속에서 "반-증폭"과 "반-결정화"를 즉흥적으로 유발하고, 그것을 집단적 탈주 운동으로 유출시키는 시행적 저항의 '직접적인', '관계의' 민주주의라는 것이다.

내재적 비판의 의미

  미시파시즘적인 지배 구조는 자본주의에 대한 전면적인 재-개념화를 필요로 한다. 마수미에 따르면 자본주의는 흔히 사용해 왔던 의미에서의 구조가 아니다. 그것은 '구조(화)'로 규정하기에는 지나치게 변화무쌍하게 유동적으로 자기-조직화한다. '체계'라는 개념으로도 충분하지 않다. 체계 역시 지나치게 정적인 개념이다. 자본주의는 사회와 동연적^{coextensive}으로 작동하는 열린 체계 또는 열린 구조이다. 자본주의는 역동적인 자기-변조 때문에 차라리 '과정'이라고 불러야 하지 구조나 체계라고 불러서는 안 된다고 마수미는 지적한다. 아울러 자본주의적 관계는 언제든 어디서든 잠재적으로 존재하기 때문에, 그리고 자본주의는 자신을 위기로 이끌고, 이 위기로부터 재-생성의 길을 모색하기 때문에, 공동체 전체에서 깊숙한 영혼의 깊이에 이르기까지 자본주의의 포획으로부터 자유로운 지대는 없다. 이러한 자기-변조, 자기-증폭, 자기-발명의 탈주 운동 속에서, 자본주의는 저항과 많은 특징들을 공유하기도 한다. 자본주의는 그 특유의 파괴적인 방식으로 우발적 경향들을 정동적으로 양산하고, 항상 자기 자신을 빠져나가 즉흥적으로 증폭하며 그러는 가운데 존재력을 강화하는 것이다. 예컨대, "지불 수단으로서의 돈"(맑스의 공식에서 C-M-C′)과 구별되는 "자본으로서의 돈"(M-C-M′)은 본성상 불평등을 전제로 하며, 이 불평등은 잉여가치라는 이름으로, 삶의 잉여가치가 아닌 화폐-자본의 잉여가치라는 이름으로, 그 불균등성에 동반되는 모든 무자비한 교환의 관계들과 아울러, 끊임없이 그리고 맹목적으로 증식하려는 경향성으로 실현된다. 이렇게 자본주의는 정동과 저항을 포획하여 자기 자신의 불균등한 순환의 결과로 이끈다. 생산성, 최대 효율성, 최대 생산성을 모토로 하는 자본주의의 생체 권력하에서 몸체들은 오로지 경제의 관점에서 생산적인 삶에 집중하고, 몸체들로부터 존재 역량의 증대의 흐름이 낯설어져 가고, 몸체들 주변엔 불균등의 과정과 그 흔적이 축적된다. 여기서 삶 자체는 자본 집약적이고, 개인들은 경쟁의 정도에 상응하는 인적 자본으로의 자기 전환 외에 그 무엇도 아니며, 스스로를 구성하는 위치에 있지도 않다. 요컨대 자본주의적 과정에 외부는 존재하지 않는 것이다. 따라서 마수미는 스스로 강화해 가는 자본주의의 존재력 내부에서 그에 맞서는 또 다른 존재력이 아니면, 즉 내재적 비판이 아니면 자본주의를 비판할 수 없다고 주장한다. 외부에서 자본주의를 비판할 수 있는 최적의 위치란 존재하지 않는다. 비판은 우리의 몸체들 안에, 집단적 장의 미시적인 틈새들 안에 있다는 것이다.

종분화-speciation: 정체성에 대한 생태의 우위

마수미는 자폐아의 사례를 통해 정체성에 의존하는 소통을 빠져나가는 '정동적 생태'를 예시한다. 자폐아가 눈을 마주치지 않으려 하거나, 함께 놀려고 하지 않거나, 의사와의 관계를 깨닫지 못하면, 의사는 그 아이를 동감능력이 결여되었거나, 관계를 맺지 못하거나, 소통 능력이 없다고 판정한다. 그러나 마수미는 티토 라자쉬 무코파드야이가 『마음 나무』에서 들었던 경험 사례를 통해

이러한 판정에 깊이 뿌리박힌 정체성 정치의 문제점을 지적하고, 그와는 다른 형태의 마주침을 강조한다. 티토는 자신의 경험을 말한다. 그가 진료실에 들어갔을 때 그의 앞에는 마술처럼 빛이 거울에 반사되고, 거울의 빛은 다시 벽으로 반사되어 펼쳐진다. 그는 커튼이 빛과 상호 작용하는 모습, 문에서 그것이 다시 반사되는 모습, 그리고 그 모든 이미지들이 방 전체로 퍼지고, 자신이 그 방 전체와 맺고 있는 관계 속에서 촉발되었던 정동의 파도를 회상한다. 의사가 그에게 장난감을 가지고 놀겠냐고 물었을 때, 그는 그 장난감들이 빛의 운동만큼 흥미롭지 않았기 때문에 그 제의를 거부한다. 면담이 끝나고 의사는 그의 부모에게 그가 자폐아라고 판정한다. 티토의 경험에서 알 수 있는 것은 그가 소통 능력을 결여한 것이 아니며, 공감 능력 역시 없지 않다는 것이다. 아이에는 오히려 "과잉-관계성" 같은 것이 존재한다. 단지 그 소통이 인간주의적 정체성에 고착되지 않았다는 점이 다를 뿐이다. 마수미는 이것을 방안-빛-운동이 빚어내는 일종의 종분화라고 명명한다. 여기서 강조되어야 할 요점은 우리 모두가 연속체 또는 스펙트럼의 내재성 위에 있다는 것이다. 그렇지만 우리 정상인들 즉 감각, 언어, 사회 소통이 정상적 기능을 수행하는 것으로 간주된 범주로서의 '신경전형인들'neurotypicals은 뭉뚱그려진 '덩어리'mole를 습관적으로 만들면서 인간 대 인간의 통계적 소통과 실제적 연결actual connection에 집착하기 때문에 경험에서 종종 일어나는 이러한 우발적이고 상관적인 발생과 질적인 연접qualitative conjunction의 생태학은 간과한다는 것이다. 아울러 정체성 정치와 동감을 동일한 수준으로 묶어 놓고 그러한 전형적인 소통이 인간 대 인간의 상호 작용에 국한되는 것으로 가정함으로써, 경험의 힘을 부정하고 무궁무진한 종분화의 능력을 일축해 버린다. 마수미는 자신의 아이를 관찰한 사례를 이야기하기도 한다. 아이가 넘어졌을 때 어디가 아프냐고 물으면 아이는 땅을 가리킨다. 장소를 지적한 것이 아니라 사건을 지적한 것이다. 그는 아직 어른들처럼 느낌과 사건을 분리하듯이 고통을 관례적으로 정위할 줄 모른다. 나중에 가서야 우리는 그것에 대해 '저 밖에서'라든가 '여기서'와 같이 위치를 지적하게 될 것이다. 그리고 우발적 수준에서 모호하게 느껴졌던 그 통증의 의미는 어떤 실제성과 구체성을 띠고 결정될 것이다. 사실 어떤 점에서 통증이란 직접 경험한 사건을 삶의 필요에 따라 혹은 수용 가능한 방식으로 해석하고 해부하는 방법에 대한 학습의 산물이다. 그러나 그렇다고 해서 그 학습으로 인해 이전의 초개체적인 수준의 직접성을 완전히 잃어버리는 것은 아니다. 마수미는 이것을 사건으로서의 충격으로 설명한다. 예컨대 사고가 나면 시간이 느리게 가고, 그러는 가운데 일어났던 모든 것들에 대한 생생한 감각을 즉시 가지게 된다. 공기 중에 떠다니는 빛의 반사, 유리 파편들, 끼익 소리를 내며 내지르는 타이어 소리, 세부적인 파편들이 그 짧은 순간에 무한하게 펼쳐진다. 덩어리로 분리된 객체들과 사건의 국면들은 나중에 가서야 일어나게 된다. 예측하지 못했던 충격적 사건은 모든 규정된 질서와 통계적으로 결정화된 덩어리들을 공중으로 날려 버리고, 삶의 모든 면들이 의구심으로 되돌아온다. 감각-운동적인 체계가 기능을 상실하는 소요, 배회, 망설임 속에서 지속으로서의 시간이 열리는 것이다. 마수미에 따르면 이것이 바로 사건으로서의 '충격'이다. 그리고 이러한 충격은 교통사고나 죽음과 같은 거시적인 국면뿐만 아니라, 발터 벤야민Walter Benjamin이 말했듯이, 삶의 매 순간 무의식적 실재 속에서 생성하고 소멸한다. 주의를 갑자기 딴 데로 돌린다든가, 눈을 깜빡인다든가, 잠시 길을 잃어 혼란을 느낀다든가, 잠시 한눈을 판다든가 하는 식의 단순한 것들이 일종의 '미세충격'으로 난입하여, 자폐아가 진료실에서 보았던 것과 유사한 형태의 질적 파편화로서의 종분화 또는 정동적 미분이 우리의 감각과 지각을 교란시킨다. 이로 인해 우리는 덩어리를 다시 만들기 위해, 초점을 재설정하고, 잠재적인 수준을 다시 끌어들여야 하고, 정동적 관계의 장을 갱신해야만 한다. 결국 우리는 크고 작은 중단들과 미시충격들 한복판에서 끊임없이 경험을 재-생성한다.

스피노자의 물음 : 몸이 무엇을 할 수 있는지 아는가?

스피노자의 유명한 명제 : 의식은 몸이 무엇을 할 수 있는지 알지 못한다. 이 명제를 몸의 차원에서 직접 관찰하고 실험하고 그로부터 몸 안에서 일어나는 '즉흥성의 힘들'과 '발명의 힘들'의 존재를 밝히는 것이 마수미의 작업이다. 여기서 말하는 몸의 능력이란 두뇌를 필요로 하는 의식적 계산과 무관한 기능으로서의 몸의 실행적 능력을 말한다. 예컨대 뇌 없는 생물체가 구사하는 즉흥성이나 문제해결 능력이 그것이다. 생각하는 능력조차 몸에서 일어난다고 하는 이러한 주장의 좋은 예가 바로 찰스 다윈Charles

Darwin이 제시했던 한 사례이다. 다윈은 수년에 걸쳐 지렁이를 관찰한 후에, 지렁이들에게서 발견되는 즉흥적인 역량 – 침입자나 물이 들어오지 못하게 굴의 구멍을 막는 등의 기본적인 기능수행 등 – 을 긍정했다. 다윈은 지렁이들의 행동에는 일반적인 도식이 존재하지만, 뇌가 없음에도 불구하고 개별적인 상황이 주는 우발성을 고려하여 문제를 새로운 방식으로 해결하는 즉흥적인 수행 능력이 있다는 점을 보여 주었다. 다시 말해 지렁이들은 특정 주제에 대해 변주를 '발명'한다는 것이다. 이것은 벌레나 곤충들의 정신적인 힘, 또는 정신상태의 정도를 증명한다고 마수미는 단언한다. 화이트헤드의 정신성 개념은 이를 철학적으로 해명한다. 화이트헤드에 따르면 몸의 육체적 차원은 이미 만들어진 질서 즉 과거에 순응하면서, 과거의 동일한 계열들을 계속하고, 동일한 도식을 따르면서 수행되는 행위와 일치하는 것으로 정의된다. 반면에 몸의 정신성은 새로운 형태를 변통하기 위해 주어진 것을 넘어서는 능력, 또는 새로운 것을 산출하는 능력으로 정의된다. 하나의 활동 양태로서의 정신성은 육체적인 것과 대립하지 않고 그것을 연장시키고 갱신하면서, 오히려 그것과 함께 작동한다. 이것은 몸이 무엇을 할 수 있는가에 대한 스피노자의 질문과 같은 차원에서 해석할 수 있는 대목이라고 마수미는 보았다. 주어진 것을 넘어서 새로운 것을 산출할 수 있는 능력으로서의 정신성이라는 개념을 통해 우리는 본능적인 활동에서 발휘되는, 심지어 뇌가 없는 생물체에서 발휘되는 즉흥적 변주에도 일정한 양태의 정신성이 있음을 알게 된다. 화이트헤드의 사상과 여러 부분에서 유사한 궤적을 그리는 베르그송은 물질과 정신의 본성적 차이를 논의하면서 이와 같은 맥락에서 정신성을 정의한다. 그에 따르면 외부의 자극(통각)을 흡수하거나 거부하려는 노력('신경판 위에서의 운동경향')은 유기체가 자신을 보존하려는 노력임과 동시에 자신에게 주어진 물질적 조건을 넘어서고자 하는 의지 같은 것으로, 물질과 본성적으로 다른 정신성의 특이점이다. 베르그송은 이 특이점을 지배하는 지대를 '감정'emotion으로 정의한다. 정신성에 대한 이런 식의 개념은 정신과 육체의 대립적 이원론을 규정하는 데카르트적인 구분을 무효화한다. 그 둘은 서로 배제하거나 다른 하나를 괄호로 묶어내지 않는다. 화이트헤드와 베르그송에 따르면 동물들이 수행하는 본능적인 행동들은 정신적인 것과 육체적인 것 둘 모두를 갖추어야 한다. 그들은 함께 공동 작용을 해야 한다. 그렇지 않으면 동물의 행동은 부조리에 사로잡힐 것이다. 본능이 변주를 창출하지 못하거나, 새롭게 번성하지 못하거나, 자신을 유지하고 운용할 새로운 형태들을 발명할 능력이 없다면, 그것은 환경에 대한 판에 박힌 적응의 부조리한 반복 외에 그 무엇도 아닐 것이다. 환경은 끊임없이 변한다. 따라서 생물체들의 본능적 활동은, 심지어 진화가 멈춘 것처럼 보이는 무기물조차 환경의 변화에 재빨리 적응하고 적절히 조율하지 않으면 안 된다. 이것은 자기 반성적인 의식에 선행하는, 의식에 의존하지 않는 전 반성적인 작용으로서, 몸체의 수준에서 일어나는 창조적 정신성의 초기 단계라고 마수미는 정의한다. 도덕과 윤리의 토대를 정동으로부터 찾아야 한다고 믿었던 니체는 차라투스트라의 여정에서 수많은 동물들을 제시한다. 마수미는 이것이 인간적인 정신성에 도전하는 전-인간적인 형태의 생명의 존재를 보여 주려는 시도였다고 해석한다. 인간의 외부에 있는 초월적인 어떤 것이 아니라, 인간 안에 내재하는 전-인간적 동물성의 인간에 의한 재발견, 이것이 바로 니체가 의도했던 '초인'over-human의 의미라는 것이 그의 해석이다.

상호 포함mutual inclusion

화이트헤드의 이론을 따르는 마수미는 정신적인 것the mental과 육체적인 것the physical는 사건의 차원에서 고려되어야 한다고 주장한다. 정신과 육체는 사건 속에서 공동 발생하는 활동의 대조적인 두 양태이기 때문이다. 화이트헤드에 따르면 육체는 반복으로 가는 경향성이며, 정신은 차이화의 경향성이라는 식이다. 또는 후자가 주어진 것으로부터 추상 쪽으로 가는 경향이라면, 전자는 주어진 형태들을 연장(공간화)함으로써 소유 가능한 대상으로서의 안정성 쪽으로 가는 경향이다. 이런 의미에서 정신활동은 명사로 가둘 수 없으며, 육체 또한 본체적 사물a substantial thing로 환원할 수 없다. 명사든 사물이든 실사를 제거하면 활동성의 양태인 '부사'만이 남는다. 이 부사가 사건의 특질을 구성한다. '생명'은 살아 있다는 의미에서 부사로 만들어야 한다고 마수미는 주장한다. 생명은 본체가 아니며, 사물 또한 아니다. 그에 따르면 생명이란 사건 속에서 한편에는 정신 축으로 다른 한편에는 육체 축으로 발생하는, 그리고 매번 다르게, 특이하게, 즉흥으로 이루어진 차이의 세계에서 축적이라는 일반적 방향으로 흐르는 일종의 '방식'이다. 생명은 사물들 사이의 간극 안에 있다. 그것은 사물들의 관계 속에 있으며, 개체 발생을 향한 지배적인 경향성의 사건들 안에서 나오는 것이다. 화이트헤드가 생각하는 생명체는 자기 안에 있는 존재가 아니라, 자기 자신을 능가하는 존재이다. 그것은 역량을 현실화하는 가운데 실현된 역량을 초과하는 경향성을 따른다. 그리고 그 과정은 필연적으로 관계적이다.

이런 관점에서 볼 때 생명은 배중률the excluded middle과 같은 전통적인 논리로는 설명할 수 없다. 배중률은 분리하고 배제하는 논리이다. 그것은 X를 X-아님과 분리하고, 주어진 어떤 사안이 X에 포함되는지 여부를 정당화하는 일반적인 특성을 규정한다. 배제로 시작해서 동일성으로 끝나는 것이다. 이것은 생명의 자기 능가를 불허하며, 그것을 안정화된 사유 구조로 흡수한다. 따라서 생명의 논리는 배중률의 원리로는 운용될 수 없다. 마수미에 따르면 정동정치란 배제의 논리를 넘어 포괄성encompassing의 논리를 긍정하는 쪽으로 나아가는 움직임이다. 그가 말하는 "상호 포함"의 논리에 따르면 서로 대립하는 X와 X-아님 사이에는 더 많은 항들의 부글거리는 잉여가 존재한다. 이 지대는 역설paradox의 존재를 허용한다. 역설은 서로 대립하고 모순되는 항들의 공존을 포괄하는 시간성에 대한 통찰이기 때문에 질적 과정에 주목하는 정동정치에서 중요한 개념이다. 같은 맥락에서 상호 포함의 개념은 사물들의 실제적 관계의 배타적 통일이 아니라 정동적이고 질적인 통일을 함의한다.

마수미가 제시한 "카니자 삼각형"이 좋은 예이다(이 책 6장 참고). 카니자 삼각형은 부분과 전체의 환원할 수 없는 횡단적 관계, 하나로 귀결되지 않는 공동 구성이나 공동 영향 관계, 또는 다양과 단일의 상호 포함 차원의 통일을 시각적 형상으로 잘 보여 주는 예이다. 카니자 삼각형은 '실제로' 그려진 삼각형이 아니라, 삼각형의 꼭지점을 연상하도록 배치된 형상들(모서리 모양으로 패인 세 개의 원)의 관계에 의해 발생하는 삼각형의 효과이다. 그것은 눈에 보이는 것이기보다는 느껴지는 것이다. 실제적인 선분들의 연결이 없이도 분리된 별개의 요소들이 형성하는 "이접적 복수성"the disjunctive plurality이 일종의 돌출효과, 발생효과, 또는 공명효과의 조건을 창조하는 것이다. 그것은 우리의 지각을 넘어 존재하는 어떤 것의 직접적인 비전이다. 카니자 삼각형은 가상적virtual이지만 실재하는real, 말하자면 우리가 실제로 지각하지 않은 채 느껴지는 사건이다. 물론 어떤 점에서 그 삼각형은 예측 가능하고 반복적인 하나의 게슈탈트gestalt에 불과할지도 모른다. 그러나 마수미는 그 삼각형이 자신의 출현을 고집하는 것에는 매번 새로운 어떤 발생이 있다고 주장한다. 거기에는 부분과 전체, 다수와 단일의 분리 불가능성, 그리고 그들의 통일이 존재한다. 여기서 전체는 다양한 요소들의 분리된 소여를 넘어 그들을 가로질러 출현하는 '관계의 사건'으로서 '초래'되는 어떤 것이다. 예컨대, 달리는 기차의 좌우 창문을 통해 보이는 창밖은 파편화된 개별적 풍경들이지만, 마치 영화의 구성처럼 이 요소들의 관계를 통해 풍경 전체가 환기되는 횡단적 전체성이 발생하듯이, 카니자 삼각형의 꼭짓점들은 파편화되었지만, 이들의 횡단적 관계가 전체로서의 삼각형을 가상적으로 현시한다. 그들의 분리된 거리를 채우기 위해 실제적이지 않은 가상적 실재성이라는 통일된 형식으로 표현되는 것이다.

카니자 삼각형에서 볼 수 있는 '공동–출현'의 논리를 지적해야 할 것이다. 말하자면 카니자 삼각형이라는 하나의 사건에는 세 개의 변으로 또는 각각의 꼭짓점으로 환원할 수 없는 다양성과 단일성의 공동–출현, 공동–영향이 자아내는 전체의 직접성이 존재한다. 육체와 정신을 대립적으로 이해하는 데카르트식의 이원론을 따라 단일과 다양 또는 발생적인 것과 주어진 것을 서로 대립하는 것으로 간주하면 이러한 복합 관계 – 다양성은 삼각형 출현의 조건이지만, 또한 그 발생 자체를 다양성으로 환원할 수는 없다 – 와 그 사건을 놓치게 된다고 마수미는 경고한다. 잠재태로서의 정동적 경향성들은 객체들처럼 실제적으로 관계를 맺지 않는다. 객체들은 서로 대립하거나 배제하는 방식으로 관계를 맺는다. 이것이 우리가 이해하는 '현실'이다. 그들은 같은 자리에 있을 수가 없으며 서로를 밀어내야만 한다. 그러나 정동과 경향성은 서로 충돌할 수는 있지만 충돌할 때조차 서로에게 참여하고 공존할 수가 있다(사랑과 증오, 기쁨과 우울의 공존처럼). 이것은 사물이 맺는 실제적 '연결'connection과는 다른 차원의 가상적이고 잠재적인 '연접'conjunction에 해당한다. 그들은 자신의 고유함을 잃지 않고도 서로 침투하고, 간섭하고, 공명하고, 동요하고, 서로 포함하면서, 특이하게 펼쳐지는 양태나 리듬에 의해 본성적으로 다르지만 하나의 통일 속에서 공존할 수가 있다.

따라서 세 가지 수준의 다양성이 존재한다. 경향적 다양성 : 시간적으로나 공간적으로 분리할 수 없는 질적으로 다른 활성 양태. 그리고 양적 다수성:공간화할 수 있는 구체적인, 셀 수 있는 요소들의 다양성. 그리고 이 요소들의 통일성:카니자 삼각형에 채워지는 플라톤적 형상 같은 가상적 통일성의 효과처럼, 공간에 나타나지만 공간을 점유하지는 않는 초공간적 형체의 다양성.

마수미가 말하는 상호 포함은 본체의 관점으로 한정된 개체나, 사건과 분리가 가능한 작인이라는 의미에서의 추상적 주체의 문제가 아니라, 질적 차이나 질적 다양성의 견지에서 그 활동 양태인 정동적 경향성의 문제이다. 따라서 그것은 양적으로 측정할 수 없다. 물론 측정은 불가피하고, 또 사건에 기여하는 많은 요소들이 측정 가능하다. 그러나 측정은 사건들이 비활성화되고, 사건이 지나간 후에 흔적으로 다루어질 때에만 측정 가능하다. 카니자 삼각형의 세 변은 물론 측정될 수 있다. 그러나 각각의 세 변의 측정은 그 삼각형 전체의 살아있음을 죽이는 것이라고 마수미는 지적한다. 마치 음악에서 각각의 음(표)이 흐름으로서의 음악 내에 가상적으로 존재하듯이, 그러나 그것이 음계로서 측정되는 순간 음악은 사라지듯이, 측정을 하는 동안 상호 포함이라는 사건의 효과는 경험할 수 없는 것이다.

따라서 수적 다양성과 질적 다양성의 차이만큼이나 수적 단일성과 질적 단일성에도 본성적인 차이가 존재한다. 카니자 삼각형에서는 세 개의 분리된 변들이 "셋임"the threeness을 잠재적으로 내포한다. 그러나 우리는 그것을 삼각형이라는 하나의 전체로 느끼지 세 변의 잠재적 결합으로 보지 않는다. 음악과 그 요소인 음계의 가상적 관계처럼, 다양성은 발생의 효과로서의 단일성 안에 감싸여 있지만, 그 효과의 요소들을 그 자체로는 볼 수도 셀 수도 없다. 하나의 사건으로서의 삼각형은 질적 다양성의 통일로서의 '특이성'singularity을 표현하며, 그것은 단순한 '하나' 이상이라고 말할 수 있다. 다시 말해 카니자 삼각형의 '단일성'은 수를 셀 때의 '하나임' 그 이상이며, 하나를 더하거나 빼고 난 후에 나오는 배제되어 텅 빈 하나가 아니라, 다수를 감싸고 있는 단일성, 하나이자 다수로서의 하나, 모든 것이 통일되어 '최종 완결된' 것으로서의 상호 포함으로 꽉 찬 하나이다. 마수미의 용어로 말해, 그 삼각형의 단일성은 논리적 수치를 넘어서는 "초량적"supernumerary 단일성이다. 그가 사건의 질적 특이성은 살아있는 과잉이며, '잉여-가치'surplus-value라고 말했던 것은 이런 의미라고 이해할 수 있다.

그렇다면 카니자 삼각형의 단일성은 어떤 '관계'를 표현하는가? 삼각형을 이루는 모서리-꼭짓점들은 실제적으로는 관계가 없지만 각각이 자신들로부터 빠져나와 가상적 삼각형의 외관에 참여할 때만 비로소 관계를 맺는다. 마수미에 따르면 이것은 모서리들이 서로 닮았기 때문이 아니라, 서로 간에 놓인 '거리' 즉 차이로 인해 발생하는 관계이다. 화이트헤드의 용어를 빌자면, 그 삼각형은 차이를 '포착'prehend함으로써, 그 차이 안에서 서로에게 관여하고 있다. 삼각형의 통일된 '외관'이라는 사건 안에서 차이는 서로 관여한다. 이러한 상관적 관여(또는 돌봄)는 인간적 지각이 부재하는 물질적 사건에서조차 발생한다고 마수미는 단언한다. 예컨대 하나의 원자는 그것을 구성하는 아원자 입자들을 '포착'하고,

그 차이의 포착의 통일적 형식이 바로 그들 간의 다사다난한 관여의 표현 형식이다. 이런 의미에서 화이트헤드는 세계의 궁극적 요인은 인간적 주관성의 내용이 아니라 관여라고까지 말하기에 이른다.

아울러 마수미는 이것이 정동정치의 한 형식으로서 제기될 수 있는 문제라고 보았다. 서로 연루된 개인들은 그 개체성으로부터, 즉 자신들의 단순한 다양성으로부터 빠져나와 그들 모두를 들어 올리는 발생 안에서 서로에 대한 관여로 들어간다. 모서리들의 다양성 간의 차이로부터 삼각형이 발생했듯이, 분리된 개인들의 이러한 정치적 관여로 들어가기는 그들 각각의 경향성과 욕망들 간의 차이로부터 발생한다. 마수미가 이 잠재적 장을 시몽동의 용어를 가져와 '초개체'라고 불렀다는 점은 이미 주지한 바다. 이런 의미에서 정동정치는 주관적 관점이나 개인의 이익(관심) 또는 집단의 이익의 재현이 아니라, 집단적 역동으로서의 관계 장에 대한 초개체적 조정의 문제로 규정된다. 정동정치의 한 이미지를 보여 주는 카니자 삼각형은 다양성의 차이로부터 발생하는 상관과 관여로서의 집단적 역동의 통일성을 예시한다. 마수미에 따르면 이익(관심)은 이해관계나 흥미와 같은 개인화된 정향성을 내포하는 나쁜 개념이다. 그것은 분리에서 시작하고, 구분을 넘어서는 역량의 수단을 주지 못한다. 이익은 본질적으로 분열적 개념이다. 그래서 마수미는 자기-중심의 지점으로서의 자기를 포기하고 관계라는 초개체적 장의 개념으로 대체해야 한다고 요청한다. 물론 자기를 돌보는 것을 포기할 필요는 없지만, 자기-중심성만은 반드시 포기해야 하며, 자기와 타자의 실존적 권력 분산을 위해, 관계적 생성 안에 자기 돌봄을 끼워 넣어야 한다. 그는 이러한 '집단적 개별화' 과정에서는 이익이나 개인적 관심이 아니라 정동이 중요하고 더 근본적이라고 보았다. 그뿐만 아니라 이것은 관계 장의 조정을 위한 테크닉들을 요구한다. 마수미가 말하는 테크닉은 개인적인 표현이나 토론이나 협상, 그리고 정치적 표현이나 이익의 협상을 위해 상호작용하고 소통하는 상호-개인적 테크닉이 아니라 정동적 조율을 위한 초개체적 관계의 테크닉 ─ 구체적으로 예시한 것은 아니지만 ─ 이다. 그리고 이러한 테크닉들은 정치와 미학의 교차점에서 문화를 창조하게 될 것이라고 그는 단언한다.

정동정치와 자유

이런 관점에서 볼 때 자유는 결국 더 큰 정동적 잠재성을 끄집어내고 존재력을 강화하는 관계를 통해 도달된다. 자유는 개인적인 것이 아니라 본질적으로 관계적이기 때문이다. 화이트헤드에 따르면 자유는 개인이 아니라 과정에 속한다. 물론 정동정치는 자유를 배제하지 않는다. 그러나 자유에 대한 재-정의를 요구한다. 마수미의 비판에 따르면 기존의 자유 개념은 어떤 식으로든 육체/정신의 이원론을 내포하기 때문에, 자유를 육체와 모순적인 관계로 정의한다. 이러한 이원론은 자유의 개념들 속에 견고하게 들어가 있다. 기존의 자유에 대한 생각들은 자유를 개인의 심리적 주체의 정신적 행위 또는 개인적 의지의 조건 없는 결정 행위로 간주한다. 그렇게 함으로써 이원론에 따라 자유를 몸으로부터 분리한다. 그러나 정동 이론에서는 과거로부터 축적되어 전해지는 질서에 순응하는 경향성인 '육체 축'과 주어진 것을 넘어서 새로운 것을 생산하려는 경향성인 '정신 축' 사이에서 일어나는 모든 사건의 상호 포함을 전제할 뿐이지, 그 둘의 대립과 모순을 통해 자유를 부정하지 않는다. 정동 이론에 따르면 조건 없는 결정이란 존재하지 않는다. 또한 정동을 통해 효과를 내는 초개체적 생성의 외부에 있는 개인 또한 존재하지 않는다. 개인의 의지라는 관념은 살균된 것으로서 주관적 반성이라는 진공 상태를 전제한다. 여기서 자유의지는 무제약적이고 무조건적인 권능의 영광에 둘러싸여 닫히고 고립된다. 마수미에 따르면 이것은 자유가 아니라 허구일 뿐이다. 자유는 진공이 아니다. 또한 어떤 주체의 소유물 역시 아니다. 주체 역시 진공 상태에서 결정하지 않는다. 오히려 마수미는 주체가 아니라 사건이 결정한다고까지 단언한다. 필연의 낙인이 찍히지 않은 순수한 결정 역량이란 것은 존재하지 않기 때문이다. 자유는 필연에 대한 통찰에서 나오며, 앞서 우리가 권능부여 제약에서 확인했던바, 자유는 필연에서 획득되는 성취이다. 그렇기 때문에 자유는 주어진 것으로서 행사되는 것이 아니라, 제약에 대한 권한부여 조정을 통해 발명되는 것이다. 그리고 이 발명은 상황에 의존한다.

:: 용어 찾아보기